U0649719

贵州港口史

（远古—2022）

贵州省交通运输厅

人民交通出版社

北京

图书在版编目（CIP）数据

贵州港口史：远古—2022 / 贵州省交通运输厅编著.
北京：人民交通出版社股份有限公司，2025.6.
ISBN 978-7-114-19892-2

Ⅰ．F552.9

中国国家版本馆 CIP 数据核字第 2024GP6545 号

审图号：GS（2025）2322 号

Guizhou Gangkoushi（Yuangu—2022）

书　　名：贵州港口史（远古—2022）
著　作　者：贵州省交通运输厅
责任编辑：齐黄柏盈
责任校对：龙　雪
责任印制：张　凯
出版发行：人民交通出版社
地　　址：（100011）北京市朝阳区安定门外外馆斜街 3 号
网　　址：http://www.ccpcl.com.cn
销售电话：（010）85285857
总 经 销：人民交通出版社发行部
经　　销：各地新华书店
印　　刷：北京市密东印刷有限公司
开　　本：787×1092　1/16
印　　张：24.25
字　　数：482 千
版　　次：2025 年 6 月　第 1 版
印　　次：2025 年 6 月　第 1 次印刷
书　　号：ISBN 978-7-114-19892-2
定　　价：218.00 元

（有印刷、装订质量问题的图书，由本社负责调换）

《贵州港口史(远古—2022)》
编审委员会

主　任：张　胤

副主任：冯　伟　卢方毅　陈健蕾　黄　强　谢旭轩

成　员：蔡光莲　方延旭　姜　凯　田　友　肖　勇

　　　　丁　勇　李　明　田友明　刘　浪　李永喜

　　　　张晓亮　唐　标．张元聪　陈远华

《贵州港口史(远古—2022)》
编纂工作委员会

主　　任：黄　强

副主任：蔡光莲　方延旭　肖　勇

成　　员：李　伟　崔新彬　姜　波　吴　鹏　黄　勇

陈振兴　方　洪　申　斌　陈　锐　谭鹏飞

姜庭治　尹帮奇　郭　兴　王　齐　程从虎

刘元方　韦世荣　旷晓伟　何鸥航　李彬彬

向　松　黄　金　谭顺钦　陈　金　周校合

王　沂　白芳芳　王　珏　蒋小莉　卢朝彪

谢胜华　安　刚　杨帮碧

前　言

　　2014年2月,习近平总书记在首都博物馆考察时强调:"要在展览的同时高度重视修史修志,让文物说话、把历史智慧告诉人们,激发我们的民族自豪感和自信心,坚定全体人民振兴中华、实现中国梦的信心和决心。"❶2017年1月,中共中央办公厅、国务院办公厅印发《关于实施中华优秀传统文化传承发展工程的意见》,在重点任务中明确要求"做好地方史志编纂工作,巩固中华文明探源成果,正确反映中华民族文明史,推出一批研究成果"。贵州省交通运输厅积极落实交通运输部要求,结合贵州实际,编纂出版《贵州港口史(远古—2022)》,系统梳理和总结了贵州港口的发展历程和经验启示,这是贯彻落实习近平总书记"修史修志"要求的行动自觉,是担负新的文化使命的一项举措,对推进交通文化建设具有重要的现实意义和深远的历史意义。

　　贵州水运历史悠久。两千多年来,港口码头作为水运的重要组成部分,为贵州经济社会发展、省域形成、多民族交往交流交融作出了积极贡献。"以史为鉴,可以知兴替。"翻开这部史书,两千多年的沧海桑田,我们看到的不仅是贵州港口的发展,也是贵州水运文明的发展。翻开这部史书,我们将看到:

　　贵州港口大型化不断加速。1949年以前,贵州港口码头规模普遍较小,大都在100吨级以下,全省100吨级以下的港口码头仅有45个,而截至2022年底,全省500吨级港口泊位达490个。2022年7月,贵州省首个"港口园区化"示范项目——思南港邵家桥港区一期项目建成正式开港,港区规划新建500吨级兼1000吨级货运泊位5个,设计年货物吞吐能力328万吨,一期项目建设完成2个货运泊位,已正式投入使用,是一个集大宗散货、件杂货、集装箱运输的大型综合性港口,在贵州江河大地上书写了浓墨重彩的一页。

　　贵州港口绿色化不断提升。党的十八大以来,贵州交通全面贯彻落实创新、

　　❶ 《习近平在北京考察工作时强调　立足优势　深化改革　勇于开拓　在建设首善之区上不断取得新成绩》,《人民日报》2014年2月27日。

协调、绿色、开放、共享的新发展理念，牢牢守住"发展"和"生态"两条底线，全力打造一批绿色港口码头，建设和完善港口污染物接收处置装置，港口码头与绿水青山交相辉映，共筑良好生态屏障，贵州江河上的港口码头正焕发出勃勃生机。

贵州港口机械化程度不断提高。随着经济社会的不断发展，贵州港口码头的机械化程度不断提升。1977 年 2 月，贵州省第一个机械化专用码头——赤水天然气化肥厂成品码头建成投入使用，码头配置 3 条皮带机输送线，尿素由散装仓库至包装楼，再由包装楼经趸船至驳船，全程通过皮带机输送，年输出能力 60 万吨。陆续建设的赤水港鲢鱼溪件杂货专用码头配备 2 台当时国内较先进的 5 吨双悬臂桥式起重机，乌江渡库区竹林湾码头配置皮带运输机输出煤炭，永安码头趸船上配置皮带运输机和抓斗挖机输入煤炭，乌江余庆港沙湾码头配置门座式起重机对件杂货和汽车运载集装箱进行高效作业，乌江思南港邵家桥码头配置门座式起重机和专用皮带运输机等，极大地提升了港口码头货物装卸效率，畅通了物流循环，成为推动经济社会发展的新引擎。

贵州港口服务乡村振兴作用不断凸显。据统计，"十三五"以来，到 2022 年底，全省共建成便民码头 154 个、乡镇渡口 450 个，完成渡改桥 69 座，极大地改善了沿江、库区周边人民群众出行条件，为乡村振兴作出了积极贡献。

人民群众是历史发展和社会进步的推动者。在贵州港口建设发展的历程中，涌现出很多默默无闻的港口建设者、参与者、管理者，正是他们的辛勤工作和无私奉献，才有了贵州港口建设的一步步向前迈进。他们曾经洒下的汗水，已然凝结为一颗颗珍珠，最终汇聚成推动贵州港口建设发展的智慧和力量。

习近平总书记多次强调，"经济强国必定是海洋强国、航运强国"❶，这为我们加快水运发展、推进港口建设指明了方向。一港荣，一城兴。透过历史的云烟和现实的期待，在全面建设社会主义现代化国家的历史进程中，我们要继续弘扬伟大建党精神和新时代贵州精神，自信自强、守正创新，踔厉奋发、勇毅前行，以港口的高质量发展，为谱写中国式现代化贵州实践新篇章作出交通运输的新贡献。

编纂工作委员会
2025 年 3 月

---

❶ 《习近平在上海考察时强调　坚定改革开放再出发信心和决心　加快提升城市能级和核心竞争力》，《人民日报》2018 年 11 月 8 日。

凡　　例

一、本史书以马克思列宁主义、毛泽东思想、邓小平理论、"三个代表"重要思想、科学发展观、习近平新时代中国特色社会主义思想为指导,坚持辩证唯物主义和历史唯物主义的立场、观点和方法,全面、客观地反映贵州港口发展历史,力求做到立场正确、记述准确、编写规范。

二、本史书时间按公元纪年,跨度为远古至 2022 年。古、近代部分,以历史朝代分期划分篇章结构;现代部分,参照《中华人民共和国简史》各历史时期的划分,即按照 1949—1956 年、1956—1978 年、1978—1992 年、1992—2002 年、2002—2012 年、2012—2017 年、2017—2022 年 7 个阶段分章节编写。

三、本史书关于"港口"的界定,依据 2018 年 12 月 29 日第十三届全国人民代表大会常务委员会第七次会议通过的修正后的《中华人民共和国港口法》第三条对"港口"的定义,即:"具有船舶进出、停泊、靠泊,旅客上下,货物装卸、驳运、储存等功能,具有相应的码头设施,由一定范围的水域和陆域组成的区域。港口可以由一个或者多个港区组成。"本史书中的贵州港口按贵州省人民政府批复的《贵州省水运发展规划(2012—2030 年)》,划分为赤水港、开阳港、遵义港、瓮安港、思南港、沿河港、锦屏港、天柱港、贞丰港、册亨港、望谟港、罗甸港、从江港 13 个地区重要港口和其他一般港口。

四、本史书属于经济技术史范畴,即以港口经济技术发展为主线,系统描述发展历程,突出港口发展对经济社会发展等方面的贡献和作用。

五、本史书收录图片,客观展示了贵州港口建设的发展成就和发展历程。

六、本史书采用规范的现代汉语记述,除个别记述沿用当时的习惯表述外,其余均统一按照国家相关标准要求使用。

目　录

绪　　论

一

　　贵州地处云贵高原,地势由西向东呈三级阶梯,西高东低;南北侧呈两面斜坡,中部高南北低。各种地形占全省总面积百分比为:高原山地占 75.1% ,丘陵占 23.6% ,盆地、河谷占 1.3% 。贵州地处亚热带季风气候区,年降水量 850～1600 毫米,大部分地区在 1100 毫米以上。充沛的降水形成了丰富的水资源,年河川径流量达 1145.2 亿立方米。流域面积在 1000 平方千米以上的河流有 61 条,长度 100 千米以上的河流有 33 条,长度 10 千米以上的河流有 984 条,分布在长江和珠江两大水系的上游。

　　贵州河流以苗岭山脉为分水岭,顺地势由西部、中部向北、东、南三面呈扇状分流。以北、以东属长江流域,流域面积 11.57 万平方千米,占全省总面积的 65.7% ,通航河流主要有乌江、赤水河,连通长江;清水江、潕阳河、锦江,汇入湖南沅水进洞庭湖入长江。以南属珠江流域,流域面积 6.04 万平方千米,占全省总面积的 34.3% ,通航河流主要有南盘江、北盘江、红水河、都柳江,流入珠江进入南海。历史上习惯将贵州主要通航河流分为三大水系:流入湖南沅水的清水江、潕阳河、锦江称为沅系水道;流入四川境内的乌江、赤水河称为川系水道;流入西江(珠江流域的主流)的都柳江、南盘江、北盘江、红水河称为西系水道。除上述各河流外,尚有松桃河、松坎河、羊磴河、习水河等,在古代、近代及当代均有过水运活动。

　　走出大山,水道为先。贵州港口作为航运的重要组成部分,伴随着水运同步发展。贵州港口作为水陆交通运输的重要节点和枢纽,见证了贵州从山里走向山外,从蒙昧走向开化、开放、进步和文明;见证了夜郎文化与中原文化的碰撞和交流;见证了贵州航运北入长江经济带,南融粤港澳大湾区,纵横山河、通江达海的发展历程。

二

　　跬步皆山,舟楫不通,是旧时贵州内外交通,更是贵州水运交通的基本底色。在古代、近代,贵州港口码头多由航运起止点、需搬滩驳载的停泊点、船舶停靠息宿点、货物上下水点等逐渐发展形成。贵州港口始于先秦,形成于隋唐,兴旺于明清,发展于中华人民共和国,兴盛于 21 世纪。

先秦时期,楚国为扩张土地,多次从沅水入潕阳河进军贵州、云南,大量的兵、粮运输,在潕阳河沿岸形成诸多船舶停靠点,重点有玉屏、镇远、施秉、旧州;秦曾四次出兵攻楚,司马错溯乌江而上进取黔中,也在乌江下游沿江设立许多停靠点,逐渐发展成为港口码头的雏形;赤水河、习水河在西汉时期已有水运,西晋建兴二年(314 年)李雄据蜀期间,在赤水一带"招降夷獠,修缮舟舰",赤水河一带航运及船舶修造业已具一定规模,至东晋穆帝(345—361 年)时,在今赤水市设安乐县,赤水港已初步形成。

隋唐时期,乌江干流及支流、沅水水系主要通航河流沿河开始设治,实施赋役贡税制度,构建以治所港口码头为中心的水陆联运线。唐朝,贵州主要通航河流港口码头初步形成,吞吐量及货种逐步增加。乌江的思南、沿河、洪渡、龚滩、印江等船舶停靠点,沅水水系锦江的松桃、铜仁船舶停靠点,潕阳河的岑巩、镇远等船舶停靠点所设治所发展成为辐射周边地区的港口。宋元时期,贵州与邻近地区的联系进一步紧密,江西、湖南、四川等地人口不断迁入,促进了贵州港口、商贸、社会、经济的发展。元代推行土司制,在锦江的江口、铜仁,潕阳河的黄平、旧州、施秉、镇远、都平、岑巩、玉屏等港设置与通航河流有关的治所20 余处。元世祖至元三十年(1293 年)前后,开始在潕阳河镇远、清溪、玉屏设置水站,负责水陆运输工具及客货运输的调派、维护、管理,开贵州航务、港口管理之先河,港口的社会、经济作用得到进一步发挥。

明朝大力发展水陆交通,整治航道,设置驿站,同时汉族人口大量迁入,促进了贵州工农业生产的迅速发展,水运货物品种增多,商贸兴起。明朝统治期间,战争频发,军粮运输频繁,且因皇宫修建,贵州皇木运输直达京城,贵州水路运输得到充分利用,一批沿江城镇和港埠也随之兴起。

明末清初,在贵州实施"改土归流",农民起义频繁发生,出于战争和统治需要的军运及其他货物运输,加大了对贵州水道的开拓利用,促进了沿江集镇港口码头的繁荣,港口码头向各河流上游、支流和腹地延伸,港口码头数量和货物吞吐量快速增加,石阶梯步码头开始修建。清朝后期,特别是"咸同风暴"期间对水道的争夺和利用,出现了水师、战船、炮船、水卡等,港口货物除军用物资外,盐、矿产资源、鸦片、农副产品、民用物资、竹木等的运量激增,商贸繁忙,吞吐量增加,围绕港口码头而兴起的船帮、盐帮等行业帮会及商贸店铺增多,推动了港口城镇的繁荣。清朝末期,贵州盐运、铅运、木运大兴,水道航运相继兴起,港口码头相应发展。川盐入黔,经永宁、赤水、綦江、乌江4 条水道,分别划为永、仁、綦、涪四大口岸。由于运盐,沿河港口码头建设多有提升,由仅能满足沿河两岸点对点的横向摆渡要求的天然野渡,发展到能够满足上下游之间点对点航运要求的码头,茅台、土城、松坎、沿河、思南等港口码头开始出现。

进入民国时期,再至抗日战争时期,国民政府西迁,西南地区成为抗日战争的战略大后方。为满足战备物资运输需要,贵州航道、码头建设力度加大,码头设施仍为河流岸边的下河梯步或自然坡岸。

新中国成立后,1951 年贵州省交通厅成立航务科,通航河流设立航务管理机构,加强水运管理及航道建设,贵州机动船舶运输迅速发展,水路运量成倍增长,港口建设随之起步。改革开放以来,贵州利用国家"粮棉布"补助,整治赤水河中游航道,启动南北盘江—红水河复航一期工程,在主要通航河道修建客货码头 12 个,货运码头多为直立式、斜坡式、引道式,采用梭槽及人工装载。1986 年全国港口普查统计显示,贵州吞吐量上万吨(或万人次)的港口(集散点)共有 44 个,港口岸线总长 51.57 千米,码头岸线总长 10.21 千米,已有泊位 305 个,其中 50 吨级以下泊位 166 个、50 ~ 100 吨级泊位 57 个、100 ~ 300 吨级泊位 82 个,自然岸坡泊位占比 65%,斜坡泊位占比 26%,其他形式泊位占比 9%,个别码头已有皮带输送机、缆车或简易梭槽,但绝大多数仍采用人力装卸。

20 世纪 90 年代,贵州码头建设被列入水运工程"同步规划、同步设计、同步建设"计划,启动南北盘江—红水河二期复航工程、乌江(大乌江—龚滩)航运建设工程,修建北盘江镇宁港坝草码头、贞丰港白层码头,南盘江安龙港坡脚码头、红水河望谟港蔗香码头、罗甸港羊里码头等 7 处码头,建 100 吨级泊位 5 个;修建乌江余庆港大乌江码头、思南港思南码头、沿河港东风码头、涪陵泗王庙码头等码头,建 300 吨级泊位 10 个。同时,利用"以工代赈"等资金,修建乌江沿河港思渠码头、金沙港化觉码头(100 吨级泊位 1 个),南盘江册亨港八渡码头(50 吨级泊位 1 个)、安龙港永和码头(天生桥库区 100 吨级泊位 1 个),清水江天柱港瓮洞码头(100 吨级泊位 2 个),潕阳河镇远港西门码头(10 吨级泊位 2 个),赤水河赤水港东门客运码头、鲢鱼溪货运码头,习水港岔角煤炭码头、土城码头,建 100 吨级泊位 7 个。年货物吞吐量接近 200 万吨。

21 世纪以来,国家实施西部大开发战略,在清水江、都柳江、南北盘江、红水河、乌江分别建成多级水利枢纽,贵州通航水域向西部、中部腹地延伸。港口建设向"规模化、集成化、装卸机械化、投资多元化、布局合理化"方向发展,建成了形式多样、各具功能的港口码头,有专供矿产资源输出的磷矿码头、煤炭码头、砂石码头等专用码头,专供旅客进出的客运码头,专为群众出行方便修建的便民码头,为航运与旅游融合修建的旅游码头,帮扶农村脱贫致富修建的扶贫码头,环库区建设的库区码头,方便所有来往船舶停靠的公用码头,通过市场化建设的经营性码头,在外省兴建专供贵州货物输出的飞地港口码头等,形成了贵州独特的以港兴城、以港兴旅、以港兴经、以港脱贫的港口体系。

2012—2022 年是贵州港口建设的"黄金十年"。水运建设三年大会战,建成了一大批港口码头,开创了贵州水运建设发展的多项第一,是贵州港口码头建设发展速度最快的"黄金时期":建成了赤水河土城、鲢鱼溪、东门等码头;建成了乌江洛旺河、乌江渡、楠木渡、共和等码头;建成了乌江构皮滩水电站翻坝运输系统沙湾、樱桃井码头;建成了清水江柳川、三板溪、排洞、远口等码头;建成了一大批库区便民码头和停靠点等。港口布局逐步完善,服务功能不断提升。

在这"黄金十年"期间,贵州水运通航里程3954千米,高等级航道近1000千米,四级以下航道2969千米;9个港口共有泊位507个,其中500吨级泊位62个、300吨级泊位49个、300吨级以下泊位396个;泊位长度28.57千米,占用岸线长度60.5千米。全省港口码头货运设计年吞吐能力3303万吨,客运设计年吞吐能力4261万人。乌江思林、沙沱、构皮滩500吨级通航设施建成并投入运行,呈现出一幅"水往高处走、船在天上行"的壮丽景观,首批14艘满载7000多吨磷矿石的货船从开阳港出发,顺利通过构皮滩260多米高的三级升船机,运抵安徽芜湖港,千里乌江全面复航。构皮滩水电站通航创造了6项世界之最:世界上首座采用三级升船机方案的通航建筑物;世界上通航水头最高的通航建筑物——最高通航水头199米;世界上水位变幅最大的通航建筑物——上游水位变幅40米;世界上提升高度最大的垂直升船机——第二级提升高度127米;世界上规模最大、提升力最大的下水式升船机——第一、三级500吨级下水式升船机,主提升力达18000千牛;世界上规模最大的通航渡槽——三级升船机之间通航水深3米,通航渡槽最大墩高超过100米。

三

一部贵州港口史,也是一部地方发展史。随着水道的充分利用,贵州的港口功能作用得到较大发挥,有力地推动了贵州经济、社会、文化、城镇建设的发展。

先秦时期,楚国通过沅水水系征伐黔地,荆楚文化通过沅水水系船舶停靠点与黔地文化交流;秦军入黔灭楚,逆乌江而上,越武陵分水岭赴沅水断楚军后路,巴蜀文化通过沿河停靠点传入黔中。

唐宋时期,农耕文化通过水陆交通联运线传入贵州腹地,促进了贵州农业生产的发展;明清时期,水运发展力度加大,促进了贵州矿产资源的开采利用。近代以来,港口码头遍及各主要通航水域和腹地,民族文化、商贸经济、社会交流更为便捷,外来流动人口增多。港口码头在推动社会经济发展的同时,也促进了多民族文化的交流和互动。

明清以来,水路运输量增长,港口码头向各主要河流上游及通航支流延伸,并逐渐发展成为集镇。赤水河的丙安、葫市、元厚镇、二郎滩、马桑坪、茅台,清水江的王寨、茅坪、剑河、施秉、台江等,都柳江的古州、三脚屯、八洛、丙妹、都江,南盘江的坡脚,北盘江的白层,从船舶停靠点发展成为繁盛一时的港口码头,人口增加,集镇初具规模。

改革开放以来,国家实施城镇化发展战略,贵州港口码头所在地水陆交通便捷,成为城镇化建设的首选。南北盘江—红水河的坡脚、白层、坝草、羊里、蔗香等港口码头所在地,经过十多年的时间,从小村落发展成为几千人的大镇;万峰湖、洪家渡库区,因码头设施完善、风景秀丽,被当地政府列为旅游风景区,游客如潮,码头所在地逐渐发展成为集镇。

21 世纪以来的贵州水运航道,连接着 37 个产业园区、230 个小城镇、42 个旅游景区、46 个现代高效农业示范园区、29 个城市综合体,辐射带动沿江电力、煤炭、冶金、有色、化工、装备制造等产业发展。港口建设有效带动了乌江思南邵家桥 200 万吨石材工业园区、北盘江贞丰县白层造船工业园区的建设。乌江干流上游连接毕节煤炭资源密集区,中游贯通遵义、贵阳、黔南经济中心区,下游穿武陵山区入长江,可通达长三角经济发达地区;南北盘江—红水河上游连接六盘水和黔西南矿产资源区,中游贯通滇桂黔石漠化区,下游通两广达珠三角经济发达区,水运通道、沿江腹地集聚了一批适合水路运输的重点工业产业。贵州港口建设的历史巨变,引领和带动贵州沿江沿河地区经济发展,充分发挥了内河航运带动流域资源开发、促进对外经济文化交流的优势。初步畅通、高效、平安、绿色的现代水运体系,为全省实现新型工业化、旅游产业化等"四新""四化"提供了有力支撑。

四

作为西部陆海新通道的必经之地,连通粤港澳大湾区与成渝地区双城经济圈的重要枢纽的贵州,有着地处长江、珠江上游,处在"一带一路"、长江经济带、珠江—西江经济带接合部的区位优势。

乌江、南北盘江—红水河、清水江、都柳江、赤水河 5 条主要出省水运通道,覆盖全省 74 个县(市、区),客流、货物通过北部赤水河、乌江和东部清水江汇入长江,南部南北盘江—红水河、都柳江流入西江汇入珠江直通港澳,黔货通江达海,已能"左右逢源"。

2022 年,国务院印发《关于支持贵州在新时代西部大开发上闯新路的意见》。文件明确指出:"推进乌江、南北盘江—红水河航道提等升级,稳步实施乌江思林、沙沱、红水河龙滩枢纽 1000 吨级通航设施项目,推进望谟港、播州港、开阳港、思南港等港口建设,打通北上长江、南下珠江的水运通道。"贵州省人民政府印发的《贵州省水运体系发展行动方案》明确"十四五"期间贵州航运建设目标:新增 500 吨级船舶 200 艘,港口年货运吞吐能力超过 3000 万吨,船舶运力突破 15 万吨;重点打造乌江、南北盘江—红水河黄金通道。到 2024 年,乌江 500 吨级船舶达 200 艘以上,货运量达 200 万吨以上;推进思林水电站 1000 吨级通航设施工程和清水江白市至分水溪航道工程;启动南北盘江—红水河沿线(贵州境内)1000 吨级港口码头建设。到 2025 年,乌江货运量达 240 万吨以上,建成乌江三级航道,启动红水河三级航道建设工程。

把盏茅台,夜话申江。秉承"以航为主、航电结合、综合利用、循环发展"的水运发展理念,贵州积极响应国务院要求贵州打通北上长江、南下珠江水运通道的部署,全面实施《贵州省水运发展规划(2012—2030 年)》,真正发挥乌江黄金水道作用,统筹推进南北盘江—红水河、清水江、都柳江等航道建设,从航道建设、船舶运力、港口服务、多式联运体系等多方面多系统推进水运发展，加强加快水运体系建设，积极促进贵州水运高质量发展。计划到 2035 年，全面畅通北上长江、南下珠江水运通道，全省三级航道突破 1000 千米，港口吞吐能力达 5000 万吨，船舶运力达 80 万吨以上，水路货运量达 3800 万吨、货物周转量达 200 亿吨千米以上，货物周转量在综合运输中占比达 5% 左右，把交通枢纽转为物流枢纽和经济枢纽，深度融入粤港澳大湾区、成渝地区双城经济圈、西部陆海新通道等。曾经的贵州"连峰际天兮，飞鸟不通；游子怀乡兮，莫知西东"，今天的贵州"遇水而起兮，大河扬波，万桥飞架；通江达海兮，千船竞渡，扬帆出黔"。

第一章
远古至南北朝贵州港口的雏形

(远古—581 年)

贵州水资源丰富,先民都有伴水而居、依靠水道和使用舟船的习惯,在有水运条件的地方,先民充分利用水运进行交往和沟通。春秋时期,贵州即与中原和巴蜀地区有着经济、文化的交往。战国时期,秦、楚两国多次利用水道进行军事行动,在贵州潕阳河、乌江等留下了许多船舶停靠点。秦末,巴蜀、南越通过西系水道牂柯江的民间物贸交流频繁,船舶停靠点在红水河畔形成。西汉时期,赤水河流域已有水运活动,符县(今四川合江)成为赤水河货物进出长江的船舶停靠港,赤水河的赤水和习水河的官渡、长沙船舶停靠点已经形成。随着汉代对贵州统治加强,沿江人口逐渐增多,朝廷推行"平准、均输"政策,增加赋贡。逐步发展起来的贡赋、盐、粮等大宗物资的远程运输,主要依靠各河船舶停靠点囤积、输出,沿江船舶停靠点集镇逐步形成。东晋时期,在今赤水市设安乐县,安乐港(今赤水港)初步形成,赤水河下游一带水运及造船业已较发达。东晋以后,经过 260 多年的进一步发展,各船舶停靠点逐步具有港口的雏形。

第一节　沅系水道船舶停靠点的形成

先秦时期,楚国崛起并进行扩张,先后吞并了位于其西南的大片疆域。今川、鄂、湘边境地区包括贵州东部,原为百濮聚居,均属沅水流域。公元前 8 世纪,楚国国君着手对百濮的开拓,若敖(前 790—前 764 年)和蚡冒(前 757—前 741 年)都是楚国开拓濮地的组织者,经几十年的开拓,至楚武王时(前 740—前 690 年),已开拓了江汉以南分散于百濮的大片土地。楚昭王时期(前 515—前 489 年),楚、濮之间航运就已有一定规模,鲁昭公十九年(前 523 年),楚国曾以舟船出兵征伐濮人。

春秋末期,楚国西南一带已没有大的战事。经过长期开拓和经营,广阔的百濮土地(包括今贵州北起沿河,中经印江、石阡、三穗,南迄榕江以东大片地区)已为楚国所控制。

一、庄𫏋入滇与船舶停靠点

《汉书·西南夷两粤朝鲜传》载:"始楚威王时,使将军庄𫏋将兵循江上,略巴、黔中以西。庄蹻者,故楚庄王苗裔也。"❶西晋时期常璩《华阳国志·南中志》载:"周之季世,楚威王遣将军庄蹻泝沅水,出且兰,以伐夜郎,植牂柯,系舫于是。且兰既克,夜郎又降,而秦夺楚黔中地,无路得反,遂留王滇池。"❷明代郭子章在《黔记·大事记》中把这件历史事件作为与贵州相关历史加以记载:"楚顷襄王。楚庄豪(豪一作蹻)将兵,从沅水灭夜郎。"❸庄蹻从水路进军,目前已成为学术界的普遍共识。庄蹻溯沅水而上,首先经过辰溪,入潕阳河,经玉屏、镇远、施秉,至且兰上岸,"椓船于岸而步战,既灭夜郎",再经宛温(今贵州兴义)到达滇池。且兰在潕阳河的上游,是这次船队溯水上行的终点。利用沅水与潕阳河航行,不仅缩短了进军入滇的路程,而且便于船舶集运粮草、物资。而今贵州的玉屏、镇远、施秉、且兰等地,成为此次军事行动兵员、物资转运的船舶停靠点,为日后港口的形成奠定了基础。据《黄平县志》记载:"战国末期楚将庄蹻西征,灭且兰(黄平旧州)、夜郎领军西进,克滇池,开辟了黄平与滇、楚的交通。其后秦取楚巫黔地,沟通黄平与川、陕间的往来。三国时,蜀设牂柯郡治于黄平旧州,促进了川、巴与黄平交通的发展。"❹庄蹻水路进军路线及船舶停靠点示意如图 1-1-1 所示。

图 1-1-1　庄蹻水路进军路线及船舶停靠点示意图

❶ 班固撰,颜师古注:《汉书·西南夷两粤朝鲜传》,清乾隆四年武英殿校刻本。
❷ 常璩撰:《华阳国志》,济南:齐鲁书社,2010 年,第 44 页。
❸ 郭子章著,赵平略、尹宁编著:《黔记·大事记考释》,贵阳:贵州人民出版社,2010 年。
❹ 陈阳令等纂修:《黄平县志》,贵州省图书馆据黄平县档案馆馆藏稿本复制。

二、汉朝战事促进船舶停靠点的发展

汉武帝用兵四夷,多次出巡,财政支出浩大,国库日渐枯竭,乃推行"平准、均输"政策,将各地盛产的物品平价收购,集运于通都要邑,再转输各地。均输官"尽笼天下之货物"❶,贱时收购,贵时出售,垄断商贾收入,补给军政开支;另外加强赋敛,规定边远地区的土著,每年输布定额大口一匹(四丈),小孩减半,称为"宝布"。这两项措施,都加快了社会物资的流通。东汉章帝时期(76—88 年),边远的交趾(今越南北部)、益州(今云南省境)等处也都承担均输与赋税任务。五溪地区(今湖南怀化)自不例外。而沅系水道为云南及各地贡赋提供了天然、便捷的运输条件,成为主要的集疏运水道。

横征暴敛加重了人民的负担,激起了各部的反抗。东汉建武二十三年(47 年),五溪蛮帅相单程率众起义,朝廷派武威将军刘尚率长沙、南郡、武陵等郡兵万余人乘船溯沅水而上,向五溪进攻。起义军扼险据守,奋勇抗击。刘尚军逆沅水操舟上行,不熟悉航道,山深水险,进展迟缓,时久粮尽,只好回师。相单程伺机引众尾追,乘舟顺流而下,兵员、物资供应迅速,水陆夹击,刘尚大败,全军覆没。次年,起义军乘胜进取临沅(今湖南常德)。东汉朝廷又派谒者李嵩、中山太守马成率师反击,仍未取胜。建武二十五年(49 年)初,朝廷再派伏波将军马援,中郎将刘匡、马武、耿舒、孙永等率领十二郡率军 4 万余人进攻五溪,仍取道水路。这几次战争,双方都利用了沅系水道,虽无船舶停靠地点的记录,但客观上促进了航运的开发,也促进了沿河多处船舶停靠点的形成。东汉永元十二年(100 年)六月,㵲阳河大水,沿江一带泛滥成灾,朝廷拨出救灾粮食,对贫穷灾民每人发给谷物 3 斛。沅系水道首次用于运送救灾粮食,各船舶停靠点成为中转和疏散之地。

三、设立县治和赋调、盐运促进港口雏形形成

沅系水道在三国至西晋属荆州武陵郡,其中辰阳县(今湖南麻阳附近)含锦江与松桃河流域,㵲阳县(今湖南芷江东)含㵲阳河与清水江中下游。除当地土著民族外,已有少量汉人迁入。南齐时期(479—502 年),在㵲阳河置西平阳县(今贵州玉屏),清水江流域置南平阳县(今贵州锦屏)、东新市县(今贵州天柱瓮洞),是沅系水道以沿江集镇为据点设县治之始。梁、陈时期(502—589 年),沅系诸水大抵隶属夜郎郡(治夜郎县,今贵州岑巩附近)及东牂牁郡范围。虽然东汉灭亡后战乱不息,但各朝代对沅系流域的控制较秦汉时期更进一步。随着控制范围的扩大、统治的加强、课赋的增加,水运也逐渐向上游河段延伸,促进了沿江船舶停靠点的形成和发展。

从三国孙吴时期开始,到整个南朝时期,沅系水道的课赋运输基本没有间断。同时,

---

❶ 班固撰,颜师古注:《汉书·食货志》,清乾隆四年武英殿校刻本。

这一时期已开始有食盐运输。淮浙食盐经长江及沅系诸水道运入五溪。《资治通鉴》提到，南朝宋后废帝元徽二年（474年），荆州刺史沈攸之"赇罚群蛮太甚，又禁五溪鱼盐，蛮怨叛"[1]。这是沅系水道盐运的最早记载，说明五溪人民已改变淡食生活，食盐已成为不可缺少的进口物资。随着贡赋、淮浙盐等水运进出物资的增加，治所所在地的玉屏、锦屏、天柱、瓮洞等船舶停靠点，成为课赋外运和淮浙盐进入的集散地，初具港口雏形。

第二节　川系水道船舶停靠点的初步形成

一、秦楚争雄时期的乌江远程运输与船舶停靠点的形成

春秋时期，巴国强盛，幅员广阔，乌江下游及贵州北部为古代巴人活动范围，约在今贵州正安、德江以北地区。战国后期，巴国式微，西部为秦所据，置有巴郡；东部为楚所据，隶巫、黔中。黔中郡在巴郡东南、楚国西境，含今湖北清江，湖南澧水、沅水及其支流，今贵州东北部，兼有乌江下段，涪陵为其前哨。秦楚争雄阶段，秦国企图将楚国的这一地区据为己有。秦国张仪、司马错等重视黔中地的战略地位，建议利用巴蜀的丰富资源和强劲的军力，乘船向东，占领黔中，消灭楚国，统一天下。从秦灭巴、蜀至秦昭襄王三十年（前277年）的近40年中，秦、楚对黔中的争夺呈拉锯状态，秦曾4次出兵攻楚，以周慎靓王五年（前316年）取道乌江进军这次记载最为明确，而与庄蹻入滇的时间也比较接近。

周慎靓王五年（前316年），秦灭巴、蜀后，即由司马错组织进攻，《华阳国志》有"从积县（今涪陵）南入，泝舟涪水（乌江），秦司马错由之以取黔中"[2]的记载，大军由涪陵溯乌江南下，声势浩大，是关于乌江远程运输的最早记载。

由乌江进取楚黔中，首先要驶过下游河段，然后越武陵分水岭，至沅系支流，再进入干流。这条路线楚军未曾设防，是楚国统治比较薄弱的地区，很快为秦所控制，并阻断了庄蹻归楚之路。此次进军黔中，不仅在乌江沿岸及通航支流留下了许多船舶停靠点，而且打通了乌江至沅水水系的水陆联运通道。

二、蜀汉西晋时期赤水河安乐港口的初步形成

三国蜀汉建兴三年（225年），诸葛亮定计征讨南中（今四川大渡河以南和云南、贵州两省），其中马忠统率东路直指牂牁（孙吴武陵郡以西，今贵州中西部），李恢统率中路自平夷（今贵州毕节）攻益州郡（今云南东部），入盘江。两军顺利控制今贵州西部和中部广

---

[1] 司马光撰：《资治通鉴·宋纪十五》，民国八年上海商务印书馆四部丛刊景宋刻本。
[2] 王先谦撰，黄山补：《后汉书附续志集解·续汉志》卷二十三上《郡国志》，民国四年刻本。

大地区,不到 1 年,取得完全胜利。南中平定后,诸葛亮采取了一些稳定形势、发展生产的措施,促进了南中经济的开发,为蜀汉的财政经济补给创造了一定的条件。于时"军资所出,国以富饶"❶,"赋出叟、濮,耕牛、战马、金银、犀革充继军资,于时费用不乏"❷。除物资调派外,他还从"南中劲卒"中迁徙万余户到蜀,编成劲旅,补充兵员。蜀汉控制南中的30 ~ 40 年间,南中社会稳定,经济发展处于上升阶段。向蜀汉转运物资和兵员,促进了川系水道航运和港口雏形的形成发展。

赤水河上游,晋代属牂柯郡平夷县(今贵州毕节境);支流习水河上游,属牂柯郡鳖县(今贵州赤水市官渡镇)。南朝时期,赤水河、习水河流域为东江阳郡统属,安乐或为县或为戍,行使戍边与征赋等方面的职能。《华阳国志·蜀志》记载:"符县,群东二百里,元鼎二年置,治安乐水会。东接巴乐城;南水通平夷、鳖县。"❸而符县设治于西汉元光五年(前130 年),废除于西晋永嘉六年(312 年),位于赤水河河口与长江汇合处的左岸,是赤水河、习水河水运物资出口的终点港和进口物资的起运港。赤水河及习水河在西汉时期沿河部分集镇港埠已初步形成。

赤水河下游河槽开阔、水流平缓,天然条件较好,上中游原生型石滩较少,大量次生型石滩形成于近代,古代河道通航条件尚可,这就为早期的水运提供了条件。从赤水河流域习水县土城镇发掘的汉墓群可以看出,汉代赤水河沿岸居住的人口较多。由于赤水河中下游航运条件较好,当地又成为军事角逐的焦点,西晋建兴二年(314 年)李雄据蜀期间,曾派江阳太守侯馥在这一带"招降夷獠,修缮舟舰"❹,希望以此为基地,打通长江水道,由此可见,赤水河一带在西晋时航运及造船业已具相当规模。东晋穆帝(345—361 年)时,从符县南部划出一片置安乐县(今贵州赤水),标志着中央统治向赤水河系深入。这是赤水河沿岸有县治的开始,也是安乐港(今赤水港)初步形成的标志。

三、习水河官渡、长沙港口初步形成

习水河是长江流域赤水河右岸的一级支流,发源于贵州省遵义市习水县寨坝镇高家坡南麓,东南向流经寨坝镇、大坡镇、三岔河镇,至良村镇后折西北,经程寨镇、狮子村,在赤水市石堡乡庄子田村入赤水境,过石堡、官渡、长期、长沙、白云等乡镇后,于白云乡田渡村泥滩坝入四川境。习水河,《水经注》中名"鳛部水",当地居民称高洞以下为"高洞河"、官渡镇一段为"官渡河",民国初年在官渡设习水县府,始统称"习水河"。

习水河通航较早,西汉以前已有水运。在今习水河上游三岔河的岩壁上,保存有蜀汉

---

❶ 常璩撰:《华阳国志·李后主志》,清乾隆五十六年金溪王氏刻增订汉魏丛书本。
❷ 陈寿撰:《三国志·蜀志卷·李恢传》,清乾隆四年武英殿校刻本。
❸ 常璩撰:《华阳国志·蜀志》,清乾隆五十六年金溪王氏刻增订汉魏丛书本。
❹ 常璩撰:《华阳国志·西州后贤志》,清乾隆五十六年金溪王氏刻增订汉魏丛书本。

时期镌刻的舟船图像和文字,虽较稚拙,多伪笔、衍体,但仍清晰可见。船体以 2 个隔板似分为 3 舱,既可加强船体结构,又可分类存放物品和便于堵漏;船首尾两端较高,有利于防浪。画面为一渔舟,舟内伸出长竿,驱鸬鹚下水捕鱼,一鱼仓皇逃窜。刻记的时间是"章武三年"(223 年),说明习水河在蜀汉章武三年时,船舶水运活动和造船技术已达一定规模,给居住在上游无水运地区的人们留下了深刻印象,才有舟船图像及文字的镌刻。

习水河盛产"鳛鱼",官渡一带盛产鳖,因此官渡古代称"鳖县"。从今官渡镇附近的崖洞墓葬和葬洞下的岩刻(疑为夜郎文字)可以看出,习水河中下游沿岸早就有濮(僰)人居住。《华阳国志·蜀志》记载:"符县……南水通平夷、鳖县。"此处的"鳖县",经学者考证,应在今贵州省赤水市官渡镇。由此观之,当时习水河边的官渡、长沙两地集镇和船舶停靠港口已初步形成。

第三节　西系水道船舶停靠点的兴起与衰落

一、秦汉时期牂牁江水运兴起与船舶停靠点

秦并六国统一中国后,在今贵州地区首置郡县,开五尺道以利交通,并迁徙赵人和山东部分俘虏至巴蜀进行冶炼铸造,传播中原文化,促进生产,但时间不长、统治薄弱。秦覆亡前夕,原地方割据势力死灰复燃,纷纷占据旧地,恢复原来国号。贵州地区以夜郎为大,乘势崛起,据地称雄;南边赵佗杀秦吏,建立南越国。汉初,西南政局继续保持分裂割据局面,夜郎、南越各为政,并不服从中央政权。

秦末动乱,夜郎本土比较安宁,"秦亡县废"后,商贾趁郡县废除之机,大量贩卖牟取暴利,于是夜郎的贸易繁荣一时,市场上有各地土特产,如平夷(今贵州毕节、大方)的茶、蜜,谈指(今贵州册亨、望谟、罗甸)的朱砂,夜郎的雄黄,蜀地的蒟酱(食品,一说产于今贵州兴仁)、临邛(今四川邛崃)的铁等。商贾以所多易所鲜,互通有无。夜郎又是筰马、牦牛和僰僮(奴隶)市场,巴蜀商贾把土特产带到夜郎后,换回牛马等牲畜,并贩卖奴隶,从中牟利致富。同时,南越为了拉拢夜郎,曾"以财物役属夜郎"[1],夜郎亦想在经济上依靠南越,双方加强了交往。商贾为了逃避地方政府的税赋,牟取高利,乃"窃市"夜郎特产,经牂牁江下番禺(今广东广州)出售,促进了西系水道航运的发展,使牂牁江逐步成为连通夜郎与番禺的水运通道。

当时,夜郎和番禺之间的航运只在民间进行,西汉朝廷并不了解。西汉建元六年(前135 年),闽越和南越发生内乱,汉武帝为戡平动乱,实现统一,派大将王恢征服闽越,对南

---

❶ 班固撰,颜师古注:《汉书·西南夷两粤朝鲜传》,清乾隆四年武英殿校刻本。

越没有贸然用兵,先派鄱阳令唐蒙出巡了解情况。唐蒙在南越吃到蒟酱,"蒙问所从来,曰:'道西北牂柯,牂柯江广数里,出番禺城下。'蒙归至长安,问蜀贾人,贾人曰:'独蜀出枸酱,多持窃出市夜郎。夜郎者,临牂柯江,江广百余步,足以行船'"❶。由此看出,牂柯江即今南盘江北盘江—红水河。唐蒙得知经夜郎牂柯江可通南越首邑番禺,便向武帝提出由水路进攻制服南越的计划。他说:"南越王黄屋、左纛,地东西万余里,……今以长沙、豫章往,水道多绝,难行。窃闻夜郎所有精兵,可得十余万,浮船牂柯江,出其不意,此制越一奇也。诚以汉之疆,巴蜀之饶,通夜郎道,为置吏,易甚。"❶武帝同意了唐蒙的计划,封其为中郎将主持其事。之后,唐蒙曾出使夜郎,"喻以威德,约为置吏,使其子为令"❶。西汉元光六年(前129年),又发巴蜀和广汉数万兵夫开辟夜郎道,以僰道(今四川宜宾附近的安边)为起点,指向牂柯江。虽因工程艰巨,给养困难,耗费巨大,士卒死亡甚多,土著又时有暴动,经2年未修通,受到朝廷主管官员和蜀民的抗议,御史大夫公孙弘力主集中力量对付北方匈奴而作罢,但交通困难的状况多少有所改善,僰道至平夷间部分已设邮亭传递信息,为后来汉代向南开拓和用兵打下良好基础。这些政治事件的记述,清楚地反映了古代牂柯江航运的情况和战略地位。此后,汉武帝曾利用牂柯江部署侧袭南越的计划及西汉末年王莽篡权所引起的反抗斗争,牂柯江水运均得到重视,但没有具体的船舶停靠点记载。

西汉末年,王莽篡汉后更改官制,降低了西南夷部族头领的地位,损害了土著部族的利益。这时,巴蜀为王莽的同党公孙述所据,公孙述后又自立为天子,遭到牂柯大姓抵制,于是北线至巴蜀的联系中断。东面武陵一带和中原地区先后爆发了反对王莽政权的斗争,交通亦同时受阻。南线遂成为牂柯对外的唯一通道,西系水道的航运一时显得更为重要。东汉建武元年(25年),刘秀在河北即帝位,牂柯郡功曹谢暹派遣使臣入贡,就是取道南线,走番禺江绕道北上。

二、牂柯江水运与船舶停靠点的衰落

蜀汉平定南中以后,人员流动和物资转运以由南往北为主,与汉代发夜郎兵下牂柯和民间贩运蒟酱到南越的流向相反,西系水道的航运逐渐受到影响。

西晋时,中央政权对南中与其他边远地区一样,设有征收户调的定制。太康三年(282年),南中建置调整,另立南夷校尉,统领五十八部夷族,加强控制。各族均向校尉纳贡,南夷府入牛、金、旃马,动以万计。土著部族所承受的调贡,是社会运输量的重要成分,如西平、夜郎、牂柯、平蛮等几个郡向校尉所在地运输,物资流向也自南向北,并以陆运为主。西晋后期,南中为成(汉)与晋争夺的焦点。西晋末年,因天灾与人祸的影响,南中人

---

❶ 司马迁撰,裴骃集解,司马贞索隐,张守节正义:《史记·西南夷传》,清乾隆四年武英殿校刻本。

民"频岁饥疫,死者十万计"❶。此后数十年间,牂牁境内大姓互相争夺,混战迭起,生产破坏严重。东晋永和三年(347 年)灭成(汉),而东晋王朝内政腐败,已丧失控制南中的能力。这段时期,南中政局混乱,经济衰退,交通运输已不可能有较大发展。至东晋宁康元年(373 年)氐族苻坚取成都,控巴蜀,建立前秦政权,声威远及南中,"西南诸夷"大都降附。东晋太元二年(377 年)和太元七年(382 年),曾两度遣使向前秦纳贡。前秦在北方,贡物的流向也还是自南而北。因此,总的说来,从蜀汉到东晋,通向南方的西系水运已相对衰落。

刘宋政权(420—479 年)比较看重西系水道的作用,在南盘江北盘江流域内所置的夜郎郡、兴古郡、西平郡和牂牁郡与都城建业(今江苏南京)之间的交通,都以水路里程计算。而各郡至宁州(今云南晋宁东)间无通航水道,则计算陆路里程。《宋书·地理志》对各郡到都城和到宁州的水陆里程都有明确记载。不过,经过东晋时期近百年的动乱和灾荒,四郡人口已很稀少,据《宋书·地理志》记载,四郡 21 个县的总户数才 2770 户,平均每县仅约 132 户,并且各县至通航河段均有较远距离,兼之经济萧条,生产力下降,郡县设置徒具虚名,与荒服徼外并无多少差异。刘宋王朝已很难提供物资经水道运出。刘宋大明八年(464 年),侍中肖惠开任宁、夷二州刺史,扬言要"收牂牁、越嶲为内地,绥讨蛮濮,辟地征租"❷,便是想从开辟田土、发展生产来征调租赋,使"边徼"也能与内地一样承担课税任务。但在交通闭塞、人口稀少、人力物力贫乏的条件下,不可能取得进展,水运更是无人经营。

南齐建元三年(481 年),朝廷指派侍中王奂为南夷校尉,王奂却以"西土戎烬之后,痍毁难复"❸为由,拒绝了这项任命。由此可知,此地区社会经济遭受严重破坏,到南齐时还未恢复。梁、陈时期(502—589 年),水系所经的夜郎郡被来自西部的另一土著部族东爨(音窜,据今云南东部)与乌蛮所据,属于地方割据的势力范围。"梁陈遂不能有夜郎郡,惟就其侨民置夜郎郡于辰阳。"❹这个夜郎郡,大体在潕阳河与锦江流域之间,一说在锦江与松桃河间。总之,夜郎人民不甘于东爨与乌蛮的统治,离开了桑梓,流徙到黔东,促进了沅系水运的增长,而西系水道流经地区,人口减少,生产与运输愈加衰落,沿江水运及船舶停靠点亦随之衰落。

❶ 房玄龄撰:《晋书·李雄载记》,清乾隆四年武英殿校刻本。
❷ 王钦若辑:《册府元龟·总录部八十四》,明刻初印本。
❸ 司马光撰:《资治通鉴·齐纪一》,民国八年上海商务印书馆四部丛刊景宋刻本。
❹ 邹汉勋纂:咸丰《安顺府志·纪事志二》,清咸丰元年刻本。

第二章
隋至元代贵州港口的初步形成

（581—1368 年）

隋朝结束南北朝对峙实现统一,但仅存在 37 年。因贵州区域内的各方势力仍附离不定,局势动荡,隋对贵州直接统治的时间不长。

618 年李渊建立唐朝后,至安史之乱前的 130 多年间,社会稳定,国势强大。唐朝时,在今贵州境内普遍设州县,采取经制州与羁縻州并举的政策。这种体制对稳定贵州各方势力起到了一定的作用,客观上促进了经济文化的交流,中央政权的统治较前代更为巩固。

这个时期,贵州的农业生产和小手工业得到发展,贡赋运输量增加,并渐成定制;乌江、潕阳河等河的水路运量上升;沿江原船舶停靠点人口增多,集镇形成,之后多为治所所在地,并成为贡赋及物资交流中心的港口;随着水路物资向腹地转运,陆路按每天脚程计的中途歇脚店逐渐发展,并逐渐形成集镇,水陆联运网络也逐渐形成。五代(907—960年)期间,尽管政权更迭频繁,但各政权都没有放松对贵州地区的统治,统治者从这里征收土产等物资,并通过水陆联运线运往朝廷京城。水运量的增加,水陆联运线的建立,促进了贵州各通航河流港口的形成和发展。

北宋初年,辽国入侵,迫宋媾和,其后辽、金又先后侵犯宋境,宋军屡败,终致朝廷南迁至临安(今杭州)。随着政治重心的南移,北方人口大量向南方迁徙,进入今贵州地区的汉人增加,促进了沿河集镇码头的繁荣。由于战争耗费巨大,朝廷开支浩繁,为了完成征调任务,地方官府采取了有利于水运发展的措施,修建陆路运道石桥。然而,宋代外患频仍,国力羸弱,无暇顾及边远地区,唐代的经制州有不少转为羁縻州,幸而当时贵州境内相对稳定,生产有所发展,民间运输亦相对活跃。对赤水河流域统治亦得到进一步加强,在今土城设滋州、复兴设仁怀县,并普兴场集以繁荣经济。

宋末元初,忽必烈率军队向今贵州西部和北部的罗施鬼国及思州、播州等地进攻,土著部族或归顺或接受招抚,战争时断时续达 20 余年,直到元世祖至元十九年(1282 年)才大体平定。广泛而持续的军事活动,使元朝对这一地区的控制得到加强,改变了唐、宋以来的羁縻政策,取消了一些相对独立的地方政权,普遍推行土司制度。土官除对中央政权负担规定的贡赋和征发外,在辖区内仍保持传统的统治机构及权力。土司制度较松散的羁縻关系前进了一步,为发展交通提供了新的条件。元代在今贵州开辟驿道,修建驿站,潕阳河已有水路驿站的设置,各河港口也得到进一步发展。

第一节　沿江建置促进港口的形成

一、沅系水道沿江建置与港口变化

隋代,沅系水道统隶沅陵郡,今贵州境内基本未设县治。隋开皇九年(589年),曾以梁夜郎郡地改置静人县(今贵州玉屏东北),但9年后即撤销,并入辰溪县(今湖南麻阳附近)。到唐代,随着中央政权力量的深入,设经制州统治,又有州县设置。

唐垂拱二年(686年),置锦州,包括松桃河、锦江流域,经两度易名,至乾元元年(758年)领五县,其中常丰(今贵州松桃)傍松桃河,渭阳(今贵州铜仁)傍锦江。另外,天宝三载(744年)降为羁縻州的充州,领五县,其中辰水(今贵州江口)位于锦江上游。潕阳河流域建置名称前后经过6次改变,大历五年(770年)复名奖州,领峨山(州治)、渭溪、梓姜三县。峨山即今岑巩,溯潕阳河支流龙江河可达;渭溪县因渭溪水而得名,在今支流车坝河汇口处;梓姜即今镇远。唐《元和郡县图志》分别记载了三县之间的水路里程。以上县治所在地均为船舶停靠点逐渐发展而形成。清水江沿岸自南齐以后未见设治,但从宋代羁縻州中有亮州(今贵州锦屏)存在的情况来看,沿江城镇同样在发展。

唐代沅系水道沿江建置的增加,标志着水运及港口码头向上游和支流延伸,而潕阳河、锦江、松桃河处于更重要的地位。

元代在今贵州推行土司制度,设8个较大的行政区,分别隶属四川、湖广、云南3个行省。沅系水道大部属思州宣抚司,局部属播州宣慰司和新添葛蛮安抚司。沿江建置城镇得到进一步发展,以潕阳河沿江设治较密,比前朝明显增多。潕阳河已发展成为黔东的主要水运通道。

沅系各河治所设置,既是以过去船舶停靠点所带来的人口增加和货物集散为基础,同时又促进了沿河港口的形成和发展。沅水水系松桃河的松桃,锦江的印江、江口、铜仁,潕阳河的旧州、施秉、镇远、岑巩、玉屏,均由原来的船舶停靠点发展成为港口和人员、物资集散中心。

《元史·兵志四》"站赤"记载,元代为了"通达边情,布宣号令",在交通干线上普遍设置站赤(即驿站),官员出巡、赴任和边民朝贡往返等,都由驿站提供车马。元世祖至元十七年(1280年),诏江淮诸路增设水站,水陆并举,以减轻陆运压力。今贵州地区设置的土司与通航河道有关的有20余处。潕阳河沿岸人口密集,设县治地点较多,经济比较发达,成为向东的主要进出口通道,约在元世祖至元三十年(1293 年)前后也开始有水站设置。八番罗甸宣慰司请求设置的 24 处水站,上起潕阳河,中经沅水,下迄洞庭湖。在今贵州境内,有大田(今镇远)、清浪(今青溪)、平溪(今玉屏)3 站;在黔湘边界有便溪站;在湖南境内有 20 站,大部分分布在沅水干流。贵州的 3 站中,大田站、清浪站属镇远府,平溪站及边界上的便溪站属沅州路。除清浪站系新建外,其余均系利用原有马站增配站船。这些站船称"大桐槽船",每站各 5 只,每船配驾船夫 4 名,共 20 名。另外,各站并配管驿杂夫 5 名。沅州路所辖湖南境内 6 站,上起晃州,下接辰州路的溆浦,也都配备同样大小的"大桐槽船"。辰州溆浦站以下,才分别行驶 50 料、70 料、80 料及 100 料等较大吨级的船舶。

水站站船为官船,执行公务派遣。按照至大元年(1308 年)的规定,除行省宣慰司总提调外,还受所在各路、府、州达鲁花赤(大蒙古国、元朝地方长官,通常由蒙古人担任)提调。水站船和属具等的维护以及人员配备听命于所在府、州。至于兼有船只和驿马的各站,调度安排上曾多次做过规定:元贞二年(1296 年)中书省按照官员品级议定调派船只的艘数;大德三年(1299 年)和七年(1303 年)间兵部明确,凡可通航之处,应尽先派船,必要时才派马;大德八年(1304 年),兵部重申,如有适合水运而改派铺马应付的,应处置分管官员;至大四年(1311 年)和至治二年(1322 年)又一再重申,对于不要求紧急传递的寻常公务,以及"常行粗重货物,(概)经由水路递运"❶。当时思州一带入贡天鹅较频繁,故天历元年(1328 年)文宗特别诏令湖广等省贡奉天鹅时"加意腌讫,以驿舟送来"❷。元朝之所以反复强调利用舟船,主要是因为往来人员及物资太多,驿马难以应付,且补充替换耗费巨大。潕阳河及沅水水道,是湖广与川、滇两省各级官员调遣与土司朝贡往返的必经之路。水站舟船行驶的繁忙情况,从朝廷强调利用舟船的指令中可见一斑。

水路驿站的建立,不仅反映了潕阳河水运的繁荣,也标志着沿河港口已初步形成规模,同时也开创了贵州水运和港口管理的先河。

二、川系水道沿江建置与港口形成

乌江在今贵州省境内的船舶停靠点,经几个世纪的演变,到隋唐时集镇已具有一定规模。隋开皇五年(585 年)于乌江今思南、德江间置涪川县,开皇十九年(599 年)又在今沿河置务川县,是乌江通航河段沿江正式设县治的开端。隋大业三年(607 年)涪川隶属黔安郡,彭水为郡治。务川初隶庸州(今重庆市黔江区),大业二年(606 年)置务州于此。

唐武德二年(619 年)在乌江支流洪渡河口置洪渡县,隶属黔州(州治在今重庆彭

❶ 解缙、姚广孝等编:《永乐大典》卷 19425,北京:北京图书馆出版社,2004 年。
❷ 解缙、姚广孝等编:《永乐大典》卷 19421,北京:北京图书馆出版社,2004 年。

水)。洪渡县治成为乌江进入今贵州的门户,使节往返、官吏调迁、贡赋运输多经过这里。唐麟德二年(665年)洪渡县治移至龚湍(即今龚滩镇)。而龚湍地处峡谷河段,崩岩阻塞河槽,水流湍急,附近高峡紧锁、土地瘠薄,不具备发展农业的自然条件。迁洪渡县治于此,显然是因乌江航运发展,龚湍处需搬滩驳载,人口增加,港埠兴起和商贸活动所致。

唐贞观四年(630年)以后,各州几度调整易名,务州改名思州,又在乌江中游分出部分置费州,朝廷对乌江中游地区的控制进一步加强。至乾元元年(758年),思州领务川(州治今贵州沿河)、思王(今乌江支流印江河口)、思邛(今贵州印江)3县;费州领涪川(州治今贵州思南)、多田(今贵州思南、潮砥间)、扶阳(今贵州德江煎茶溪)、乐城(今贵州凤冈北)4县,除扶阳、乐城外,上述各县都设置在乌江干流或支流沿岸,均发展成为贡赋和物资集散的港口码头。

唐代沿乌江通航河段普遍设立县治,反映了水运、港口与城镇间的相互关系。水运促进了沿江城镇和港口的形成与发展,因港口的发展而设治,体现了港口在当时经济社会发展中的重要性。

宋代,今贵州大部分地区属夔州路。开宝七年(974年),土著首领普贵以所领矩州归顺,土语言"矩"曰"贵",朝廷敕书称"惟尔贵州,远在要荒"❶,"贵州"名称始见于文献。宋代对贵州的统治比较薄弱,乌江沿岸未设县治。元泰定三年(1326年),以思州土官田仁为宣慰使,在乌江沿岸置沿河佑溪等处(元代建置名称,相当于县级)蛮夷长官司(今贵州沿河),安化上中下蛮、洪安等处(今贵州德江)、思印江等处(今贵州印江)水特姜长官司(今贵州思南),石阡等处、葛彰葛商等处蛮夷长官司。唐代设县地点大都恢复建置,并有增加。

赤水河中下游自东晋在今贵州赤水市设安乐县,隶属东江阳郡,唐代隶属四川泸州。北宋大观年间(1107—1110年)在赤水河中游置滋州(今贵州习水县土城镇),下游设仁怀县(今贵州赤水市复兴镇)和九支城(今贵州赤水市附近),属泸州;在綦江上源置溱溪寨(今贵州松坎),属南平军。说明这些河流沿江集镇也在发展,港口已经形成规模。习水河官渡、长沙两镇是否设治虽无文献记载,但从官渡出土的多处宋代古墓葬群和赤水县志、官渡镇志记载可以看出,此处在宋代人口增多,集镇兴起,设置官渡,广兴集市场期,说明港埠较为繁荣。

三、西系水道沿江建置与港口形成

都柳江下段有支流四寨河,北宋时称王江。王江下游为融江,宋代属于广南西路的融州。以融州为中心的融江流域,早在北宋中期,中央王朝积极向西南地区"开边拓土"之时,就已经通过柳州至梧州之间的西江干流水道开展水运活动。四寨河上游插入诚州

---

❶ 张广泗修,杜诠纂:《贵州通志·艺文志》,清乾隆六年刻嘉庆修补本。

(后改称靖州),属荆湖北路,与清水江支流亮江及洪州小河上源仅一岭(苗岭)之隔。宋朝拓土过程中,王江新附,交通有所发展。元丰七年(1084 年)荆湖北路相度公事叙述王江"东由王口三甲,西连三都乐土,南接宜州安化,北与诚州新招檀溪地密相邻比"❶。这里说明了都柳江流域范围的轮廓,并联系到水运。三都、乐土,即今贵州三都、烂土,《元丰九域志》曾叙述融州西北可至羁縻古州(今贵州榕江),所载方位与距离大体相近。宋周去非《岭外代答》言"融州城外江水……大水泛出蜀南州牌"❷,说明当时都柳江航运已可通往上游,时间至迟应在元丰(1078—1085 年)以前。与王江"密相邻比"的檀溪,在今贵州黎平县南,在四寨河与亮江两河上源的分水岭地带,诚州纳入版图后在此设团堡,发展交通,利用四寨河水道,水陆相济,沟通诚、融诸州。因此,王江流域的内附促进了沿江船舶停靠点的形成和发展。

西系水道自蜀汉定南中以来,贡赋课税北运,沿牂牁江贵州境内人口逐渐减少,水运衰落,唐宋时期沿江未见治所设置记载。直至南宋时期,西系水运转趋活跃,都柳江、牂牁江的红水河因粤盐入黔及其他物资交易,水运恢复,促进了都柳江的三都、烂土、古州(今榕江)和红水河船舶停靠点及港口的形成与发展。

第二节　各河系港口吞吐的主要货种

隋唐时期加强了对赋调的征收。唐武德七年(624 年),又一次强调均田,凡获田者,每丁每岁输粟二石。岭南各州以输米计算,上户一石三斗,中户八斗,下户六斗,"夷僚"减半纳租。《陆宣公奏议》载:"有田则有租,有家则有调,有身则有庸。"❸开元、天宝年间(713—756 年),思、黔、费、奖诸州人口都有统计,一律承担赋调。《旧唐书·杨炎传》载,德宗建中初年(780 年前后)改行两税法,"凡百役之费,一钱之敛,先度其数,而赋于人"❹。按当时钱钞计数后,再按预定价格收取实物,分夏、秋两次交纳。实物绫绢、丝麻、斛斗之类,皆随乡土所产而征收,因此提供了经常性的社会运量。

唐代中叶以前,社会比较安定,各地农业、手工业、畜牧业和采矿冶炼等行业都有发展。在贵州部分州县,农产品有谷物、茶、麻、豆类等;畜产品以马、牛最多;矿产有麸金、朱砂、水银之类;手工业则有竹布、纻布、班布、麻布的织造和酒的酿制;此外,尚有黄蜡、犀角、黄连等土特产。中央政权根据各州物产的特色规定贡品。《元和郡县图志》记载,沿乌江流域的思、黔、费各州,贡物为朱砂、水银、黄蜡、犀角;黔州以纻布为常赋。宋《舆地

---

❶ 徐松辑,缪荃孙重订:《宋会要辑稿·方域十九》,民国二十五年国立北平图书馆影印本。
❷ 周去非撰:《岭外代答》卷一,清乾隆三十七年至道光十年长塘鲍氏刻知不足斋丛书本。
❸ 郎晔撰:《注陆宣公奏议》,清光绪间归安陆氏刻十万卷楼丛书本。
❹ 刘昫撰:《旧唐书·杨炎传》,清乾隆四年武英殿校刻本。

纪胜》曾载,黔州"夏供茶蜡,秋输米粮"❶,可知当时贡赋已成定制。沿潕阳河、锦江的奖州和锦州,贡物有朱砂、犀角、黄连、象牙、麸金、黄蜡等。这类贡物数量虽不多,但也是经常性社会运输的一部分。

各羁縻州版籍不入户部,贡赋并无定则。但土著头领为表忠心,得到朝廷的褒奖或加封,每隔几年便要派遣使臣携带土特产品向朝廷进贡一次。汉晋时期,羁縻各州便已向中央朝贡,到唐代更为频繁,绝大部分出自奖州以西、费州西南的牂牁。当时,贵州通向都城长安的要道是乌江和潕阳河。贞元三年(787 年)南诏遣使分三路入朝,一路出牂牁,从黔府路入,可见当时曾以乌江所经的黔州都督府作为一条出使线路。后唐天成二年(927 年),由牂牁清州八郡刺史宋朝化率领的朝贡使节共 153 人,携带的土特产有豆蔻 20000 两、朱砂 500 两、蜡 200 斤,合计 250 千克左右,先越过崎岖山路,然后通过水道运出。

宋初,吸取前代藩镇专横的教训,财权集中,由京官兼理财赋。乾德三年(965 年),设置诸州转运使,并规定"凡金帛悉送汴都,无得占留"❷。至道二年(996 年)冬,重申"上供金银钱帛斛斗纲运,并须赴京送纳,缘路诸州,不得辄有截留","诸道州府军监今后合要支用财谷等,各须预先计度"❸,各按计划供给。这些规定不仅加强了中央集权,也增加了社会运输活动,形成经常性的货源。朝廷为便于人民休养生息、发展生产,在运输环节上,提倡使用舟车,以免多占民力。乾德六年(968 年),对各地上供钱物的运输方式曾作出规定:"当水运者,官为具舟,不得调发居民,以妨农作。"❹天禧二年(1018 年),又诏令各地:"布帛除已般辇外,所余者并于水路般运上京。"❺元丰二年(1079 年)重申:"东南诸路上供杂物旧陆运者,委三司增置漕舟,并从水运。"❻可知在各个时期,集运布帛、钱粮及杂物,朝廷都比较强调水运。宣和六年(1124 年),边关告急,缺船运粮,曾诏令各地拘派大量私船应付。

宋代在贵州与川、湘、桂毗邻地区置经制州,内地设羁縻州,经制州按制上纳帛、绢、钱、粮及杂物。由于战争需要,征取量甚大。"高宗建炎初,诏诸路纲米,以三分之一输行在,所余赴京师。"❼绍兴初年,因粮运频繁,拘留舟船,克扣船夫,民间曾出现自毁舟船的事件,迫使政府采取一些宽厚的措施,如优价雇募客舟,允许纲船夹带私货,蠲免部分税款,调整水运脚力,添置官船,置转搬仓等,促进了水运、港埠的发展。

羁縻州每 3~5 年向朝廷入贡,贡物有朱砂、石英、水银、蜜蜡、药物和良马等。宋代有

❶ 王象之撰:《舆地纪胜·夔州路》,清道光二十九年惧盈斋刻本。
❷ 薛应旂撰:《宋元资治通鉴·太祖二》,明嘉靖四十五年自刻本。
❸ 徐松辑,缪荃孙重订:《宋会要辑稿·食货四十六》,民国二十五年国立北平图书馆影印本。
❹ 马端临撰:《文献通考·国用考三》,清乾隆十二年武英殿刻本。
❺ 徐松辑,缪荃孙重订:《宋会要辑稿·食货四十六》,民国二十五年国立北平图书馆影印本。
❻ 徐松辑,缪荃孙重订:《宋会要辑稿·食货四十七》,民国二十五年国立北平图书馆影印本。
❼ 马端临撰:《文献通考·国用考三》,清乾隆十二年武英殿刻本。

史可查的入贡次数达 70 余次,比前代更为频繁,每次入贡人数,自 500 人至 1000 余人不等。至道元年(995 年),龙汉硗遣使龙光进率蛮部进贡方物。咸平五年(1002 年),又遣牙校率部 1600 人携马 460 匹并其他药物、布帛等入贡,朝廷亦回赐一些玉器、金银、锦袍之类,规模可见一斑。由于羁縻州不能直接控制,宋代扩大官卖食盐市场,以换取所需粮帛,或购买紧缺物资,因而促进了贸易的发展。贡物与市易,都视交通条件,分别由水路港埠或陆路运出。

元初赋税较前代增加,《元史·食货志》载:"全科户丁税,每丁粟三石,驱丁粟一石,地税每亩粟三升。"❶除赋税外,亦按各地土特产课税。至正十五年(1355 年),思州境七岩土、黄坑等地已设场局,采冶水银、朱砂,曾规定水银、朱砂之类,"皆因土人呈献而定其岁入之课"❷,思州、播州等处每年都必须照常纳课,只在特殊情况下才获减免。如大德四年至六年(1300—1302 年)间,刘深、刘国杰相继发兵征讨八百媳妇国和亦奚不薛,征调思、播土著转运军粮违误农时,影响生产。大德七年(1303 年),朝廷才以"转输军饷劳"❸为辞,宣布蠲免思、播二州当年税粮。泰定元年(1324 年),镇远等地受灾,思州、播州也受影响,朝廷诏令减免两州差税,并对镇远灾民进行救济。除此之外,元朝用兵频繁,思、播等地粮赋甚重,运量较大。不过当时行政建置比较混乱,隶属常有变化,沿潕阳河粮赋调运,流量、流向错综复杂,哪些地点经水运,哪些地点经陆运,已难查考。乌江也有类似情形。粮赋除上纳者外,特殊情况也有反销。如元延祐元年(1314 年)、泰定元年(1324 年)和天历二年(1329 年),潕阳河流域的思州、镇远府等地受灾,每次赈米数百石,靠发廪粟赈济或由湖广舟运接济。

赋役贡税的增加,使水路运输量增加,各河沿江港口码头集、疏、中转能力和吞吐量相应增加,港口码头得到进一步发展。

一、沅系水道"课米酬盐"的粮、盐货种

唐代,汉人逐渐增加,原沿江船舶停靠点已发展成为集镇,水陆联运线途中集镇增多,中央政府对贵州采取经制州和羁縻州统治方式,开始在沅水水系沿江设置治所,并从潕阳河扩展到松桃河、锦江流域。在加强对贵州地区统治的同时,注重经济发展,实行均田制,将中原农耕和小手工业文化传播到贵州,小手工业和冶炼业得到发展;增加课赋税贡,实施"课米酬盐",淮浙盐从沅水进入贵州。随着小手工业、农业生产的发展及贡赋的增加,沅系水运货物品种和吞吐量增多,官民交易、民间交易频繁,伴随水陆联运线逐步形成,各沿江集镇、港口码头和治所所在地成为货物集散交易中心和物流中心。

---

❶ 宋濂撰:《元史·食货志一》,清乾隆四年武英殿校刻本。
❷ 嵇璜纂:《续文献通考·征榷考》,清光绪八年浙江书局刻本。
❸ 宋濂撰:《元史·成宗纪四》,清乾隆四年武英殿校刻本。

唐代除沿袭前代惯例,继续由沅系水道输入淮盐外,川盐采汲渐丰,《新唐书·食货志》载"黔州有井四十一,……皆随月督课"❶,作为当时国家收入的一部分,在生产基础上出现了销与运的环节。思、费等州靠黔州供应食盐。贞元四年(788年)以后,朝廷还对贩盐的私商课以重税,以补军费开支,说明食盐已成为经常性的进口货源。

宋代由于北方游牧民族不断进入中原,政治重心和人口南移,沅系水运较前有所扩大。建隆四年(963年),宋太祖赵匡胤平定湖南,得十五州,含锦州和奖州。朝廷派遣官吏,并设置官船,供交通运输使用。奖州团练使李溥在天禧二年(1018年)以附官船贩鬻材木、规取利息等罪遭贬,是当时在奖州委官吏、置官船的例证。熙宁七年(1074年),合并原有的锦、奖、叙诸州地,称为沅州(包括今贵州的松桃河、锦江、潕阳河下游地区),隶属荆湖北路。南宋宝祐五年(1257年),朝廷诏令中溪、清浪、黄平分置屯戍。宝祐六年(1258年),新筑黄平,诏赐名镇远州。今玉屏、青溪、镇远等沿江集镇,已为宋朝对沅州西境进行控制的重要据点。宋初,择要害之处配备弓弩手捍卫边防,由内地供给粮食。后实行屯田,耕战结合,以减少调运,有时亦自边地征收租赋,除留用外也运出一部分。宋朝廷重视经营沿江关隘要邑,是出于保障运输、维护治安的需要。

沅系流域向朝廷输纳的物资,主要靠"省民"和"熟户"承担。"省民"是前代内迁的汉人或与汉人相处已久的土著,居住在水陆交通线附近,所纳租赋标准一如中原内地。"熟户"是生活习惯比较接近"省民"的土著,或称"山傜",或是应募捍卫边寨的弓弩手,称"峒丁"。他们居住在主要水陆运道的外围,接近"生界",屏障"省民",起到维持边境安宁的作用,遵守宋朝法制,接受地方官调遣。绍兴二年至四年(1132—1134年),辰、沅、靖等州的部分峒丁,曾经应调参与镇压钟相杨幺起义的战争。山傜、峒丁分有田地,每丁每年赋米3斗,向州县输纳,为社会运输量的一部分,但不稳定。宋初,虽禁止峒丁买卖土地,但执行不严,或因天灾人祸,峒丁将田土卖给省民,无田可种,无法提供贡赋。熟户、峒丁以外,即为在语言和生活习惯上与省民有明显差别的土著,称为"蛮傜""蛮僚",住地称"生界",聚寨以居,由酋长统领。地方政权较稳定时,酋长率众归附,朝廷赐官,是为羁縻,不承担租赋任务。但他们需要政府供给食盐,政府亦希望用食盐换取他们的土产、钱币或粮食,由此产生一定的运输量。咸平四年(1001年),孙冕提议在荆湖通商卖盐,使"土物山货,以至漆蜡纸布、绅绢丝绵,萃于京师……穷谷深山,悉知盐味"❷。通商卖盐的建议虽未付诸实施,但由官办的"课米酬盐"已在一些寨堡推行。熙宁八年(1075年)前后,沅州先后招纳溪峒36州,共5800余户,约16000人,授蛮酋充任班行军将军等职,对他们岁课米粮,酬以食盐,均由转运使孙洵统筹。

❶ 欧阳修撰:《新唐书·食货志》,清乾隆四年武英殿校刻本。
❷ 徐松辑,缪荃孙重订:《宋会要辑稿·食货二十三》,民国二十五年国立北平图书馆影印本。

羁縻地区的社会政治形势常不稳定,沅州所领的地区早期一度丢失,熙宁七年(1074年)收复后,又几经反复,曾派戍兵运送粮饷,以捍卫边防。由内地向边外运粮或开展粮盐互市,以及"课米酬盐"的活动,促进了水道的利用和航运的发展。而沅系水道原有的港口集镇随着集散交易中心地位的不断提高,居民增多,船舶停靠泊位亦随之增加。随着水道利用和航运的发展以及水陆联运线的形成,许多沅系水道支流水运得到延伸,支流港口码头和集镇也随之得到进一步发展。

二、川系水道的丝帛、药材及粮运

黔江,即今贵州乌江中下段,宋代跨思、黔二州地,统隶于四川夔州路(宋代思州州治务川县即今贵州务川,已非唐代的务州)。唐代的思、费二州原为乌江中段的 2 个经制州,五代时由田氏踞领,宋朝建立后,太宗年间虽委派过两州刺史,但并未改变分离状态。大观元年(1107 年),土著首领田祐恭内附,政和八年(1118 年)始置羁縻思州,田祐恭为守令,虽然接受王朝的调遣,但羁縻关系实较唐代经制州的地位有所倒退,对中段水运的利用也产生了影响。

宋初,在施、黔等州边境设置戍兵,由夔州路供应粮食。后来以"蛮地饶粟而常乏盐"❶,权三司使丁渭准许以粟易盐,以解夔州转饷之劳,并解决了民食所需。景德二年(1005 年),又在"施、黔等州,垦荒地为屯田,今岁获粟万余石"❷。其时,川峡粮储充足,丁渭乃奏请"以盐易丝帛"❸,可知当时黔州边境开展了粮、盐和丝帛的互换与贸易活动,相应产生的社会运输,增加了乌江水运港口码头的货运品种和吞吐量。

宋咸平六年(1003 年),辽国大举进犯,迫宋签约媾和,岁供银绢。宋朝廷为应付庞大的财政开支,从各路大肆征调应急,仅夔州一路,夏税绢近 300 万匹、布近 50 万匹。宋真宗采纳丁渭的提议,对各州军食已有 2 年储备,近溪峒州有 3 年储备的,都同意用食盐换取丝帛。据《宋会要辑稿》食货四十二记载:"两川四路物帛、绫罗、锦绮、绢布、紬绵,每日纲运甚多,递铺常有积压。其余药物更有水路纲运,不可胜纪……夔州路收买黄药子,每于匹帛纲内附载往荆南转附赴京。"❹可见当时四川夔州等四路水运极为繁忙。黔州是夔州路的贸易活动中心之一。熙宁六年(1073 年)曾在此设置夔州路市易司。熙宁十年(1077 年),规定黔州商税税额为 5 万贯,数额多于巴、忠、万、渝各州,商贾往还、物资聚散大都利用乌江水运。绍兴六年(1136 年),为赶运军粮,四川安抚制置大使席益提议,收拾上游的漂木,并就近采集木料,于黔、泸等州打造运船,以弥补私船的不足,是为乌江有官

---

❶ 脱脱撰:《宋史·丁渭传》,清乾隆四年武英殿校刻本。
❷ 徐松辑,缪荃孙重订:《宋会要辑稿·食货四》,民国二十五年国立北平图书馆影印本。
❸ 脱脱撰:《宋史·食货志》,清乾隆四年武英殿校刻本。
❹ 徐松辑,缪荃孙重订:《宋会要辑稿·食货四十二》,民国二十五年国立北平图书馆影印本。

船记载的开始,今贵州沿河县境尚保留有官舟的地名。

粮食要运至上游边寨以供应戍兵,就不可避免"沂流牵挽,间有抛失"。绍兴十五年(1145年),权夔州路提点刑狱张茂申取会核实,到黔州、南平军等处共抛失米2750余硕(容量单位)、钱650余贯。从事故损失也可以看出,当时粮运占有相当的分量。

对水路运输不能直达而需要陆路接转的地区,宋代有修建转搬仓的规定。在乌江水道上,早有少数断航险滩形成,龚滩即其中之一。宋代在此置有洪杜寨,当建有转搬仓以供中转。

宋代的乌江水运活动大都集中在黔州境内。思州各县在宣和四年至绍兴二年(1122—1132年)间曾并入黔州(经制州)。黔州水运含思州在内,降为羁縻州后,宋朝的控制更加薄弱。嘉定五年(1212年),土酋内部互争承袭,发生械斗,纷扰边界。黔州戍兵不足,部分"省民"受伤,边界社会秩序动荡,水运受到一定影响。

唐宋时期,随着汉人的大量涌入,课赋贡物及粮盐货种的增加,水路运输量大量增长,龚滩、思南、石阡等港口码头成为重要的物流中转港,港口集镇人口增加,商铺集市逐渐形成,促进了港口繁荣和发展。

三、西系水道粮、盐、茶、马等运输及港口兴起

都柳江至融江河道是沟通黔、桂之间的主要水运通道之一,是珠江水系西江干流黔江段支流柳江的上源河段,都柳江下段含支流四寨河,北宋时称王江。王江一带,全部为"蛮僚"土著,宋熙宁年间(1068—1077年),融州地方官为扩充领地,在安口隘(今黔桂边境都柳江北岸)设置寨堡,以后几经反复,至崇宁四年(1105年),王江古州才算正式归附。宋朝在其地设置平州,并于王口寨置怀远军,寻分其地置允、格二州,渐次深入到今从江县以西,后统隶于融州。各州皆为羁縻州,有的州向朝廷交纳粮钱赋税,换取食盐,成为当时物产交换和流通的主要品种;有的州无租税、户籍,土丁禁军开支皆由内地供应。政和二年(1112年),其他州已废而平州续存,官员100余人,禁军土丁1000人,岁费钱14000余贯、米11000余石,由转运司岁移融州、柳州等处之粟米溯都柳江上运,耗费甚巨。绍兴四年(1134年),平州又废为王口寨,归融州统管。

宋王朝在与北方辽、金、西夏的长期交战中,丧地赔款,土蹙民困,不希望这些新招抚的边区再生事端。因此,除委派羁縻峒官外,还笼络一部分土丁,加强防务。按当时兵制,"三等户五丁以一丁充募名曰土丁,四等户以一丁充团结,……,控扼当地蛮僚,逐时更戍,不离本处"[1],土丁纳身丁税钱,本户则税米。钱帛的由来,系由售卖土产换取。融州的土产主要是茶。广南诸州可以土茶经商,不受当时榷茶制的限制。除茶外,尚有朱砂、

---

[1] 徐松辑,缪荃孙重订:《宋会要辑稿·兵四》,民国二十五年国立北平图书馆影印本。

水银及马匹等。咸平元年(998 年),古州刺史何通展曾以这些物品入贡。

盐是当时运进的大宗物资。据《宋会要辑稿》食货八、食货二十八载:"广西诸州,土瘠民贫,两税所入甚微,全藉般运盐货"❶,"广西一路,唯邕、宜、钦、融四州系是极边,祖宗以来,屯养将兵以镇压之,所支衣粮,视他郡不啻数倍。自改官般官卖,一切取办于盐"❷。食盐自广州溯西江上运,官办官销,每岁分拨融州 2000 余筹转输各地,但实际运量并不止此数,除官运外,尚有私盐运输。私盐在当时属于违禁物品,由于灶户所产盐货"入官耗重而价下,私售耗轻而价高"❸,私售牟利较多,灶户愿意卖给私户,通过贿赂盐场盐官和巡察员弁等手段,逃避稽查,故西江盐运中私盐占有一定比重。

米和盐作为当时都柳江流域常见的物资运输,只有在社会安定的条件下才能正常进行。但这种条件常因社会动乱而破坏。如大观(1107—1110 年)初年,士兵调防,"动至三二千人,经涉寒冬,水土失常,死损居半"❹,幸存者为了生存,被迫起义,而统治者指责他们"往来剽劫,所过骚然,颇为民害"❺,举兵镇压,一时边境失去宁静。社会动乱对贸易和运输造成了很大影响。

除都柳江外,还通过牂牁江运粤盐到贵州西南部地区销售,交换运回所需物资。宋元时期,战争不断,马的需求量很大。从北宋起,先后在播州、罗甸等地设市马场。南宋以后,由于西北地区市马不易,遂在广西横山(今广西田东县)和今贵州罗甸设市马司,购买马匹。南宋沙场的战马,部分是由贵州输送。绍兴七年(1137 年),胡舜陟为待制帅邕州(今广西南宁),到罗甸买马,"其后马益精,岁费黄金五镒,中金二百五十镒,锦四百,绝四千,廉州盐二百万斤,得马千五百"❻。马匹及其他土特产也到横山出售,换回食盐、"锦、缯、豹皮、文书及诸奇巧之物"❼,部分经牂牁江运回。乾道九年(1173 年),南丹刺史莫廷葚亦曾请求朝廷在宜山开辟马市,以承销罗甸诸蕃马匹,说明当时黔、桂之间经济贸易交往十分活跃。盐不仅供人食用,也是养马所必需。元明宗至顺元年(1330 年),云南行省报称:"盐不可到,马多病死。"❽因此,盐也成为牂牁江的主要货源。

❶ 徐松辑,缪荃孙重订:《宋会要辑稿·食货八》,民国二十五年国立北平图书馆影印本。
❷ 徐松辑,缪荃孙重订:《宋会要辑稿·食货二十八》,民国二十五年国立北平图书馆影印本。
❸ 徐松辑,缪荃孙重订:《宋会要辑稿·食货二十六》,民国二十五年国立北平图书馆影印本。
❹ 徐松辑,缪荃孙重订:《宋会要辑稿·兵四》,民国二十五年国立北平图书馆影印本。
❺ 徐松辑,缪荃孙重订:《宋会要辑稿·兵四》,民国二十五年国立北平图书馆影印本。
❻ 脱脱撰:《宋史·兵志》,清乾隆四年武英殿校核本。
❼ 周去非撰:《岭外代答》卷五,清乾隆三十七年至道光十年长塘鲍氏刻知不足斋丛书本。
❽ 宋濂撰:《元史·文宗纪四》,清乾隆四年武英殿校刻本。

第三节　水陆联运促进港口发展

一、东部、北部水陆联运推动港口的形成

隋唐时期,由于对贵州的统治较前代深入,发展交通的迫切性增加,沿江设治尽量利用水运。隋开皇五年(585 年),益州法曹黄荣率兵 2000 余人整修石门道通宁州,自戎州(今四川宜宾)经鲁望(今贵州威宁)通云南。唐贞观十三年(639 年),渝州(今重庆)人侯弘仁等整修由牂柯(今贵州福泉)经西赵(今贵州贞丰)出邕州的道路。到唐元和年间(806—820 年),水陆联运网络已见雏形,特别是东部、北部地区,水陆联运更具一定规模。《元和郡县图志》和《太平寰宇记》对贵州地区各州县间水陆里程记载颇详。唐代贵州东北部水陆联运及港口码头分布如图 2-3-1 所示。

图 2-3-1　唐代贵州东北部水陆联运及港口码头分布图

北部以都督府所在地黔州(今重庆彭水)为中心,西北至涪州(今重庆涪陵)水路 330 里❶,北至忠州(治临江,今重庆忠县)水陆兼程 400 里,西南至播州(今贵州遵义)陆路 800 里,南至夷州(今贵州绥阳、湄潭地)陆路 580 里,东南至思州(治今贵州沿河)水路 280 里。

自思州,西南至夷州陆路 400 里,东南至锦州常丰县(今贵州松桃)陆路 500 里,至锦州(今湖南麻阳附近)陆路 800 里,南至费州水路 400 里。

自费州,南至牂牁充州陆路 190 里,西至播州陆路 400 里,东南至奖州(治渭溪,即今贵州岑巩)水陆兼程 570 里,西至夷州陆路 300 里。

自奖州,西南溯源至牂牁充州水陆兼程 700 里,东沿流至叙州(湖南境)水路 800 里,南至牂牁羁縻应州陆路 300 里,东北至锦州陆路 540 里。

另,播州东北至夷州陆路 240 里,东南至牂牁 200 里。

唐代道路又有延伸,北边由黔州经费、夷、牂、庄四州形成南北大道,再经毋敛(今贵州独山)出南丹可至柳州。唐末杨端应募入黔,开辟了渝、播之间的道路。宋代人开辟了由牂牁至广西宜山、全州出荆湖北路的路线。贵州内部各地都有道路与北、东、南三方水道衔接,通往相邻州府,乃至上都(湖北江陵府)。相邻州府或地区也常假道贵州相互往还,如《蛮书》记载:"蛮王蒙异牟寻,积代唐臣,偏沾皇化。……缘道遐阻,伏恐和使不达,故三道遣:一道出石山从戎州路入,一道出牂牁从黔府路入,一道出夷獠从安南路入。"❷唐代在贵州初步形成的水陆联运,促进了思州(州治今贵州沿河)、费州(州治今贵州思南)、多田(今贵州思南潮砥)、镇远、渭阳(今贵州铜仁)、辰水(今贵州江口)等地港口码头的形成和发展,对后来贵州水陆交通运输的发展和港口的形成,具有深远的影响。

二、各河系之间的水陆联运促进港口的发展

贵州地区河流的通航河段多分布在周边地带,境内互不连通,而陆路需翻山越岭,比水运更为困难。因此,古代人们总是尽可能地先通过水运,再接上陆运;各河系之间,则尽量沿支流上溯,通过陆路越过分水岭后,再转水运。战国时庄蹻入滇和秦司马错略黔中地都是例子。至唐宋时期,随着道路的修建和社会运量的增加,水陆联运逐渐常态化,规模也逐步扩大。

五代时,奖州一带生产发展。据《九国志》记载,奖州刺史石处温"常积谷数万千石,前后累献军粮二十余万石"❸。军粮由奖州(今贵州岑巩一带)运至前蜀(今四川),其路线是:先利用潕阳河集运各地谷粮,然后逆龙江河上行至源地转陆运,越过沅水与乌

---

❶ 唐代 1 里约为 559.8 米。
❷ 樊绰撰:《蛮书·南蛮疆界接连诸蕃国名》,清咸丰三年仁和胡氏木活字印琳琅秘室丛书本。
❸ 路振撰:《九国志·后蜀》,清道光二十四年金山钱氏刻守山阁丛书本。

江分水岭进入费州，舟顺乌江而下，经思州、黔州到达蜀境。按《元和郡县图志》记载，由奖州至费州水陆兼程 570 里，费州至涪州水路 1100 里，水程占 70%，其里程之远、运量之大，在当时是很可观的。古代水运比陆运量大、省力，且乌江为下水，甚为方便，而黔东沅水与乌江分水岭并不算高，地势也较平缓，选择这条运输线路进行水陆联运，无疑是一个正确的决策。

宋代沅、靖边寨的食盐，有淮盐与粤盐。嘉祐三年（1058 年），淮盐已是荆湖北路漕船的回程货，由江淮运至荆湖后，分发至沅、靖各州，再由商贩转销给溪峒"蛮僚"。粤盐则由西江走水运，经柳江至融州融江口，陆运至靖州分散各地。初期以供应淮盐为主，宋元丰七年（1084 年），神宗诏令辰州试销广西盐。大观四年（1110 年），编修东南盐法，依旧制实行官卖，规定辰、沅等州归靖州武冈军官卖盐，自此，粤盐经靖州向沅州经销，靖州遂成为联系西系和沅系水运的陆路运道。靖州在今湘、黔边境，今贵州天柱、锦屏、黎平以东属其范围，州治永平（今湖南靖县），大观三年（1109 年）已是望郡。按建隆元年（960 年）以 3000 户以上为"望"，绍兴元年（1131 年）以 4000 户为"望"的标准，是人口密集的大镇。由此可知，水陆联运的发展促进了这些地区经济的发展、人户的增加和港口的繁荣。

总之，水陆联运线的形成，在促进水运发展的同时，也促进了港口的形成与发展。沿江的各船舶停靠点因水运量的增加而逐渐发展成为繁忙的集镇港口，而陆路脚夫和驮马每天歇脚的地方，也逐渐发展形成集镇。以水运为主构成的联运线，使连接各集镇的港口成为水陆联运枢纽。

第三章
明代贵州港口的逐步发展

（1368—1644 年）

元末，全国各地掀起了反抗暴政的斗争，朱元璋统领的农民起义军迅速向湖南推进，声威扩至贵州境内。元至正二十五年(1365 年)，思州和思南土司率先归附。明洪武元年(1368 年)朱元璋即帝位，元亡明兴。洪武五年(1372 年)，播州与贵州宣慰司先后归附。此后，经历了傅友德征伐云南与朱桢、朱柏征讨古州两大战役，贵州大部分地区归入明朝版图。

明初实行休养生息的政策，注重兴修水利，鼓励人口增殖，提倡开垦荒地，促进了生产发展，贵州社会自此进入了重大变革时期。随着几次大规模进军和移民活动，汉人大量迁入，加速了民族交往与文化交流，推动了社会进步。贵州都指挥使司与贵州布政使司的建立，以及后来实施的"改土归流"政策，改变了此前的分割状态，使贵州成为完整的军事与政治单元，密切了与中央的隶属关系，成为全国 13 个行省之一。行省的形成，对贵州经济发展与交通建设产生了积极影响，布政使司与都指挥使司根据政治与军事的需要，组织修筑道路，设置驿站，疏通河道，发展水陆运输。与社会政治、经济发展相适应，一批沿江城镇和港埠亦随之兴起。

明代贵州境内的军事活动比较频繁。明朝统治贵州 200 余年，其间先后爆发大大小小的战争达 100 余次，出动兵员 20 万~30 万人以上的大型战役就有 10 余次，每次交战或经数月或至数年。战争期间社会经济受到不同程度的破坏，也增加了水陆运输的负荷。大量的粮、盐调运都与军事需要有关，已有的陆路交通不能适应远程运输的需要。于是省一级官吏和邻近水道的地方官员都比较注重利用水运与开辟航道，在潕阳河干流、清水江与乌江支流上，都曾进行过疏浚航道的策划与施工，并有了开拓全省地理与政治中心贵阳通往乌江水道的设想。经过明代的开拓，全省通航里程较前增加了 200~300 里。各河水运和港口担负着繁忙的粮、盐转运，在社会相对安定的年代里参与驿运和商品、贡物的运送，另外，还几度承担大量的皇家木材运输。

航道的开辟、水运的发展、货物品种及物流的增加，促进了沿江港口码头向上游和支流延伸。沅系水道运输繁忙，川系水道川盐入黔的仁岸、涪岸、綦岸、永岸四大口岸形成，西系水道水运量增加，各河港口码头得到逐步发展。

第一节 各河系港口的逐步发展

明朝建立以后，为安定社会、扩大财源、巩固统治，对农、工、商采取"各安其生"的政策，并以人口的增殖和开荒的数量作为官吏赏罚的标准。这一政策收到明显效果，使贵州地区人口增长，社会经济有一定发展，物资流通量增加，在大乱平息、社会相对稳定的年代里，城乡和省内外的贸易逐年增多。

农业方面，随着生产工具如铁铧犁、铁锄、铁镰、铁翻锹等及各种灌溉工具的广泛使用，耕地面积不断扩大，农作物品种也有增加，粮食产量增幅较大。粮食作物成为统治阶级和地主收取田租的对象，社会运输量相应增长。如洪武二十年（1387年）到弘治十五年（1502年），贵州宣慰使奢香每年输粮食从3万石增为5万石。奢香所在的水西地区，交通闭塞，以陆运为主，而其他水陆交通方便的地区，输送量当不在少数。

工矿业方面，纺织业有显著进步，黔东地区苗族人民的织锦达到相当水平；冶铁业具有相当规模，城镇和一些农村已有专门从事打制铁器的工匠，打制各种生产和生活用具。黔东铜仁、锦屏等地，民间早用土法开采金、银，永乐至宣德年间（1403—1435年），官府在锦江流域太平溪设置金银矿场。水银的开采规模大于前代，明初设有"大万山长官司水银矿务局"，省外的商人亦到铜仁参加开采。此外，开州（今贵州开阳）的朱砂厂，威宁、水城的铅矿厂，修文的水银厂，都有一定产量。矿物因为沉重，对水运的依赖性较大，贵州所产的贵重金属和云南省冶炼的铜、锡，先陆运至镇远港，再转水运出口。扣除成本和运费，可生息1~2倍，商贾乐于趋赴。

商贸方面，宋朝以来的茶马市到明代进一步扩大。明洪武十七年（1384年），规定每年从乌撒购马6500匹，每匹给布3匹、茶1斤（或盐1斤），后又在广西置庆远裕民司，专以广西茶购八番马匹。外省行商前来贵州采购五倍子、生漆、桐油、茶籽、黑木耳、白蜡等特产以及麝香、牛黄、天麻、杜仲、艾粉等名贵药材，港口输出量逐渐增加。松、杉、柏、青杠等木材远销省外，黔北木材经赤水河、乌江入川，黔东木材经清水江水运湖南，或经都柳江水运南下两广。仁怀（今贵州赤水）、绥阳的茶贩运四川各地；商贸性质的会馆已在贵州出现。明代贵州已普遍使用货币——银和铜钱。万历三十二年（1604年），贵州已开始铸钱，"每铜一斤铸钱百四十文，每钱百文当银一钱，街市贸易，银钱并用"❶，反映出当时商业贸易已相当发达。

永乐十一年（1413年），贵州建省以后，贵州城（今贵州贵阳）成为政治、经济、文化

---

❶ 民国《贵州通志·食货志》，民国三十七年铅印本。

中心,与四邻各省及所属府、州、县通达联系的增多,促进了水陆交通运输。东面溯沅水由潕阳河可至黄平州(今贵州旧州),陆路经开州可至贵阳;另由清水江可至都匀府,经贵定也可至贵阳。北面经泸江、赤水河可至仁怀(今贵州赤水),陆路经遵义府可至贵阳。南面经都柳江可至三脚屯(今贵州三都),陆路经独山州、都匀府可至贵定、贵阳。西面又修建道路通往云南。以贵阳为中心通向四邻的水陆联运网新格局逐渐形成。

随着农工商贸和交通运输的发展,城镇人口增加,一些处于交通要道的城邑逐渐发展成为附近地区的经济中心,而沿江的一些集镇,为适应贸易和运输需要,逐渐发展成为商业集市和水陆联运口岸,具有港埠性质的城镇相继兴起。明代贵州主要港埠分布如图3-1-1所示。

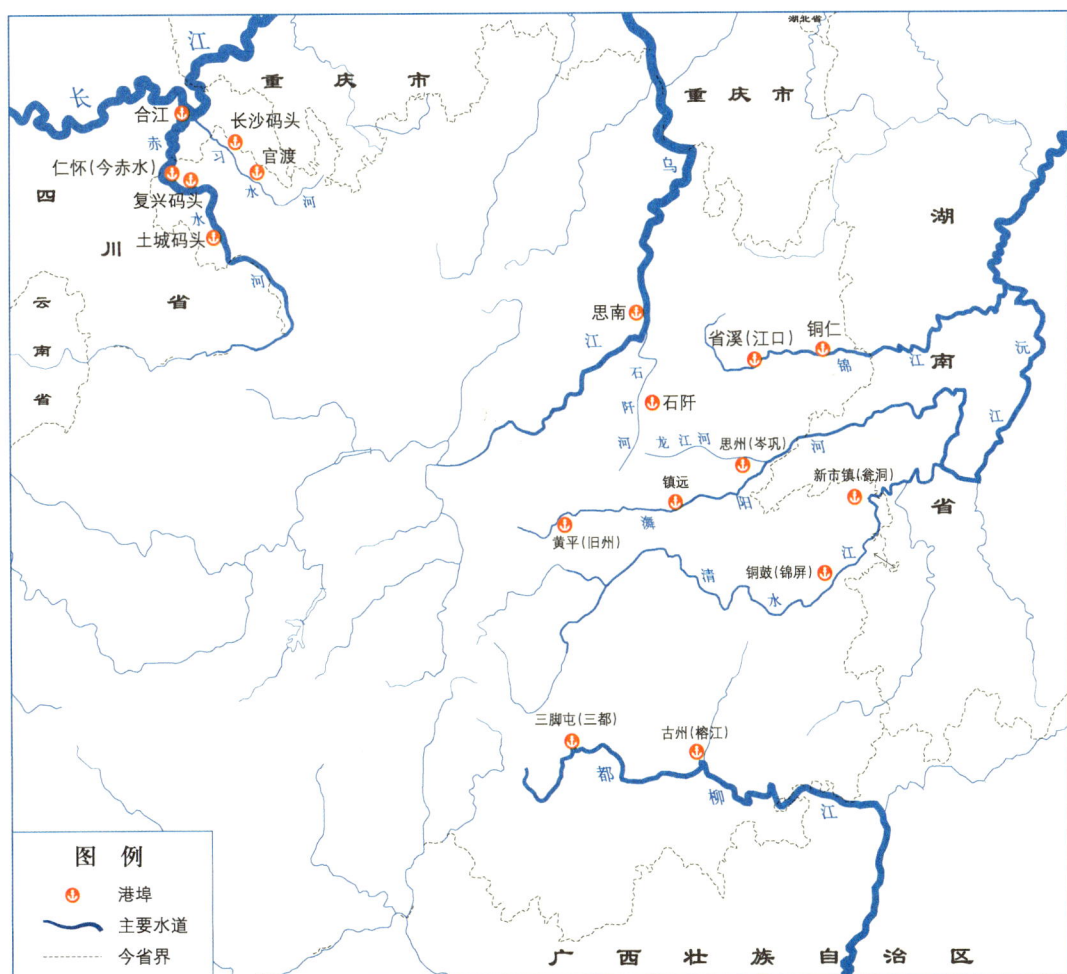

图 3-1-1　明代贵州主要港埠分布图

一、沅系港埠的兴起

(一)潕阳河主要港埠

潕阳河的港埠主要有黄平(今贵州旧州,下同)、镇远、思州(今贵州岑巩,下同)。

1. 黄平港

潕阳河航运上游的终点,为贵州腹地,顺流乘舟可往湖广布政使司,陆路经瓮安、开州可至遵义和贵阳。据《黄平县志》记载,经晋、隋、唐迄于北宋八百余年,黄平虽为羁縻州、郡,但按期朝贡、进贡方物,或由汉中,或取道襄、樊达于长安、洛阳和开封,延伸了对外交通线路。南宋理宗赵昀时,为防元军入侵,曾由四川南部经播州、黄平、镇远、思州、清浪、平溪(今玉屏)一线,构筑城堡关隘,黄平当川播、辰沅之间要冲,为川、湘两省通道。当时贵州中部、北部往来湖广的客商货物在此集散,平定播州叛乱以后,河道疏通,商业兴旺,交易繁忙,成为黔中东向进出口的门户。黄平沃野千顷,利于农作,物产丰富。元代曾置黄平府,明初置安抚司,继为千户所。万历二十九年(1601年)置黄平州。据嘉靖四年(1525年)的人口记载:黄平千户所,屯城官军547户,1467丁口。以上数字并未计入当地少数民族人户,城镇人口数量不少。

2. 镇远港

早在唐代已置梓姜县,元代设镇远府,明初置镇远州,洪武二十二年(1389年)置卫筑城,永乐十一年(1413年)改为镇远府,弘治十一年(1498年)置镇远县后府县并存,万历二十一年(1593年)改筑石城。镇远地处贵州东线交通要冲,自古为"黔楚水陆之冲,物资富饶之地"。由楚入黔,乘舟可达镇远,继续上行可至偏桥、黄平;弃舟登岸,由陆路可入省城,又接东西大道可通云南。故"滇黔宦游,江楚贾客,舟多泊此"[1]。"辰、沅以此为上游,云贵以此为门户",有"徼外一都会"[2]之称。镇远以东水道不仅是贵州客货出省的通路,也是云南物资出口的要道。明代王士性曾谓:"镇远,滇货所出,水陆之会。滇产如铜锡,斤止值钱三十文,外省乃二三倍其值者。由滇云至镇远共二十余站,皆肩挑与马赢之负也。镇远则从舟下沅江,其至武陵又二十站。"[3]这说明云南东往湖广的客货,都经镇远港由水道输出。明初在镇远港置税收机构,正统十三年(1448年)复置镇远府税课司,设大使1员。据嘉靖《贵州通志》记载,镇远府税收居省内各府之冠。

3. 思州港

唐代为奖州治所,元末明初为思州宣慰司驻地,明永乐十一年(1413年)设思州府。

---

❶ 张广泗修,杜诠纂:《贵州通志·艺文志》,清乾隆六年刻嘉庆修补本。
❷ 沈庠修,赵瓒纂:弘治《贵州图经新志·镇远府》,明刻本。
❸ 王士性撰:《广志绎·江南诸省》,清嘉庆道光间临海宋氏刻台州丛书本。

位于潕阳河支流龙江河中游,出河口经潕阳河东下可通湖广,西上可往镇远、黄平,转陆运达省城或入滇;溯龙江河上行至源地,陆运越过分水岭可达乌江支流石阡河的石阡港、乌江的思南港,再顺乌江而下可至涪陵港入川。五代时,已因水陆联运频繁成为要邑,到明代商贸更趋繁荣。《大明一统志》记载,思州"东连沅靖,西抵涪渝,作湖广之唇齿,扼盘瓠之喉襟,商贾贸迁,居民辐辏,实西南雄胜之地"❶。永乐十二年(1414年),曾置思州府税课司于此。

(二)清水江主要港埠

清水江的主要港埠商镇有铜鼓(今贵州锦屏,下同)和新市镇(今贵州天柱县瓮洞)。

1. 铜鼓港

南齐时曾设南平阳县,宋代为羁縻州,明初为千户所,洪武三十年(1397年)置卫筑城。所倚清水江沿岸盛产木材,水道又利排筏流放,明代输出量增加,江汉商贾多来此采购,此地逐渐成为以木材为主的商贸市场。支流亮江流域内,"明永乐六年(1408年)春三月甲子,设湖广赤溪两江口巡检司,隶赤溪南洞长官司。以其地水陆冲要,故设巡检司,置流官巡检一员,仍以土人副之"❷。永乐十一年(1413年)曾置新化府于此,宣德九年(1434年)并入黎平府。这说明亮江当时可以通航,水陆联运繁忙。溯亮江,陆路经黎平可往都柳江,为宋代靖州盐运古道,故鼓铜港又是沅系水道和西系水道商贸往返的重要口岸。

2. 新市镇港

清水江下游较早形成的居民点之一,南齐时曾设东新市县,明代为湘、黔交通孔道,是黔东地区的主要水陆码头之一。万历二十五年(1597年),天柱县令朱梓在此新建"官店数十间,募土著聚客商,往来鱼、盐、木货泊舟于此"❸,市场繁荣。

(三)锦江主要港埠

锦江的主要港埠商镇有铜仁和省溪(今贵州江口)。

1. 铜仁港

唐代为渭阳县,元代为铜仁大小江长官司,明初置铜仁长官司,永乐十一年(1413年)置铜仁府,景泰二年(1451年)筑城,嘉靖九年(1530年)改建石城,万历二十六年(1598年)另置铜仁县附郭。铜仁为黔东北门户,下水乘舟可通洞庭湖达长江中下游;又处大江、小江、寨英三河之汇,周围水路交通方便,土地肥沃,物产丰富。流域内盛产水银,又有

---

❶ 李贤纂:《大明一统志·贵州布政司》,明弘治十八年建阳慎独斋刻本。
❷ 《大明太宗至孝文皇帝实录》卷七十七,北平国立图书馆藏。
❸ 《镇远府志》,清乾隆五十八年刻本。

金银矿场，外地商人采购或参加开采者络绎不绝。进出口物资在此集散，吞吐货种主要有水银、谷物、食盐、土特产等，舟楫往来，商贾云集，是黔东北方向重要的港埠和商业重镇。

2.省溪港

元设省溪坝场长官司，明初改置省溪长官司，永乐十二年（1414年）隶铜仁府。该港位于锦江通航河段上游，顺流经铜仁港可通往湖南；溯源至提溪长官司（今贵州闵孝）接陆路，西南可至石阡港，西北可达思南港，是沅系水道与川系乌江水道联系的又一路线，为水陆联运客货转输口岸。省溪西北有梵净山，明代为佛教圣地。据梵净山金顶左侧古茶殿遗址保存的《茶殿碑》记载："时在明季万历年间，李皇后修行于此，肉身成圣，白日飞升，因之创修庙宇，满塑佛像，建四大脚庵，凿开五方道路。"朝山时节，各方人流汇集，锦江承担大量客运任务，省溪港为其主要客运中转站。

（四）潕阳河水驿及港口的进一步发展

潕阳河水驿，明代较之前朝又有了进步。洪武二十五年（1392年），镇远驿站的水手增加近一倍。其他站虽未增加人员，各站官船也不多，但因港埠兴起，商船已可随时雇用，权充驿船，不受限制，以弥补官船的不足。贵阳有代办客船运输业务，旅客只需于贵州布政使司领取船票，即可至镇远府雇商船下驶，直航至湖南常德交卸。

使用驿船的范围较元代也有扩大。《大明会典·应付通例》记载，有以下5个方面的人员：一是受各地衙门差遣入京进表、进贡、庆贺的人员；二是五府差官押解犯人到云贵充军，行押与被押人员；三是新选赴任的都司及所属地方官员；四是土官、通事、番僧；五是通判、把事、舍人、土民等朝贡人员。上述人员经过通航河段，都以红船接送，并按身份区别支付廪给或口粮。洪武初年限制较少，各地发放驿传"符验"（通行证）过多，"官吏不分事务缓急，动辄乘驿（包括马、轿及船只），或假以营私，致驿夫劳弊，船马损乏"[1]。洪武二十三年（1390年），朱元璋命兵部对"符验"进行清理，除都司、布政司、按察司依旧未变外，其他由工部另行制发。贵州都司、布政司各给"符验"六道，普安、毕节、乌撒、永宁、普定、平越、五开、镇远、兴隆诸卫，各给二道。"如有军务，止以多桨快船飞报中都留守司。""其余衙门及腹里军卫，盐运司，俱不给。"[2]但不久，上述规定也有逾越而未执行。宣德八年（1433年），贵州巡抚应履平曾提出"方面官有公事出，按所部例不得给驿，水行僦舟，陆行乘轿，不免皆出民力，而黠胥奸吏，因此胁制上官，又有以逢迎从事者，私具船轿守候迎送，妨民生理"[3]。可见当时驿船往还、迎送官员，船民已很繁忙。镇远港以东的驿道，不仅为贵州出省通路，也是云南出口要道。陆路运道早已开成，但因运道险远，困难较大。因此，

---

[1] 何栋如撰：《皇祖四大法·治法》，明万历刻本。
[2] 何栋如撰：《皇祖四大法·治法》，明万历刻本。
[3] 《明宣宗章皇帝实录》卷一百，北平国立图书馆藏。

由云南、贵州东往湖广的旅客都由镇远港循水道而下。由于使客频繁,夫马难得,陆行艰险,站民两困,故李化龙平定播州叛乱以后,积极主张有船可通之处添造小船,利用水驿。《上黔省善后事宜八事》中,包括建议"在镇远、清浪多造小船……,自有司以下至于(云、贵)二省会试举人,即有真正勘合、牌票,亦给船支"❶,希望平溪、晃州诸驿运输压力得以减轻。可见当时潕阳河水驿运输的繁忙,各驿站港埠得到进一步发展。

水驿除潕阳河外,其他水道未见记载。洪武二十一年(1388 年),五开卫至靖州共置十二驿,其间有洪州小河、渠河、亮江、清水江能通航,在"夫马不济"时,可以利用船只。至于锦江的官船、官夫显然也能用作驿传。

二、川系港埠的兴起

(一)乌江主要港埠

乌江的主要港埠有龚滩、思南、石阡。

1. 龚滩港

龚滩为原四川经乌江进入贵州的门户,由于崩岩堵塞河槽,货物在此必须搬滩转运或交易,隋末唐初即以龚湍闻名。该港上距沿河码头 65 千米,距思南港 170 千米,下距涪陵港 188 千米。为便于对搬滩进行组织、管理,唐代曾将洪渡县治移此。明代商贸发展,运量增加,搬滩转运和交易更趋繁忙,每年收税银数以万计。郭子章《黔记》记述:"龚滩,波涛汹涌,声震如雷,……舟至皆搬其货上,凭空舟上下……原系贵州思南府水德江所辖民地,弘治年间,被四川叛酉西阳宣抚司杀占……抽取税银,每年获利数万……入其私囊者十恒八九。"可以看出,当时龚滩港货物吞吐量及贸易额相当大。明代后期,铜仁军饷不足,巡抚何起鸣曾建议从龚滩盐税中提取部分资助。龚滩港是涪岸川盐入黔的第一港。

2.思南港

思南港位于乌江通航河段的上端,深入贵州东北部地区,向南水陆兼程可往石阡、思州、镇远港,陆路经凤冈可达遵义等地,腹地深广。据《思南府志》记载:"上接乌江,下通蜀、楚,舟楫往来,商贾鳞集;郡产朱砂、水银、绵、蜡诸物,皆中州所重者,商人获利,故多趋焉……居民皆流寓者,而陕西、江西为多,陕西皆宣慰氏之羽翼,各司正副官与里之长是也;多巨族,负地望……江西皆商贾宦游之裔。"❷由此可知,至迟在元末明初还保留思南宣慰司建置时,已有大量移民迁入思南,从思南乌江博物馆和"周家盐号"馆藏相关资料

---

❶ 民国《贵州通志》,民国三十七年铅印本。
❷ 洪价修,钟添纂:嘉靖《思南府志·地里志》,明嘉靖刻本。

得知,江西、陕西移民及商贾为最多。移民不仅参与地方政务,也促进了商贸的发展。思南在唐代已置费州涪川县,元设水特姜长官司,明初改为水德江长官司,洪武二十三年(1390年)思南宣慰司迁治于此,永乐十一年(1413年)置思南府,万历二十三年(1595年)改水德江长官司为安化县,府县同城。弘治十四年(1501年)筑土城,嘉靖二十八年(1549年)改建石城。永乐十二年(1414年),置思南府税课司于此。嘉靖《贵州通志》记载,思南府商税收入折钞年为13914贯,仅次于镇远府,说明港口吞吐量集商贸税收仅次于镇远港。

3. 石阡港

石阡港位于乌江支流石阡河内57千米处,为河谷坝地,人谓"四面丛阻山中,一壤有轩朗之景",田土肥沃。元代置石阡等处长官司,明初改为石阡长官司,永乐十一年(1413年)置石阡府,嘉靖元年(1522年)筑土城,嘉靖四十年(1561年)改建石城。原以塘头为码头(距石阡河口9千米),市场繁荣,为思南府税收的主要来源之一。明代后期,在知府郭厚宾的倡议下,疏通了塘头以上河道,石阡遂成为水陆码头,陆路越分水岭可至潕阳河支流龙江河的思州港,成为乌江与潕阳河水陆联运的重要中转港口,商贸大为发展。

(二)赤水河主要港埠

赤水河主要港埠有合江(今贵州合江,下同)、仁怀(今贵州赤水,下同)、复兴、土城。

1. 合江港

合江港位于四川省合江县,赤水河河口与长江汇合处的左岸。溯长江而上60余千米可达泸州港,顺长江而下可达长江沿河各口岸并直达上海;溯赤水河而上55千米可达仁怀港,溯习水河而上30千米可达长沙港,再上行25千米可达官渡港,是赤水河、习水河进口物资和出口货物的中转港口。西汉元光五年(前130年)设符县,辖今赤水河、习水河流域中下游区域;北周保定四年(564年)更名为合江县。川盐从自贡沿长江而下至合江港转赤水河、习水河运入仁怀港、官渡港,赤水河、习水河流域的各种矿产和茶叶、木材等土特产品运至该港转输长江各口岸,是赤水河、习水河物资进出的重要中转港口。

2. 仁怀港

仁怀港位于赤水河下游右岸,三面环水,赤水河环绕集镇而过,上有甲子口、下有麻柳沱2个深沱,集镇中部河面宽阔,水流平缓,利于船舶停靠。溯流而上300多千米可通平夷(今贵州毕节),下行55千米至合江港与长江汇合。仁怀港以下河床开阔,水流平缓,可通行10~20吨的船舶。境内土地肥沃,原始森林密布。东晋以前隶属符县(今贵州符节县),东晋时设安乐县,隶东江阳郡,明隆庆五年(1571年)改隶播州,万历二十九年(1601年)设仁怀县,建石城墙,城墙周长1552.67米,高4.67米,设垛口1133处、水洞3

处、炮台4处、城门4座。川渝文化在此汇集,东晋时水运和造船业已较发达,集镇已经形成,宋代以后人口逐渐增多。因距四川自贡盐产地水路交通便利,唐代时已有盐运,明代时已成为川盐入黔仁岸的第一大港。

3. 复兴码头

复兴码头位于赤水河右岸,下行约18千米至赤水港。因复兴以上河道逐渐束仄,险滩接踵,上行船舶多停靠于此,逐渐形成集镇。北宋大观三年(1109年)设仁怀县,兴场市,集镇建有上下码头。明万历年间平定播州之乱时屡遭兵燹而毁废,后逐渐恢复。明万历二十九年(1601年)县治治所迁移留元坝(今贵州赤水市所在地)后,仍保留了繁荣景象。中水位时,赤水港船舶可上行至复兴码头。

4. 土城码头

土城码头位于赤水河中游右岸,上距二郎滩52千米,下距赤水87千米,2015年土城附近发掘的汉墓群表明,在汉代就有人口聚居。北宋大观三年(1109年)设滋州、承流县(今贵州土城镇),州县同城;宣和三年(1121年)废滋州改设武都城,归属仁怀堡(今贵州复兴镇)。土城水路上可通贵州茅台、四川古蔺,下可通贵州赤水、四川合江入长江,陆路可通今贵州习水、桐梓至遵义,是水陆交通要道和兵家必争之地,川盐至此陆运可达播州腹地。

(三)习水河主要港埠

习水河主要港埠有长沙、官渡。

1. 长沙码头

长沙码头位于习水河下游右岸,码头以下河面开阔,水流平缓,下行约30千米与赤水河汇合入长江,长江回水约20千米,可通行10~30吨木船。从长沙码头上行1000多米的高洞处有一约10米高的跌坎,使习水河分段通航,船舶行至此后,货物需人工搬运至跌坎上再行装船上行,因此逐渐形成港埠集镇。明万历二十八年(1600年),四川巡抚李化龙平定播州杨应龙叛乱时,利用习水河转运军粮和运兵,长沙是进入习水河的第一港口。习水河沿岸进出口货物均在此集疏中转。

2. 官渡港

官渡港位于习水河中游右岸,下行25千米可达长沙港。因盛产鳖,古有"鳖县"之称。官渡镇志记载:"南宋端平元年(1234年)袁世盟平南时,官兵到渔湾下渡口,由官府设渡,兵马渡过河,得名为官渡。袁世盟部分官兵落户于此,设集市贸易,称官渡场。至北宋时,已基本形成贸易集镇。"从官渡镇出土的大量宋代墓葬看出,宋代时大量汉人涌入,集镇人口增多。高洞至官渡河面逐渐束窄,但水流平缓,滩险不多,可通行6~10吨船舶;官渡以上滩险接踵,不利船舶装载航行,只有捕鱼小船可行。明隆庆五年(1571年),官渡改隶播州后,为下赤水里治所所在地,万历二十九年(1601 年)隶属遵义军民府。万历二十八年(1600 年)平定播州叛乱时,明军从合江行军一天可达官渡休息,粮草水运至官渡转陆运,陆行200 多千米可达綦江上源之松坎,与綦江、赤水河等各路官兵对叛军形成夹击之势。官渡成为粮草兵运中转的重地,港口集镇也得到进一步发展。明渡港是习水河流域出口水运物资集疏起运港和进口物资的中转港。

三、西系水道港埠的兴起

西系水道的航运,自宋代因粮、盐需求复苏以来,到明代又进了一步。贵州东南和南部的木材、桐油、茶、白蜡、药材及其他土特产,经西江运往两广的数量较前代增加。特别是都柳江,两广的货物还可经柳州过相思埭运河至桂林,再越灵渠而至两湖而北上中原,地位更加重要,因此沿江具有港埠性质的集镇也有发展,主要有古州(今贵州榕江,下同)、三脚屯(今贵州三都,下同)等处。

1. 古州港

元置古州八万洞总管府,明初置古州长官司。位于都柳江及支流寨蒿河、平允河、永乐河之汇合处,水路交通方便,为都柳江流域及附近地方的物资集散港。

2. 三脚屯港

三脚屯港为都柳江上游水运的水陆联运码头,往上可通至烂土,向下游经古州港可往两粤,陆路经独山、都匀可到贵阳。元置陈蒙长官司,明洪武十六年(1383 年)改置合江州陈蒙烂土长官司。

第二节　各河系港口吞吐的主要货物

一、军粮运输

明代对贵州的统治期间,当地人民除受地方势力的压迫、剥削外,还受中央王朝及官吏的压榨和剥削,致使当地人民的反抗斗争此起彼伏。

明代在贵州所进行的各次不同性质的战争,双方兵力多以万计乃至十万计,对粮食的需求量很大。贵州当时的产粮水平无法承担,必须由邻省突击调进大量粮食,否则就无法采取军事行动。而驻军防守,也须经常由邻省运粮接济。但贵州"山路阻绝,日行不过三十里,一人所携不过三斗余"[1]。10 万军队又需 10 万民夫馈运,人力物力消耗极大。因

---

[1] 《明熹宗悊皇帝实录》卷二十七,北京:中华书局,1974 年。

此,充分利用水运,尽量缩短陆运距离成为必然的决策。傅友德远征云南,中央朝廷历次镇压当地起义,以及平定播州杨应龙、水西安邦彦叛乱等战争中,各通航河流及港口码头都承担了大量的突击性粮食转运任务。它们平时也承担一定数量的军粮运输任务。军粮运输不仅促进了水运的发展,同时也推进了各河系港口码头的建设和水陆联运线的发展。

(一)沅系水道军粮运输

1. 潕阳河粮运

在军粮运输上,潕阳河居于首位。洪武十四年(1381 年)秋,征南大将军傅友德统大军征讨云南,除遣都督郭英率兵 5 万由四川永宁趋乌撒策应外,自领主力 20 余万取道湖广辰沅水道向贵州、普定(今贵州安顺)、普安(今贵州盘州)进军。九月,兵至湖广,除随行所运军粮外,还沿沅水及潕阳河港口码头部署粮食储运。"自辰州至贵州置二十五驿,一驿储粮三千石"❶,利用潕阳河及镇远以西道路水陆兼程,经二月至普定,又十四日抵普安。普安以西距镇远港陆运太远,乃由广西镇安府筹粮接济,"令郡民岁输米千石,运饷云南普安卫"❷交纳。知府岑天保记述当年运输的困难实况时说:"(镇安府)人民寡少,舟车不通,陆行二十五日始至普安。道远而险,一夫负米仅可三斗,给食之余,所存无几。"❸由于远程陆运不可靠,傅友德乃采取"土官供输,盐商中纳,戍兵屯田"❹等多种渠道,就地取给。他又采取速战速决的战略,留下部分官兵在普安防守,其余"倍道疾趋",经四五日进抵云南曲靖,此后"资粮于敌"❺,克服了进军中的困难。

洪熙元年十一月(1426 年 1 月),当地人民率众起义,攻取梗洞,明政府"调湖广辰沅等卫兵万四千人,运粮五万千石"❻,至清浪卫进剿。这是明初潕阳河上另一次较大的军粮突击运输。

正统四年至六年(1439—1441 年),两次征调贵州军队远征麓川(今云南瑞丽、陇川一带),又以沅水、潕阳河为主要供应运输线。由于运量较大,镇远以向西陆运困难,故一半以金帛替代。如正统六年(1441 年),曾由湖广输布 2 万匹至贵州易粮充饷;次年(1442年)朝廷又批准湖广"所属府、州、县近贵州地方者,每年粮折布十万匹,运赴镇远府,供给贵州迤东兴隆等卫官军"❼。正统十三年(1448 年)第三次发兵远征麓川时,贵州驻军已大部调往云南,境内防务薄弱,于是正统十四年(1449 年),从贵州东部开始,四方响应,爆

❶《太祖高皇帝实录》卷一五七,北京:中华书局,1974 年,第 2434 页。
❷《太祖高皇帝实录》卷二三二,北京:中华书局,1974 年,第 3391 页。
❸《太祖高皇帝实录》卷二三二,北京:中华书局,1974 年,第 3391 页。
❹《太祖高皇帝实录》卷一四三,北京:中华书局,1974 年,第 2259 页。
❺《太祖高皇帝实录》卷一四〇,北京:中华书局,1974 年,第 2213 页。
❻《大明宣宗章皇帝实录》卷十一,北京:中华书局,1974 年,第 317 页。
❼《大明英宗睿皇帝实录》卷九十三,北京:中华书局,1974 年,第 1883 页。

发起义。起义军很快攻下军事重镇思州府，围攻都匀、石阡、烂土、凯口（今贵州独山）、仁怀等重要城池和新添（今贵州贵定）、清平（今贵州凯里炉山北）、兴隆（今贵州黄平）、平越（今贵州福泉）诸卫，声势浩大，朝廷急调云南、四川、湖广的军队 10 万人镇压。沅水、潕阳河又承担了大量的军粮运输。六月中旬，巡抚贵州监察御史黄镐即奏请"以湖广附近贵州之处仓粮、屯粮并折粮银、绢、布匹，酌量籴米，设法儹运以给" ❶ 。朝廷即派礼部右侍郎王一宁往湖广督运粮储，赴贵州各处供给军饷。景泰元年六月（1450 年 8 月），黄镐又奏请：一从湖广拨粮 5 万石运至兴隆卫仓，供平越、都匀等六卫；一从四川拨粮 5 万石至贵州宣慰司仓，供贵州、普定等六卫，拨粮 2 万石至永宁仓，供赤水、乌撒等五卫；再从云南拨粮 15000 石至普安仓，供安南（今晴隆）、安庄（今镇宁）等三卫。这一计划得到英宗允准，并由礼部侍郎王一宁、户部主事卢彬、大理寺右丞薛瑄分别往湖广、四川和云南督运。同年十一月（1450 年 12 月），朝廷又令湖广、四川各再增拨 10 万石，云南 1 万石运赴。由于运输条件限制，各线军粮都未如数运到。北线因靠长途陆运，更是所到无几。故景泰二年（1451 年），巡抚贵州大理寺丞王恂又再次提出"诏贵州各卫修举屯田" ❷ ，并对耕牛、种子给予补助。又采取纳米中盐、纳米授官、纳米鬻僧、纳米赎罪、资银籴米等多种办法，筹集社会上的余米剩粮，借以度过困境。但从次年贵州布政司的奏章中可看到，"其湖广原奏往运粮米五万石，已于镇远仓运二万石输于平越等仓，余三万石尚未起运" ❸ ，说明黄镐要求由湖广调拨的 5 万石粮食已运到镇远。这次起义历时 3 年。后期起义军被压缩在清平香炉山一带，明军分东西两路进攻。作为东路明军的供应线，潕阳河在军粮运输上再次发挥了重要作用。

万历年间（1573—1620 年），播州土司杨应龙叛乱，郭子章以右副都御史巡抚贵州，以"覈（核）所部兵不满五千，帑藏亦虚"，担心"无米为炊"，急请兵饷。于是朝廷"前后界饷银百四万两，漕粮三十万石" ❹ ，粮船经潕阳河上行，运至诸葛洞滩下，自此转陆运贵阳，保证了贵州驻军的给养，奠定了平乱胜利的基础。

天启二年（1622 年），水西土司安邦彦起事时，胁迫土兵及当地部族数万人，渡乌江上游六广河直向贵阳。另遣军进攻瓮安、偏桥等地，图谋控制潕阳河上游，以阻断湖广援军。叛军先后攻下龙里、威清（今贵州清镇）、普安、普定、安南等地，贵阳岌岌可危。贵州巡抚王三善受命抵御。王三善清楚地认识到"无兵不敢言战，无饷不敢言兵"，"黔饷一切仰给于楚省，自辰沅至镇远可通舟楫" ❺ 。乃奏请设专官于沅州以催督粮饷，又乞请"敕贵州新

---

❶ 《大明英宗睿皇帝实录》卷一七八，北京：中华书局，1974 年，第 3442 页。

❷ 《明史·本纪》卷十一，北京：中华书局，1974 年。

❸ 《大明英宗睿皇帝实录》卷二二〇，北京：中华书局，1974 年，第 4764 页。

❹ 黄宅中修，邹汉勋纂：道光《大定府志·惠人志五》，清道光二十九年刻本。

❺ 《明熹宗悊皇帝实录》卷二十三，北京：中华书局，1974 年，第 1136 页。

按臣董翼提督楚饷,驻扎镇远"❶。七月间,明熹宗以"贵州围困日久,援兵失利,会城益危"❷,令户、兵二部将湖广留漕本色速行解运。同年十一月(1622 年 12 月),复以偏沅巡抚杨述中"总督贵州,兼制湖广辰、常、衡、永十一州,并云南军务,兼理粮饷"❸,为湖广粮食向黔省运输提供了组织保证。同年十二月(1623 年 1 月),贵阳之危遂解。天启三年(1623 年)二月,明军在六广、鸭池河两度失利,龙里等地再次失守。兵部请准"合无于湖广一省,将天启二、三年等年,不论京边南粮等项,悉行运至黔中,以济急用"❹。计南粮 14 万余石,截留漕粮 5 万余石,籴买并仓谷碾米 75000 石,其中除由黔抚院改折 6 万石外,本色存 1 万余石,合计共运楚粮 20 万石。由于兵员众多,粮食消耗很快,特别是镇远以西陆路缺乏运夫,转运不及时,天启三年(1623 年)四月,镇远尚存本色 10 万石来不及转运。而贵阳一带粮饷却已不济。周之纲疏论时事称:"千里转输,担负几何,运夫数万,楚疲奔命,但黔处穷蹙之势,仅此咽喉一线,仰给全楚,唇齿相联,……,救黔也,亦所以自为也。"❺尽管运输如此艰难,东线运道仍然是当时黔军唯一的运输线。总督杨述中在提调㵲阳河中下游粮运时,曾组织疏通偏桥附近的诸葛洞滩,欲使粮食能由船直运至黄平,从而使镇远至贵阳间的运距缩短 200 余里,缓解陆运压力。天启四年(1624 年)四月,又请由湖南截留南漕米 20 万石输往贵州。自安氏发难数年间,自湖南运济贵州的粮食总计不下 40 万 ~50 万石。

㵲阳河在明朝的历次战争中,自湘经该河入黔的军粮达 100 多万石,各港口码头不仅承担了大量的集疏转运任务,而且仓储能力、吞吐能力大大提升,并促进了水陆联运线的更加完善。

2. 清水江粮运

洪武三十年(1397 年),因西南戍守将臣"不能宣布恩威,虐人肥己,致令诸夷苗民困窘怨怒,合攻屯戍,扰我善良"❻。九月,朱元璋责成楚王朱桢、湘王朱柏各以护军 1 万并铜鼓卫新军 1 万、靖州民夫 3 万余人合筑鼓城,以巩固防御据点。建筑标准为"每面三里,城池宜高深,坊巷宜宽正,营房行列宜整齐"❼,并定于十一月竣工。施工人数合计 6 万,共需粮 3 万余石,由清水江下游运入。短短 2 个月内突击完成这一运粮任务,行船密度当不算小。

明代中期,大量的军粮运输出现在清水江下游锦屏、天柱港一带。首次是景泰六年、

❶ 《明熹宗悊皇帝实录》卷二十四,北京:中华书局,1974 年,第 1204 页。
❷ 《明熹宗悊皇帝实录》卷二十四,北京:中华书局,1974 年,第 1221 页。
❸ 《明熹宗悊皇帝实录》卷二十八,北京:中华书局,1974 年,第 1431 页。
❹ 《明熹宗悊皇帝实录》卷三十一,北京:中华书局,1974 年,第 1604 页。
❺ 《明熹宗悊皇帝实录》卷三十四,北京:中华书局,1974 年,第 1775 页。
❻ 《太祖高皇帝实录》卷二五五,北京:中华书局,1974 年,第 3680 页。
❼ 《太祖高皇帝实录》卷二五五,北京:中华书局,1974 年,第 3679 页。

七年(1455—1456年)间,湖广五开、铜鼓等卫爆发了一次声势浩大的起义。明朝廷吸取教训,调集广西、贵州、四川各省兵力进行围击。景泰七年(1456年),户部左侍郎孟鉴奏请由湖广布政司将本年应解送南京的15万石漕粮运往铜鼓备用,这是该时期清水江所承担的最大运量。

成化三年(1467年)初,流域内的民众又一次暴动,副使刘敖、都督李震统兵数万在铜鼓、天柱一带分道进击。明军以显著优势将起义军镇压下去,劫粮3.4万余石。成化十一年(1475年)间,起义军又一次反击。李震所领明军分五道围攻,连陷远口、蔡溪、九虎塘等沿江各地,十一月攻取茅坪。10万左右的明军攻伐2月余,由清水江运送的军粮不下数万石,于是"遂营排洞,以便漕粮"❶。

清水江在平定农民起义中承担军粮运输任务,一些集疏转运军粮的船舶停靠点逐渐成为港埠性质的集镇,从而促进了沿河各港口码头的形成和发展。

3. 锦江粮运

嘉靖二十五年(1546年)秋,锦江流域爆发起义。朝廷在湘黔边境上集结数以万计的军队,粮食需求量很大。嘉靖二十八年(1549年)六月,铜仁军队缺粮,请求由湖广荆、岳、长、衡等府运粮接济,户部批准漕运粮食8万石,是锦江水运的大宗运量,锦江流域的港口码头承担了重要的集疏中转任务。

4. 经常性粮运

明代为了控制驿道,钳制土司,加强对贵州的统治,在贵州境内驻扎大量军队,这些军队每年需要供应大量的粮食。如洪武四年(1371年),明廷首置贵州、永宁二卫,贵州卫岁需军粮7万石,仅能自给1/6,其余由四川都指挥使司统筹。洪武十五年(1382年),在傅友德胜利进军的形势下,为巩固后方防务,置贵州都指挥使司,共领17卫并黄平千户所,驻旗军16万余人,以后又增至24卫,所需粮食数量更大。

为保证军饷供给,朝廷一面推行屯田,一面实行纳米中盐。屯田是明初一项重要措施,对改变贵州粮运的艰难状况起了重要作用。贵州的屯田主要是军屯,即将元朝逆产、荒芜的土地和抢占来的民田,分配给驻军屯种,以兵养兵。自洪武开始,历永乐、洪熙、宣德共50年间,屯田制取得显著成效。正统六年(1441年),兵部尚书王骥奏称,贵州二十卫所屯田,共957600余亩,所收子粒原本足以给军,但良田为官豪所占,子粒所收,百不及一。

但屯田初期,有些卫未能及时开垦,不能自给,还必须从外地调粮接济。如洪武十九年(1386年)十二月诸卫缺粮,朝廷令军士屯田自食已来不及,次年三月,乃由湖南经清水江运去粮食20万石。

---

❶ 民国《贵州通志·前事志十》,民国三十七年铅印本。

各卫屯田的条件不一样,发展也不平衡。如兴隆卫,驻军多而屯田少,每年需军粮 2 万余石,除由播州供应部分外,尚仰给于重庆府。由重庆至贵阳再到黄平,路途遥远,运粮不便,军队所得不到 1/10。而兴隆距湖广偏桥、镇远二卫陆行不过 120 里,可顺潕阳河直航沅州,限于隶属关系,湖广粮食只负责镇远、偏桥,而不包括兴隆。宣德三年(1428 年),改由湖广供应兴隆卫粮食,这就相应增加了潕阳河经常性的军粮运量。此外,遇有灾歉也需由外地调粮救济。实行纳米中盐,也有相当数量的粮食短途集运。因各通航河段承担战争期间大量突击性的军粮运输及平时经常性军粮运输任务,港口码头和船舶停靠点的集疏能力和吞吐量得到大量增加。

(二)川系水道军粮运输

川系水道军粮运输主要是在明代后期。万历年间,播州土司杨应龙发动叛乱,以播州为根据地,分数路发起进攻。一路南下乌江攻打黄平,以图控制潕阳河上游。主力北向四川,复分三股,骚扰川、黔边境:一股由松坎趋赶水;一股出真州(今贵州正安);一股由杨应龙亲率,出点脚坝,插营山,在营山会合后以数倍于綦江城守军的兵力攻占该城,进逼重庆。杨应龙的兵力约 14 万人,"在苗儿冈沿途地方修仓囤积粮储","在三溪口造船二百艘"❶,准备向重庆进攻。他又拆除大量民房和楼板,修造小船百十只。这些舟船利用綦江上游水道,"出没于川、贵间,如鬼如风"❶,穿梭往还,频繁转运粮饷,以"图水陆并出"❶。

四川巡抚李化龙当时受命总督四川、湖广、贵州三省的平叛军事,多次向朝廷告急请兵,于万历二十八年(1600 年)春,集结川、滇、黔并湖广、陕西、甘肃、浙江等省兵力合计 20 余万人。李化龙重视用兵要诀"师行粮从……,马腾士饱"❶,在粮食调运方面做了充分的准备,并积极利用各河系的水运。《平播露布》记载,运粮船"舳舻衔尾,粟尽海陵之仓",船运粮饷的盛况可谓空前。

万历二十八年(1600 年)初,明军分八路围歼杨应龙,由李化龙直接统率的四川四路,由綦江、南川、合江、永宁向南进讨;贵州三路、湖广一路,分别由乌江、沙溪、兴隆、偏桥向北出击。由綦江、合江进军的两路水陆并出,利用綦江上源、赤水河和习水河下游转运粮食。据天启年间(1621—1627 年)贵州总督杨述中记述,当时"水陆输挽,四通八达,各路可供","金钱成阜,米粟如山"。说明这次战争充分利用水路运输,保证了军粮供给。此次军粮运输,不仅为平定叛乱提供了重要保障,同时也促进了川系水道港口的发展,乌江流域沿河各港口码头,赤水河的仁怀港,习水河的长沙、官渡港,綦江上源的松坎港,均兴建仓储,港口码头集疏能力、吞吐能力提升,水陆联运线延伸。

---

❶ 民国《贵州通志·前事志十三》,民国三十七年铅印本。

二、食盐运输

1. 沅系淮盐、浙盐运输

淮盐、浙盐经㵲阳河、锦江、清水江运入贵州，运输线路在明代以前就已基本形成。从明洪武十五年（1382年）所定普安、乌撒等卫开中的比价来看，不仅淮盐、浙盐已行销至贵州西部，而且盐价较川盐、云盐低，皆因沅系水道的航道、港口等水陆运输条件较川盐、云盐入贵州东部、西部运行线路更为便捷有关。

明代对食盐的供应往往按行政建置划分销区，并不取决于盐运成本。明洪武初年，镇远州、五开卫、思州宣慰司治所、思南道宣慰司等地，皆隶湖广行省，从湖广运入淮盐。至永乐十一年（1413年）置贵州布政司后，上述地区改为镇远府、黎平府、思州府、思南府、石阡府、铜仁府6府，所辖镇远、施秉（今贵州施洞）、永从（今贵州从江）、安化（今贵州思南）、印江、务川、龙泉（今贵州凤冈）、铜仁等8县及29个长官司改食川盐。"诸府去四川陆路月余，盐商素所不至，土民终年不知盐味"，致使沅系水道盐运吞吐量减少。直到正统二年（1437年），贵州按察使应履平奏请对上述各府、州、县、司改输淮盐得到允准，才恢复了以㵲阳河、锦江、清水江为通道的淮盐运输。

万历以前，贵阳亦属川盐销区，运输十分困难，贵州巡抚郭子章认为购淮盐发卖比较有利。万历三十四年（1606年），郭子章在镇压起义后的善后奏疏里，提议拨专款从辰溪、常德一带购淮盐，船运至镇远、施秉、铜仁等港发卖，赚取利润以资军饷。他还考虑到"官船官夫中多迟滞……，另委官自雇夫船以免烦扰"❶，说明当时沅系水道的盐运既可用官船也可雇民船。万历三十七年（1609年），根据郭子章的建议，贵州改食淮盐。思南以西至永宁等卫则供应川盐。

从食盐销区的调整和贵州官员历次奏请供应淮盐的情况来看，在各条盐运路线中，沅系水道的盐运在明代受到特别重视。

2. 川系的川盐运输

川盐进入贵州的路线主要有4条：第一条是沿乌江上溯至沿河、思南，运销黔东地区；第二条是由綦江上运至松坎驿，转陆运至播州各地；第三条是经赤水河至仁怀（今贵州赤水），陆运至黔北、黔西北；第四条是由泸州经永宁河至永宁（今四川叙永），陆运至毕节、乌撒、乌蒙（今云南昭通）等贵州西部和云南东北部地区。

这4条盐路中，只有乌江水运深入贵州腹地。从明弘治年间（1488—1505年），四川叛酋酉阳宣抚司在龚滩对"过往花盐船只抽取税银，每年获利数万"❷，以及巡抚何起鸣建

---

❶ 民国《贵州通志·前事志十五》，民国三十七年铅印本。
❷ 郭子章著，赵平略、尹宁编著：《黔记》，贵阳：贵州人民出版社，2010年。

议由龚滩盐税中提取部分以资铜仁军饷的情况看,当时乌江盐运规模不小。

綦江上游水量较小。赤水河下游,虽于洪武十三年(1380 年)由景川侯曹震奉命进行疏浚,辟为川盐入黔航道,10 ~ 20 吨的盐船可达沙湾塘码头(今贵州赤水鲢鱼溪码头一带),但上中游滩险密集,水流汹涌,通航困难。即使利用较好水位,也只能上溯至复兴、丙安、元厚码头。所以,这 2 条水运路线仅限于贵州边境地带,进入内地全靠陆运。

永宁河也是由曹震负责疏治的,时间是洪武二十五年(1392 年)。永宁河疏通后,永宁河成为通往贵州、云南的要道,川盐、川粮频频经此运往云贵易马,然后分运陕西、河南。这条盐运路线,尽管水运部分全在四川,但直到近代,在贵州西部地区食盐运输中一直处于重要地位。

3. "纳米中盐"促盐运

明代,广泛推行户口食盐法与"纳米中盐"等政策,由各地运进贵州的食盐远远超过以往各代。洪武三年(1370 年),户部制定了食盐纳钞法,但无销售定额,当时钱钞发行量大未即回收,物价上涨,盐"出钞太多,收敛无法"[1]。永乐二年(1404 年),都御史陈瑛提议计口配盐,以促使钞银回笼,经户部议准,"大口月食盐一斤,纳钞一贯,小口半之",在全国推行。洪熙元年(1425 年),明廷免去贵州宣慰司人民的盐钞;正统元年(1436 年),免征镇远等府盐钞;正统十一年(1446 年)最终免除各卫、站、铺、旗甲、军民盐钞。在以前的 30 ~ 40 年间,贵州各族人民皆属计口授盐范围,当时缺乏统计,运量难以测算,但除湖广都司所领镇远、清浪、铜鼓、五开各卫,贵州都司所领 20 个卫所官兵总额,每年即需运进食盐 200 万斤左右,连同布政司所辖各府、州、县和长官司,总计应不下 500 万 ~ 600 万斤。

"纳米中盐",主要是用淮盐、浙盐、川盐及云盐,前三者与水运有关。洪武十五年(1382 年),首次规定盐米比价。户部确定"凡……普安纳米六斗者,给淮、浙盐二百斤;米二石五斗者,给川盐二百斤;……乌撒纳米二斗者,给淮、浙盐皆二百斤,川盐亦如普安之例"[2]。米盐的比价取决于当时的军情缓急、运输条件和质量优劣等因素。当军情紧急、用粮急切时,往往压低盐价,以招徕更多的米商。盐价过高,则米商不屑一顾。永乐十七年(1419 年),普安卫开中标准原定为川盐每引(1 引 = 200 斤,下同)米 8 斗,经一斗,绝无中者,朝廷被迫暂将盐价削减为每引米 2 斗。开中数量因时因地不尽相同。景泰六年(1455 年)前后开中淮、浙盐 35.5 万余引于五开,弘治四年(1491 年)开中淮、浙盐 20 万引于都匀、清平卫,是开中盐引较多的两次。但如果食盐质量过劣,商人也不会用米调换。正统三年(1438 年),贵州军卫缺粮,申请运盐至镇远府开中,但所运龙江仓盐掺杂泥沙,

---

❶ 嵇璜纂:《续文献通考·卷十钱币考》,清光绪八年浙江书局刻本。
❷ 《太祖高皇帝实录》卷一四二,北京:中华书局,1974 年。

"不堪易米"❶。当时张凤主持其事，为不误军食，全部换成淮盐，张凤因此得到明英宗的嘉赏。由于引额不等于实销数，故难以确切了解当时实际投入开中的盐运量。推行"纳米中盐"政策后，贵州食盐输入量有较大增加，水运量和港口码头吞吐量也相应得到增加。

三、皇木运输

明朝北京城修建宫殿，向各地征调大木。当时贵州地区多原始森林，楠、柏、杉、松等林木资源丰富，成为供应木材的基地之一。各河除经常有木材放流邻省外，曾几度承担艰难的皇木运输。"采木之役，自成祖缮治北京宫殿始。"❷永乐四年（1406 年），朝廷派少监谢安到赤水河一带采伐楠木，用于修太和殿。谢安被赤水河支流风溪小河内十丈洞瀑布的风光所吸引，在那里住了 20 年，他"亲冒寒暑，播种为食"。清人陈熙晋赞叹说："洞深十丈锁云烟，谢监栖居廿五年。采木使臣归未得，山中开菁已成田。"赤水河流域采运皇木任务的长期性和繁重性从中可见一斑。至今，在贵州习水县同民镇蒲江村还存有一块"皇木采伐"石刻碑记。

正德九年（1514 年），武宗下令修建乾清宫和坤宁宫，分别派员到湖广、四川、贵州伐运大木，这次任务不仅艰巨，而且急如星火。在此期间，思南、铜仁、镇远等府官员要求到北京进献特产方物，都被朝廷宣布暂停，甚至免除了清平卫（今贵州炉山北）制造军器的任务，要求集中人力和物力尽快将皇木运送到京。可知当时川系、沅系诸河均有繁重的皇木运输任务。

嘉靖二十年（1541 年）宗庙火灾，派工部官员到湖广、四川采木。嘉靖二十六年（1547年）奉天殿火灾，复遣工部侍郎刘伯跃采木于四川、湖广、贵州。继以左副都御史李宪卿代之，曾派员至赤水河儒溪（今贵州习水县同民境）踏勘。以后几十年间，皇帝大兴土木，出言谏阻者都受到打压。贵州左布政司叶珩因采木事宜总理不周被革职；贵州都御史高翀参、都司何自然因采木任务紧迫托疾规避被问罪；贵州道御史郭弘化因谏采木、采珠被削籍。而播州宣慰使杨应龙，因三次献大木 170 根，赐飞鱼彩缎，升都指挥使。在山区河流中漂放大木，十分艰辛，《大定府志》所载杨慎《赤虺河行》叙："明堂大厦采栋梁，工程估客穿蒙龙。此水奔流似飞箭，缚筏乘桴下蜀国。暗淡滟滪险倍过，海洋流沙争一线。……安得修为夷庚道，镌刻灵陶垂不磨。"又载：隆庆年间（1567—1572 年），吴国伦咏叹赤水河放木情况："筏趁飞流下，樯穿怒石过。劝郎今莫渡，不止为风波。"此次采木之役至万历十九年（1591 年）才告一段落。曾三次诏免各府正官朝觐，《明实录》提到的有思南、石阡、思州、镇远、都匀、黎平、铜仁等府，说明采木遍及川系、沅系各河。

万历二十五年（1597 年）到三十七年（1609 年），为北京兴建"三殿"，又采楠、杉诸木

---

❶ 张廷玉撰：《明史·张凤传》，清乾隆四年武英殿校刻本。

❷ 张廷玉撰：《明史·食货志六》，清乾隆四年武英殿校刻本。

于湖广、四川、贵州。贵州巡抚郭子章于万历三十六年(1608 年)的奏章称:贵州采办楠杉大木柏枋计 12298 根,木价银 1077271 两。万历三十七年(1609 年),户科给事中韩光祐的奏章透露:修建"三殿"采木耗银 930 万两,比嘉靖年间修建三门午楼多一倍。

明代几度采木之役,少者经历十几年,多者 30~50 年,其间木材成为所在河流输出的重要物资。许多木材漂流到沿河港口码头后,被扎成排筏运往皇城。川系、沅系水道沿江港口码头成为主要集疏运港。

第三节　航道疏浚、整治与港口码头发展

一、沅系水道整治

1. 㵲阳河整治

㵲阳河诸葛洞滩在镇远府(今贵州镇远县)与偏桥卫(今贵州施秉县)之间,下距府城 29 千米,上至偏桥 6 千米。该滩原可通航,后因崩岩逐渐成滩以致断航。船舶不能由镇远(今贵州镇远港)直达偏桥(今贵州施秉港),影响军粮运输,故偏桥卫责成瓮蓬长官司于农闲时组织民力,协同卫所疏通,以便公私船舶行驶。宣德八年(1433 年)修葺畅通,船舶可通行至偏桥卫,偏桥成为船舶停靠码头,并可直达黄平旧州港。这是㵲阳河有史可查的首次整治,也是贵州省航道工程的开端。

诸葛洞滩修通后,经过 100 多年间的多次洪灾和山岩崩塌,逐渐又断航。商船只好停泊于镇远府城,进出口物资均于镇远港转运,使府城繁荣。偏桥则因舟船不至而日渐萧条。当地人民要求开通河道以发展商贸,镇远商民却希望维持现状以独占商利。万历二十七年(1599 年),播州杨应龙叛乱时,官兵从湖广西进弹压,船仅能驶至诸葛洞滩尾,军需物资转以人力负运,耗费巨大。

万历二十八年(1600 年),贵州巡抚郭子章路经此地,听取当地官员及民众的意见,认识到开凿该滩有利于驿传、商务、粮运、灾赈和军运等,乃确定由都司钱中选组织施工,韩绍梁等协助。钱中选系偏桥人,熟悉当地情况,对工程做了妥善安排,采取由上而下逐段推进的步骤,进展较顺利。参加施工的石工、铁工和普工共 300 余人。自万历二十八年(1600 年)六月六日动工,经过 110 日,于九月二十五日告竣,共费工银 120 两、粮饷 600 余石,改善上、中、下 3 处滩口,共开航槽 69 丈,凿出大小礁石无数。经试航可以行船,"镇舟挽而上,偏舟放而下"❶,取得较好的效果。但以后又发生变化,因所开凿的乱石弃方,

❶ 民国《贵州通志》,民国三十七年铅印本。

或堆积岸上或抛置河床,不能稳定,经洪水冲击又滚入航槽。特别是万历三十七年(1609年)、泰昌元年(1620年)和天启元年(1621年)三次大水漫及两岸田园,对航槽的破坏很大,诸葛洞滩再次断航。天启初年,水西安氏叛乱,亟须运输粮饷,天启三年(1623年)偏沅巡抚杨述中又组织整修。

除诸葛洞与老碉外,下游平溪(今贵州玉屏)境内的滩险也曾做过整修。嘉靖十八年(1539年)五月,潕阳河及其支流龙江河山洪同时暴涨,位于干、支汇口以下的潕阳河下段所受影响最大。平溪境内的显灵滩恶化碍航,商船来往困难。根据行船要求,乡官徐诏组织开凿,具体施工时间及工程规模已难查考。郭子章《黔记》记述"凿其峻石,人多称便",说明施工后航道条件有所改善。

2. 清水江支流疏浚

清水江下游右岸支流有 2 条,即亮江与洪州小河,均发源于黎平县境。亮江流经高屯、亮司、敦寨、铜鼓,至锦屏以下 4 千米处汇入清水江。明清时期有"八舟江""新化江""高屯河"等名称。洪州小河流经中潮、洪州、流团,进入湖南省境,至托口入清水江。两河流域均为苗族、侗族人民聚居地。明代,军事上隶属湖广五开卫、铜鼓卫,有八舟、新化、欧阳、亮寨、黎平、中潮等长官司和千户所;行政上则隶属黎平府。两河流域均盛产林木,中下游可行驶小船。唯两河上游与五开卫相近的河段流量甚小,只能放木。河床多卵石浅滩,不算险陡。两河流经地区,山高林密,陆路险阻甚多。正统十一年(1446 年),湖广五开卫向朝廷申报:"卫与苗接,山路峻险。去卫三十里有水通靖州江;乱石沙滩,请疏以便输运。"❶朝廷允准了这一建议。按"去卫三十里"推算应指亮江,因亮江源地在黎平县西的大甫山,里程大体与此相近。而"有水通靖州江",应指洪州小河,因亮江亦可经清水江而入靖州江(今贵州渠水),但水道里程似嫌过长,不比洪州小河近便。《开泰县志》以亮江为当时五开卫请求疏通的水道,盖因亮江直接沟通五开和铜鼓二卫,在战略上有一定价值。五开自宋代以来,已是西系、沅系水陆联运必经之地。正统中期,这一地区社会较安定,有修河的条件。尽管史志记载过略,当时实际疏浚河段的起讫、工程规模及成效等还有待考察,仍可判定这是清水江支流开展疏浚工程的开端。

二、川系航道开辟

万历二十四年(1596 年)对石阡河进行航道整治,使航道向上延伸近百里至石阡府,促进了石阡港的形成和发展。

石阡河流经石阡府境,经塘头至江口汇入乌江。塘头(原贵州塘头码头)至江口 9 千米可通航,为江口与岑巩等地物资向乌江转运的起点,但塘头至石阡 50 千米河段内有 9

---

❶ 王鸿绪撰:《明史稿·河渠志》,清雍正元年敬慎堂刻本。

处滩险,"乱石险阻,弯曲窒碍",不能通航。明代该流域内商业繁兴,进口花盐及出口牛、猪、米、布等成交额增大,成为思南府属塘头等地商税的主要来源。石阡知府郭原宾倡议开凿塘头以上河段,既为发展上段水路交通,也为石阡府吸收商货、开辟税源。郭原宾倡议之前,曾向当地耆老蔡博山、周学昌等了解滩险情况,估算工程量不大,只需银 300 两左右。据《黔记》载:"郭原宾(自)捐百金,疏凿通舟,民皆称惠。"这是乌江河系首次治河工程。石阡河航道经整治后,不仅使水路运道畅通,流域内土特产品水路输出方便,而且川盐可以直接运至石阡府,从而促进了石阡府商贸的进一步繁荣,石阡港货物吞吐量增加,同时也使塘头码头至思州港陆路运距缩短了 50 千米。

第四章
清代前期贵州港口的进一步发展

（1644—1840 年）

明崇祯十七年（1644 年），清军入关，开始对中原进行统治。清顺治十六年（1659 年），清军进占贵州以后，为扫除残存敌对和割据势力，用兵二十一载。清康熙二十年（1681 年）战乱平息，出现 40 年相对安定的局面。为疗救兵火创伤，清朝在各地试行屯田，招徕垦殖，鼓励农业生产，并倡办采掘冶炼，促进工矿开发，水陆交通逐渐繁忙。但黔东南部分地区尚未设立县治，政令难以顺利推行，水运交通发展仍处于停滞状态。"改土归流"（改以流官取代土官）政策在贵州全面推行之后，黔东南地方政权亦相继建立。此后 60 年间，贵州境内动乱较少，社会转趋安定，各民族相互融合，推动了社会进步。

清乾隆初年，为发展农业生产，鼓励开荒种地，曾经明确规定：凡山头地脚奇零土地，可以开垦者悉听民夷垦种，免征租税。同时，自外地引进苕种、楠竹和蚕种，发展多种经营。采掘业也有所扩大，矿产年达千余万斤，"银、铜、黑白铅厂上下游有十余处，每厂约聚万人、数千人不等，游民日聚"。商业活动也日趋频繁，"省会及各州、县店铺稠密，货物堆积，商贾日集"，"川花、广花络绎来黔"，并从湖南运进大量布匹，商品的生产与流通达到前所未有的高峰。

经济增长推动了交通建设发展，省际与省内驿道纵横交错、四通八达，不过陆路仍多险阻，跋涉甚艰。清朝规定的驿马更新率以贵州为最高，当时"四川、云南驿马年准倒毙三分，直隶所属之张家、独石、喜峰等口驿马准倒毙四分……贵州驿马准倒毙七分"❶。陆路条件艰苦，沿江一带更加重视水运。清初开拓潕阳河与锦江之后，雍乾年间（1723—1796 年）又继续开发清水江（含亮江、巴拉河）、都柳江（含寨蒿河）与赤水河。清代前期，累计疏治大小河流近 1000 千米，成为当时粮食、食盐与铜铅进出的要道。

水道的开通，促进了沿江集镇的繁荣，同时促进了港口码头的发展。雍乾年间，都柳江新兴的港口码头有都江（今贵州上江）等；清水江新兴的港口码头有都匀、下司、施秉（今贵州施洞）、清江（今贵州剑河）等；赤水河新兴的港口码头有丙安、猿猴（今贵州元厚）、二郎、兴隆（今贵州马桑坪）、茅台等。总的来说，清代前期是贵州内河航运事业的兴

---

❶ 刘锦藻撰：《皇朝续文献通考·邮传考十五》，民国二十四至二十六年上海商务印书馆十通本。

盛阶段,与当时的社会经济互相促进有很大关系。清嘉庆以后,酷吏苛索,水旱频仍,民生凋敝,水运又转趋衰落。

第一节　航道整治促进港口码头发展

一、配合军运对潕阳河、锦江的航道整治

诸葛洞滩在明天启三年(1623 年)重修之后,仅历 10 年,于崇祯七年(1634 年)又遇特大洪水冲淘,该滩再次断航。清初朝廷向贵州进军,大部分地区需粮急切,水运只通镇远显然不能适应,巡抚卞三元乃组织重开诸葛洞滩,使粮船继续上驶直抵黄平(旧州港)。

卞三元为了解决当时繁重的粮食运输问题,事前亲临镇远以上河道做了大量调查研究,对危及航行最大的诸葛洞滩、老洞滩、鹞子滩等几处险滩特别予以注意,对多处次要的滩险也一并整修。他责成新镇道徐宏业、副将王可就负责,令平越(今贵州福泉)、偏桥(今贵州施秉)、黄平、兴隆等卫营兵,并招募各地民夫协同施工,军工、民工达 1000 余人。工程分段进行:一自诸葛洞滩起,一自老洞滩起,由下而上,逐步推进。开挖石方,"浚月河,筑水坝"❶,进行一些裁弯取直与筑坝导流工程,整治范围及施工技术较明代有了较大的进步,是贵州内河关于以筑坝方法改善水流状况的较早记载。

这次工程于顺治十七年(1660 年)四月告竣,共治理各类滩险 52 处,治理后潕阳河航道由镇远向上延伸 180 余里,直抵黄平。康熙二年(1663 年),贵州按察使彭而述在《重开诸葛洞碑记》中评述这次工程的经济效果时称:这 200 里间,山路险隘,无法使用牛车,如靠人力负运,"一夫所负,不过四斗,一日所得,不过五十里,往返所费,一日止以二升计之,十日已去其半……而妨农工,赔里递,以及胥吏之侵渔"等糜耗尚未计入。航道开辟以后,即使选用载量最小的船,至少也可载粮 10~20 石,一船即可节省数十人乃至百人的劳力。而粮食可以较方便地经平越、都匀转输各地,流域内的土特产品还可与外地物资互相贸易,促进了侗族、苗族、仡佬族等各族人民生活水平的提高。不过这次工程是在战事期间进行,匆匆兴工,很难彻底,可见工程标准不高。

由于竣工后未组织维修养护,效益不能巩固,诸葛洞滩的航运时断时续,上游黄平港时兴时衰。此后,卞三元还组织疏浚铜仁至湖广辰溪段的河道,以利军运,后又向上游伸延。据《八旗通志·卞三元传》记载:"省溪司至提溪司四十里尽为沙石淤塞,三元兴工挑浚。"❷铜仁县令郭万国参与"浚河运粟",受到奖谕,升独山州知府,可见工程取得实效。

❶ 鄂尔泰、涂天相纂:《八旗通志初集·名臣列传四十九》,清乾隆四年武英殿刻本。
❷ 鄂尔泰、涂天相纂:《八旗通志初集·名臣列传四十九》,清乾隆四年武英殿刻本。

乾隆三年(1738年),贵州总督张广泗上奏:"都匀、铜仁等处河道,虽陆续开修,而河身窄狭,仅容小舟运载……,盖限于地势,非人力所能施。"朝廷下旨"万一可以尽人力者,须当留心补治",说明后来又进行过整治。

道光十八年(1838年)夏潕阳河山洪暴发,道光二十年(1840年)再受洪灾,镇远府治以下20里有大王滩碍航最甚,巉石激水,舟触辄碎。镇远知府廖维勋随即募工修整,至次年(1841年)春,整修碍航河段100余丈,航行条件改善,水运得以进一步恢复,沿江港口再次出现繁忙景象。

二、"改土归流"与清水江、都柳江整治

清水江与都柳江两江原有数以百计的船舶,因河床多礁石浅碛,江岸多竹木荆棘,航槽及纤道都有不少险阻,通而不畅。军兴以后,船舶载军运粮上下往返,存在一定困难,特别是枯水期更为不利。主持西南"改土归流"的云贵总督鄂尔泰为保障湖南的粮食源源不断地向贵州输送,曾奏请首先整修和改善潕阳河上游航道。雍正七年、八年(1729—1730年)间,又下令开展清水江与都柳江的整治工程。

清水江工程由都匀府、镇远府、黎平府分段负责,当时战事正盛,工程难以开展,做过一些零星疏治。如支流巴拉河欧家寨至施洞口一段,为当时台拱厅官兵粮食的主要补给线,雍正十二年(1734年)经批准疏浚。与此同时,锦屏知县廖贞组织过下段施工,后因战事告急被迫中止。

都柳江工程与当时的军事行动相配合,主要由参战的官兵负责。雍正七年(1729年),清军占领古州后,为加强对都柳江上游的控制,鄂尔泰责成下属开辟上游纤路。雍正八年(1730年),清军占据沿江要隘,拔除浪宗、车寨等据点后,对上下江河道进行清理,鄂尔泰责成黔、桂两省官员会勘疆界,划分地段,以便加强控制。他们通勘水道上下游,上段自三脚屯(今贵州三都港)至三洞,下段自诸葛营(今贵州榕江港)至榕洞,对其间碍航的礁石浅滩加以开凿、疏通,岸边纤道上有碍拉纤的竹木荆棘一并清除。参加此次修河的不少是土司士兵。独山州丰宁下长官司杨继震参与镇压交旧、平甲、来牛、八寨等处起义之后,带士兵参与修河,后驻扎拉缅,管理船运军粮。排洞土司王宗贵、永安土司雷起凤带领士兵在配合清军进攻苗寨的同时,也为修河出力。参与都柳江疏浚工作的士兵估计不少于四五百人。经过整修的河段,航行条件有所改善。从上到下的沿江要隘包括拉缆、打略、柳选、来牛、高旧、定旦、八开、龙寨、丙妹等处,或置协、或立汛、或设营(协、汛、营为清代军队编制单位),说明航道状况已比较有利于上下营、汛的联系。协、汛、营所在地也成为船舶停靠和物资转运的小码头。

鄂尔泰还倡议开凿沟通两江的运河,所取线路由外套河(都柳江上游大河区左岸的支流)经焦然寨(都匀与三合交界处)至内套河(清水江上游王司区附近河段)与清水江相

接。其间越岭运渠的长度为 50 里,鄂尔泰责成独山知州孙绍武前往踏勘,但由于技术问题未能解决,且资金缺乏,这个设想未付诸实施。

雍正七年、八年(1729—1730 年)间的治河工程,仅是两江疏治工作的开端,时当战争之际,修河效果并不显著。

乾隆元年(1736 年),战事结束,两江流域一片荒芜,营、汛军饷不能自给。次年贵阳以西遍受雹灾,收成甚差。乾隆三年(1738 年),贵阳上下米价腾贵,军糈民食均感匮乏。湘、桂军粮与救灾粮频繁调运,两江通航条件不能适应。同年九月,张广泗奏请整治改善两江航道,分别以上游的都匀和三脚屯港为起点,直往中下游,包括疏通浅滩、开凿纤路。乾隆帝批准了张广泗的计划。乾隆三年、四年(1738—1739 年)间,两江以疏浚及开辟纤道为主,进行大范围的施工。干流取得初步成果之后,又转向支流。乾隆十一年(1746 年),黎平知府徐立御组织工夫,开发清水江支流亮江的水运;乾隆十三年(1748 年),湖南舟船可自河口上溯 130 里抵达黎平府附近的高屯,并在此处设船舶停靠码头。

古州港(今贵州榕江港)当都江、平允、寨蒿三河汇口,三面环水,历来易受洪灾。雍正七年(1729 年)设治筑城,开始重视洪水的威胁。乾隆五年(1740 年),在城北筑石堤 107 丈;乾隆十九年(1754 年),又接筑城东石堤 100 丈。寨蒿河在此汇入,因盘埃、千列等滩阻碍,通航困难。自古州运往寨蒿营的粮食尚需陆运,山径难行。乾隆八年(1743 年)春,张广泗报请开凿水道,发展航运,近百里河道自此疏通,使古州港进出物资向寨蒿河支流腹地延伸。

三、川盐及铜铅运输对赤水河的整治

清乾隆八年(1743 年),贵州总督张广泗认为赤水河中上游开通,可以节省铜铅运费,平减盐价,济运灾粮,具有多方面的效益,"实为黔省无穷之利",乃倡导疏通赤水河。他责成地方官员对河道进行调查,举贤征工,亲自听取各方面的意见。米粮渡(桐梓河与赤水河汇合处)渡夫吴登举闻讯赴仁怀县城自献开河之策,坚定了张广泗整修赤水河的信心和决心。乾隆帝对张广泗疏通赤水河的申请给予充分支持。乾隆十年(1745 年)四月,工程经工部议准组织实施。

此期工程上起毕节县境的天鼓岩,下至猿猴附近的鸡心滩,总长 400 余里。施工分为上下两段:上段自天鼓岩至新滩共 27 滩,下段自盐井河至鸡心滩共 41 滩。吴登举被委派亲自负责招募民工,于乾隆十年(1745 年)十月初一动工,次年(1746 年)闰三月初一竣工,共整治滩险 68 处,耗银 38642.5 两。

赤水河经过整治,上游白沙河至兴隆滩段及中游二郎滩至猿猴段基本疏通,计划整治的滩险 2/3 获得改善,新增通航里程 300 余里,上段每船可载千余斤,下段每船可载近万斤,成效显著。但仍有 2 段未达到目的:一是天鼓岩至白沙河 60 余里,因老虎跳、长滩等

七八处险阻落差大,航槽弯窄,船只需采取吊放方式过滩。二是兴隆滩至二郎滩20余里,滩险密集,碍航严重,洪水期流急浪大,必须扎水,枯水期滩上落差大,坡降陡,吊放费力费时,每艘鳅船需40~50人作业,试航期间频频发生事故,因而此段航道实际并未利用,改由陆运盘驳。

赤水河经整治后,铜铅自白沙河起运,次险处用舟载,极险处靠盘驳,水陆相济,放吊并行,维持数年。但由于两岸山岩崩塌、水毁等,部分滩险通而复碍,白沙河至鱼塘河航行渐感困难,船户轮流吊放,日行20~30里,颇为吃力。乾隆十九年(1754年)九月,贵州巡抚定长疏请将起运点改在白沙河下40里的鱼塘河装船,与毕节相距更远,延长了陆运距离,于是铜铅运输又恢复毕节至永宁的老路。但茅台以下航道已成为川盐入黔的重要通道。此次整治不仅将航道里程向上游延伸300余里,而且新增了丙安、猿猴、太平渡、二郎滩、马桑坪、茅台等中上游港口码头。

第二节　各河系港口码头吞吐量的增长

一、军粮运输

1.清初的军粮运输

清朝初年,贵州境内经历过几次大规模的战争,包括由李定国、孙可望统领的农民起义军与清军对抗,孙可望背叛后与起义军的内战,水西安氏与吴三桂先后叛乱和清王朝的用兵,等等。自顺治四年(1647年)至康熙二十年(1681年)间,战乱此伏彼起,战争双方出动兵员多达十余万至数十万,除局部地区外,战乱往往持续5~6年或8~9年。其间又曾几度发生严重的水旱灾害和雹灾。其时贵州社会动荡,军需和民食成为重大问题。朝廷及地方政府采取过屯田、征赋及由省外调粮等办法,以满足需要。当时省内生产力受到破坏,粮食以省外调入为主,沅系的潕阳河和锦江担负着繁重的粮运任务。

潕阳河与锦江大规模的粮运是在顺治十五年(1658年)。数十万大军分三路向云贵进攻,由洛讬和洪承畴统领的一路从湖南西进,先夺取潕阳河下游的沅州和渠河流域的靖州,然后进军贵州,分布于镇远、偏桥、兴隆、清平、平越(今贵州福泉)一带。征南将军吴三桂率领的一路从四川南下遵义。由卓布泰率领的一路,自广西进攻黄草坝(今贵州兴义)。原议三路兵马在平越杨老堡会师以后再图贵阳,但大军麇集,粮食给养面临重大困难。洪承畴一面传檄潕阳河下游沅州等地运输粮食至上游镇远港积贮,一面令所属就近采购粟米并掺以野菜充饥。镇远港以西水道不通之处,通令石阡、思南、思州、平越各府、州、县、卫、所土司招募民夫从各港转运粮食,逐站陆运至平越、新添(今贵州贵定)。九月间,清军驻扎贵阳总数达十余万,粮饷消耗很大,而贵州连年遭受兵燹和旱灾,"田畴尽荒,粮无所出,皆从湖广接济"❶,沅系水道成为主要补给线。顺治十六年、十七年(1659—1660 年),贵州东半部又出现大面积旱灾,米价上升至银一两五钱、一两八钱不等,较正常年景上涨十余倍,军饷民食同感匮乏。镇远港尚存军米 3000 石,巡抚卞三元决定一面开仓粜米赈济灾民,一面急请自湖南继续调进粮食,各港粮食运量急剧增加。

在湘粮运黔的另一供应线锦江上,粮船由辰溪上驶,过铜仁,至省溪(今贵州江口)、提溪(今贵州闵孝)转石阡、思南进入贵州,省内航程 200 余里。卞三元曾在省溪、提溪两地"捐造仓廒,以备储蓄"❷。这是锦江上游建仓储备转运粮食的较早记载,说明当时粮运相当频繁,锦江的铜仁、江口港,乌江的石阡、思南港成为粮食转运、仓储的中转集散港。

2."改土归流"的军粮运输

清初,沿袭明代土司制度的弊端和危害日益暴露,既妨碍国家的统一,危及边疆稳定,又束缚经济发展,到了必须改革的地步。于是雍正四年(1726 年),云贵总督鄂尔泰奏请"剪除夷官,清查田土,以增赋税,以靖地方"❸。至此,明永乐年间开始的"改土归流"演进成一场轰轰烈烈的区域性政治改革。

贵州的"改土归流"始于广顺州的长寨,终于古州,前后 6 年时间(1726—1731 年)。"改土归流",政治上要废除土官世袭,军事上要解除土司武装,经济上要取消农奴制,因而遭到土司们的强烈反抗。清廷则采取"兵剿"和"勒献土地"或"剿抚兼施"的策略,双方斗争激烈。在战争中,清水江、都柳江承担了大量军运和粮运任务,各沿江港口码头一度异常繁忙。

在贵州中南部地区"改土归流"取得成效后,雍正五年(1727 年)三月,镇远知府方显上《平苗事宜十六则》,对清水江流域苗疆的"改土归流"提出建议,意在排除妨碍交通的社会因素,促进经济发展,充分利用水道本身的自然条件,畅通当地土特产及自然资源的流通。并遣官员亲往梁上等地对当地人民进行安抚劝导,争取归附。当地人民表示愿意合作,未有抗拒。次年(1728 年)三、四月,方显亲赴挨磨、者磨等地,先后招抚 20 余寨。随后,羊翁、世盖(同盖)等 40 余寨亦先后归附。至此,清水江、都柳江水道逐渐得以安宁。

雍正七年(1729 年)春,清军围攻公鹅等寨,柳受一寨即出动舟船 40 艘供清军装备舟师,迅速攻占这一清江要隘。清军控制清江以后,方显留守,曾运粮往施秉港(今贵州施洞),航程 100 余里,当地人民受雇承运,安全到达。又从湖南洪江购进粮盐,清水江 154

❶ 民国《贵州通志·宦迹志四》,民国三十七年铅印本。
❷ 鄂尔泰、涂天相纂:《八旗通志初集·名臣列传四十九》,清乾隆四年武英殿刻本。
❸ 贺长龄、魏源编:《清经世文编》卷八十六,北京:中华书局,1992 年。

艘船舶参加运输,往返航程近 1000 里,"黔楚南船,千帆箕张,云翔上下"❶,盛况空前。途中当地人民扶老携幼,麇集两岸,临江眺望,喜形于色。不少人以其所产"争来交易,以为见所未见"❷。这是清水江历史上较大的一次粮盐运输。

雍正五年(1727 年),为配合贵州苗疆"改土归流",驻粤清军进剿古州。广西六合知县吴正一兼理粮运,查知都柳江溯流可通古州港,即雇当地船舶开展运输,对应役船舶以食盐、烟叶为酬,深受当地人民欢迎,应役者众,较好地完成了运粮任务。雍正八年(1730年)五月,粤西统兵潘绍周率师进占诸葛营后,继续推进。受抚苗寨集中舟船 60 艘供调遣,清军以大绳系诸船,覆以木板,形成浮桥,加快进军步伐。自雍正九年(1731 年)起,广西柳州、庆远两府承担古州港屯军的军粮供应,每年由都柳江上运粮食 3 万石左右。

雍正十一年(1733 年),以"新辟苗疆幅员辽阔……,古州、清江安设重镇,四方商贾络绎往来……,米粮宁可使有余,不可或有不足"❸,又从广西浔州所属的桂平、贵县、武宣、平南等县拨谷 5 万石,分期上运古州、都江港积贮:在古州港建仓 60 间(贮谷 3 万石),都江港建仓 40 间(贮谷 2 万石),为都柳江在榕江和都江两港建仓贮粮的较早记载。同年,还截留湖南漕米 15 万石,分期由清水江上运诸要隘积贮,年运量 5 万石左右。

剿抚结束后,清廷在古州、台拱(今贵州台江)、清江、都江(今贵州三都)、丹江(今贵州雷山)、八寨(今贵州丹寨)等地建立地方政权,派流官统治。"改土归流"巩固和加强了多民族国家的统一,客观上促进了社会经济文化的发展,在历史上是一个进步,产生了深远的社会影响。清水江和都柳江的沿江港口码头也因此得到进一步发展。

3. 平定起义的军粮运输

清代"改土归流"后,官府开展查田土、编户口,又重征钱粮,加重了人民负担。军屯还占用大量当地人民的土地。不少下级官吏又常借事渔利,敲诈勒索,将当地人民视为奴仆,肆意恫吓或无端残害,激起当地人民愤怨。故清前期的社会矛盾仍相当尖锐,民众曾多次起义反抗清廷,道光以后会党起义更是频繁。为了镇压起义,清廷调集大批军队进讨,或于要隘驻军扼守,所有军事活动都增加了各河粮运和港口的集疏。

雍正十三年(1735 年)三月,古州地方官吏趁征收赋税之机大肆勒索民财,激起当地民众愤怒,以包利、红银为首领的寨蒿、八妹、高表等寨举起义旗,起义军很快攻克凯里、重安江、黄平、岩门司、清平、余庆等地,威逼镇远和思州(今贵州岑巩)港,席卷整个黔东南地区。清廷急调云南、四川、两湖、两粤六省兵力合围古州,但因指挥不一,未能挽回劣势。后改任张广泗为七省经略,统管各路军队,局势始渐扭转。各省军队集聚贵州,为抢运军

❶ 民国《贵州通志·宦迹志十一》,民国三十七年铅印本。
❷ 民国《贵州通志·前事志十九》,民国三十七年铅印本。
❸ 张广泗修,杜诠纂:乾隆《贵州通志·艺文志》,清乾隆六年刻嘉庆修补本。

粮,夫马舟船同时出动,盛况空前。镇远港一时集聚民夫达 5000 多人,驮马 3000 余匹,夫马壅塞,"漫无章程,夫则坐糜廪粮,马则滋累里户"❶,倒毙不少。时任贵州按察使介锡周负责各路粮运,他对水陆运力做了调整,明确划分各类运输工具的运行区域,规定湖南、广西两省兵米都由船舶运至清江和古州、都江港积存,而所有夫马则分担各路接转任务,扭转了当时的混乱现象,"挽输迅速,粮乃大集"❶,节省了大量费用和民力。乾隆元年(1736年)六月,张广泗奏请拨湖南仓粮和湖北漕米 4 万石入黔,粤西仓谷碾米 3 万石运至古州、凯里等处,以备军需。清军粮饷补给得到满足,起义民众则退守雷公山坚持抵抗,终因粮尽援绝,于当年秋季失败。据乾隆二年(1737 年)三月统计,贵州用兵以来,"楚省运黔军粮前后共计四十余万(石),俱按期攒运,并无迟误"❷。乾隆皇帝为此传谕奖励运粮有功人员。由粤西运至古州、都江港的军粮,累计不少于二三十万石。这段时期,粮船穿梭上下,对都柳江、清水江的航运促进较大。

战事告一段落,清廷在贵州增修壁垒,分设营汛,增加驻军,加强防范,除屯田或就地征集军粮外,由各省补充,水运继续承担部分军粮任务。如乾隆二年十二月,"赴楚采买(米)二万石,交安顺、普定两仓收储"❸。乾隆三年(1738 年)七月,湖南额运 2 万石送清江,由黔省接运,秋后又补运 2 万石至清江收贮,作为来年军需。为接济贵州米粮,湖南曾报请截留漕粮 26.6 万石抵补,划定柳、庆二府谷粮供贵州采买。古州港军粮仍由粤省协济,添设仓大使一员料理粮务,每年额运楚粤米粮 4 万石左右。乾隆七年(1742 年),由于屯田收效,省内生产逐渐恢复,减至 1 万石。

乾隆六十年至嘉庆二年(1795—1797 年),由松桃人石柳邓和湘西人吴八月领导的起义军,占领黔、川、湘三省边界大片地区,南逼铜仁。清廷调集两广、两湖、云南、贵州、四川七省几十万军队镇压,屡遭挫败。趁清廷抽调兵力镇压黔东北起义之机,南笼(今贵州安龙)王囊仙领导当地人民发动起义,嘉庆元年至二年(1796—1797 年)席卷黔西南和西北大片地区,军锋指向贵阳,清廷又急调两广和云贵军队围剿。兴兵以后,"所需军火兵糈,均系黔、川、楚等省转运供支"❹,清水江、都柳江、乌江等水道又承担较多的军粮运输任务。据《高宗实录》卷一四八七记载,乾隆六十年(1795 年),仅湖南地方碾运食谷,不下数十万石,唯恐不敷,又奏请由江西买粮接济。另据《仁宗实录》卷十三记载,嘉庆二年(1797 年),为供给军需及兵后散赈,黔省筹采楚米十万石。

军粮运输在促进各河系水运发展的同时,也促进了各河系港口码头的仓储能力和吞吐能力的不断提升。

---

❶ 民国《贵州通志·宦迹志十一》,民国三十七年铅印本。
❷ 《高宗实录》卷三十九,北京:科学出版社,1959 年。
❸ 《高宗实录》卷五十九,北京:科学出版社,1959 年。
❹ 《高宗实录》卷一四九五,北京:科学出版社,1959 年。

二、食盐运输

清雍乾时期，贵州食盐输入量有较大增加，川盐运销范围扩大，淮盐缩小，粤盐输入恢复，明显超过前朝。

清朝对四川盐业采取较为宽松的政策，鼓励穿井，故生产发展较快。雍正八年（1730年），四川各盐场由水路运出的盐为 11166 引 8375 万斤（1 引＝7500 斤，下同），到乾隆二十三年（1758 年）增为 18420 引 1.3815 亿斤，自给有余，为向外省大量输出提供了条件。据清初《会典事例》记载：贵州有贵阳、安顺、平越、都匀、思南、石阡、大定（今大方）等 9 府食川盐，雍正十三年（1735 年）又增南笼，共 10 府。乾隆六年（1741 年），川盐入黔引额合计 4422 万斤，仍由涪岸、綦岸、永岸、仁岸 4 条路线输入。其中乌江水运已可抵思南，再上行至石阡府转陆运；赤水河仍只能达到仁怀厅的沙湾塘（今贵州赤水鲢鱼溪），沙湾以上因"巨石巉岩，崒崎中流"，"滩高浪激，势险路纤"❶，航运困难，食盐须由沙湾陆运至猿猴、土城，再转运至贵州内地。乾隆十一年（1746 年），赤水河中上游河道经整治后，盐船可上溯至茅台，延伸里程 300 余里，大大改善了这条盐路的运输条件，降低盐运成本，每年节省脚银数以万计。贵州总督张广泗奏请增拨引额由赤水河输入。经过调整以后的盐运岁额为：由乌江、綦江输入 2207 引 1655 万斤，运销遵义北部、思南、镇远、平越、都匀等地；由赤水河输入 1811 引 1358 万斤，运销仁怀、遵义西部、修文、贵阳、安顺、开州（今贵州开阳）等地；由四川永宁（今四川叙永）陆路输入 1878 引 1409 万斤，运销大定、毕节、平远（今贵州织金）、威宁、南笼、普安以及云南昭通、镇雄等地。前 3 条线路的输入量，占川盐入黔总量的近 70%。乌江沿江各港口、綦江上源的松坎港、赤水河沿河各港口码头转输川盐一度繁忙，吞吐量逐渐上升。

黔东铜仁、思州、镇远、黎平四府与淮盐销区湖南接壤。清初，民船自湖南洪江、芷江、麻阳等地上驶，多夹运私盐入黔售卖，相袭已久，因非官办，未有引额。雍正时，户部不考虑运输条件和盐运传统，笼统地让四府改食川盐，陆路遥远，运送困难，成本增加。乾隆八年（1743 年）张广泗疏请"应从民便，改食淮盐"❷，经过一度试销后确定引额。淮盐由锦江、潕阳河、清水江上运，年运量均在 100 万斤以上，3 条河流沿江港口承担了中转和转输任务。

明朝中叶以后，广西各地人民起义频繁，黔江大藤峡起义持续时间长达 200 多年，航运中阻，粤盐已绝少经西系水道进入贵州。清初，都柳江中上游亦未运销过粤盐，古州港一带偶有商民自黎平循陆路贩运淮盐，肩挑背负，但价格昂贵，不易购得，当地民众习惯淡食，苗、侗各族人民或以蕨灰浸水，或以蕉叶烧灰为卤，以代食盐。雍正七年（1729 年），都

---

❶ 黄宅中修，邹汉勋纂：道光《大定府志·文徵三》，清道光二十九年刻本。
❷ 《高宗实录》卷二〇七，北京：科学出版社，1959 年。

柳江航线向上游延伸。雍正十年(1732年),政府组织粤盐30万斤,由柳州运至古州港试销,船运成本低,售价远低于经陆路输入的淮盐,居民称便。次年运销范围推广到沿江上下游的三脚屯港(今贵州三都)、来牛港(今贵州上江)和丙妹港(今贵州从江)等地。乾隆三年(1738年),两广总督鄂弥达奏请招商认引行盐,确定运销体制和引额:以古州港为总埠,三脚屯港等处为子埠,由古州同知统一管理,年吞吐量为90万斤左右,粤盐运输遂正式恢复。乾隆八年(1743年)荔波改隶贵州,食盐亦由都柳江运入。乾隆十六年(1751年)增加引额,都柳江各港盐运年吞吐量达140万斤左右。都匀府(含贵州独山州、荔波等县)原规定为川盐销区,陆运20余站,长途贩运,盐价高昂,而都柳江水运粤盐价格较低,故除荔波早食粤盐外,道光十九年(1839年)前后,有商贩将粤盐煎熬成块,自三脚屯港转陆运往独山、都匀一带售卖,虽遭川盐运销部门抵制,但因船运粤盐费省价廉,受到群众欢迎。

三、铅、铜运输

贵州盛产铅,清初已大量开采并外运,作为户部和各省铸造钱币和弹丸的重要原料。朝廷额定每年解运京城及各省的数量为470余万斤,主要由威宁、水城、大定各铅矿产地向毕节集运,经四川永宁、泸州出口转长江,入运河北上达京局。威、毕、永一线又是滇铜入京的古道,每年运出铜亦有几百万斤。这一线路尽属山区,不具备水运条件,全靠马匹驮运,特别是威宁顿子坎至大湾之间,道路崎岖陡险,"人马劳瘁尤甚",日行仅40里,每百斤脚银原定8分5厘,"食物草料实际不敷"[1],雇马困难,后虽提价50%,陆运紧张情况未根本改变。乾隆三年(1738年),大量铜、铅积压待运,曾从潕阳河分流一部分到两湖。但由西部威宁、水城到东部的施秉、镇远,陆行距离较长,转运不便,促使贵州官员积极寻求利用水运的途径,设想缩短水陆接运里程或就近开辟航道。

乾隆三年(1738年),张广泗疏请"于黔省较近水次兼产铅之地招商开采,收买接济"[2],以缓和由威宁办运的拥挤情况。乾隆五年(1740年),户部议准在黔北绥阳县属月亮岩开采铅矿,运至贵阳转至东线潕阳河输出,比由威宁运镇远更为近便,但因产量有限,至乾隆十四年(1749年)即告停产。乾隆五年至十四年(1740—1749年)间,经潕阳河出口的铅每年约100万~200万余斤不等,在黔省输出总额中系少数,大宗的铅仍以威宁、毕节输出为主。根据需要,毕节每年输出铜、铅1000余万斤,由于"驮马短少,趱运不前"[3],乾隆八年(1743年),张广泗便设想从毕节附近的赤水河打开出路,工程于乾隆十年(1745年)竣工后,由当地官员开始试运。自乾隆十一年至十四年(1746—1749年)的4

---

❶ 《高宗实录》卷二二五,北京:科学出版社,1959年。
❷ 《高宗实录》卷八十二,北京:科学出版社,1959年。
❸ 《高宗实录》卷二六八,北京:科学出版社,1959年。

年间,共运铅 347 万斤。因系新辟航道,运量不多,但仅此一项已比由毕节、永宁一线陆运节省脚银 1 万余两,初步显示了赤水河航运的效益。后因洪水强烈冲蚀,维修养护没有跟上,整治效果未能巩固,上游船舶运行困难,以致数年后铜、铅停运,上游港口码头吞吐量逐渐减少。

赤水河铅运中断,再次促使贵州官员探索新的途径。乾隆十四年至二十年(1749—1755 年)间,先后担任贵州巡抚和云贵总督的爱必达认为:"今黔中运铅者,必经四川永宁、泸州放舟岷江(长江),历夔塘、巫峡诸险。如由黄平之西门河(潕阳河右岸支流,至施秉汇入干流)出镇远,过湖南常德入大江,则舟少倾覆之虞,而运费亦稍节省。惟由毕节陆运至黄平较之至永宁多二百余里,即以舟运之所节省弥补陆运之所不敷,于公事无所损。"●爱必达主张开拓黄平西门河航运以代替潕阳上游北门河,出于两点考虑:一是缩短陆路接转距离,二是避开干流上的老洞、鹞子滩等险阻。但未付诸实施。

乾隆二十四年(1759 年),贵州钱币铸造场由毕节迁往贵阳,额定每年鼓铸宝黔钱 69 卯,需由威宁、水城等地运来相当数量的铜、铅。而赤水河铅运中止后,威宁、毕节、永宁一线铅运繁重。

贵州巡抚周人骥提出开发贵阳以西平坝、清镇附近的车头河(猫跳河上游,又名羊昌河)航线,缩短威宁至贵阳间陆运距离,并开辟贵阳附近的南明河—清水江(乌江支流,非沅系清水江)航线,沟通乌江,利用乌江运铅出省。2 项工程均经朝廷议准兴工,至今南明河宋家渡以上至贵阳 68 千米间,所修纤路仍依稀可见。但航道未得到改善,勉强组织运输,车头河尚较顺利,南明河则很困难。清袁枚《徐垣传》记载:"两河运输铜铅行之二年,安顺滩势平夷,转挽尚利;南明滩高,两山夹峙,每大雨众流汇注,所开峡口尽淤,舟不能行。"南明河工程未收到实际效果,车头河航运也就失去了意义,港口码头更是无从谈起。

由于赤水河与乌江运铅失利,后继地方官员设法从邻近水道的地区探矿开采。乾隆三十一年(1766 年),贵州巡抚方世儁奏请在清平县(今贵州凯里)附近的永新寨采冶,由清水江运出,但数量不多。乾隆四十二年(1777 年)巡抚裴宗锡奏请开采松桃县巴坝山铅矿,年产百余万斤,由松桃河松桃港运出。同年又在遵义新寨开矿,年产铅百万余斤,分拨京楚两道;就近利用水运,"每岁可省银四万三千八百两有奇"❷。

终乾隆一朝,由贵州外运铅数以亿斤计,各阶段的地方官员,在驮运艰险的形势下,都千方百计地从水运寻找出路,或开河就场,或建场就河,总的目的是利用水运、缩短陆运,限于经济条件和技术水平,均未能达到预期目的。

● 爱必达、张凤笙纂:《黔南识略》,清乾隆十四年刻本。
❷ 道光《贵阳府志》,清咸丰刻本。

四、其他货种运输

清代随着农业生产的发展,铁矿采冶业也有相应的进步。思州的龙塘、铜仁、黎平、永宁州、郎岱厅等地的铁矿都得到开采和冶炼。播州区忠庄里的宝林、双山顶、大坡等地的铁矿"设高炉熔冶"❶,天柱县用土法开采铁矿矿工达 1000 余人。多数城市、集镇或稍大一点的村寨,都有工匠打制铁器、农具。冶炼、制造技术水平也有提高,刀刃锋利,器具适用。这也增加了社会运输量,为邻近矿点的水道提供了货源,如雍正年间(1723—1735 年),青溪县南屯一带,以附近林木为燃料,用土炉炼铁,年产毛铁数十万斤,一部分溯潕阳河而上,行销镇远港、施秉港,一部分顺江而下,行销洪江、常德。

木材、山货一向是贵州水运出口的主要物资。清嘉庆以前,西系水道下游广西境内相对安定,航运基本贯通,黔东南古州港一带的木材、白蜡、茶油、药材等常经都柳江运往广州销售。清水江一带的木材则经清水江运销两湖。清水江的木材交易特别兴旺,已有牙行性质的"歇店"出现,木材交易都由歇店代为议价,按成交额每两银收取四分,作为双方食宿费和木材看管扎运费。王寨港、茅坪港、挂治港 3 处,每年轮换一地开歇店,以求利益均沾。雍正年间(1723—1735 年),坌处和挂治两地的地方势力还因争开歇店而发生武力冲突,木材市场和水运的繁荣可以想见。茶叶也是水运的货种之一,贵州各县都产茶叶,仁怀的小溪、二郎、土地、吼滩等处的茶叶色味俱佳,常"采叶压实为饼,一饼厚五六寸……,重者百斤……,多贩至四川各县"❷,经赤水河各港口码头集运输出。

清朝时贵州的手工业产品也利用水路运输。如遵义的丝绸,物美价廉,"竞与吴绫、蜀锦争价于中州"❸,都由遵义运往重庆,再转往陕西、山西、河北等地,"并出嘉峪关远贩西域南洋"❹,綦江为其出省运道,在其上源航运起点松坎港,道光年间(1821—1850 年)设有"丝行"。又如酿酒,众所周知的茅台酒,清初称茅台烧,被誉为"茅台春,全省第一",茅台一处的酒坊不少于 20 家,每年用粮不少于 2 万石,由赤水河集运。

第三节　沿江集镇与港埠的进一步发展

清代前期,朝廷着力开发和利用水运,广泛治理河道,改善航行条件,航道里程延伸,促进了沿江集镇的繁荣。除原有的港埠有所发展外,又有一些新的集镇码头形成,以沅系水道发展较为突出。清代前期贵州主要港埠分布如图 4-3-1 所示。

---

❶ 民国《续遵义府志·矿产》,民国二十五年刊本。
❷ 道光《遵义府志·物产》,清道光刻本。
❸ 道光《遵义府志·物产》,清道光刻本。
❹ 道光《綦江县志》卷十,清同治二年刻本。

图 4-3-1　清代前期贵州主要港埠分布图

一、沅系水道集镇港埠的进一步发展

潕阳河作为古代贵州的主要水路运道,港埠发展较快,镇远、思州（今贵州岑巩）为滇黔与黔楚来往必经之地,客商云集,"舟车辐辏,货物集聚"❶,甚至威宁一带所产的铅也一度经潕阳河出省,两地每月课税厘金上万,人口不断增加。清初重视镇远以上航运,开展整治工程。黄平（今贵州旧州）作为上游终点港的地位加强。顺治十六年（1659 年）,河道疏通后,"楚米万石达黄平城下"❷。偏桥的地位也随之日趋重要,物资由此转运平越、贵阳。康熙十九年（1680 年）,内阁学士胡伦曾驻此督理粮饷。商贸的发展,促进集镇人口增加。康熙二十二年（1683 年）,偏桥卫由湖广改隶贵州,康熙二十六年（1687 年）裁卫并入施秉县,移施秉县治于卫城（原县治在施洞）,乾隆二年（1737 年）修城,乾隆五年（1740 年）完成,成为潕阳河上游重要港埠之一。

---

❶ 陈鼎:《黔游记》,济南:齐鲁书社,1997 年。

❷ 吴振棫:《黔语》卷上,贵阳:贵州人民出版社,2010 年。

清水江在清代为贵州水运入湘的通道之一。"改土归流"后,清水江一带"梗隔三省,遂成化外"的局面被打破,生产水平提高,与省内外其他地区的经济联系加强。河道疏治后,"自都匀府起,由旧施秉并通清江,至楚属黔阳县达常德"❶,改善了水运条件。而清廷在新辟苗疆建治、驻军、设屯,又增加了物资运输要求,这就促进了航运,使沿江一些居民点兴起,成为商贸集镇和港埠码头。下游除铜鼓、新市镇外,新兴的集镇港口码头有远口、王寨、茅坪、挂治等。雍正三年(1725 年),铜鼓卫改隶贵州,雍正五年(1727 年)裁卫设锦屏县。新市镇、远口为天柱县码头。而天柱"上控黔东,下襟沅芷,囊百蛮而通食货……,介黔楚之交,为峒蛮柱石"❷,商贸繁忙。乾隆元年(1736 年),远口港置巡检司,王寨、茅坪、挂治 3 个码头为木材市场。中上游新兴的港埠有清江(今贵州剑河)、施秉(今贵州施洞)、台拱(今贵州台江)、下司、重安江、都匀等。施秉在明正统年间(1436—1449 年)已设县。雍正七年(1729 年)、十二年(1734 年),清江、台拱相继设厅,都是中游重要集镇和港口物资集散地,四方商贾络绎往来。流域盛产木材,"产于清江南山者为更佳,质坚色紫,呼之曰'油杉',木商出入,彼此呼为'同年'"❸,因此这里又是木材市场。下司、都匀为清水江主源龙头河上的水陆联运码头。重安江为左源重安江上的水陆联运码头。都匀在明弘治年间(1488—1505 年)已设府,"改土归流"后,成为与苗疆商贸的重要口岸。

锦江在清代为湘粮入黔的运道之一,曾疏浚河道,修建转运仓廒。上游提溪(今贵州闵孝)发展成为水陆联运码头。社会稳定时期,铜仁、省溪(今贵州江口)等港口集镇在前代基础上又有发展。康熙三十八年(1699 年),铜仁知县王源倡办各种经济文化事业,包括织布、焙茶、榨油、开办学堂等,并重视水道利用,商贸更趋繁荣,黔东物资在此进出集散,盐、茶、桐油、土药、麻布、竹木等百货每月税金逾万。此外,松桃河的松桃也发展成为港埠码头。

二、川系水道集镇港埠的进一步发展

乌江是清代贵州主要的盐路。随着航运的发展,沿江集镇进一步繁荣,思南、沿河、石阡等港都是贵州重要商镇港埠,每月税收超过万金。思南产棉,农家纺织为布,又产桐子,"结实如桃",出油量高,"桐子五石可获钱十二千"❹。这些都是主要商品。龚滩、潮砥断航滩险处的中转码头及其他适应船舶泊宿需要和水陆联运而形成的居民点,人口不断增长,从而形成港埠集镇。

❶ 《高宗实录》卷七十四,北京:科学出版社,1959 年。
❷ 镇远县政协文史资料研究室编:《镇远府志》,贵阳:贵州人民出版社,2014 年。
❸ 徐家幹著,吴一文校注:《苗疆见闻录》,贵阳:贵州人民出版社,1997 年。
❹ 道光《遵义府志·物产》,清道光刻本。

(一)赤水河水路

随着赤水河中上游航道开辟和盐运的伸延,沿河多处转运码头兴起。

1. 仁怀港(今贵州赤水港)

仁怀于雍正七年(1729年)随遵义府改隶贵州,雍正八年(1730年)置遵义分府,后改为仁怀厅,乾隆三年(1738年)十一月初五改设遵义分府,乾隆十三年(1748年)改设遵义府(也称仁怀厅),乾隆四十一年(1776年)改设仁怀直隶厅。乾隆六年(1741年)辟为川盐入黔口岸(仁岸),在沙湾塘设码头仓储,停靠盐船起卸,由此"肩挑背负半月余始达省会"❶。乾隆十一年(1746年)整治赤水河后,盐船改泊停靠东门码头。治所东门、北门、西门和对岸富家坞、铧剪坝、老鸦沱均建有石砌阶梯码头。治所上行3千米处的甲子口设木材码头,所有木材(皇木)散漂到此处汇集,扎成排筏出赤水河入长江。据《赤水县志》记载:"乾隆中期,经营仁岸的盐商捐资购买农田产业出租,收取租金举办长湾沱、二郎滩(今贵州习水县境)、吴公岩义渡。"

2. 切角垭码头

切角垭码头位于赤水河左岸与大同河汇合处下游约100米处,距仁怀厅(今贵州赤水)治所8千米,距大同码头5千米。清初时建有石砌阶梯码头,是赤水河与大同河水运物资及客运的中转站和集运码头,又是赤水至大同陆路交通渡口,货物从此转运入大同河并销至四川叙永。

3. 大同码头

大同码头位于大同河下游左岸的大洞场,距赤水河5千米,距仁怀厅13千米,可通行2～4吨船舶。清初时建有石砌阶梯码头及仓储,川盐水运至此转陆运可销至四川叙永,同时也是皇木运输起运码头之一。大同古码头如图4-3-2所示。

图4-3-2　大同古码头

---

❶ 《增修仁怀厅志》,清光绪二十八年刻本。

4. 复兴码头

复兴是明时县治所所在地,明万历二十九年(1601年)仁怀县治所迁至留元坝(今贵州赤水)后,场镇集市仍保留原治所时的风格,清初时毁于兵患,乾隆年间(1736—1796年)重建,乾隆九年(1744年)九月初五更名为复兴场。乾隆十一年(1746年)后,赤水河航道畅通,川盐入黔数量大增,商贸更加繁荣,为盐船上行的第一宿站。随着水运物资进出的增多,商贾船舶停靠云集,港市兴旺。清代修建了朝阳寺、进宝山、天帝庙、天后宫(江西会馆)、禹王宫、财神庙、鲁班庙等寺庙。沿河修建的主街道长700余米,宽4~7米,泥土街面,街面两边房屋为木结构,临街铺面排列整齐。街道两端建有石制内外寨门,街道上空建有600米长的"凉亭子"将街道遮盖,使过往商贾和赶集人群避免日晒雨淋。是省内独具风格的街道建筑。

5. 丙安码头

丙安码头位于赤水河中游左岸,下距复兴场约31千米,丙安滩以上进入峡谷河段,滩险接踵,是赤水河下游与中游的分界线,船舶从赤水上行至此多需靠泊停宿,然后结队上行。清初建有石阶梯码头和仓库。丙安至猿猴水运不畅时,川盐在此起转陆运,经穿风坳过背诏至猿猴,是陆路行人和船舶的过往食宿之地。随着川盐入黔运量增多,该码头人口增多,集镇兴起,临河房屋系木制的吊脚楼,并建有上下2座石砌城门,成为川盐入黔重要的中转之地。

6. 葫市码头

葫市码头位于赤水河中游葫芦垴滩右岸,距赤水港46千米,因葫芦垴滩滩凶水急,船舶多在此滩尾停靠组队帮扶过滩。葫市一带楠竹、木材资源丰富,外来客商多在此采购竹木,是客商和船舶的停靠食宿之地,乾隆年间(1736—1796年)逐渐形成场镇。该码头是运输船舶停泊和竹木扎筏外运的码头。

7. 猿猴码头(今贵州元厚)

猿猴码头位于赤水河中游右岸,上距土城码头16千米,下距赤水港71千米。乾隆十一年(1746年)赤水河经整治通航后,猿猴滩因滩长水急,船舶至此需减载并拉纤过滩,加之丙安陆运川盐在此滩上游装载,船舶集聚,搬运和拉纤工人逐渐增多,集镇渐兴。乾隆十六年(1751年)后,猿猴滩因洪水冲淤而逐渐断航,特别是道光十年至二十一年(1830—1841年)间,赤水河流域暴发了5次大洪水,猿猴滩以下葫芦垴、鸭岭滩、别滩、丙滩通航状况相继恶化,猿猴滩上游只能行驶鳅船(载重量1万斤),下游可行驶牯牛船(载重量2万斤),该码头成为中转港。赤水至猿猴、猿猴至二郎滩段的盐船在此停泊、倒载,部分食盐由此陆运土城。乾隆年间(1736—1796年),猿猴码头已成为水陆交通咽喉要地,是赤水河上较为繁忙的码头。

8. 土城码头

建有上下 2 处自然岸坡沙地码头。赤水河经乾隆年间（1736—1796 年）的整治后，鳅船上行 52 千米可达二郎滩，下行 16 千米可至猿猴。但因至猿猴间滩险密集，船舶从猿猴上行至此，船工已人疲体乏，故成为猿猴至二郎滩段盐船的主要泊宿港和水陆联运码头，部分食盐由此陆运至省内其他地区。

9. 二郎滩码头

二郎滩码头位于赤水河中游与上游接合处左岸的四川省古蔺县境，下距赤水港 135 千米。因兴隆滩至吴公岩段不通航，上行船舶至此必须卸载转陆运。此处建有石砌阶梯码头和仓库。川盐运至此后，部分由人工陆运至兴隆滩码头（今贵州马桑坪）装船上行，部分陆运销往四川古蔺等地；铜、铅、硫黄等矿产品和农副土特产也在此装船运入长江。清初市场渐兴，商贸逐渐繁荣，成为古蔺县对外输出的重要水运口岸，也是赤水河水路运输的重要转运码头。

10. 兴隆滩码头

兴隆滩码头位于赤水河上游右岸今仁怀市境，上距茅台 65 千米，建有石砌阶梯码头和仓库，为不通航河段起讫的转运港。兴隆滩至吴公岩河段滩汹水急，乱石密布，不能通航。川盐从二郎滩陆运 20 余里至此转船舶载运上行，铜、铅、硫黄等工矿产品和农副土特产至此起转陆运至二郎滩装船下行。

11. 茅台码头

茅台码头是赤水河上游盐运的终点港，由此陆运转销省内各地，当地又是名酒之乡，盐运兴盛后，又促进了酿酒业的发展。清代学者郑珍有诗赞云："蜀盐走贵州，秦商聚茅台""酒冠黔人国，盐登赤虺河"，是该港兴起和繁荣的写照。

（二）习水河水路

习水河在清乾隆十一年（1746 年）以前，与赤水河水路运距相差不大，由于高洞至官渡船舶通行吨位较小，运量不如赤水河。但因陆运至播州府运距较赤水河近，仍为川盐入黔重要的辅助通道，沿河各码头渐兴。长沙码头建有上下 2 处石阶梯码头，可供 20～30 吨船舶停靠，距长沙 1000 多米处的高洞建有自然岸坡码头和盐仓。原进口货物从高洞装船可直运官渡，但道光十年至二十一年（1830—1841 年）间，赤水河流域暴发 5 次大洪水，习水河河道变化较大，荔枝树一带因崩岩堵塞河床而断航，当地人称"小三峡"，箭滩以下部分滩成为险滩，船舶载量减少，需多船合力拉纤过滩，石笋、箭滩等作为船舶停靠宿站码头逐渐兴起，场镇人口渐兴；官渡作为习水河川盐入黔终点码头，乾隆年间（1736—1796 年）曾修建官渡至合江石板大路 [在官渡至长沙公路 2 千米处之石壁上，曾刻有乾隆四十六年(1781 年)修路摩崖碑记,记述川黔道路工程之艰巨,后因马合公路修建而毁]。在河边猪市坝(今贵州官渡镇大桥下)建有石砌阶梯码头和盐运仓库,集镇更加繁荣。川盐自此陆运分两路,一路沿习水河上行,经大柏塘、城寨、狮子进入习水北部和四川东部;一路从长嵌沟经瓦店子、太平场入东皇店(今贵州习水县)进入播州。习水河输入主要有川盐、布匹及生活物资,输出主要有木材、药材、粮食及土特产品。乾隆十一年(1746 年)后,赤水河航道经整治后向上游延伸,成为川盐入黔的主通道,习水河逐渐成为辅助通道。

三、西系水道集镇港埠的进一步发展

都柳江沿岸的古州、三脚屯在明代已具港埠雏形,后因土司地方割据势力加强,下游西江航运中阻,发展受到限制。清代"改土归流"后,疏治河道,航运贯通,"水路合江下可通两粤"❶,"一水直达"❷,航运得到恢复发展。特别是重新运销粤盐,定"古州为总埠,丙妹、永从、三脚屯为子埠"❸,促进了港埠繁荣。

古州在雍正七年(1729 年)置厅,"成水陆通衢",广东、广西、湖南、江西等省商人往来经商,"贸迁成市,各省俱建会馆,衣冠文物,日渐饶庶,今则上下河街,俨然货布流通不减内地"❹,在市场上可买到各省运来的商品。

三脚屯成为向独山、都匀转运食盐和货物的水陆联运码头,雍正十二年(1734 年),以其"偪近新疆,路通往来,直达两粤……,兼有运上江下江兵米"❺,由独山州在此增设州同知一员管辖。

新兴的港埠码头商镇有八洛、丙妹、都江等。

八洛,原名浪泡,为两粤物资向黔东南沅水流域转运的水陆联运码头,据《三江县志》载:"路通永从,为黔之孔道,两粤货运均由此登陆,经黎永畅销于黔东南腹地……,适当黔水支流洛溪与榕江汇流之冲,有起卸货物扼要抽厘之便,遂……移设厘局于浪泡,并改地名为八洛。"

丙妹(今贵州从江)位于都柳江支流四寨河口,为附近物资集散地,溯四寨河接陆运可至永从、黎平,亦可进入黔东南沅水流域。雍正十年(1732 年)置永从县丞一员分驻掌管。

都江为上游军事重镇,驻有重兵把守,建仓贮粮,雍正十年(1732 年)置都江厅。

---

❶ 胡翯纂:《三合县志略》,台北:成文出版社,1968 年。
❷ 魏源著:《圣武记》卷七,北京:中华书局,1984 年。
❸ 爱必达、张凤笙纂:《黔南识略》,清乾隆十四年刻本。
❹ 林溥撰:《古州杂记》,贵阳:贵州人民出版社,2009 年。
❺ 胡翯纂:《三合县志略》,台北:成文出版社,1968 年。

第五章
清代后期贵州港口的变化与发展

（1840—1912 年）

清道光二十年(1840 年)爆发的鸦片战争打开了中国关闭已久的大门,外国资本主义侵入,封建制度开始解体,中国逐步成为半殖民地半封建社会。清廷的腐朽与外强的压迫,激发了民族的觉醒。清咸丰、同治年间(1851—1875 年),贵州当地人民先后举起反清旗帜,起义延续 20 余年,遍及城乡各地,史称"咸同风暴",虽终因粮尽援绝而失败,但动摇了清廷对贵州的统治。咸丰、同治年间,军事上利用了水道,也阻碍了航运,仅有少量食盐与土特产运输。"咸同风暴"后民困财竭,人民渴望休养生息,清政府被迫采取一些缓和措施,经济逐渐恢复,人口增长,各河航运又有起色。19 世纪 70 年代以后,外国势力强势进入贵州,倾销商品,输入资本,大量掠夺原料;贵州自然经济解体,资本主义工业和商品性农业出现,商业性组织及商品交易比清朝前期更进一步,社会运量增加,水运得到进一步发展。由潕阳河运进成套进口冶炼设备,川系水道盐运量迅速增长,各河土特产输出相应增多,水路运输又复通畅,港口吞吐货物品种及吞吐量增加。辛亥革命以前,贵州桐油产量冠于全国,绝大部分经水道输出。

航运复苏,带动航道、港口建设和发展。对赤水河、潕阳河、清水江、都柳江等河局部河段和滩险进行治理,除由政府提供部分资金外,商民主动集资修河是这一时期河工的特点。水运和港口码头向上游和支流小河发展,如都柳江支流地坪河的水口等偏僻地方也发展成为码头,南盘江北盘江的八渡、坡脚、白层等处亦初具港口码头雏形。

第一节 "咸同风暴"对港口码头的影响

清道光二十年(1840 年),贵州农民起义已见锋芒。咸丰元年(1851 年),黄平、施秉、镇远、思州(今贵州岑巩)、台拱、清平、丹江、黎平及古州一带义军继起响应。清廷为防止起义军顺清水江、都柳江进入楚粤,匆忙阻断水运,在水道内设置"混江龙"(亦称"水卡"),即以木筏横拦江面,留出很窄的口门,置哨船守卫,昼间盘查过往船只,夜晚关闭,另配六桨、八桨小船多艘,往来巡缉监护或转运。河面宽阔处,还在河床内用碎石障水,使归一边;或抛石于中流,形成浅礁,迫使船舶靠岸,防止潜越。又堆大石于高岸,对抗拒的船舶进行下击。或用大铁钩系以粗绳,"使力士于岸摔之",把强行通过的船舶钩住。水卡都设在大寨、屯军、街堡附近。咸丰元年(1851 年),清水江设置水卡的地点有清江、柳霁、南嘉、平略、挂治、苗光(今瑶光)、王寨(今贵州锦屏)、茅坪;都柳江有三脚屯(今贵州三都)、都江(今云南上江)、古州、下江、丙妹(今贵州从江)、八洛、靠头;潕阳河镇远地方,也配合征税设置水卡两处。这是贵州内河水道首次被人为阻断,设置水卡后,清水江、都柳江两江舟楫不通,航运中断,港口码头衰落萧条。

清廷还对控制区域内的行船加以管制,在港口码头严密稽查。咸丰八年(1858 年),仁怀港同知沈秋帆制定保甲团练章程,对运输船"一体编联",盐船由盐号掌握,"十船为一牌,设立牌首",互出保结,如船户水手为"匪",以及贪财装载赃资护庇出境者,一船有犯九船连坐。抵港时,将船上主客若干人姓名开单一纸,交税书核明,按旬送府备查,杂货小船亦然。在地方团练的监视下,各河航运受到严重钳制。

待农民起义全面爆发,沿江要邑陆续被义军攻占时,清军自顾不暇,已失去设置水卡和加强稽查的能力,各河船舶多转用于战争。如咸丰四年(1854 年)五月,杨元保向广西南丹边境迁回,广西义军自红水江(河)顺流而下应援。五年(1855 年)十二月,红号军攻占思南府,清军进剿,义军由乌江"乘船六十余支顺流"[1]迎击。八年(1858 年)十月,张秀眉义军攻占黔东南门户镇远府,派主要将领重兵把守镇远、古州、凯里、台拱、黄平等沿江港口要邑,加强对水道、港口的控制和利用。十年(1860 年)六月,太平军石达开部由红水河入黔,分股攻陷永宁、广顺,进逼定番(今贵州惠水)。十一年(1861 年)正月,义军头领雷大榜进攻江口港,欲"阻遏楚黔粮路",清军"新募楚勇四百名溯大江(锦江)而上,为江口……声援"[1]。战时,各河商运基本陷入停顿。

咸同年间的交战,胜负关键仍决定于粮食给养。初期用兵不多,军粮尚可自给,继而战事扩大,军需增加,贵州巡抚蒋霨远乃奏请开捐,令绅民捐输应付,就地取给,远程运输不多。咸丰六年(1856 年)夏,各地义军控制大片地区,清军龟缩于主要城池,一时兵疲食绝,粮饷供求矛盾暴露,地方政府迭次劝捐,搜刮已尽,筹措无着。蒋霨远向朝廷告急,咸丰帝敕令湖南采办粮食 3 万石,经潕阳河运镇远港转输各行营,由邻省经水道运送军粮。镇远军食告缺,复令湖南运粮 3 万石接济,时值太平军纵横华中,湖南当地自顾不暇,无从兼办贵州军米,故运黔粮食不多。义军为切断清军粮路,加强对水道、港口的侵扰和争夺。咸丰八年(1858 年),青号军、白号军联合攻下仁怀及茅台的观音场,白号军攻下桐梓,黄号军攻下印江、务川并包围石阡,其他义军攻占镇远、天柱、锦屏。各主要水道港口都为义

---

❶ 民国《贵州通志・前事志二十六》,民国三十七年铅印本。

军控制,清军粮饷很难得到邻省接济。清咸丰十一年至同治四年(1861—1865年),灾荒遍及全省,疫疾流行,田地荒芜,无可催科,军队粮饷供应更加困难。贵州巡抚张亮基奏称"将士枵腹荷戈,忍饥待毙"❶,诸军饥溃,城池相继失守,官员亡命。外省进剿军队也因粮饷供应不足,不敢深入而撤回。

同治三年(1864年),太平天国都城天京陷落,全国农民起义运动转入低潮,贵州各地农民起义也进入艰苦时期。清廷组织力量镇压,调湘军进入黔东,滇军进攻黔西、黔西南,桂军进入黔南,川军到黔北、黔中。湘军以湘境水道为供应线,奋力争夺对黔境水道、港口的控制。同治五年(1866年),李元度率领的湘勇由铜仁进攻石阡、荆竹园号军根据地;席保田的湘军打通清水江水路,由天柱进窥镇远港;湖南布政使兆琛沿潕阳河向镇远港推进。后由水道运送军粮,为防备义军侵扰,自镇远以下,在板滩、两路口、蕉溪、武定堡、铺田、竹坪6处隘口,均派员节节设防,又增加水师炮船,往来巡逻和防御。至同治八年(1869年),沿河要镇镇远、施秉、清江、清平等港口码头先后被清军攻克,清政府逐渐掌握沅系各水道、港口控制权。湘军利用水运之便,改变过去"不克深入,饷绌而返"的局面,加强攻势。

战争中,清军组建水师镇压,义军利用船舶迎击,双方激烈争夺水道、港口,既可断敌粮源供给,又可为己提供物资来源。战争中,水运及港口已不限于运输军粮,船舶也被改装成炮船,直接用于战争,这在贵州历史上是罕见的。

第二节　集资修河促进港口码头向腹地发展

清代后期,相当长的时间内贵州航运受战争影响,不少河段时通时阻,甚至长期停航,航道自然不免荒淤,特别是频频出现罕见洪水或发生罕见的岩崩和泥石流,航道更受破坏。据记载,道光二十一年(1841年)至宣统三年(1911年)间,赤水河发生七八次大洪水,使许多滩险航行条件恶化。咸丰六年(1856年)八月,德江县境乌江左岸发生岩崩,坠入河中的乱石达数十万立方米,阻断航道,被命名为"新滩",与潮砥、龚滩齐名,成为乌江中游天险之一;凤冈县境荒溪发生泥石流,挟带数十万方乱石堆积溪口,形成甘溪子滩,导致断航。其他各河也有类似的情况。航行条件的恶化,使船舶受到种种阻碍,有的河段已不能通航。

"咸同风暴"以后,盐运转趋正常,运量逐年增加,改招商承办为官运商销,效益显著,政府为保证供应和增加税收,对航道的整治特别重视。19世纪70年代起,贵州社会经济

---

❶ 民国《贵州通志·前事志二十九》,民国三十七年铅印本。

发生变化,工矿业、贸易、商业性农业逐渐发展,各河进出口的货种和运量相应增加,对运输效率和质量也提出新的要求,商民、船户对改善航行条件的愿望也十分强烈。但清政府财力匮乏,用于水道建设的资金有限,不得不采取民办公助、商民捐资等各种方式筹集经费,从而出现了官办、官商合办、商办等多种渠道集资整治河道的方式,航运向腹地延伸,促进了港口码头向腹地发展。

一、沅系水道整治

黔东诸水自然条件较好,清代前期航运基本正常,但在洪水的影响下,也曾发生河道变迁,造成行船障碍。

1. 潕阳河

道光十八年(1838 年)夏,潕阳河山洪暴发,二十年(1840 年)再发洪灾,镇远府治以下 20 里有大王滩碍航最甚,巉石激水,舟触辄碎。镇远知府廖维勋随即募工整修,至次年(1841 年)春,整修碍航河段百余丈,航行条件得到改善。

2. 清水江

上游都匀至下司段,自雍正七年(1729 年)疏浚后,曾维持通航百余年,都匀船舶可以直航湖南。下司是上游段主要码头,同治十一年(1872 年)筹建下司城时,该段还勉强可以通航。后因水流冲淘,沙石淤塞,日久航道恶化,自陈家庄至龙王峒200 余里间,行船困难,以龙王峒为最险。光绪八年(1882 年)秋,都匀知府邹元吉申请拨银 4600 两进行治理,从湖南招募工匠,同年冬兴工,历时 104 日,疏通龙王峒以上主要滩险 26 处。施工中针对河床多顽石的特点,采取錾凿与筑坝相结合的方法,整治了部分滩险。虽有一定实效,但云贵总督府实拨工款 2500 两,未按计划拨足,故未修滩险行船仍有困难。光绪三十二年(1906 年),都匀知府王玉麟再请疏治,因资金无着未办。光绪末年,重安港以下 10 千米的绝洞滩两岸崩岩坠落,乱石棋布,不能行舟,船舶只能抵达下岩寨,重安港商务为之减色。宣统初年,在当地士绅的急切要求下,劝业道派员查勘,变卖金凤山庙产作为修河基金,并筹拨火药 3000 斤,开始施工。1911 年辛亥革命爆发之后,军阀交兵,地方秩序紊乱,工程草草结束。

3. 锦江

同治三年(1864 年),铜仁有商贾在湖南境高溶附近买地一片,改河开溶,取名铜槽溶,关水放船。可惜的是,1932 年 5 月,堤坝被洪水冲毁。

二、川系水道整治及岁修制

1. 赤水河

经乾隆初年整治后,航道基本畅通,但新开航槽缺乏维修和养护,历久发生变化,溪口滩与崩岩滩不断发育,航行日渐困难。上游茅台至二郎一段河槽较窄,影响最大,竟至不能通航,牯牛船载盐自赤水上驶至猿猴码头转鳅船上行,只能到达二郎镇,自二郎镇以上改道陆运。二郎至茅台陆程 75 千米,其间道路、桥梁亦多崩塌损坏,艰险异常。川盐运制改革后运量增长,修缮运道要求迫切。光绪四年(1878 年)夏,赤水河总办官运盐的唐鄂生提出治理要求,建议"酌加修治""妥议岁修",实行基建与养护相结合,以节约经费、巩固工程效果。他还提出"因势利导,或开宽槽口,或淘净泥沙,或捡出乱石,或补修纤路"❶等技术措施。他的建议得到四川总督丁宝桢的支持,报请朝廷允准,由有关员司及盐号作出部署,于次年(1879 年)初正式开工,实行以工代赈。

此次工程的范围上自茅台,下至合江,以上游茅台至二郎镇一段为主体,重点放在吴公岩险段。经过两年多的施工,共整治主要滩险 33 处、一般滩险 40 余处,零星清淘沙碛多处。冬令施工"崇岩激湍,冰雪凛冽",民工们"赤身裸体,出入波涛"❷,克服了重重困难。对各工种按劳计酬,以筑坝工匠所得报酬略高。沿河道路、纤路、石桥、木桥也一一修整。费用由盐务总局先行垫付,工程结束后各商号按盐引数额分摊,开官商合力治河的先例。

光绪七年(1881 年)二月,除遗留局部清扫任务外,主要工程基本结束。仁岸分局委员刘枢会同施工负责人、商号代表及熟悉航道的船户同往现场检验。由赤水上溯茅台,检查陆上工程;后又顺流而下至合江,勘察各滩航道,"一律畅行毫无阻滞"。整治后,茅台至马桑坪段可通行长 15 米、宽 2 米、吃水 0.6 米、载重 4 吨的木船;二郎至猿猴段可通行长 20 米、宽 3 米、吃水 0.75 米的木船,二郎至土城段可载重 7.5 吨,土城至猿猴段可载重 5.5 吨;猿猴至赤水段可通行长 22.6 米、宽 3.3 米、载重 11.5 吨的船舶;赤水至合江段可通行长 26 米、宽 3.6 米、吃水 1.5 米、载重 25 吨的船舶。不仅盐船复通茅台,"即上游之铅、铁、米粮、竹、木、药材均可顺流以达蜀江"❸。工程取得显著成效。唯吴公岩滩段仍有困难,兴隆滩(今马桑坪)至二郎滩段 20 里,仍由陆路转运。

2. 綦江、松坎河

整修赤水河的同时,亦曾整修二河,以綦江为主,并开拓松坎河上游,航线由松坎向上伸延六七十里,直抵新站,新增了大室铺、新站码头。上段水量小,河槽狭窄,崩岩乱石遍布,虽尽开凿之能事,但航运仍艰难,通过能力甚低。光绪七年(1881 年)夏,桐梓县绅吁请贵州巡抚岑毓英开辟县境西南的鸭塘河(桐梓河,下同),以通赤水河的两河口,使綦岸川盐改道自赤水河输入。县绅认为,鸭塘河流量大于松坎河,可以行驶较大的盐船,且由

---

❶ 唐炯编:《四川官运盐案类编》卷二十二,北京:国家图书馆出版社,2012 年。
❷ 唐炯编:《四川官运盐案类编》卷五十二,北京:国家图书馆出版社,2012 年。
❸ 唐炯编:《四川官运盐案类编》卷六十一,北京:国家图书馆出版社,2012 年。

合江经赤水河两河口进鸭塘河而抵桐梓,运距较綦岸运道短,每斤盐可省运费10钱,按綦岸引额计算,年可节约20余万缗(1缗=1000文,下同),并有利于鸭塘河沿岸煤铁出口,因缺乏经费,卒未兴工。

3.乌江

乌江亦同期动工整修,以龚滩以下河段为主,后期兼顾上段驳道。新滩断航后,原在右岸建驳道输运食盐,后因局部塌方,改在左岸,而左岸上游又有一处坍塌难行。光绪十九年(1893年),着手修复右岸运道,因涉及两岸居民运盐脚力收入,群起阻挠,旋修旋毁。后经协商,采取"分股招盐,四六分成,两岸共同受益"的原则予以解决。至光绪二十一年(1895年)秋,将右岸运道修复,共费工钱910缗。

光绪四年(1878年),盐务总局报请整修边岸河道的同时,提出举办岁修的建议,主张"由总局筹款,发交各岸商号生息,议定章程,核支使用"❶。仁岸、涪岸已分别拟定岁修运道章程四条,内容大同小异:一为商号按年将每岁息银存入盐局以供岁修之用;二为选派廉明委员,会同商号协同办理;三为设"滩头"周流巡守,及时掌握航道变化情况;四为每年岁修以息银为限,余者转入下年或用于修补道路,不敷,如系紧要工程,亦可先办,来年再补。赤水河工程完成后,仁岸分局又因"暴雨猝经,峡石崩落尤甚⋯⋯,蛟水频发,怒涛急浪,冲出石沙,每致河道阻遏"❷,要求尽快对岁修作出安排。光绪七年(1881年)八月,总局给每岸拨银1万为本,年息一分,交商号生息作为岁修经费,正式推行岁修制度。河道零星修缮问题遂得到解决。如乌江新滩右岸运道修复的工费,即"于涪局岁修滩路生息项下提拨白银三万两,不敷之数,系由商号自捐"❸。唯赤水河吴公岩一段工程较大,非岁修经费所能改善,仍由陆路转运。岁修制度的创建,说明对山区河流的演变规律已有一定认识,经常性的航道养护受到重视。航道的稳定畅通,促进了水运量的稳步增长,从而促进沿江沿河港口码头得到进一步发展。

三、西系水道整治

都柳江上游有头难、二难、三难三大滩险踵接,是全河航运的主要障碍。清代前期的治理未能改善,依靠吊放维持通航百余年。光绪年间(1875—1908年),都柳江流域商务进一步发展,行船密度增加,三滩碍航影响显得更为突出,"滩舟楫经,十覆六七"❹,三脚屯人胡德金营商过此,为排除险阻,提议另开航槽,因工程艰巨,其他绅民颇多顾虑。胡德金分析滩情,说服众商,同时捐出巨资,并在现场督修。开工初期,胡即因炸石伤折左

---

❶ 唐炯编:《四川官运盐案类编》卷二十二,北京:国家图书馆出版社,2012年。
❷ 唐炯编:《四川官运盐案类编》卷三十,北京:国家图书馆出版社,2012年。
❸ 唐炯编:《四川官运盐案类编》卷四十五,北京:国家图书馆出版社,2012年。
❹ 《三合县志略》,民国二十九年铅印本。

臂,犹坚守工地,未尝退缩。在其带动下,三滩终于开成新槽,航行条件显著改善。人们感戴胡德金的功绩,将所开新槽命名为"胡公太平溶"。据李宗仁所撰《胡德金墓表》记载,胡德金亦曾捐资修治红水河下游东兰县境的险滩,为改善黔桂之间的水路交通作出贡献,是贵州近代治河商民中突出的代表。三滩经胡德金整治后,船舶可直达三脚屯港,使该港得以复兴。

四、港口码头向上游及支流腹地发展

咸同时期,受战争影响,各河港口商贸萧条,但局部地区形势特殊,动乱反而刺激了对小河水运的利用。战事平息后,为适应恢复生产和发展经济的需要,航运不断向上游和支流小河延伸,因此,清代后期,除中下游原有港口码头外,上游及支流小河又有一些新的水陆联运点和中转码头形成。

1. 松坎港

松坎港位于綦江主源松坎河上游,属桐梓县辖。明代以来,松坎港已是綦岸川盐入黔的终点港,清朝前期已成为黔北物资出川的水运起点。咸丰年间(1851—1861 年),其他各岸盐运中断,唯綦岸尚通,加之川盐经此,运量骤增,促进了松坎港的繁荣,政府在此设局抽厘。船舶还可上行 20 里至大室辅,发展成为大室辅码头。光绪年间(1875—1908年)又疏通至新站形成新站码头,但上段河道条件差,物资主要还是在松坎港中转,除了食盐,还有百货、烟土,所收厘金各半。

2. 羊磴码头

羊磴码头位于綦江支源羊磴河畔,亦属桐梓县辖,为綦岸川盐入黔的另一条路线,咸丰时期是川盐漏楚的捷径。该河流量小,航槽水浅,船民发明了一种适合水情的"软板船"(与乌江的歪尾船、赤水河的牯牛船并称为当时长江上游的三大特殊船型,也称"怪船"),水丰还可上行至湾塘,后发展成为湾塘码头,但物资主要是在羊磴中转,政府亦在此设局抽厘。羊磴河流域煤炭储量丰富,至 20 世纪 90 年代初仍有船舶运输,是少数几条航运经久不衰的小河之一。

3. 下司码头

下司码头位于清水江主源龙头河上,"改土归流"后,已发展成为水陆联运码头,曾"由此雇苗船赴湖南市盐布"。下司"为苗疆门户,当匀江要津,南距丹江、八寨,西南距都匀,东距台拱、清江,均在百里内外",位置十分重要,故同治十一年(1872 年)曾议建下司城,"以资控扼而备镇抚"❶。光绪年间(1875—1908 年),下司商贸十分繁荣,在全省 40

---

❶ 民国《贵州通志·前事志三十七》,民国三十七年铅印本。

处设局抽厘的要邑中,收入居全省第7位,货种中百货稍多于烟土。

4. 重安江码头

重安江码头位于清水江支源重安江上游,为苗疆门户,水运直通湖南,商贸逐步发展。咸丰初年,"重要码头城垣坍塌"❶,黄平知州周夔组织修复,说明在此以前已建城并有码头,形成小港。进口百货,出口土特产,如五倍子等。

5. 流塘码头

流塘码头位于清水江支流洪州小河上,为黎平府开泰县与湖南通道县边界要邑。黎平的山货经此出渠水下沅水。咸丰年间(1851—1861年),出口以木材、进口以棉花为大宗,曾被定为沅系水道3处设局抽厘点之一。光绪年间,百货成为进口大宗货物。

6. 水口码头

水口码头在都柳江支流地坪河上,出地坪河上可通古州、三脚屯,下可往柳州。"地产杉木、茶油,为商贾辏集之区。"❷黎平输往桂、粤的土特产多由此经水道出口,进口百货亦在此向黔东转运,商贸繁荣,水道交通方便。光绪十三年(1887年),黎平知府袁开第曾提议移洪州治于此。

7. 白层码头

白层码头为北盘江下游的水陆联运码头,由两广经红水河、北盘江运来的百货、食盐在此转贞丰、者相、镇宁、安南、永宁各地。出口为山货。光绪年间在此设厘局,所收厘金中百货占6/7。食盐属于私运,不包括在内。

8. 坡脚码头

坡脚码头为南盘江下游的水陆联运码头,由红水河经南盘江及对岸广西由河道运来的百货、食盐,在此起岸转兴义府(今贵州安龙)、新城、兴义、贞丰等州县。下水为土特产,光绪年间在此亦设厘局,所收厘金比白层多一倍半,百货占3/5。

航运向上游和支流延伸,促进了支流和上游港口码头的兴起和发展。

第三节　各河系港口码头吞吐量及货种的变化

一、晚清贵州经济变化对港口发展的影响

鸦片战争后,中国逐步成为半殖民地半封建社会。但僻处西南山地的贵州,交通不

---

❶ 李台修,王孚镛纂:《黄平州志》,贵阳:贵州人民出版社,2019年。
❷ 俞渭修,陈瑜纂:《黎平府志》,贵阳:贵州人民出版社,2020年。

便,商品输入较少,资本主义萌芽和殖民地化的进程较沿海地区迟缓。19 世纪 70 年代起,英、法在贵州增加商品和资本的输入;甲午战争后,形成英、法、日三国瓜分贵州市场的局面;19 世纪末,美国对中国提出"门户开放"政策,也成为对贵州进行经济掠夺的国家之一。贵州的自然经济逐渐解体,资本主义工业产生,半殖民地半封建程度逐步加深。

贵州是英、美、日倾销纺织品等商品的主要市场之一,安顺、兴义、兴仁、贵阳、遵义和独山为集散地,货物由广西、湖南、四川、云南几条路线输入。据梧州海关代理税务司英国人阿拉巴思特写的《梧州海关报告(1897—1901 年)》记载,梧州 1897 年开埠后,1899—1901 年的三年中,转运入贵州安顺、兴义、普安的主要货物有棉布、棉纱、美国煤油等,具体详见表 5-3-1。此外,还有苏门答腊岛的煤油、布伞、染料等商品。

1899—1901 年转运入贵州的主要货物表　　　　　　　　表 5-3-1

货种	年份			货种	年份		
	1899 年	1900 年	1901 年		1899 年	1900 年	1901 年
棉布(件)	8385	22737	62730	棉纱(件)	9240	29181	43605
标布(件)	960	4023	7941	美国煤油(加仑)	3500	57790	205535

1900 年经梧州转贵州的货值达 838905 关两。其他几条路线,货物亦不少。外商从贵州掠夺大量原材料,主要是矿产、山货和土特产。

甲午战争使列强凭借所获特权,在贵州办厂和开矿,加强资本输出。1894 年,英法公司与贵州路矿局订立借款合同,规定贵州各地的矿藏开采英、法有权入股 70% 。1895 年英法水银公司在铜仁万山强占朱砂矿区,夺取贵州汞矿开采权。1902—1904 年,法国迫使清政府签订《华洋合办正安铅矿公司章程》、法中《宝兴亨利公司合同》、法中《天益大乐公司合同》,利用廉价劳动力开采和利用特权压价收购的矿藏,被运去供给本国或在华工厂的需要,牟取暴利。

洋纱、洋布倾销,首先是土纱逐渐被洋纱取代,造成纺、织分离。继之洋布盛行,土布需求量减少,造成耕、织分离,农家传统的纺织业走向破产。而外国资本对原材料的掠夺,外国资本在中国经营的工业和中国民族工业对原材料的需求,使农副产品需求量和供给量增加。农民被迫放弃传统的家庭手工业,转向其他副业,因而商品性农业有所发展,表现为桐油、艾粉、五倍子、茶叶、烟叶、木耳、皮革、猪鬃、药材等经济作物的种植和出售量增大,谷物、油料、豆类作物的商品率也有提高。某些商品性农副产品的生产开始受市场需求的影响而起伏较大。

自然经济的破坏,商品经济的发展,劳动力市场的出现,货币财富积累的增加,为资本主义的产生提供了条件,官办和民营的工业相继兴起。官办工矿业规模较大的有青溪铁厂、贵州铜松思石矿务总局、遵义百艺工厂等,民营工矿主要是一些小型矿冶和轻工业,产品部分内销、部分出省。

晚清贵州社会经济的变化,客观上增加了社会运量,对交通运输提出新的要求,充分利用水运及沿岸港口码头成为选点建厂和确定产品、商品运输路线的重要依据之一,于是各河水运货种及运量较前增加,使各河港口码头吞吐量增加。

二、盐运的变化、整顿与港口发展

1. 川系水道盐运的起伏

咸丰、同治年间(1851—1875 年)各地的起义斗争使贵州食盐水运的流量和流向常有变化。初期太平军席卷江汉,淮盐内运受到阻碍,黔东铜仁等地淮盐不能输入,一度运食川盐。同治三年(1864 年)太平军受挫,淮盐恢复运黔。

川盐四岸的运输也有波折。军兴以来,黔省处处被扰,商人歇业,专商经营的运制受到冲击,边岸盐运失常。但食盐不可或缺,正引虽然削减,私商却可趁机贩运牟利。川南地区供应的计盐❶,数量有余而成本较低,为走私贩私提供了方便。方志叙述边岸盐引减少的原因时提到"边计壤地,犬牙千里,计商盐本较轻,辄以计盐侵销,黔地边贩遂避重就轻,贪买计盐,边商亦停开正引,重照影射"。合江、南川、彭水等地盐船船户或盗卖盐斤,或"搀(掺)杂泥沙,诳报漂溺,串同为奸"❷,在运制混乱时乘机牟利。说明正引虽然削减,但盐运未曾中断,唯社会治乱无常、运量消长不定。

咸丰七年、八年(1857 年、1858 年),贵州其他地区战乱正殷,赤水河、乌江号军活动频繁,"各途皆阻,惟松坎尚通川路"❸,綦岸盐运源源不绝。綦岸入黔运道有二:一由赶水溯松坎河至大室舖,转陆运至绥阳、遵义、贵阳各地;一路由赶水经羊磴河至湾塘,转陆运至正安、湄潭等地,甚至远销湘西一带。"戊午(1858 年)以后,川盐漏楚,绕道由黔松坎、綦岸行盐倍常,商利大兴。"❹当时桐梓县境内盐运比以往繁忙,是綦江上源水运空前鼎盛的时期,每年过境的盐包数以万计(每包 160 市斤)。县令蒋立柄乃以军饷缺乏为由,趁机大征厘税,先后在大室舖、羊磴、湾塘等码头设置局卡,"凡经过县境商盐每包征银三钱,全年可收银一万余两"❺。嗣后,见场设卡,见货即征,得银数万,桐梓县开征盐税对贵州各地起了"示范"作用。咸丰十年(1860 年),总督刘元灏、巡抚田兴恕抽厘助饷,四盐岸均设厘局,十取其一。此后仁怀、龚滩、思南等港亦相继设局,全省盐税收入约为商税总数之半,成为当时支撑政府的财政来源。同治二年(1863 年)夏,巡抚张亮基奏请由四川拨

---

❶ 清雍正年间,规定计口授食之法,每县销引若干,配运何场之盐,有一定范围,称为"计盐"。

❷ 民国《贵州通志·食货志》,民国三十七年铅印本。

❸ 桐梓县地方志编纂委员会:《桐梓县志》,北京:方志出版社,1997 年。

❹ 桐梓县地方志编纂委员会:《桐梓县志》,北京:方志出版社,1997 年。

❺ 杨兆麟、赵恺、杨恩元等编纂:《续遵义府志》,台北:成文出版社,1974 年。

盐值20万两之数充抵协饷,按"省中盐价,自咸丰四年军兴以后,(每斤)增至七八分"❶,到同治三年(1864年),涨至超过一钱,据此推算,也有200万斤左右,是正引以外的附加运量。可见战争间歇期间或政府控制地区,港口码头仍十分繁忙,以食盐为大宗。

经过咸同起义的冲击,清廷被迫对农民采取一些让步政策,鼓励耕种,减免赋役,生产逐渐恢复,各岸盐运亦重新开办。光绪四年(1878年),全省人口达449.3万,接近道光末年的人口总数❷,食盐需求量逐渐恢复到咸同起义以前的水平,并逐步增加。清政府确定贵州大部为川盐销区,故川系各河盐运量稳步增长。而川系水道各港口码头因盐运量的增长商铺增多、客商云集,恢复后更趋以前繁荣。

2.粤盐运输的中断与恢复及南、北盘江私盐的贩运

雍正后期都柳江流域试销粤盐,乾隆四年(1739年)议准在古州设总埠,三脚屯、丙妹、永从三港口设分埠销售后,百余年间比较稳定。咸同军兴,地方残破,停办20余年。至光绪五年(1879年),贵州巡抚岑毓英以"民人远集,尚无商人之运盐到埠,民有淡食之虞"❸为由申请恢复盐运,以粤盐抵黔饷,每年3万包,运量约四五百万斤。

清道光年间,已有过商贩把粤盐经都柳江,由三脚屯港私运独山、都匀的情况,遭到川盐运销部门抵制。光绪年间,又出现粤盐经南北盘江私运,向黔西南各县销售。

南盘江北盘江—红水河自来通航。清咸丰以前,社会安定,广西商人曾载食盐、百货上溯红水河,至北盘江白层、董箐码头,南盘江八渡、坡脚等码头转陆运附近地区出售,换取土特产。光绪年间,商贸恢复发展,水运粤盐成本低,至黔西南各州县场镇陆运距离又较近,而且地处两省边界,政府稽查鞭长莫及,故贩运私盐日益泛滥。据永岸盐局禀报,最初只在边界处零星摊卖,继则概用麻布口袋,大船小船装载上驶,并假冒白糖纳厘上税。其路线是:"一由兴义之八渡汛起坡转运册亨、棒鲊等处……;一由坡脚起岸,迳运贞丰、新城各州县等处;一由白层运至安南县、者相场、永宁州以及各乡场镇。"船舶载量自50担至100担不等。盐价较永岸陆运来的川盐低30%~50%,竞争能力很强,当地人民乐于购食粤盐。永岸分局认为川盐"销行疲滞"的原因,"皆由粤盐充塞所致",故向当局"呈请咨禁粤私"❹。从走私粤盐在黔西南销售之广和对川盐影响之重可以看出,当时南盘江北盘江—红水河盐运的规模不小,对当地社会经济产生较大影响,北盘江的白层、董箐,南盘江的八渡、坡脚等港口码头成为粤盐私运的转疏港,港埠商贸集镇渐兴。

1988年整治北盘江航道,在石板滩围水开挖航槽时,从河中挖出成堆的铜钱,这些铜钱都铸造于清嘉庆、道光、咸丰年间(1796—1861年),包装严密,显然是船舶失事时掉入

❶ 杨兆麟、赵恺、杨恩元等编纂:《续遵义府志》,台北:成文出版社,1974年。
❷ 梁方仲:《中国历代户口、田地、田赋统计》,北京:中华书局,2008年。
❸ 唐炯编:《四川官运盐案类编》卷三十四,北京:国家图书馆出版社,2012年。
❹ 唐炯编:《四川官运盐案类编》卷三十六,北京:国家图书馆出版社,2012年。

河中,可作为过去南盘江北盘江—红水河航运及港口码头繁忙的佐证。

3. 盐运的整顿

盐税为川省岁入大宗,后因私销计盐和粤盐、滇盐影响,岁收锐减,积欠黔省兵饷不少于五六百万两。川盐入黔后,各州县私设卡局,层层派索,每引一张约需银 50 两,盐商承担的课税被转嫁到购食者身上,盐价较前陡涨数倍乃至 20 倍,公私均感不利,改革势在必行。光绪三年(1877 年),四川督抚丁宝桢首倡开办官运,实行官运商销,取缔私商垄断,并确定由川省总收入黔四岸盐税,贵州不再征收过境税,统由四川代征后拨付黔省。每年行黔水引万余张,计 9000 余万斤,可收课银数十万两。次年代征黔省厘税协饷等合计 24 万余两(清末曾达 70 万 ~80 万两)。四川开辟了财源,贵州协饷亦获保障。开办官运不到两年,"边岸各额引已全数销清,复带销积引至一万余引"❶。贵州川盐进口数量增加,盐价相应下跌。据《续遵义府志》记载,盐价由原"千文一斤"降至三十余文,"民间无不称为食贱者",收到了利国利民的效果。"庚子赔款"摊派贵州 20 万两,亦由盐税项下支付。川盐改为官运后,"运道不通者疏濬之……船只不敷者制备之……边岸小河之特种船,皆设备使足"❷,盐官运推动了官商对水路运道的整修,促进了各河港口码头的发展,盐运吞吐量不断增加。这个时期,赤水河、习水河、乌江和綦江上源又组织过不同规模的整治。

运制改革和航道治理促进沿江一带港口码头及商贸发展,"上下商民创修客栈,添造船支(只),百货流通"❸。但由于缺乏组织管理,营运很不正常,船只上滩时需要在附近雇用纤夫,屡因工价问题发生纠纷,甚而导致船舶失事,失事后船主又不能组织抢救,有的纤夫甚至乘机劫夺货物。而远离厅县的港口码头,当地土豪恶棍横行滋事,为所欲为。如赤水河上游河段的"茅台村、沙滩、新隆滩、吴公岩、沙湾、二郎滩、太平渡等处,皆有豪棍私立地皮码头,过砦筏规、河规、神金、厘金及一切等项不经名目,妄贴告白,勒取商贩及脚夫、船户钱文……,稍不遵从,即胁以威力……穷黎被其剥削,商贩闻之裹足,以致货难集而船户守候,货不至而船户放空"❹;乌江下段沿河司(今沿河县)境也有土豪把持,声言该处为田、崔等九姓十三家码头,其他商号不得"开秤发夫"。这些"地头蛇"对外商肆行敲诈勒索,"甚致凶殴、捆搕、捞抢,无所不为"❺。由于窒碍航行严重,各岸禀文飞来,民愤极大,政府乃决定饬拿严惩豪棍,出示取缔各处地界,严禁私收钱文,并委员兼查,对复萌者严究,着力整顿运输秩序,局面得到扭转,盐运基本畅行。

❶ 杨兆麟、赵恺、杨恩元等编纂:《续遵义府志》,台北:成文出版社,1974 年。
❷ 吴受彤撰:《四川盐政史·运销》,民国二十一年排印本。
❸ 唐炯编:《四川官运盐案类编》卷六十一,北京:国家图书馆出版社,2012 年。
❹ 唐炯编:《四川官运盐案类编》卷三十,北京:国家图书馆出版社,2012 年。
❺ 唐炯编:《四川官运盐案类编》卷二十八,北京:国家图书馆出版社,2012 年。

三、青溪铁厂的开办与青溪码头建设

清光绪十二年（1886年），在洋务派倡办实业的影响下，贵州巡抚潘霨迭向清廷奏请组织开发煤铁资源。他认为贵州山多田少，农业不茂，煤铁蕴藏却甚丰，积极开采和外销，不仅适应省外各地铁路、铁船、机械制造等需要，而且可为本省开辟财源。潘霨注意到开矿必须结合水运条件，在《奏新开采硫磺、煤、铁、硝各矿章程》中报告说："黔省跬步皆山，处处产煤、铁，特以物太重，山路难以致远……，货弃于地，殊可惜也。查镇远、思州两府，踞沅江之上游；铜仁府通麻阳之舟楫；都匀、黎平与清平相首尾；遵义、思南距川江亦不甚远。设法挽运，均可直达长江，应饬各该府查明煤铁最旺处，竭力招来商办官销，以济要需。"并奏报《采办铜铅煤铁硝磺各项章程》，经清廷批准试行。

早在雍正年间就已采炼的青溪铁矿，首先引起注意。潘霨提供部分样品，送交津、沪地区军火工厂鉴定，受到好评，遂被列为首批开发重点，并由担任总理江南制造局兼办贵州机器矿务候补道的潘露负责筹办，比汉阳铁厂早3年。光绪十三年（1887年），向英国谛塞德厂订购炼铁成套设备，包括日产生铁25吨的大炉1座、炼熟铁炉8座、别色麻炉2座，每两刻炼钢1吨；轧条13副、轧板机1副，以及汽炉、热风炉、吊车、鼓风机、抽水机、汽锤等。总重量1780吨，分3批运来。建炉所需各型耐火砖亦自英国购进。各项设备先由外轮运抵上海，再溯江入洞庭湖转常德，然后经沅水、潕阳河到达青溪，是贵州最早、最远的一次海河水路联运。为卸载机器及日后装卸燃料和成品，青溪附近兴建了长堤和装卸码头。

首批设备于光绪十四年（1888年）八月进厂，第二、三批亦于同年冬先后到达。在当时条件下，因为部分部件不便拆卸，设备庞大沉重，潕阳河航道和青溪码头在运输中发挥了重大作用。

青溪铁厂设计能力为日产铁25吨、钢48吨，原料可以就地解决，燃料需从上游运进，每日熔铁需煤40吨。初期，煤来自瓮安县境的兰家关，先由矿区驮运至施秉港，再船运至青溪码头铁厂，全程以水路运输为主，运费较省。但兰家关煤质差，储量也有限，不能满足炼铁要求，后改以湾水煤代替。湾水临清水江支流重安江，与青溪之间陆路里程约300里，"山路崎岖，运煤费昂，致有亏折"[1]。潘霨了解到清水江与潕阳河汇于湖南黔阳，遂与戴马德（铁厂矿师）商议于黔阳设立分厂，分别由青溪码头运毛铁和由重安江码头运煤到黔阳，再由分厂冶炼熟铁。毛铁则仍在青溪就近利用木材冶炼，不受焦煤限制。毛铁与煤运到黔阳的距离虽较远，但"水道运便费轻，办理自能合算"[1]。但这个建议没有为当局所接受。因此，经营六七年、耗银数十万两的青溪铁厂遂陷入绝境，光绪十九年（1893年）宣

---

[1] 民国《贵州通志·前事志四十》，民国三十七年铅印本。

布停产,但清溪码头仍在发挥作用。

青溪铁厂失败后,当地人和湖南商人又办起铁厂 4 家,分散在青溪、三穗、玉屏一带,有炼炉 80 座,雇工约 5000 人,平均每昼夜产铁 1000 市斤,制成毛铁或铁锅,从青溪、玉屏等港口码头下水,经潕阳河运销黔东及湖南。

四、硝磺、锑、汞等运输

贵州产硝磺,以仁怀、遵义、天柱等县较多。光绪十二年(1886 年),潘霨奏请开发煤铁资源,一并上报了硝磺的运销计划,认为"硝磺例禁最严而黔省出产最旺……,拟择硝磺最旺之区,招商集股,矿由商办,官为督销,严禁走私,设局抽厘助饷。如仁怀县属之二郎滩,可以顺流入川,拟设正局;官渡口亦通川江,拟设分局"❶。计划经朝廷允准。仁怀一带的硝磺,由赤水河、习水河水运经合江出口,运销四川成都、乐山等地,是民间熏物所需,也是制造弹药的原料,销路较广,赤水河二郎滩码头、习水河官渡港是硝磺水运输出的主要起运港口。四川当局为防止民间用其造反,在运销上做过一些限制,规定商人购磺须由地方官查明出给印票,无者不得私相买卖,限令每商一票,每票不得过百斤,并在合江设委员一人稽查私贩。但贵州境内对产运并不限制,故私贩比较普遍。光绪十八年(1892年),川督骆秉章奏称:"近年颇有私磺入川,如乐山、彭山、资州等处,迭经查获矿斤,每起一二千、三四千斤不等……,月前泸州知州李玉宣查获私矿三万二千余斤……,实难保无济匪情事。"❷四川查禁虽严,但赤水河流域出口的硝磺还是不少。后因贵州人冉文权假造抚署证明,入川随地私售,事情败露,遭到四川当局抵制,才暂停采运。但硝磺产销是贵州税收来源的一部分。光绪三十二年(1906 年),贵州巡抚庞鸣书又咨请川督鹿传霖同意恢复产销,由仁岸盐局监理,不另设局,具体运量已难稽考。《贵州通志·食货志》记载,清末赤水厅年商税收入达 6600 两,仅次于遵义、贵阳两府而超过其他各府、州、县,可见赤水河商货产销两旺、运输频繁,硝磺作为商货的主要品种之一,运量甚为可观。

铜仁、松桃、思南、石阡四县交界的梵净山锑矿储量多、质量好,由商民开采,日产锑砂三四万斤,由锦江下运至铜仁港。"英法立兴公司、华兴公司诸商在该处(铜仁)收买生锑,每吨约本银三十两左右,运至汉口可售银六七十两。"❸光绪二十五年(1899 年),德商礼和洋行、鄂人史鹤松、熊子臣等先后组织公司,在梵净山采锑,在铜仁港设厂冶炼,运输量增加。后当地士绅与外来公司为矿权引起诉讼,清政府于光绪三十三年(1907 年)成立贵州铜松思石矿务总局,将梵净山锑矿、铜仁炼厂改为官营,运销亦由政府管理。

贵州汞矿蕴藏较广,务川、印江、黄平、八寨等地皆产,铜仁最丰,采炼历史久远,受到

❶ 民国《贵州通志·事前志四十》,民国三十七年铅印本。

❷ 刘锦藻撰:《皇朝续文献通考·征榷考十六》,民国二十四至二十六年上海商务印书馆十通本。

❸ 民国《贵州通志·前事志四十一》,民国三十七年铅印本。

外商觊觎。光绪二十一年(1895年),英、法无视中国主权,在铜仁万山组建水银公司,大肆采掘,直至三十二年(1906年),在国人收回路矿权利运动的压力下,清政府才被迫将该公司取缔。前后十几年间,被掠去的大量水银都从锦江运出,运量虽不算大,但对锦江沿岸港口码头的发展起到很大的促进作用。

五、竹木及农副土特产运输

赤水河中游以葫市、金沙为中心的大片地区,竹林繁茂,种类甚多,以楠竹价值为冠。楠竹是乾隆三十四年(1769年)闽人黎理泰自福建上杭县移植来的,只携来3株种于葫芦垴(今葫市),后繁殖迅速,百余年后,满山遍岭连绵相接,竟成竹海。楠竹之"巨者围尺有四寸,自贡盐厂截简穿芦,以之缒井汲盐"。其他斑竹、绵竹、笆竹、棕竹、苦竹等,可"折成薄篾,束运湘北;稚者沤为纸料……,统称生料,分销内江、永川、江津各县,年售价十余万"❶。竹子还有构屋结宇、织篝编篮、刻器制玩、做筷子等多种用途,楠竹的冬笋又为佐馔珍品,故每年由赤水河运出甚多。《仁怀厅志》有"夹岸三百里,山山青不缺。潺潺赤水河,日日下浮槎"的赞语,反映竹资源的丰富和水运竹的繁忙,居民皆受种竹、售竹、制竹之惠,"家之富,指林以对"❷。所有楠竹及制品全靠水运输出。

贵州各河流域森林资源丰富,早有木材输出。清咸丰十年(1860年),贵州巡抚刘源灏、提督田兴恕奏请在通道县的流塘(清水江支流洪州河上),黔阳县的托口、玉屏与晃县间的龙溪口等港设局,对出口木材和进口棉花抽厘助饷。19世纪80年代,林业商品化进一步发展,木材贸易有较大增加,特别是"清水江以下至茅坪二百里,翼云承日,无隙土,无漏阴,栋梁宗桷之材,靡不具备。坎坎之声,铿訇空谷。商贾络绎于道,编巨筏放之大江,转运于江淮之间"❸。到20世纪初,黔东南苗族地区,木材每年产值达100多万两,一部分由清水江下湖南转运各地,一部分由都柳江下柳江至广州出口。

桐油于光绪元年(1875年)输入欧洲,二十六年(1900年)运往美国,以后销路日广。19世纪末期的15年间,桐油价格上涨3倍,全省有40多个州县,特别是黔东南和黔南地区扩地栽种桐树,增加榨油作坊。清朝末年,贵州桐油产量达30万担左右,居全国首位,多数经水道输出,仅都柳江一河每年就有数百万斤。

五倍子为医药和染料等化工产品的重要原料。19世纪末至20世纪初,外国资本家大量收购,全省60多个州、厅、县种植,多集中至水道输出,如黔东南重安江等地,出现成片五倍子山,主要由清水江输出。

通过水上运输的物资还有茶叶、艾粉、皮革、猪鬃、茶油、生漆、蓝靛等山货特产。如黎

---

❶ 合江县志编纂委员会编纂:《合江县志》,成都:四川科学技术出版社,1993年。
❷ 合江县志编纂委员会编纂:《合江县志》,成都:四川科学技术出版社,1993年。
❸ 郝大成修:《开泰县志》,贵阳:贵州人民出版社,2019年。

平的茶油、生漆、蓝靛通过清水江运往洪江、常德等地出售。赤水河,"装运毛铁、绿皮、梧桔药材及煤炭等货下驶。……以补其运盐上挽费用之不足等"❶,这些货运品种的增加,不仅改变了船舶下行放空的窘境,提高了船民运输的积极性,同时也使各河港口码头吞吐的货物品种及吞吐量得到较大增加。

❶ 唐炯编:《四川官运盐案类编》卷三十,北京:国家图书馆出版社,2012 年。

第六章

民国初年至抗日战争全面爆发前夕的贵州港口

（1912—1937 年）

1911 年(辛亥年)11 月,清廷贵州巡抚被废黜,革命军组建了贵州军政府。由此,至1935 年国民党中央军进驻贵阳的 20 余年间,贵州一直处于地方军阀交相争霸和割据之下,兵匪肆虐,水旱频仍,生灵涂炭,社会经济遭到巨大破坏。这一时期,国外剩余商品大量倾销,更多的资源和原材料遭到掠夺。沿海买办商人进出贵州贩卖货物,地方工商业运送原料、销售商品以及商品性农业规模的不断扩大,促使流通物资的种类和数量增加。畸形的商品经济活跃,军阀为加强统治,又通过控征盐税和贩运鸦片等增加收入,对交通运输较为重视,故各河航运虽常有起伏,但与前代比较,总的来说还是有所发展的。

1934 年 12 月中旬, 中央红军长征经过贵州期间,强渡乌江、四渡赤水、南渡乌江、巧渡北盘江,在乌江、赤水河、北盘江留下了许多红色渡口遗迹,成为当今红色文化传承教育基地。

军阀统治时期,至 1936 年,连接广西、四川、湖南、云南的公路相继建成,但车辆不多,仅运行于贵州腹地的安顺、贵阳、遵义间,很少担负省际运输。贵州至川、湘、桂三省的货运仍以水运为主,赤水河、清水江与都柳江是黔川、黔湘与黔桂间的重要运道,乌江、锦江、潕阳河、盘江等水运也曾繁忙一时,一些支流小河水运及港口码头亦陆续得到利用。水运的发展也促进了港口城镇的繁荣,沿江港口码头货物吞吐量较大的有 30 余处。

第一节　各河系主要港口发展概貌

一、沅系水道主要港口

1. 清水江下司港、重安港

两港均位于清水江上游,陆路距省会贵阳市 170 千米,比其他港口码头近便。民国初年商务发展以后,两港成为贵州进出口物资的主要口岸,出口土特产品,进口日用百货,船舶萃集,年吞吐量各达万吨左右。政府以清水江为护运线,促进两港发展,1911 年下司只有 50 户，到 1932 年增至 1000 户 4000 多人；重安有 2284 户 10165 人。两港口都建有石砌梯步码头，可停泊 1~3 吨小船数百只。1926 年修建公路时即计划首先连通衔接下司港的路段。1931 年，下司港成为贵州首通公路的河港。重安港因绝洞滩阻航，不如下司港。

2. 清水江锦屏港

锦屏港为清水江门户，是全流域木材集散中心，每年过境船舶达千艘以上。进出口物资除土特产与日用百货外，兼有粮食及食盐输入，并有木材与林产品交易。港口商业繁荣，为黔东之冠。1932 年，锦屏、王寨有 4889 户 17921 人。

3. 潕阳河旧州港

旧州港为潕阳河通航起点，陆路至贵阳 220 余千米。明末清初建港后，因航道变迁，通阻无常，民国初年始充分利用。贵州东部黄平、余庆、瓮安等十余县进出口物资经此输运。潕阳河流量大于重安江，故旧州港船舶较重安、下司都大，有一定优势。港区有载重六七吨的船 200 余艘，商号自营者占 2/5。货种除土特产及商货外，兼输出粮食，有码头设施。清末时旧州港商贸发达，物流通畅，商贾云集，据《旧州镇志》记载：清代以来，随着商品经济的发展，外省人源源涌入，"清咸丰五年(1855 年)，全城炬毁。光绪年间，全城基本恢复，呈现出'九宫八庙三庵四堂五阁一楼'建筑格局"。民国时期，自清水江成为护运专线后商业减色，年吞吐量为 4000~5000 吨。1935 年，上游发生洪灾，港区受到影响，更趋萧条。

4. 潕阳河镇远港

镇远历来被称为"滇黔门户"，开辟最早，民国初年更加繁荣。在潕阳河左右两岸均建有石梯步码头。左岸有码头 8 座，岸线总长 200 余米，为专用米码头，供旧州、施秉粮船停泊卸载。另有各类堆栈、商行，为其他货船的主要作业区。右岸有码头 3 座，岸线 70 余米。进出口物资除土特产及百货外，民国初年兴办的工厂设备亦由此转运。1920 年，由上海运往贵阳的两套发电设备由潕阳河水运至此登岸。该港业务鼎盛时，有载重 6~14 吨船舶 200 余艘，年吞吐量万余吨。1932 年有 1500 余户，人口近万，镇上商店栉比，贸易颇盛，后因灾歉等原因，运量及吞吐量渐减。黔湘公路的修建，下游水碾、水车的兴建，以及清水江护运线的形成，更使镇远港商业较前减弱。

5. 锦江铜仁港

铜仁港为锦江下游三江之汇，东通江汉，西以驿道与乌江相接。腹地深广，湄潭、永兴、凤冈、印江、江口等地的物资都由此输出，是黔东北物资集散地。出口各类土特产、谷物、水银及木材，进口食盐及百货。民国初年，邻省商贾来此开庄设行采办山货者较多，也是外国商品进入贵州的前哨，有洋行五六家。有西门、中南门、下南门、后水门、便水门码头 5 个，常有载重 4~20 吨的船舶二三百艘，盛时至 400 余艘。港区帆樯如林，年吞吐量达万余吨，几处码头运输船舶熙熙攘攘、川流不息。唯因地处偏远，治安不良，军阀混战，惯匪滋扰,运输很不稳定,一度实行护运。

二、川系水道主要港口

1. 松坎河松坎港

松坎港在清代后期是上游支流小河崛起的港口之一,民国初年发展较快。松坎河船舶虽小,但以多取胜,盛时达六七百只。綦岸进口的食盐大部在此转陆运。据 1935 年统计,松坎港所征盐税两倍于正安。松坎经赶水、綦江至重庆等地甚为方便。陆路至桐梓71 千米,至遵义 135 千米,由四川进入黔北的盐、布匹及杂货,多在此登岸转陆运。附近的煤、焦炭、铁、土特产以及黔北桐梓、遵义周围各地的其他物资,经松坎港水运出口。1932 年松坎有 4227 户 16758 人。集镇人口仅次于锦屏,比其他各港都多。

2. 乌江思南港

思南港位于乌江与铜(仁)遵(义)驿道交汇处,涪岸川盐由此转运石阡,上游余庆、瓮安的粮食由本港转运他处。1915—1917 年,思南灾荒严重,调上游粮食接济,粮船络绎不绝,码头装卸繁忙。港口建有粮、盐专用仓库及码头设施。流域内土特产也多由思南港集运入川,年吞吐量为 7000～8000 吨。因社会治安等诸多原因,思南港货运吞吐量起伏变化较大。

3. 赤水河赤水港

赤水港为贵州西北门户,清光绪三十四年(1908 年)四月十四日改仁怀直隶厅名为赤水厅,隶属遵义府,始有"赤水"之称。清代以来,赤水港为贵州主要盐港,下游舵船与上河梢船在此换装倒载。民国初年港口装卸搬运繁忙,港区有盐船百余艘,总载重量 2000余吨,年吞吐量达二三万吨,为全省之冠。进出口物资除食盐外,尚有食糖、布匹、烟草、杂货、竹木及其他各类土特产。1934 年,城内有八九百户 4000 余人。民国初年,赤水船舶分帮分区成立船业公会,另外组织了一些直接为水运服务的帮口,如担任修造船的水木帮、油灰帮与担负修造工属具的纤藤帮,并有从事码头装卸搬运的码头帮,是最早的搬运组织。

据《赤水县志》记载,清末已开办邮政,民国初开办电信业务。清末民初引进先进技术开发和兴办栽桑、养蚕、种柘、育樟、缫丝、弹花、纺织、造火柴、制冰片等农工实业。19世纪 20 年代中期,军阀割据,兴办兵工、铸币、发电、织布、制革、硫酸、白药、被服等厂,开设戏院,发展商务,经济日趋繁荣。至 1941 年,全县有 1 万余人从事工业、手工业,占全县总人口的 7%。1924 年,周西成驻防赤水,倡修赤水至夹子口的人行便道,改善港区交通条件,并自省外购小汽艇 1 艘,自合江上行至夹子口,是为赤水港首次停泊机动船舶。该港客流与货流比较稳定,港区水域条件较好,是当时贵州全省比较稳定的港口。

赤水以上的复兴、丙安、葫市、猿猴、土城、太平渡、岔角、二郎、马桑坪、茅台等码头，随着物流运量增加，商贸活跃，人口增多，城镇发展较快，成为船舶停靠、食宿、物资转运的中转站。

4.习水河官渡港

光绪十二年(1886 年)于官渡设硝磺运销分局。1916 年，习水县府迁至此。随着习水河沿岸人口增多，居民物资需求量增加，但高洞至官渡河道因水毁而运量减少，不能满足需求。官渡乡绅廖洪云集廖家全宗之力，于清光绪年间修建了官渡至长沙的马车运道，长 25 千米，道宽 2 米，面铺沙石。在干岩子立有一块长方形《题洪云廖君修路小引》碑，落款为"大清光绪二十四年岁在阏逢执徐月建昭阳作噩下浣吉立，联波氏袁步銮题赠"，记载了光绪年间官渡人对修建此路的渴望和修路的艰辛，也盛赞了廖君泽被后人的丰功伟绩。此路修通后，长沙港、官渡港吞吐量激增。民国初年，习水县绅民为发展商务，集资开凿习水河，打通了箭滩至猴子田段航道约 20 里，商船可直达习水县城。后因猴子田至荔枝树段山岩崩塌，通而复阻。1931 年再议修复，同年遭兵匪蹂躏，元气大伤，兼之旱灾频仍，收成甚差，商民无力自筹资金，期待政府补助，但省县两级相互推诿，卒未动工。水运只能至箭滩(或猴子田)再陆运 5 千米至官渡，水运不畅时，从高洞用马车或人夫驮运至官渡。习水河进口物资主要为川盐、百货，出口物资主要有木材、竹子、药材、桐油、粮食等土特产品。

习水河因水路转陆运至播州较为便捷，清代逐渐有江西商人进入官渡，首入袁姓于清嘉庆年间(1796—1820 年)在官渡渔湾建袁氏祠堂(家庙)。清代中期从江西入驻官渡的商贾增多，清末时建江西会馆。集镇街道沿河边逐渐扩展，主街道长 600 余米，分上、中、下三段；辅街道由主街道两端向上、向下沿河延伸 500 余米，街面均铺石板。在主街道中建有石阶梯通往猪市坝河边码头。

三、西系水道主要港口

1.都柳江三合港

三合港位于都柳江上游，驿路与周围各县相通，清初即为黔南与广西水陆中转港之一。民国初进口物资有粤盐及百货，出口有木材、粮食、生猪及其他土特产。1927 年，自广州购进的贵州第一辆汽车，经都柳江上运至该港登岸，再由陆路辗转抬至贵阳。次年商车行又购进货车 12 辆，也从水路经榕江到三合港。三合有上下两码头，上码头称江头半月，盖石砌俨如新月；下码头称江头渔火，盖夜阑人静，渔父烛火捕鱼。1928 年，将上下两码头改造连成一体，码头岸线长约 200 米。黔桂公路未通前，三合港为两省交通的主要口岸。1932 年，城内有 1859 户 6942 人。都柳江三合码头旧址如图 6-1-1 所示。

图 6-1-1　都柳江三合码头旧址（贵州省航运博物馆提供）

2. 都柳江榕江港

榕江港位于都江、寨蒿、平允三江之汇合处，清初辟为粤盐入口的主要口岸。民国初年除粤盐外，日本等国的商品源源上运，至榕江港转输黎平、都江、三合等地。城内上下河街有较大商号十余家。出港以木材等林产品为大宗，为流域木材集散中心，1931年木材贸易总额近百万元，仅次于锦屏港，居全省第二位。粮食也是该港进出口的大宗货物，由都江、平允、太极镇等地集运至此，再运往广西。过境船舶常达千艘左右，年吞吐量五六千吨。受社会治安影响，运输不稳定，1932年前后吞吐量显著下降。1934年有1500余户，人口8000人以上。

第二节　各河系船舶运力

中华民国成立至抗日战争全面爆发前，随着贵州水运货物品种及运量需求的增长，各河船只数量增多，船舶船型又有新的改进，货运兴旺时期，运力发展亦达到高潮。据国民政府交通部门不完全统计，全省各河系共有船舶4000只左右，总运力15000吨以上，为港口发展提供了基础条件。

一、沅系各河运力

1. 清水江

据1932年麻江县调查，清水江上游共有客船200只、货船250只、客货混合船150只，船型皆同，各载1500斤，停泊下司码头，行驶下司至洪江间。据黄平县调查，重安港共有货船300只，载重3吨，有商家自办的，也有船家制备的，直驶洪江，船型皆同，分为货舱、尾舱、大舱。两处合计船舶共 900 只,运力 1350 吨。剑河等县沿江人民兼习驾船、造船两业,常驾船到湖南后,连船带货一齐出售,回来另造,说明也有不少船只数量未做统计。

2.潕阳河

潕阳河流域各县运力资料属于不同年份。1932 年黄平县上报旧州港有船 250 只,载重 7 吨(每吨以 1520 斤计),客货混装。商家自办的占 40%,船家自办的占 60%。有船桅、橹及客舱、货舱、楼舱、厨房之分。停泊于西门坡码头,可直达湖南黔阳,长趋武汉。青溪码头有船 12 只,施秉港有 5 ~ 6 只,行驶于施秉与洪江之间。另据 1936 年调查,镇远港有船 24 只,其中头号船 9 只,载重 6 ~ 7 吨;二号船 10 只,载重 4 ~ 5 吨;三号船 5 只,载重 3 ~ 3.5 吨。玉屏港有船 41 只,载重 1.5 ~ 3.5 吨。综合以上资料分析,船舶合计 350 只左右,运力在 1600 吨上下,且分别停靠在沿江不同的港口码头上。

3.锦江

锦江流域的资料比较齐全,1932 年铜仁港有民船 59 艘,载重 17 吨;货船 60 艘,载重 20 吨;客货混合船 78 艘,载重 20 吨。船长 9 ~ 12 米,宽 3 ~ 3.3 米,分七八隔舱,使用风帆,停泊于铜仁、漾头、湖南各港,行驶于铜仁至常德一带。江口码头有民船 50 只,载重 3 吨;客货混合船 20 只,载重 2 吨,行驶于闵孝至铜仁段。船舶共计 267 艘,运力 3953 吨。

二、川系各河运力

1.赤水河

1936 年,赤水县上报盐船共 208 艘。其中,中元棒 62 艘、黄瓜皮 17 艘、麻叶鳅 17 艘、五宝船和南河船各 1 艘、牯牛船 110 艘。牯牛船一般载重 10 吨,其他船载重 14 吨。上游另有茅村船舶 100 余艘,一般载重 4 ~ 6 吨。全河共有船 300 余艘,运力 3000 余吨。茅村船舶行驶在上游茅台至马桑坪间,牯牛船行驶在中游二郎滩至赤水段,其他船舶多行驶在赤水以下。鳅船和牯牛船在清前期已出现,新中国成立之初还在使用,历史悠久。当时赤水河造船业相当发达,仅赤水县城东一地就有 50 多户以造船为业。

2.乌江

1932 年对沿河县调查,有大小客货混合船 50 艘,最大者载重数万斤。1936 年思南县上报有大船 42 艘、小船 185 只。大船最大载重达 30 吨,小船载重 3 ~ 5 吨。估计乌江船舶在 300 艘上下,运力 2500 吨左右。

3.松坎河

綦岸的盐船,据《四川盐政史》记载,有约六七百只,按软板船的载重量计算,运力在

1000 吨上下。

三、西系各河运力

1. 都柳江

1932 年榕江县上报，都柳江有客货混合船千只，运力约 1500 吨，榕江当地制造的有百余只。船有 3 个舱，上水载 1400 斤，下水载 3200 斤，行驶于三合至长安间。晚清，都柳江的船有两种：一种为清江船，头尖、尾直、状若墨鱼，驾驶者多为清江（今剑河）、台拱（今台江）人；另一种为古宜船，头尾呈方形，类撮箕口，驾驶者多广西古宜（今三江）人，常立帮争货。清江帮以地、货均属贵州，有优先权，古宜帮以河流经广西，溯江可达，亦应优先，互相争执，几酿巨祸。因古宜船靠岸较方便，民国时期，船多改为古宜式。

2. 南盘江北盘江—红水河

流域船舶多数是在 1916 年、1919 年、1924 年这几年制造的，曾增至数百只，后因土匪出没，商业减色，船只逐渐稀少。1932 年贞丰县调查，有客船 30 只、货船 45 只、混合船 18 只，运力为四五百吨。

第三节　货物运输促进港口繁荣

一、食盐运输

运销贵州的川盐为富顺、荣县和犍为三场所产，引额都有规定。1915 年成立公司，曾规定黔岸计边川盐年额共 11703 引（每引合川秤 80 担），约 4.68 万吨。次年改行自由贩运，又规定犍、富二场四岸计边川盐年额共 9959 引，近 4 万吨，除去永岸的叙永、古蔺、古宋，仁岸的合江，綦岸的綦江、南川，涪岸的酉阳、秀山、彭水和黔江等川省各县的计盐外，入黔边盐的引额为 3.08 万吨。入黔边盐一些年份还没有运足，据《四川盐政史》记："行之数年，运岸短销甚巨，偏远之区民多淡食，甚至贵阳一带每盐一斤，付银六七角之多。盖遇匪警和战争，则皆裹足不前，不若专商之有责任非运不可也。"[1]另据张晓梅《贵州经济》记载：富、荣二场 1937 年放黔岸边盐 707847 担，犍为场放黔岸边盐 94146 担，共约 4.01 万吨。可见运输正常，引额就能用足，运量并有增加。就整个贵州而言，每年输入食盐 4 万余吨，川盐占 90%，其余为粤盐、淮盐和滇盐，各路盐运量互为消长。

1916 年，规定黔岸计边川盐的引额时，对各岸引额也有明确：永岸为 8900 吨，仁岸和

---

[1]　吴受彤撰：《四川盐政史》，民国二十一年排印本。

綦岸约 1.3 万吨,涪岸为 5000 吨。除去计引,入黔引额永岸为 6110 吨,仁岸 11180 吨,綦岸 10150 吨,涪岸 3320 吨。由于盐商趋近避远、舍难图易,各岸运量与引额都有出入,逐年亦有起伏。最初綦岸运量居首,以后让位于仁岸,仁岸实际运量比引额多,占全省盐运量的 1/3。1925 年统计,赤水县所征盐税占贵州全省各统税局所征盐务附加税总和的 45%。❶ 表明仁岸盐运与贵州财政及人民生计关系密切,也显示出赤水河航运的地位非同一般,同时也展现了当时赤水河沿岸各港口的繁荣状况。

川盐入黔,仁、綦两岸专销富、荣巴盐,永、涪两岸配销犍为巴盐,水运线路如下:

仁岸运道以川境合江为起点,分段运行,水陆结合。由合江至赤水,每船可载 150 包(每包重 160 斤);在赤水换船至元厚,每船装 40～50 包;元厚换船经土城达二郎滩,每船装 20 包;元厚至土城为季节性通航,高水位时靠驮马转驳;二郎滩至马桑坪用人力搬运;在马桑坪又用较小船只水运至茅台后转陆运。盐务管理部门在赤水、元厚、土城、二郎、马桑坪、茅台等港口码头建有盐仓,供装卸、中转用,上述几个地方的港口码头因盐运搬运工人增多,服务行业及商贸兴隆,港区集镇人口增加,港口码头得到较大发展。

綦岸以川境江津为起点,水运至綦江后换小船(每船载盐 10 包)运至松坎的新站转陆运。水位适当时直接水运至新站转陆运。

涪岸以川境涪陵为起点,溯乌江经彭水至龚滩,起盐换船经沿河而达新滩,又起盐换船至潮砥,再起盐换船抵思南。思南以上换用装盐 30 余包的小船运到石阡,由石阡陆运经龙家坳至思州(今贵州岑巩),再转水运至龙溪口及镇远。❷

正引粤盐由都柳江运入,至丙妹、古州、下江、三脚屯等港口码头,再分运各地。进入清水江流域的粤盐,入地坪河至水口,陆运黎平、锦屏、天柱等县。倾销黔东的淮盐由沅系诸水道运入。

盐水运路线的多点散发,在促进港口码头繁荣发展的同时,也推动码头进一步向腹地发展,促进了水陆联运线沿途集镇的发展。

二、进出口商品运输

赤水河为川盐入黔的主要运道,进口除巴盐外,还有杂货、夏布、土布、砂糖、烟草等,销于赤水河沿岸及附近村落。"输出竹、木、五倍子、牛皮、生漆、酒等物,以牛皮、生漆为大宗"❸,为盐船的回程货。由四川每年运入的糖价值 3 万元以上。土布大部来自合川、江津,年额约 2 万匹。仁怀的茶饼和珠兰香茶年产十余万斤,行销重庆、泸州等地。赤水一带的楠竹、斑竹每年可收益万金。沿河居民长于竹器制作,产品也是出口的重要货种。

❶ 《贵州财政月刊》第一卷,第七期,1936 年 1 月。
❷ 吴受彤撰:《四川盐政史》,民国二十一年排印本。
❸ 严新农:《贵州省》,上海:上海商务印书馆,1934 年。

赤水、习水两岸的木材东浮四川,每年价值几十万元。此外,纸、生漆的输出量也不少,均通过沿河各港口码头输出。

乌江输出的山货特产以桐油为大宗,次为生漆、五倍子、柏油等。思南"桐油年产八十余万斤,从黔江输往巴县。漆和倍子年产各十余万斤,输出四川……白桐油输出国外,交通仅乌江为唯一出路"❶。德江生漆年产 7 万余斤,五倍子 2 万余斤,还有桐油也由川商运购重庆或汉口。"石阡城南百二十里葛彰司所产柏子、柏油自乌江出口。"❷在区间内,德江的大米多由水运至龚滩港;石阡的大米和杂粮又常经石阡河、乌江运往思南。民国初年四川急需米谷,曾由沿河向乌江下游输出。货物运输促进了思南、沿河、德江、石阡等港的发展。

綦江上源松坎河、羊磴河,进口除食盐外,还有杂货;出口以铁、煤为大宗。据《桐梓县志》记载,"松坎而下,土矿尤夥,资本亦宏",有铁厂多家,年产七八万斤至几十万斤不等。煤矿有糠煤、油煤多种,煤质优良。"铁铸生板,煤煅炭花(焦煤),运销泸渝汽船工厂,获利甚巨。"羊磴河的煤、铁也很丰富,亦有运出。此外,还有其他山货输出,"年可获一二万余元"。松坎河、羊磴河沿岸港口码头成为流域矿产资源的出口港。

清水江深入贵州腹地,上游下司、重安江码头距贵阳较近,"四天旱路便可到达","船舶萃集,湘、黔往来行旅,货物均赖此输送,甚至各省寄黔的书籍、印刷等件,邮局也由常德经沅江上运,直达重安驿起岸,再雇力夫运省"。当时清水江已发展成为贵州唯一的便利水道。进口物资有布匹、棉纱、洋货、瓷器、煤油等。下司、重安江两处码头来往船只每年各达两三千艘。同时,木材的运输也成为清水江重要的水运货种,据《中国经济年鉴》统计,民国初年,清水江流域杉木每年外销总值 600 万银元,有些买办商人以日本的三井、三菱洋行的资金将洋纱、洋布、呢绒、化妆品等输入锦屏,买回杉木,经清水江运至汉口、南京销售,牟取厚利。湘西的美国义瑞公司和英国正大公司也用洋货换取黔东地区的木材。锦屏的王寨、茅坪、挂治 3 个木材码头所在地俗称"三江",有七大姓控制木市,1921 年集中于王寨开行,商贾到此,岁以数万计。出口物资还有其他土特产,如重安江一带的五倍子,天柱的桐油和茶,也经清水江运出。黔东每年输出五倍子、桐油六七百万斤,清水江占相当运量。经济发展和物资的交流促进了下司、重安江、锦屏等港口的发展。

㵲阳河,进口以洋纱、洋油、大布、瓷器、铁货为大宗,出口桐油、生漆、茶、靛青、皮革、猪仔、木材及粮食等。1916 年镇远有兴利垦植公司栽种桐、杉。附近三穗有协兴油桐公司种桐树百万株。每年镇远港有桐油数十万斤,青溪码头有十三四万斤经水道外运。岑巩、玉屏港也有大量桐油、生漆输出,行商设牙行收集,"用民船输送汉口、常德"❸。镇远

---

❶ 严新农:《贵州省》,上海:上海商务印书馆,1934 年。
❷ 周国华等修,冯翰先等编:《[民国]石阡县志》,贵阳:贵州人民出版社,2019 年。
❸ 严新农:《贵州省》,上海:上海商务印书馆,1934 年。

的茶,青溪用竹、麻造的纸,运销黔、湘各县,年收入可达万余元。木材输出亦多,用于造船、建筑、枕木或薪炭,以杉木河所产最有名。施秉县所出柏、杉每年可卖数十万元。另外,旧州、施秉田土肥美,粮食自食有余,多水运至镇远港输出。镇远城内有采栈,大量收集农民谷物,转贩于粮店。岑巩亦有余米分销铜仁及湘晃各县。由水道运销的还有青溪的铁和施秉的铅等。货物运输促进了旧州、施秉、岑巩、青溪、玉屏等港口码头的发展。

锦江、松桃河输出桐油、茶油、牛皮、五倍子、木材等,由沅水入汉口,德商瑞记商行在铜仁收办上列各物。矿产有水银、锑砂。"铜仁省溪(今万山区)一带,有居民千四百余户,大都以开采水银为业,由沅江出汉。"[1]上游桃映、德旺粮食有余,常运铜仁销售。重灾之年,粮食通过水运调济邻省。1920 年锦江大水,次年旱灾,铜仁饥馑历 11 个月,树皮野草食尽,曾由常德经水道运米度荒。进口货物以花纱、布匹、煤油、白糖为大宗。松桃河进口为百货,出口为桐油、茶及粮食,收入亦巨。航线为经松桃河出酉水入沅江。水路运输促进了省溪、铜仁、松桃等港口码头的发展。

都柳江,出口山货以桐油、五倍子、木材居多。榕江每年产桐油 500 余万斤、五倍子 5 万余斤、杉木十余万株,黎平水口每年产茶油数十万斤,水运柳州、广州。榕江设有"森林局"经营排运,每年木材贸易额 60 万 ~ 90 万元。输出的矿产为锑,1921 年广东商人在三合(今三都)办矿,发现矿苗丰富,以后黔商兴办的"兴黔公司"和湖南商人办的"民生公司"集资开采,水运往广州销售。区间水上运输为粮食,由上游三合港、支流平允运往都江、榕江等地。此外,生猪输出亦不少。进口除食盐外,主要是来自广东的洋纱、杂货,其中"日本货输入年额也有十五六万"[2],按 1916 年三合县申请征收船税的报告所记,"船运生猪;每支(只)抽银洋四角……,每年猪千支(只),进银四百元……洋纱千余箱,银五角,有五六百元"[3],运量可观。都柳江水上货运促进了三合、平允、都江、榕江等港口码头的发展。

南盘江北盘江—红水河,进口有洋纱、杂货、食盐,出口为山货、药材。进出口商品运输促进了南盘江坡脚、北盘江白层等港口码头的发展。

总观民国成立至抗日战争全面爆发前的 20 余年间,社会不稳定,虽然生产发展缓慢,但因商品经济已逐渐形成,货物运输和商品交易已是不可缺少的环节,各河系港口码头对当时货物运输的中转起到了十分重要的作用,同时,随着进出货物品种和吞吐量的增加,各港口码头服务行业和商贸集镇也随之发展,港口日渐兴隆。

❶ 严新农:《贵州省》,上海:上海商务印书馆,1934 年。
❷ 严新农:《贵州省》,上海:上海商务印书馆,1934 年。
❸ 《三合县志》,民国二十八年版。

三、鸦片运输

鸦片自道光中叶流毒贵州后,清末民初种植愈广,成为出口货种的大宗,江西、两湖和两广商人争来贩运,运量日益增多,多以运进的花纱、布匹和百货换取,形成本省烟土与外地工业品的对流。清水江、南盘江北盘江—红水河、都柳江、乌江、锦江、潕阳河等都成为鸦片输出通道。

鸦片大部分由各河水运输出,军阀为防范运输途中遭盗匪行劫,将清水江、北盘江划为护送路线,商民交纳护运费,由政府派军队护送出境。清水江出口烟土每年约3万担,运往常德、武汉等地;北盘江输出烟土约8000担,运往南宁、梧州、广州等地。受市场波动影响,或因烟商逃避税卡,其他非护运路线输出的鸦片也为数不少。

军阀在各河主要港口码头设厘局征收厘金:清水江沿岸有下司、瓮洞码头;南盘江、北盘江有坡脚、白层码头;潕阳河有镇远、玉屏、龙溪口码头;锦江有铜仁、漾头码头。

第四节　航道整治促进港口发展

一、沅系水道的整修

1. 重安江绝洞滩整治

清水江支流重安江的绝洞滩,自清末因岸坡崩塌断航,船只过往必须卸载搬滩,不仅须付搬滩费,增加运输成本,货损、货差也较严重。清宣统年间(1909—1911年)整治工程中断,1913年、1916年、1919年几度由商民会勘并组织治理,终因经费不足或军阀混战、政局动荡等因素半途而废。1929—1930年,当地商绅集资2000余元清理河槽礁石,初步复航,但"未能尽出两岸危石",以致受水流冲淘后再次卷入航槽,又形成阻碍。1931年商民组织复勘,但见"河中怪石纵横,两岸峥岩嵯峨,水石相撞,声震如雷",险段长50余丈,有门坎石"横亘中流,激水成滩,流势汹涌",险峻异常。当地绅商认为,绝洞滩的断航是重安商镇衰落的主要原因,决定进行一次更大规模的治理,要求"将两岸危岩有冲刷流转之虞者悉数轰去",以期一劳永逸。

工程于1931年春进行,商民代表组成"续开绝洞委员会",负责筹集经费、主持工务、监督生产、管理收支、采办料具等事宜,配备正副会长及财会、文牍、庶务、监工等管理人员共18人,只尽义务,不索报酬。拟有简章18条,就工程的组织管理及资金偿还办法作出具体规定,当年2月经省政府第120次常会批准实施。此期工程预计经费3000元,通过发行股票筹集,由商民认股计息,于工程竣工后5年内向本段船民收取相当于搬滩费1/3

的运费,交商会积存抵偿。商号与船民积极赞助,集资比较顺利。施工 2 个月后,于 3 月末竣工复航。

1934—1935 年,重安江山洪突发,绝洞滩河床又起变化,重安义利生等商号再次捐资做局部修缮,但因缺乏经常性的维修,日久又恢复搬滩状态。清水江没有建立岁修制度,每次工程都是临时组织,所定章程也只限于对本期工程进行管理,故工程效果难以巩固,不能保持航运通畅。

2. 潕阳河诸葛洞滩改善策划

1930 年 4 月,镇远、施秉两县曾上报勘察潕阳河诸葛洞滩情况,称经前人开凿,"依岸之两旁,各有一壕……,行驶较小之船,亦无大碍",但要改善提高,必须在上游筑堤截水单行一壕方能施工。6 月,按省建设厅指令报送施工计划,对围堰抽水、爆破清槽、废方清理以及工作船、施工便桥、抽水设施、起重设备、勘察等都做了考虑。后因建设厅批复要"妥觅水利专员拟具精密计划,并将筹款方法报厅核定",此事遂寝。

3. 支流小河开发

民国初年,各地为振兴商贸,重视水道交通,力求兴舟楫之利,支流小河的开发较为迫切。绅商均跃跃欲试,黄平、天柱等县不乏其例。

黄平有小河,《黄平县志》称"北门河",是潕阳河南岸的支流之一,经东坡、岩头至施秉城东汇入干流。黄平至河口长约 40 千米,下段常有东坡、施秉等地小船行驶,载运粮食、柴草等。中段虽有伏流长约百米,但洞高 20 米、宽 10 米,于行船无碍,但东坡附近有大跳鱼洞和小跳鱼洞,跌坎高五六米,并有拦门石、蛤蟆石等险阻,致上段不能行船。黄平官绅以本段水道通施秉较绕道旧州近便,亟欲开通。1930 年约请重安、旧州有航行经验的人员共同勘察,确认有通航的可能,跌坎碍航问题准备采取旁开斜坡道解决,遂成立河工局,制订施工计划,筹集经费,建造工作船。工程于同年 7 月开工,次年将小跳鱼洞渠道开成,嗣因经费准备不足,虽变卖"逆产"并动用义谷均不敷用,几次申请省府补助亦未果,被迫停工。

流经天柱、三穗的鉴江(天柱河)、穗锦河(六洞河)均系清水江支流。1920 年县绅首倡疏浚发展交通。1931 年,天柱县报请开发鉴江航运,认为"天柱当黔湘边水孔道,欲湘黔民生解决,非疏浚天柱之鉴江不可"。对圭禄洞、塘贡洞、镰刀弯等 9 处重点滩险提出工程计划,要求批准成立施工机构。1935 年,提请疏浚穗锦河,强调"三穗市面萧条异常,溯厥原因,实由河道未通,货船难到内地",要求重点整治三穗下游 60 里处的木良滩。两项均因需款较多,地方无力举办,求助于省,省亦推诿了事。

二、川系水道的整修

1. 赤水河岁修

赤水河盐运量大,但滩险变化频繁,影响航行,因此,盐务部门、盐商及盐船船民对河道维修比较重视。河工局管理人员由赤水县委派,岁修由仁岸盐商经办,范围包括上下游全境。1912—1915 年,由仁岸永隆裕等几家盐号直接负责。此后盐制改变,废除官督商销,改为任商自由贩运,成立盐帮公所,岁修改由公所负责。盐帮公所改组为盐业公会,各段船帮亦分段组成船业公会,岁修由各公会共同负责。

河工局田产每年约收谷 200 石,折银千余元,除支付各渡口经常费外,尚需应付赤水县摊派的自治经费、禁烟罚金等,用于维修河道的费用实际不多。"自合江至茅台间大小数百滩,每年(维修资金)约需千元……,若遇沿途山崩滩塞,一滩所需即达千元左右,故每年收支两抵,往往不敷甚巨,皆由盐商捐垫补助",船民对岁修亦能积极配合。1935 年维修茅台至马桑坪间的几处滩险,该段百余艘船共同集资相助,完成了修缮任务,确保了沿河各港口码头进出物资的通畅。

岁修由各段船业公会分段承担。1936 年冬,赤水上河船业公会组织修缮鸭岭滩等六滩,同年,土城船业公会组织修缮落妹埫等六滩,共用工 1293 个,根据工种技术差别,每工支付工资 2~5 角不等,总支出工料费银元 480 元,悉由两段公会支付。

在盐业与船业公会合作下,基本维持仁岸运道畅通。1931 年,赤水县政府向省报告称:"……自前清设立河工局疏浚河流,一切悉归该局负责办理,民国以来亦仍其旧……,河流无不通舟楫之患……"仁怀县建设局亦谓"茅台河已通船……,无疏浚可言"。经过岁修,船舶运行大体正常,但都只限于维持通航,未能改善和提高。赤水县政府强调河工局经费无多,不能大事疏浚。省建设厅则以"赤水河僻处边陲",看不到该河与全省交通文化发展的关系,对提高通航标准未予重视。故 20 余年间,搬滩驳载,驳运换船,习以为常。

2. 松坎河修复

清末开凿松坎河松坎至新站段航道,标准甚低,兼之滩险发生变化,航行困难,赶水盐船止于松坎,很少上驶。1931 年为恢复该段航运,由桐梓县政府组织会勘,提出工程计划,估计工料费约 12000 元,经省政府委员会 163 次常会批准开工。后因军阀内讧,省府执政官员更换而经费无着,工仅及半而停工,航道未彻底修缮,盐运只能勉强维持。1934—1935 年,蒋介石陈兵黔北阻击中国工农红军,致使盐商裹足不前,运量减少,航道失修,松坎以上只通至蒙渡约 50 里,蒙渡至新站重又阻塞断航。

松坎以下河段经清末整治比较稳定,民国初年航行正常。但受航道条件限制,船只载量不足 2 吨。根据盐运要求,建造船只甚多,盛时常达六七百艘,后渐减少。1935 年初,中央红军长征经过遵义,国民政府调军阻击,重庆行营运输处綦江第四分站与綦江公会议定以新旧船只总数的 60% 充军运,其余担负盐运。后国民党军妄图一举扑灭红军于黔境,占用了全部运力运送军需品,不顾人民生活需要,将东溪、松坎一带船只封作差用,以致盐运困难,人民淡食,销额锐减,整修航道也就无从谈起。

3. 习水河及羊磴河的开发

赤水河支流习水河,上段两岸峭岩耸立,乱石杂陈,梗阻难通,仅官渡以下通船。但从道光年间连续几次大洪水,猴子田至荔枝树段峡谷束窄河床,因崩岩致使乱石堵塞河槽而碍航,以下至高洞河段部分滩险也因乱石侵占航槽而影响船舶载量。1916年,习水县治所迁至官渡。1916—1917年,习水县绅民为发展商务集资开凿中游河段,打通了箭滩至猴子田段航道约20里,商船可直达习水县城。后猴子田至荔枝树段山岩崩塌,通而复阻。1931年再议修复,同年遭兵匪蹂躏,元气大伤,兼之旱灾频仍,收成甚差,商民无力自筹资金,期待政府补助,但省县两级互相推诿,卒未动工。

綦江另一支源羊磴河上游的航运开发,这一时期也受到关注。羊磴河发源于四川南川县东南,向西南流入桐梓县境,经狮溪、弯塘、羊磴出川,至赶水汇入綦江。据《南川县志》记:该县"论者,谓邑(南川)荣枯视水道之通塞""生计文化,缺点莫大于无舟楫",故倡议疏通羊磴河上段以发展航运,工程重点是解决南、桐边界至狮溪堰坝碍航问题,预算工费数万元,但未实施。

4. 乌江上游航线的延伸和石阡河的修整

乌江上段航道的开辟,是民国初年商办工程之一。如前所述,仁岸川盐运抵茅台后,通常陆运由鸭溪、刀靶水、扎佐到贵阳,或经金沙大关至清镇、平坝或安顺,路程各约二三百千米。常组织运工数千人、驮马数千匹转运,每包(160市斤)盐须取12%左右充抵运费,运工所得虽只能维持简单生活,而盐商却嫌成本过高。1913—1914年,永隆裕商号曾筹划开辟乌江上游及猫跳河水道,指望由距省城40里的朱昌浦(今朱昌)经猫跳河、乌江至乌江渡实现通航,以代替陆运,降低成本。为此,曾由永隆裕盐号提取部分公积金,委托盐商徐屏臣主办。但因"承办工程队人员既不习于测量,又无开河经验,漫于黄滩等处施工,虚掷巨款,致一无所成"。乌江上游一些滩险上的礁石,仅留下开凿的痕迹,险情依旧,无法过船,陆运方式依然如故。

1914—1915年,思南商民刘云开、吴光廷等于文家店以上试用船只采运米粮至涪陵贩卖。刘素习水性,组织开凿雷洞滩(文家店上游22千米),历数月竣工,船舶往来无阻,自此思南、石阡船民热心上驶。雷洞以上有关门石、银盆、水油等险滩,刘云开一行逆流上驶,有渔人问津之意,逐滩开拓。据民国初年档案及《思南县志》记载,这次施工到达余庆县属的通木坪(今构皮滩附近)后又继续上行,开拓了梁家渡、鱼翅三滩、瓦基石等处,新辟航线70千米,直达沿江渡,使乌江港口码头再次向上游发展,新增了沿江渡等码头。

刘云开开拓上段航道,沿江乡民积极配合。《瓮安县志》记载,乡绅聂松云、肖元兴、于士龙等集资凿开梁家渡处的老虎口滩,得以行船。通木坪《修河碑记》也记载当地乡绅田余彰等参与组织各滩开凿一事,说明这次工程主要依靠沿岸各地绅民的力量,余庆县政府给予少量补助。乌江上段险滩经过此次治理，收到实效。"当船初通，沿岸百里之居民争先往看，酒食花炮，祝其成功。印江布匹、思南雄精，由水运至江界河以达于省。瓮安、余庆之米，原船运至思南，每场河下码头米船常有三四百号，贸易极盛。"

支流石阡河历来为盐运和石阡县境粮食、土特产输出要道，但航行条件差，尤以野猪洞和木根洞两滩碍航严重。野猪洞河床崩岩簇聚，木根洞有岩堆阻于河心，船只极易失事。1936年秋，石阡县县长王念祖组织修缮，险情得到缓解。木根洞下方4千米的蔡家滩，河床石梁森列，水浅流急，曾于滩尾筑堆石堰一道，壅高水位，航行条件得到改善。唯年后野猪、木根两滩续为崩岩阻塞，船只只能减载航行，致使石阡港吞吐量减少。

三、西系航道维修和船捐

都柳江河床多卵石浅滩，航槽容易变化，需要及时清淘。民国初年，上游三合县境（今三都县）有滑石滩、半边滩等十余处，碍航严重，"每遇洪水涨泛，乱石壅塞，舟楫经过，殊费周张"。1913年设三合县时，面临河道失修、交通不便的局面，土特产输出、食盐及日用工业品输入均甚困难。1916年初，县公署认识到"交通不便，进化斯迟，非筹款无以整顿地方，非修河无以振兴商务"，批准县经费局关于征收船捐以维修航道的建议，从主要货种生猪、洋纱运输中，按一定税率征收捐款，并规定船只缴纳挂号费（即船捐）。以上三项年收千余元，供作航道维修和保卫团警备队的开支。下游榕江、下江等县亦征收船货捐税，永从县（1941年永从与下江合并为从江县）对辖境内河段连年组织疏浚，"商船畅行无阻"。贵州其他河流也有船捐，有的只是为某次工程筹集或偿还资金，有的用于政府其他开支。都柳江则明确规定只用于航道维修，并取得成效。这是贵州开征航道养护费之始，航道畅通推进了这一时期港口码头、船舶停靠点的进一步发展。

第五节　红军长征中的贵州渡口码头

1934年12月，中央红军在突破国民党第五次"围剿"后，开始向贵州实行军事大转移，于14日攻占贵州黎平县城，18日召开黎平会议，决定在川黔边地区建立新根据地。此后，中央红军强渡乌江天险，攻占了贵州第二大城市遵义，召开了著名的遵义会议后，继续向黔西北进军，实现"四渡赤水"出奇兵，南渡乌江逼贵阳，甩开了国民党几十万重兵的围追堵截，轻松进入云南，之后于1935年5月巧渡金沙江，开启了中央红军战略大转移新征程。❶

---

❶ 第五节内容主要参考王新生：《穿越历史时空看长征》，北京：中共党史出版社，2016年。

中国工农红军长征在贵州期间,在乌江、赤水河留下了许多渡口遗迹,现已被列为省级文物保护单位和红色文化传统教育基地。

一、乌江的渡口

中央红军突破乌江的战斗,是从江界河渡口、龙溪回龙场渡口、孙家渡渡口和茶山关渡口 4 个地方同时打响的。

江界河渡口。位于瓮安县乌江中游,距瓮安县城 45 千米,是通往遵义的交通要道。1935 年 1 月 1 日,红一军团第二师前卫第四团奉命到达江界河渡口侦察,准备泅渡过江,驱逐对岸江边敌人的警戒,掩护后续部队强渡。1 月 2 日上午,泅渡和竹筏强渡乌江失败,只好终止行动。1 月 3 日上午 9 时,红四团以小部队对大渡口佯攻,而担任突击的第一营对渡口上游 500 米的羊肠小道进行强渡,强渡成功并迅速占领了前沿阵地,掩护团主力渡江。工兵连加紧扎竹筏架浮桥,军委纵队和红五军团于 1 月 3 日下午顺利通过浮桥。[1] 现渡口对面 330 米高的火金山红崖上,刻有杨成武将军亲笔书写的"乌江天险"四个赭红的大字。该战斗遗址于 1982 年被列为省级文物保护单位,1997 年被列为省级和州级爱国主义教育基地。

回龙场渡口。位于余庆县境,是余庆到湄潭的交通要道。1935 年 1 月,红一军团第一师第一团奉命从回龙场渡口强渡乌江。江对岸有敌人一个团防守,企图据险阻挡红军过江,等待国民党"中央军"到来,形成合围红军之势。几经努力和战斗,1 月 3 日上午 11 时,红一军团全团胜利渡过乌江,浮桥同时架设成功。红一师渡过乌江,向湄潭进发,并顺利占领湄潭。至 1 月 4 日,红一军军团主力和红九军团顺利渡过乌江。[2] 现当年红军抢渡乌江的战斗遗址尚存,战壕遗垒隐约可见。1982 年 2 月,贵州省人民政府将遗址命名为第一批文物保护单位,并竖文物保护标志。

孙家渡渡口。位于乌江支流清水河开阳县境内。左纵队的红三军团第五师前卫第十三团于 1934 年 12 月 30 日由瓮安出发,31 日傍晚到达渡江地点孙家渡岩坑。1935 年 1 月 1 日凌晨四时,红十三团开始偷渡。师部集中了各团的侦察排,分三个点首先下水。前后半个小时,红十三团全团人马顺利过江。占领了孙家渡后,红军工兵很快架起了浮桥,红三军团主力从桥上通过,登上北岸,疾速前进。[3]

茶山关渡口。红三军团第四师的任务是控制茶山关渡口,架设浮桥。茶山关明代称河渡关,位于遵义县城东南 40 千米的乌江北岸。关口高出江面 300 余米,与开阳隔江相望。关下渡口名为茶山渡,为遵义至开阳要津。红四师先头第十团到达乌江边时,天色已

① 王新生:《穿越历史时空看长征》,北京:中共党史出版社,2016 年,第 176-180 页。
② 王新生:《穿越历史时空看长征》,北京:中共党史出版社,2016 年,第 180-183 页。
③ 王新生:《穿越历史时空看长征》,北京:中共党史出版社,2016 年,第 183-184 页。

晚,没有看见敌人一个士兵,只剩下一些敌人的工事。在江对面的高山上,他们发现许多火光,估计是扼守渡口的敌人。这时,红军的后续部队也赶来了,与敌人隔江对峙。红四团调集迫击炮、机关枪,对着对岸的火光,进行轰击和扫射。同时,派出一部分队伍下山迫近江岸,准备第二天拂晓强渡。到第二天拂晓,红四团紧张准备强渡时,江对岸的敌人却不见踪影了。原来,防守茶山关的敌人接到红军已经在江界河突破的消息,奉命放弃阵地,撤到遵义。红四团在当地群众的帮助下,架起了浮桥。红四师在茶山关渡口顺利渡过乌江。1月6日,红三军团全部渡过乌江,并向遵义及老君关前进。中央红军全部渡过乌江后,蒋介石企图围歼中央红军于乌江南岸的计划化为泡影。❶

二、赤水河的渡口

1935年1月7日,中央红军占领遵义。1935年1月15日至17日,中共中央政治局在遵义召开了扩大会议(即遵义会议)。按照遵义会议的决定,中央红军于1月19日由南北地区开始北上,计划迅速渡过长江,向川西或川西北挺进。蒋介石为阻止中央红军北渡长江与红四方面军会师或东出湘西同红二、红六军团会师,制定了在长江南岸"围剿"中央红军的计划。❷ 为摆脱敌军的围追堵截,毛泽东指挥中央红军四渡赤水,巧妙穿插于川黔边境,成功摆脱敌人的追剿,实现北上转移的目标。一渡赤水渡口有猿猴场(今元厚)、土城;二渡赤水渡口有二郎滩、太平渡;三渡赤水渡口有茅台;四渡赤水渡口有二郎滩、九溪口、太平渡。

一渡赤水。1935年1月27日,中央红军分三路纵队全部推进到赤水河以东地区,28日,以红三、五军团为作战主力,打响了土城战斗。然而,由于情报有误,土城敌人不是四个团6000多人,而是六个团1万多人,而增援部队还在不断涌来,战局发展对红军越来越不利。28日晚上,毛泽东提议召集中央政治局几位领导人开会,会议决定迅速撤出战斗,渡赤水河西进。29日凌晨,中央红军除少数部队阻击敌人外,主力分三路纵队西渡赤水河(一渡赤水)。渡过赤水河后,右纵队改向叙永、古蔺间的两河镇方向前进,中央纵队、左纵队经古蔺以南向川滇黔三省边界的扎西(即威信)地区前进。❸ 1976年,赤水县革命委员会在元厚沙沱渡口西岸修建"红军渡"碑,以纪念红军一渡赤水成功。1999年8月,中共遵义市委、遵义市人民政府命名该纪念碑为爱国主义教育基地。2006年5月,国务院公布红军四渡赤水战役旧址为全国重点文物保护单位。

二渡赤水。遵义会议决议和战略进军方向、作战方法在中央红军中传达、贯彻、执行,使红军各部队如虎添翼。1935年2月18日至21日,中央红军由太平渡和二郎滩等渡口

❶ 王新生:《穿越历史时空看长征》,北京:中共党史出版社,2016年,第184页。
❷ 王新生:《穿越历史时空看长征》,北京:中共党史出版社,2016年,第214-215页。
❸ 王新生:《穿越历史时空看长征》,北京:中共党史出版社,2016年,第215-216页。

二渡赤水河。在过赤水河时,红军为了轻装,增加部队的机动,甚至把一些累赘的火炮和辎重也都沉到赤水河里去了。24 日,红一军团部队再占桐梓城。中央红军二渡赤水,会师黔北,让敌军一下子懵了,乱了阵脚。❶

三渡赤水。1935 年 3 月 12 日,中共中央离开苟坝,到达青坑。3 月 13 日晚,红三军团于平桥、泮水地区,击溃黔军第三旅犹禹九部,残敌向打鼓新场溃退。15 日,中央红军按照中革军委的命令,以一部兵力监视枫香坝东南地区的吴奇伟纵队,集中主力向鲁班场、三元洞地带之周浑元纵队发动进攻。鉴于敌我态势,中革军委决定放弃对鲁班场的进攻,转兵西进,以调动敌人,寻求新的机动。16 日 18 时,朱德发出中央红军三渡赤水的命令,要求各部队于 16 日当晚和 17 日 12 时以前,由茅台附近全部渡过赤水河西岸(三渡赤水),寻求新的机动。❷

四渡赤水。1935 年 3 月 20 日,当蒋介石发现中央红军渡过赤水河后,再次进军到古蔺东南地区时,判断红军要北渡长江,立即发出在古蔺东南地区消灭中央红军的电令。正当国民党各路部队忙乎着赶向川南之际,毛泽东根据敌情当机立断,毅然决定红军回师东渡,夺取战略主动权。3 月 20 日,中革军委主席朱德发出红军四渡赤水的命令。遵照中革军委的命令,红一军团以一个团伪装主力,由铁厂、两河口地区大张旗鼓地向古蔺前进,诱敌西进。红军主力由镇龙山以东地区,突然折向东北,于 3 月 21 日晚至 22 日分别经二郎滩、九溪口、太平渡东渡赤水河(四渡赤水)。接着,经临江场、楠木坝、花苗田等地挥师南下。❸

现茅台渡口、二郎滩渡口、太平渡渡口、土城渡口等均建有"红军四渡赤水纪念碑",土城、太平渡、丙安建有红军四渡赤水纪念馆,成为国家级、省级红色旅游和革命传统教育基地。

❶ 王新生:《穿越历史时空看长征》,北京:中共党史出版社,2016 年,第 225 页。
❷ 王新生:《穿越历史时空看长征》,北京:中共党史出版社,2016 年,第 241-242 页。
❸ 王新生:《穿越历史时空看长征》,北京:中共党史出版社,2016 年,第 246-248 页。

第七章

抗日战争全面爆发后至中华人民共和国成立前夕贵州港口的兴衰

（1937—1949 年）

1937 年，日本侵略者蓄意制造七七事变，发动了全面侵华战争，中国由此进入全民族抗战阶段。为适应战时经济与国防的需要，贵州水运得到充分利用，成为后方交通不可分离的重要环节。国民政府交通部直接安排，在衔接川、湘、桂的几条主要水道创办了水陆联运。贵州三都、铜仁等港口设立对外联络公路事宜的部门，并以各港口为中心建立 3 条联运线、2 条辅助线，为战时联运创造了条件，发挥了重要作用。

在抗战期间的特殊条件下，随着毗邻的湘、桂两省中心地带沦陷，敌寇铁蹄伸至黔南都柳江上游，贵州水运活动区域逐渐缩小，货物流量流向不断变化，适应抗战需要而开办的水陆联运，未经几年即转入低潮。航道建设因财力、物力困难，建设资金不能满足需要，各河工程未能全面实施，仅赤水河航道整治较为彻底，收效较大，沿河港口码头发展较为正常。

抗日战争胜利结束，国民党政府悍然发动了内战。在此期间，一些传统水运物资部分改由汽车承担，水上运输逐渐萎缩，港口发展亦随之式微。

第一节　全民族抗战时期水陆联运线中的港口

抗日战争全面爆发前夕，国民政府军事委员会饬令开展包括水运的经济动员总调查。1937 年春，资源委员会颁发水运调查表，全面了解各地水道、船舶、港口以及水上保甲等情况。战争爆发后，军事委员会连续颁发了《各省市船舶编队演习办法》《船舶总队部组织简则》《民船编队应注意事项》等，要求各地将分散的运力组织起来，支援抗战。

战争的第一年，华北、华东广大国土相继沦陷，后方运输顿显繁忙，为了尽量发挥各种运输方式的作用，水陆联运被认为是最有效的办法之一。军政部着手考察由广西梧州经贵阳至重庆的运输线，以及贵州全境的水陆交通。7 月，行政院第 372 次会议作出整理湘、桂、黔水道的决定，责成经济部办理航道开发，交通部统一组织水运与水陆联运，并要求三省配合。同年 10 月,国民参政会第二次会议及行政院召开的全国水陆交通会议,均强调充分利用民间运输工具,增进货运,弥补汽车运输之不足,并归口由交通部专设机构统一筹办。时值武汉、广州相继失守,长江运输与铁路运输均受阻,利用驿运和开展水陆联运更为急切。

1939 年初,行政院成立水陆运输联合委员会,总揽水陆运务。其组织规程规定,该会统辖车船调度、物资配运、运费洽定、线路规划、业务稽查、运输机构联络协作等事宜。同时,国防最高委员会饬令川、桂两省建造木船,增加运力。6 月,水陆运输联合委员会着手了解北盘江及支流打帮河的通航情况,试图开拓滇、黔、桂边境的水陆联运线,嗣因打帮河通航困难,未能实现。9 月,水陆运输联合委员会改为水陆运输联合设计委员会,另立章程,以线路规划选择为主,运输管理改由交通部公路总局车驭运输所承担。以后几年,先后开办的水陆联运线有:贵阳—三合(今贵州三都,下同)—柳州线,湘西—铜仁—思南—涪陵线,重庆—松坎—贵阳线,贵阳—镇远—晃县线,贵阳—下司—洪江线等。虽然管理薄弱,问题较多,但都不同程度地发挥了水陆联运的作用,促进了联运线上港口码头吞吐量的增加。全民族抗战期间物资运输如图 7-1-1 所示。

图 7-1-1 全民族抗战期间物资运输(贵州省航运博物馆提供)

近代公路建设的发展为水陆联运提供了新的条件。1939 年,交通部与军政部饬修的公路多与通航河段相接。至 1945 年春,港口码头与公路衔接者有 13 处,其中抗日战争全面爆发前已有公路衔接的为下司、松坎、重安、施秉、镇远、玉屏等 6 处,抗日战争全面爆发后新增的有三合、铜仁、思南、锦屏、八渡、旧州、松桃港等 7 处。除赤水河通航河段未衔接公路外,主要航道都有一港或数港与公路连通,虽然某些路段标准低、质量差、设施不完备,特别是汽车少、汽油缺乏,各港行驶汽车不多,但人力、畜力车行驶已较方便,驿运结合船运成为当时水陆联运的主要形式,港口码头充分发挥了水陆连接和中转的作用。

全民族抗战期间的水陆联运,由中央政府根据战时运输需要策划倡办,按一定章程统一组织管理,并配合工程建设和添置运力改善运输条件,不仅使贵州各河系沿岸港口码头吞吐量得到较大增加,而且带动了各港口码头的发展。

一、黔桂水陆联运线中的港口

1939 年,大量外援物资经南宁进口运往重庆,选定取道柳州水运至三合,再由三合陆运经贵阳达重庆,三合港成为中转港。当时的水陆交通条件均不能适应,国民政府交通部采取两项紧急措施:一面在柳州设立西江造船处,增加柳江、都柳江水运运力,一面赶修由三合通往贵阳的公路。

西江造船处在都柳江下段融县属地长安镇设第二工场,建造各种吨位的木船:行驶三合的船舶吃水 0.36 ~ 0.46 米,载重 2 ~ 5 吨;行驶柳州的船舶吃水 0.53 米,载重 10 吨;行驶都柳江下游船舶载重 30 吨左右。据《抗战与交通》(半月刊)第六十七、第六十八期记载,自 1940 年初至次年 5 月,共建造木船 742 只,总载重量 3907 吨,平均吨位 5.26 吨,能行驶中上游河段的船舶占大多数。新造船只皆由交通部东南联运处接收,虽因招雇大批船夫有困难未能全部利用,但柳州至黔省三合港航线的运输均赖此新造木船,基本满足了当时的运输需要。长安造船工场后迁往湘西沅陵,制造行驶在沅水、酉水的木船,以适应川湘联运要求。三合港至贵阳的公路于 1940 年 3 月初修通,在汽车不足的情况下,利用畜力车担负接运,由交通部公路总局车驮运输所统管。

这条联运线除运输军需品外,尚有资源委员会经营的锑、钨、锡、汞、桐油等货种。1940 年下半年开办联运之初,货运量合计 5000 余吨,货物周转量 300 余万吨千米,次年分别增至 17000 余吨和 950 余万吨千米。资源委员会运务处在三合港设置转运站,三合港成为黔东南的主要中转港,引起了日寇注意。1940 年 9 月 10 日,数架敌机飞临三合港上空轰炸,这是继省会贵阳被炸及盘江桥、清镇机场等交通枢纽遭受空袭之后,贵州港口首次被敌机侵袭。

1942 年,铁路修通至独山,黔桂水陆联运线逐渐被铁路与公路联运所代替。同年,水路货运量减至 4000 吨,货物周转量减至 270 万吨千米。次年,广西三江县在黔桂边境的运力减至 280 吨,贵州境内河段船只亦减,水运转向低潮。6 月,水陆运输联合设计委员会业务扩大为水陆空联运,交通部航政司司长何墨林兼任主任委员,强调对水运的利用。1944 年夏,召开第五次会议,计划开辟由重庆经贵阳、三合、柳州至梧州的联运线,扩大筑柳线联运范围。但同年 11 月 9 日至 11 日,桂林、柳州相继失守,一部分日军进犯黔南重镇独山,12 月 3 日三合沦陷,粮库货栈及居民区被毁 1/3,临近码头的大江街一片瓦砾,800 户居民无家可归,公路亦受破坏,交通中断。次年 8 月 13 日,都柳江又遭百年一遇的特大洪灾,沿江村寨城镇无不罹难。三都县城俨如泽国,溺毙 300 余人,牲畜财物流失无算,庐舍化为丘墟。三合港连遭浩劫,都柳江沿岸满目疮痍,联运遂不复振。

二、川黔湘水陆联运线中的港口

1940 年初,为抢运兵工器材和原料,曾开辟自湖南衡阳经长沙、安乡至湖北松滋、宜昌溯川江达重庆的水运线。6 月宜昌陷落,航运停止,但托运之货物,尚有一部分囤积湘西,且川盐湘米,亟待互运,遂另辟川湘水陆联运新线。新线由重庆经川江至涪陵进入乌江,陆运越过分水岭,再经沅系水道达沅陵、常德,其中有两条辅助线经过贵州省境,构成川黔湘边境水陆联运线。

第一条辅助线从涪陵利用乌江水运,经彭水、龚滩至沿河,转陆运经秀山至茶洞,再利用酉水经保靖至沅陵,于 1940 年冬开办,交通部批准在上述各地设站管理。

第二条辅助线是乌江水运由沿河再上延至思南,转陆运经闵家场至江口,再利用锦江、辰水水运过铜仁、麻阳至辰溪,又经沅水而达沅陵,于 1941 年春开办。第二条辅助线是在川湘联运干线和第一条辅助线运务繁忙情况下增设的,川湘联运线经营初期,月运量有六七百吨,1941 年春增至千吨,以粮、盐运输为主,后为赶运第六战区所需军粮,每月须由湘运米 7 万石入川,其他物资便不能兼顾,川湘水陆联运处乃决定增辟第二条辅助线以补不足。此线利用乌江航线较长,汉口航政局曾先后贷款 50 万元发展运力。1941 年 3 月,拥有船舶 500 艘,载重共 5760 吨。由于乌江水流湍急,航政局与导淮委员会并着力于绞滩设施。鄂西江运受阻后,川湘省际运输主要靠川湘水陆联运新线和两条辅助线协力完成。川黔湘水陆联运线的开辟,加强了川湘间物资的交流,沿线港口码头吞吐量得到较大增加,进一步推进了沿河、思南、江口、铜仁等港口码头的发展。

三、筑渝、筑晃和筑洪联运线中的港口

1. 筑渝联运线

由重庆经川江、綦江、松坎河水运至松坎,再转贵阳,于 1940 年全国驿运会议后兴办。交通部驿运管理总处川黔线分处在松坎港设管理站,并设綦江修船厂及松坎修理所,车船修理均由修理所承担。松坎修理所后扩大为松坎修船厂,具有一定的修造能力。据《驿讯》第 26、第 35 两期记载,1944 年 4 月,修船 32 艘;9 月,复建造载重 3 吨的软板船 50 艘;同年冬,该处承担云南省经济委员会运输处及财政部花纱布管理局重庆水运站委托的棉花、棉纱等运输任务,因运力不敷,12 月由云南省经济委员会驻贵阳办事处贷款 100 万元,续造软板船 50 艘,专供运棉之需。1940—1944 年,全线先后添造新船共 705 只,能行驶松坎河的小船约 40%,承运物资主要为焦炭、食盐、生铁、木炭等,食盐由盐务管理局托运。从开办至 1945 年的 6 年间,年运量平均 2 万吨,货物周转量 208 万吨千米左右,以1941 年运量最多,1942 年货物周转量最大,以后逐年递减。筑渝联运线的兴办,促进了綦江、松坎等港口码头的发展。

2. 筑晃联运线

从贵阳至镇远间陆运,镇远至湖南晃县间利用㵲阳河水运的联运线路。1939年,驮运管理所贵阳办事处于镇远港设站营运,后因业务清淡,于1941年撤销。

3. 筑洪联运线

从贵阳至下司间陆运,下司至湖南洪江间利用清水江水运的联运线路。曾为调运军粮服务,但不经常利用,未设营运机构。

上述联运线货物运输虽有起落,但均对水运沿线港口码头的发展起到一定的促进作用。

第二节　全民族抗战时期航道建设与港口发展

全民族抗战期间,运输任务繁重,交通建设被提到重要地位,水运交通得到高度重视。当时全国水工技术力量云集西南大后方,为适应战时运输需要,贵州港口、航道建设得到了加强,同时进一步促进了港口码头的发展。

1937年12月中旬,行政院军事委员会通知主管水利的全国经济委员会秘书处,指出包括贵州在内的"八省水陆交通急待改进"。次年7月,行政院提议设立湘桂航道整理委员会。经财政、经济、交通三部会商,建议扩大组织范围,改为湘桂黔航道整理委员会,训令贵州省政府遵照,协助配合。自此,贵州水运建设遂列为国家投资项目,由中央根据战时运输需要和后方交通建设部署统一组织实施。

全民族抗战时期,贵州先后对清水江、乌江、赤水河、綦江上源进行过较全面的测设和整治,对㵲阳河、都柳江、红水河进行过较系统的勘察,均由中央水利机关负责完成。导淮委员会(简称"淮委")于1937年冬迁渝,旋迁綦江,兼办綦江、乌江、赤水河航道工程;黄河水利委员会(简称"黄委")于1938年迁西安,兼办清水江工程及川黔水道勘察;珠江水利局由粤迁桂,兼办红水河勘察设计;华北水利委员会也奉令为都柳江勘察和施工筹备派出人员。这些部门技术力量较地方雄厚,掌握近代治河理论和测设施工手段,有较严密的工程管理体制和程序,因而有力地推动贵州水运工程勘测设计施工等技术前进了一大步。在工程管理方面,推行招投标办法等。这些技术和管理方法对贵州来说是前所未有的,当时在国内也是先进的。

1938—1945年,共勘察航道10条,计1700余千米;整治航道4条,约500千米;整治主要滩险百余处;建成重安、施洞、沿河码头3处,规模空前。这些河流的整治和码头建设,使各河航行条件得到较大改善,促进了各河港口码头的发展。

一、清水江航道整治和码头建设

1938 年,经济部责成准委组织勘察黔湘之间的主要航道。该委员会组成黔湘水道查勘队,由准委科长高宗羲带领,一行 5 人于当年 4—6 月查勘了清水江干流、支流重安江及潕阳河施秉以下至省界河段,对水道滩险、水文及流域经济做了广泛调查,编写了《黔湘水道查勘报告》。报告除对各河段落差、比降、流量、流速、滩险分布及河谷地形等有描述外,还提出 7 种滩险成因和 5 条治理方案。这是针对贵州航道特点,对石滩进行分类并提出治理方略的首次探索。在开发贵州航道的必要性方面,报告认为"抗战之际,后方交通重要异常……,黔湘之间……,岗峦起伏,车行艰难,且公路运输量小费巨,桥梁等物又有被破坏之虞,亦非经济之道,苟黔湘水道畅通,则运费省而运量增,安全可靠,无虞中断",并有助于地方经济文化的发展。这些观点为当局所接受。

同年 10 月,经济部部长翁文灏函告贵州省主席吴鼎昌,确定将清水江及北源重安江首先列为近期治理范围。11 月,经济部责成黄委组建"整理清水江(河)工程处"(简称"清工处"),辖工务所、设计测量队及次要滩险工程队,担负设计与施工任务。主要滩险与码头工程概由设计测量队与工务所承担,其设计与预算须报经济部审定;一般工程测设及施工统一由次要滩险工程队自办,设计及预算可由清工处自行审定。整治目标是"增进运输能力,以应目前需要"。根据重安江至锦屏段通行船舶要求,设计"低水航道底宽规定为五公尺,侧坡为一比二点五,低水航行水深为一公尺……,流速不超过二公尺"[1],已有明确的设计标准。设计测量队还兼顾河段导线、水准、地形、断面测量,设立水文测验站与竣工图表绘制等,勘测要求渐趋正规。

此期工程自 1938 年 11 月筹备,次年 2 月开工,首先整治的是结洞滩。这次治理吸取了过去的教训,以西岸护岸为主,用块石浆砌成阶梯状,对稳定岸线有一定成效。工程由结洞工务所主办,复兴公司承包,施工 3 月余,高峰期拥有民工千余人,至 5 月末竣工。同时竣工的还有木老、岩寨、黄泥、长平等滩。

1940 年,工程重点为重安江码头、旋水滩、冷水滩及大小螺丝滩。码头及旋水滩工程由第一工务所雇工自办,其余由恒利营造厂与同心公司承包。"重安江码头工程于二十九年(1940 年)二月十六日开工,进行尚属顺利,打编篙与码头内部砂石与块石填心等项工程,于四月间先后完成。惟沿码头一带江底,经详细测探,高低不平,若就原江底铺砌条石,既难平整,又欠稳固,遂于原计划前 2 公尺 5 公寸深水处加打木桩,并编篙一道,两篙间用块石填基,再于块石上铺砌条石,并于外抛石护脚,以资巩固,此项工程,经呈准施作。全部工程于六月二十七日完竣。"[1]1941 年,工程重点为施洞口码头及十里长滩、老虎跳、

---

[1] 黄河水利委员会:《整理清水江重安江剑河段航道工程报告》,1941 年 12 月。

邵溪口等处。除码头仍由工务所自营外，其余由昌华营造厂与大华公司承包。"施洞口码头工程于二十九年(1940年)冬季奉准修筑，以两次投标单价超出原预算单价颇巨，呈准由工务所招工兴修，于十二月二十五日开工，挑挖土方及开采石料同时并进。正在顺利进行之际，适值黔东驻军在施洞附近剿匪，致大部工人先后他去，不得已于次年一月二十五日暂时停工。至三月三日交通恢复，乃积极开采条石，并装运砾石，惟因沿江附近石料太坏，开采条石异常困难，呈准除低水位码头石阶石基与高水位码头两端石壁仍用条石砌筑外，其余如高水位码头与通街便道之石阶，均改用块石灰砌，码头上首加修一涵洞与通街水沟相接，以宣泄市区积水。本年五六月间，物价高涨，又值农忙，致工程进度不能如理想之迅速，全部工程至七月十六日方完竣。"❶3年间累计整治滩险31处，其中重点滩9处，建成码头2个。同时，还对干流都匀至洪江、支流重安江岩寨至汉河口段进行了测绘。

黄委及清工处原有全面改善清水江航道与修建都匀、下司、旁海、剑河、锦屏乃至湘境托口、黔阳等沿江码头的打算。但至1941年，战争形势发生了变化：一方面日军压境，华中失守，作为贵州通往湘鄂的水运干线的沅水、清水江，运输已受影响，进出口运量显著下降；另一方面联系黔川两省的綦江、乌江与赤水河已开工或筹划兴工，其运输价值和作用当时超过清水江，治理要求更为迫切，而国民政府内外交困，财力匮乏，不能兼顾。1941年上半年，资金大大削减，各滩整治工程未按原计划完成，十里长滩只开辟纤道，航槽险阻情况未得到改善。施洞码头施工期间，曾因附近发生骚乱，政府派兵镇压，停工月余，工程受到影响。3年中，清水江工程累计用款73万元，折算大米约177万斤，支付结洞滩及2座码头工程的费用占2/3左右。施工范围自重安至剑河共123千米，其中重安至施洞段63千米整治效果比较显著，施洞以下航道改善不大。竣工项目由省建设厅会同所在县政府验收接管。1941年12月，清工处工作宣告结束，所余工具材料悉交剑河县政府处理。

二、乌江航道整治和码头建设

1938年元月中旬，全国经济委员会根据西南地区交通运输的需要，在重庆召开有川、滇、黔三省及淮委代表参加的会议，商讨水道建设，议题之一是开拓乌江水运，沟通重庆与贵阳的水路。会后组成由全国经济委员会水利处、四川省水利局、贵州省建设厅技术人员参加的川黔水道查勘队。查勘队以淮委蔡公亮为领队，于2月初开始踏勘，沿南明河、清水河(乌江支流)、乌江直抵涪陵。同年冬，淮委组建乌江水道工程局(简称"乌工局")，开展乌江下游涪陵至龚滩段整治工程。沿河县政府、省盐务运销局及贵州省建设厅对整

---

❶ 黄河水利委员会：《整理清水江重安江剑河段航道工程报告》，1941年12月。

治和改善龚滩以上河段的要求也很急切。乌工局在整治下游的同时,组建龚(滩)思(南)段测量队,1939 年 8 月至 11 月间进行勘测设计,筹备兴工。1940 年 10 月淮委复派出思(南)筑(贵阳市)段设计测量队,勘测乌江上游及支流。12 月中旬该队自思南溯流而上,越过鱼翅三滩、震天洞等大小滩险,直抵清水河口,复向清水河、南明河进发,抵达贵阳;另由清水河口上溯踏勘至乌江渡。编制了《整理乌江涪陵至乌江渡汽轮木船分段通航计划》并上报,受到行政院的重视。在此前后,测量队还陆续勘察了石阡河、印江河、洪渡河、芙蓉江等乌江主要支流,对各河水运的开发进行研究。鉴于思南以上至乌江渡可接渝筑公路,意义重大,1942 年冬乌工局又组织工程测量队,在已有勘察基础上,测量新滩、潮砥驳道及思南以上滩险,11 月又对清水河口至乌江渡段进行测量。数年勘测,克服了乌江天险的重重困难,按照要求的精度进行全段导线、水准、地形与横断面测量,累计勘察贵州省境河流里程共八九百千米,勘察 225 处大小滩险的位置及落差、比降,为当时治河设计提供了重要依据。

1939 年 11 月开始筹办龚思段工程施工,至 1945 年末,历时 6 年,工期虽长,但工程分散,时断时续,每年实际施工仅数月,进展不快,仅新滩以下航行条件初步得到改善。时值国难方殷,经费不足,施工面临不少困难,同时受到物价不断上涨、材料价格波动幅度大、工程施工人员不稳定以及资金不到位等各方面的影响,此期工程主要集中于龚滩至新滩之间,新滩以上航道未获改善。沿河县政府 1944 年 1 月向省政府报告"(沿河以下)恶滩险水,已渐减除,年来湘鄂军需物资及工业原料,均由县城(沿河港)转运出川",沿河港已成为"黔东土产外销之枢纽,复为川湘货物集散之市场,每年贸易总额约在三十亿元以上"。说明治河工程对沿河县境水运与港埠商务发展起了促进作用,沿河港也成为重要中转港。

沿河港早有码头,但缺乏管理,年久失修,不能适应港区物资转运的需要。为使港口符合航道治理后的新形势,1943 年冬,沿河县政府组织当地盐运、商运与军运等部门共同筹建船坞、驳道、货场与码头等设施。商定自 12 月中旬起,上下水货船每次分别捐资 2000 元、1800 元,商号亦捐款赞助。年后共集资 140 万元(折合大米 10 万斤),贵州盐务管理局另补助 20 万元,于 1944 年兴工,在河两岸各建成码头 1 座,由于经费不足,其他项目未实施。

三、赤水河航道整治工程与码头建设

全民族抗战期间,赤水河盐运量增加,但滩险碍航,盐船上驶困难。船舶驶过丙滩、黄泥滩、燕滩、落妹老等处,均须卸载搬滩。中游猿猴滩与上游坪郎段不能通航,必须换船航行。猿猴至土城段船舶须减载 26%,交驮马转运。几经换载增加了盐运成本。赤水河尚有其他大小滩险 200 余处,上水费力费时,下水动辄失事,船舶载运量受到很大的限制,与

当时的运输要求极不适应,盐务部门迫切要求治理赤水河航道。1939年8月,经济部饬令黄委派整理赤水江(河)工程处组织两个测量队进行勘测,次年11月提出初步治理计划。1941年秋,行政院水利委员会电饬淮委组织兴工。12月1日淮委在合江县九支组建赤水河水道工程局(简称"赤工局"),派出设计测量队编制《第一期工程计划概要》,同时采办料具,次年2月正式开工。

施工部署原拟从赤水开始,分段逐段向上推进,分年分段实施,随后再改善条件较好的赤水至合江段。列入第一期计划的共90余滩,总概算3800万元(约合大米1520万斤)。但开工后当年的夏季,山洪暴发,航道突变,各段均出现一些严重碍航的险滩,船业及盐务部门切盼立即疏通,故同年秋即改变施工部署,以治理主要碍航滩险为主,不分河段齐头并进。以后数年,实际拨款达3941.91万元❶,为原概算的103.7%。由于货币贬值,交换价值大为降低,物价上涨,1942年初至1945年末,赤水河一带米价上浮40倍,各年拨款如折算大米,全部经费仅值216万斤左右,为原概算的14.2%,因此,只得不断压缩工程规模。另外,1942—1944年间,夏汛提前,水位反常,围堰等临时设施常遭水毁,返工误时,加之工程款又不能及时拨付,常临时遣散民工,数月后又重新组织,多次反复增加开支,致使最初拟订的计划未能全部实施。

工程自1942年2月开始,至1945年8月结束,历时3年半。整治范围自茅台至淋淋滩159千米,共整治滩险45处,其中马桑坪以上8处,二郎滩至土城4处,土城至猿猴10处,猿猴至丙安15处,丙安至淋淋滩8处,全河主要险滩及丙安以下浅滩多已包括在内。计完成水上炸礁21处,共21776立方米;水下炸礁41处,共18296立方米;建成丁顺坝5处,13050立方米;修辟纤道10处,2445米;建石梅滩谷坊1处,1022立方米;抛筑丙安滩潜坝1处,3588立方米。曾建议在马桑坪至二郎滩特险段建闸坝通航或修筑驳道等方案,因经费不足未动工。全部工程共用143405工日(因天气影响停工6670工日未计入)。1943年春,有20个滩同时兴工,施工人数曾达7255人,是贵州古代、近代治河史上规模最大的一次。但按实际工期计算,日平均施工人数仅200人左右。

经过此期工程,赤水河航行条件有较大的改善。据1944年5月赤水盐务分局统计,猿猴滩通航与猿土段改善后,取消了中转、盘驳和驮运,实现了直达运输,猿猴港转运站的装卸费、仓耗及驮运费,土城港转运站的仓耗及装船费,土城盐务支局的管理费都相应减少。上游土城至二郎滩段、马桑坪至茅台段经整治后也减少了卸载、盘驳之劳。航行条件改善后,提高了运效,航行安全程度提高,沿河各港口码头的吞吐量得到增加,经济效益得到进一步提升。现赤水港甲子口河滨大道立有原导淮委员会副委员长沈百先撰写的此次修河碑记。

---

❶ 导淮委员会:《赤水河水道工程报告》,1945年。

第三节　军运中的港口码头

一、军用物资运输中转港

1. 潕阳河港口

1937 年 8 月,因战时的需要,施秉、镇远等地军用物资通过潕阳河下运湖南芷江,施秉、镇远等港口码头吞吐量得到较大增加。向日军反攻阶段,湖南芷江空军机场急需物资供应,潕阳河军运更趋繁忙。1945 年初,美军供应处计划每月自镇远港水运物资 1194 吨至芷江,航程近 200 千米,并自芷江载运空桶返回。2 月 7 日,军事委员会战时运输管理局一面饬令西南公路运输管理局抓紧筹办水陆联运事宜,要求"尅日筹辟具报",一面通知贵州省政府转令镇远县协助。2 月下旬,西南公路局驿运处电请湖南、贵州两省转令镇远、芷江间的各县在雇用船只及保障安全方面给予支持,并派该处段长会同美军代表驰赴镇远、芷江等地"筹设段站,迅速开运"。3 月上旬,贵州省政府复训令第一、六两区行政督察专员公署并保安司令公署及沿江各县政府协助,经过多方配合,运输计划顺利完成。镇远港成为水陆联运的中转港,繁忙极盛。

2. 乌江、锦江、松桃河港口

1938 年 10 月,武汉、广州相继沦陷,湘西储存的军用物资一部分经辰水、锦江运抵铜仁港,再溯流而上抵闵家场,然后转陆路至思南港,继沿乌江而下运抵四川涪陵港。由于中转环节多,转输不畅,部分物资滞留在铜仁港。1939 年,中央急令抢修由玉屏经铜仁、松桃至四川石耶的公路,以利分流。嗣因铜松段公路工程进展缓慢,历久未通,仍沿用锦江—乌江转运。11 月中旬,日军于钦州湾登陆,偷越十万大山,窜扰南宁,企图切断中国通往越南的国际交通线,桂南战局顿趋紧张。兵工署存放在柳州的器材及原料亟待转运至重庆,另有大量物资自广州湾、沙鱼涌、金华等地向内地转运,湘省成为必经之道。在宜昌沦陷、江运受阻、川湘两省间运输空前紧张的形势下,军用物资继续由锦江、乌江分流,两江逐渐发展成为川湘水陆联运辅助线之一。锦江的铜仁港,松桃河的松桃港,乌江的思南港、石阡港、沿河港、龚滩港等成为军需物资的转运中转港。

3. 都柳江港口

都柳江为黔桂间的交通要道,接近华南战场的前沿。1939—1945 年,都柳江承担军需品的运输任务较频繁,是军政部与交通部组织运输的重点河流之一,为柳州、贵阳间水陆联运的必经之道。都柳江的榕江港、三合港是军需物资转运的重点港口。

二、军粮运输码头

贵州人民为支援抗日战争,提供了大量的人力物力。全民族抗战初期,由乌江输出的大米、杂粮共 1120 万斤,自思南、石阡、印江、沿河等港运往涪陵。开征军粮以后,全省自 1939 年至 1945 年的 7 年内,共征购大米约 1.4 亿斤,征购与征借稻谷 9 亿余斤。其中 1941 年上半年乌江沿河港出口粮食 2300 余万斤,全年全河自龚滩港出口食米共 2.4 万吨。1942 年,省内设军粮运输管理局专司调运,继由后方勤务部、省兵站总监部及联勤部供应局接办调运业务,分别集运至省内外指定地点。此外,1941 年起的 4 年间,田赋改征实物,共征得稻谷约 9.3 亿斤,虽未计入军粮,但亦配拨充济军需,并用作难民食粮及邻省歉收调济粮,部分亦经水路运出。

军粮运输方式因时因地,分为车运(汽车)、驿运、船运 3 种。据《贵州企业季刊》第一卷第三期所做统计,常年由三都、榕江、从江港经都柳江运广西的军粮约 4.4 万余石(每石约 175 市斤);由黄平、剑河、天柱、黎平等港经清水江集运至锦屏港 1.7 万石,直接出湘近 3000 石;潕阳河干支流在镇远、玉屏、施秉等港集运 7000~8000 石;由江口及湖南麻阳经锦江向铜仁港集运共 4.3 万余石;由余庆经乌江向思南、石阡等港调运近万石;由沿河港出川 4000 余石。合计年运量达 13 万石左右(合 2300 万斤)。据《贵州省政府工作报告》,曾饬清水江、都柳江流域各县政府调查造船工料费及建造工日数,准备建造船只担负运输,解决驻军粮食供应问题。同年 11 月,云南产米不能满足军需,后方勤务部直属第一兵站分监部从湖南调拨供应,月运量 5000~10000 大包(每大包 200 市斤)。为节省汽油消耗,采取水陆联运,由沅水溯清水江直达下司港,再装汽车运往云南。

军粮和军需物资的运输,使各河港口码头吞吐量得到较大的增加,进一步促进了沿江沿河港口码头的发展。

第四节　其他货物运输中的港口码头

一、川盐运输港口码头

全民族抗战时期,贵州人口增加,食盐输入量相应增长。据《贵州省统计年鉴》,1939—1945 年,贵州每年输入食盐 4.13 万~5.34 万吨,最高的是 1943 年,为 1937 年的 1.33 倍,至 1945 年降至全民族抗战初期水平。川盐输入量仍保持首位,占全省输入量的 95.8%~99.9%,其中经仁、綦、涪三岸输入 2.66 万~3.12 万吨,占全省输入量的 54.4%~68.9%,仁岸增长较大。

仁岸食盐由四川合江经赤水河至茅台港后,陆运主要有两条线:一路经鸭溪、刀靶水、扎佐至贵阳,一路经新场(今金沙)、滥泥沟(今大关)至安顺。年运量 1.14 万~1.5 万吨,占全省输入量的25%~31.4%。这个时期运力有较大发展,据 1943 年夏交通部川盐驿运干线主任办事处运输课调查,合江至赤水间有盐船 100 艘,其他船只 500 艘;赤水至猿猴(今元厚)有盐船 200 艘,其他船只 300 余艘,载重 10~15 吨;猿猴码头至二郎滩码头间有盐船 140 只,其他船只 150 只,载重 5~6 吨;马桑坪码头至茅台港间有盐船 160 只,载重 4~5 吨,单盐船就有 5000 多吨的运力。船舶由盐务局和船业公会管理,是赤水河船舶空前发展的时期。自 1938 年淮盐产区沦陷后,财政部为"济销利税",急饬贵州盐务办事处赶运川盐存储。该处与贵州省政府共商发动民众赶运,赤水河共增船工 1500 名,由赤水税警第七分队部及茅台盐务运销局分别动员征雇。1940 年秋,第三次临时参政会召开,征雇运盐丁夫为议题之一。二郎滩码头至马桑坪码头段仍靠人力盘驳,附近以此为生计的贫民有 2000 余人。马桑坪盐号、二郎滩"德谦裕"盐号如图 7-4-1、图 7-4-2 所示。

图 7-4-1 马桑坪盐号

图 7-4-2 二郎滩"德谦裕"盐号(贵州省航运博物馆提供)

綦岸川盐循战前路线,由四川江津下川江转入綦江,至綦江县后,一路经盖石洞、羊碦洞溯松坎河抵松坎港(全民族抗战时期松坎以上至新站已不通航),转陆运经桐梓、遵义、息烽至贵阳;另一路经三溪至石角镇,转陆运正安县的安场。綦岸川盐以松坎港一线为主,1939—1945 年,年运量 0.9 万~1.15 万吨,占全省食盐输入量的20.3%~25.7%。陆运以驿运为主,1937 年 7 月,四川盐务局曾拨柴油汽车 4 辆及胶皮手推车130 辆,交由綦商试行于川黔公路遵筑、遵松两段,嗣因油料缺乏,修理困难,交还川区。綦商自备汽车 10 辆专驶遵筑段,亦因不便管理停止运行。《贵州财经资料》载:"民国二十七年因战局西移……,乃积极筹办川滇粤官运常平盐,以备脱荒。"官运川盐路线由重庆海棠溪循川黔路经遵义到贵阳,采取汽运与驿运结合。1939—1945 年,年运量0.4 万~1.34 万吨,一度超过綦岸。当时贵州需盐量激增,綦岸水运未受明显影响,但在全省输入量中,仁、綦、涪三岸水运输入量的比重已下降,汽车运输的发展对港口的吞吐量产生了一定的影响。

涪岸川盐销售黔东北 12 个县,全民族抗战初期核定运额为 1.2 万吨,但形势变化,迭有起伏。据川黔水道查勘队调查,1937 年运量约 0.9 万吨,另据《淮委》(半年刊)第六、第七期刊载,次年运量为 1.36 万吨。1939 年济湘淮盐渐绝,川盐大量运销湘西,由沿河、思南由人背挑至桃映、闵孝两码头,或至龙江河上源,再由锦江经江口、铜仁港,或由龙江河、潕阳河经岑巩、玉屏港下运。因乌江入黔运量受到限制,贵州省政府与盐务机关商议,按人口数配运 0.8 万吨。次年日军侵犯鄂西,济湘川盐激增,占用乌江运力更多。当川盐济湘频繁之际,涪岸食盐运往贵州的路线曾经调整,"由彭水县之江口发旱经后坪、务川而至思南",陆运距离长达 500 余里,全赖夫马转输,运送不便。1942年,铜仁、江口等县食盐一度脱销,省财政厅为此集议商讨解决途径,利用遵思公路运济一部分,此后仍靠乌江输入。据《贵州省统计年鉴》记载,1939—1945 年,涪岸每年入黔川盐 0.44 万 ~ 0.65 万吨,占全省输入量的 8.8% ~ 14.4%,因不包括济湘川盐,乌江实际运量大于此数。按 1941 年末乌江工程局向省政府报送的资料所记,龚滩码头至新滩码头段 112 千米,有盐船 90 艘,上水载重量 17 吨,下水载重量 28 吨,上水运力 1530吨;新滩码头至潮砥码头段 28 千米,有盐船 9 艘,载重量与下段相同,上水运力 153 吨;潮砥码头以上有盐船 100 只,上水载重量 4 吨,下水载重量 7 吨,上水运力 400 吨。1943 年,涪岸济湘川盐部分经闵家场顺锦江东下运往麻阳,思南至闵孝越岭路段靠人力接转,昼夜不停。

全民族抗战时期,盐运虽已利用汽车,但日军封锁国际通道,汽油短缺,汽运时断时续,运量有限。《贵州财经资料汇编》记载,当时承担盐运的汽车计 125 辆(仁岸 55 辆、綦岸 40 辆、永岸 30 辆),用于配合人力、驮马、板车接转。官办川滇粤陆路盐运的汽车也不多,且 1942 年 3 月,军事委员会战时运输统制局明令军公商车辆只准用木炭,对汽油车彻底管制,故由驿运承担大部分运量。据西南运输局所做统计,抗日战争结束后油料供应虽渐充裕,1947—1949 年间中央系统汽运机构担负的盐运量也仅为同期进口数的 9.05%、12.65% 和 5.47%,港口吞吐量仍占进口总运量的 70% 左右。

二、淮盐、粤盐运输港口码头

民国以来,黔东松桃、铜仁、玉屏、天柱等县已有淮盐倾销,由沅系诸水上运。1937 年9 月,诸县正式被划为川淮并销区,川盐由涪商营运,淮盐则任商自由贩销,淮盐运销成为合法,但时间不长,运量有限。次年华东沦陷,输入仅百余吨。淮盐绝运,湘西亦食川盐,沅系各河转而成为川盐济湘运道。

粤盐专销区包括锦屏、黎平、永从、下江(1941 年下江、永从合并为从江县)、榕江、都江等县。川粤盐并销区有三合(1941 年都江、三合合并为三都县)、荔波、独山 3 县。主要由都柳江输入,少量由广西宜山陆运荔波、独山、都匀等地,向由商贩自赴桂境领运应销,纯属自由贩运性质。1938 年水运运量计千余吨,货物周转量 20 余万吨千米,食盐由三合、榕江等港口码头转运。次年川盐接济困难,贵州盐务办事处鼓励黔南散商增办粤盐自由竞销,并与桂省商定开办官运粤盐业务。从当年 3 月起,水路由广西长安运至榕江港存囤,陆路由宜山运至麻尾存囤,再转输各县,每月运额千吨左右。1940 年夏,桂南战局紧张,广西省政府限制食盐出境,黔处乃委托粤西局代收食盐 1500 吨运囤宜山、长安两地,供黔南各县配领,官运随即停办。商运粤盐也相继萎缩。"至民国三十年底,向桂境办运者仅榕江、黎平、三都、从江及锦屏等五县"❶,仍由都柳江输入,沿江的三都、从江、榕江等港口成为川盐、粤盐中转和销售的集散地,但随着战事的发展,港口吞吐量逐渐减少。

三、土特产运输码头

1. 沅系水道

全民族抗战前清水江水运量曾扶摇直上,一度超过潕阳河。据淮委《黔湘水道查勘报告》记载,"畴昔(清水江沿岸)地方安宁,商货云集,均由(重安港及下司港)上下,分销各地。出口货物如桐油、茶油、牛皮、倍子等,(来往船只)年各达二三千艘(约四五千吨)"。但全民族抗战初期,中游台拱、黄平等地土匪为患,治安不宁,形势大变。除铁道部少量筑路材料自湘省运达都匀外,其他上水货几乎绝迹,客货船改道镇远港。下水船只"须集合成帮,并约请驻军沿途保护方敢通行"。淮委进行水道调查期间亦须武装护送。1941 年施洞附近发生匪患,治河工程一度停顿,运输不能正常开展,运量大为减少。

由于清水江匪患,大量客货船改道,潕阳河水运量又有回升。据《黔湘水道查勘报告》记,镇远港"店肆林立,船舶雁行,市况之盛,为清(水)江所无"。进口主要是布匹、棉纱、瓷器、洋货;出口以桐油、茶油、五倍子、豆、米、竹木为大宗。上水货以冬初为多,下水货以春季为忙。据晃县商会调查,每年由该地转运出口桐油约 30 万担、茶油 1 万担、五倍子 1 万担,水银、米粮、竹木也不少。航行分为长途和短途两种。全程大致分为旧州港—施秉港、施秉港—镇远港、镇远港—晃县港、晃县港—芷江港、芷江港—洪江港 5 段。短途船行驶 1～3 段不等,多为当地居民,各商号洽商运货。长途船行驶全程,常因人地生疏,无从接洽货运,将船出售从陆路返回。一般由黔阳港至施秉港上水需月余,下水约需一星期。运费每担上水 3.8 元、下水 2.3 元。

全民族抗战初期,锦江是黔东土特产输往湖南、湖北的另一要道,流域内年产的 3 万担桐油及其他土特产运至常德、汉口一带,印江、石阡港等地的物产亦须经此输往外地。华中大片地区沦陷后,传统输出物资失去市场,运量下降。1939 年、1940 年,锦江成为川

❶ 《盐政实录·贵州区分志》,1944 年 6 月。

盐济湘要道和川黔湘边境联运辅助线的组成部分,盐运和战时物资运输量增加,土特产运输处于次要地位。

2. 川系水道

赤水河以盐运为主,其他物资品类与战前基本相同,唯运量相对减少。据1943年交通部川黔驿运干线联运主任办事处的调查报告,"下水船支除间有少数商品如煤、铁、酒、药材、木炭等运输外,泰半均系放空航行"❶。为兼顾各方利益,经船帮协议:元厚码头至丙安码头间下水货物归盐船装运,丙安码头以下归顺江帮船只装运,军工货物由各主管机关确定,不受该协议限制。

綦江主源松坎河为筑渝水陆联运线的组成部分,为进口食盐和棉纱曾添造船舶、改善航道。出口物资除当地土特产外,全民族抗战时期以焦炭、生铁、木炭居多。1938年,资源委员会和军政部兵工署投资100万元改建桃子荡煤矿,1939—1943年,产焦煤58820吨,大部经綦江水运供重庆钢铁厂需要,松坎港成为进出口物资的起止港。

羊磴河两岸年产桐子2000担、柏子1000担、蚕茧100万~500万斤、五倍子10万斤。开采铁矿者有20余家,年出铁约500吨,采煤炼焦者也有五六家,多由羊磴港出羊磴河水运输出。

乌江中游沿岸产桐油、茶、漆、五倍子等甚丰,桐油年产量约5000吨,经乌江与锦江运往四川和两湖。据罗纯武《查勘乌江水道报告》,1938年前,每年由乌江出口桐油7000桶(合236万斤)、漆7000桶(合47.2万斤)、五倍子20万斤、猪毛5000包(每包平均150斤)、牛皮5000张(每张平均20余斤),均运往武汉。流域内出口物资受外地市场价格影响,数量常有变化。全民族抗战初期,乌江出口物资包括粮食作物(共1120万斤)在内,共计7000余吨,而同期自四川进口的盐、糖、酒和烟叶共万余吨,上下水运量的比例约为1:0.6,上下水运价比例为7:1~8:1。随着战争形势的变化,流域内原由锦江运往湖南的物资改道经乌江出口,乌江下水运量显著增加。据1941年9月沿河县政府统计,同年上半年由乌江出口的土特产共900万斤,连同出口粮食作物2300万斤,合计1.6万吨,为同期进口川盐的4倍。上水运价与下水的比例约为3:1,比抗战初期的差额明显缩小。另一方面,法币贬值,通货膨胀,上下水运价同时提高,其中下水运价上涨幅度更大。农副土特产运输的增长,使乌江思南港以上至文家店码头段水运较为繁忙,据1942年《导淮委员会》(半年刊)记载,"每逢沿江各地场期,月夜更阑,可闻咿哑舟楫之声,开乌江夜航之独创""以峡谷著称的乌江,独该段河宽水深,滩均不险,舟楫畅行无阻",起到沟通思南县境物资交流与城乡经济发展的作用,沿江各港口码头承担了大量物资输出任务,港口一度呈现繁忙景象。

---

❶ 《赤水河驿道情况的调查报告》,1944年3月。

3. 西系水道

全民族抗战时期桐油仍为都柳江土特产出口的大宗,据张晓梅《贵州经济》记载,1937 年由贵阳集运香港的桐油,经陆路或水运出口,陆运费用合油价的 47.7% ,水运费用合油价的 43.8% 。当时,三合港—榕江港、榕江港—长安港,每市担运费各为 0.7 元,折合每吨千米 0.13 元、0.05 元,长安以下更低,是河系运价低廉稳定时期,较陆运有明显优势,故为桐油输出要道。资源委员会经营的锑、钨、锡、汞等矿产也经都柳江输出。

第五节　抗日战争胜利后的港口码头

1945 年 8 月 15 日,日本天皇裕仁以广播的形式发布《终战诏书》,日本无条件投降。1946 年 5 月 5 日,国民政府迁返南京,西南交通运输形势发生了变化,适应抗战需要而有所发展的贵州水运转向低潮。1946 年 6 月后,国民党当局倾全力内战,通货膨胀,社会经济走向崩溃。这几年中,贵州境内水旱雹虫等灾害连续不断,1947 年全省 80 个县市有 42 个受灾,占 52.5% ;1949 年复有 24 个县市遭灾,占 30% 。都柳江流域自 1945 年起连年水患,洪灾之后,"田园庐舍荡然无存""财物损失难以胜计",农业生产又受摧残,水运的物质基础削弱,形势更急转直下。

粮食、土特产、矿产和食盐一向为贵州水运大宗货种。由于半殖民地半封建社会生产关系的束缚,农业生产长期停滞不前,又大面积受灾,粮食产量逐年下降。全省稻谷 1936 年为 3177 万担,1947 年降为 2414 万担;玉米 1936 年为 1587 万担,1949 年降为 1201 万担;小麦 1936 年为 120 万担,1949 年降为 60 万担。各地粮食紧缺,输出运量大为减少。1945—1947 年,川、湘、桂灾歉严重,由贵州调粮接济,共 5.73 万石,其中运往湖南 2.67 万石、四川 0.9 万石、广西 2.16 万石,年平均不过 1.91 万石,还包括汽车运输的部分。

农副物产的产量也显著下降,如:全省油菜籽 1948 年前曾达 128 万担,1949 年降为 49 万担;棉花 1936 年为 5 万担,1949 年降为 3 万担;其他如桐油、五倍子等产量也减少。由于外资和官僚资本在贵州垄断农副产品收购,工农业产品交换的剪刀差越来越大,1945 年 100 斤菜油与一匹白布的交换率为 2.653,1949 年 10 月降为 1.097。新中国成立前夕,换 20 支棉纱一件在上海需菜油 956 斤,而在贵阳却需菜油 4788 斤。农民生产和销售农副产品的积极性受到沉重打击,土特产的输出量较全民族抗战时期进一步减少。1949 年 1—10 月,100 斤桐油与 20 支棉纱一件的交换率为 0.041,比 1945 年略有回升,但主要经公路、铁路输出,水运无几。

抗日战争胜利以后,官僚资本注意重心转向"收复地区",一些官僚资本的厂矿迁走或停办。民族资本工矿业则因市场变化、物价上涨、捐税增加和时局动荡等原因而衰败,工业产品产量锐减,如:锑1947年产量比1938年减产75%,铁1947年比1942年减产88%,煤的产量也减少。这又影响到水运的部分货源。

国民党当局准备进行全面内战,不顾贵州连年灾歉,大肆征粮派款,农、工、商各业更趋萧条。广大人民既为工农业产品剪刀差扩大遭受盘剥,又受货币贬值损害,生活贫困,购买力极低。而政府为增加税收又提高盐价,盐的供销矛盾扩大,一向比较稳定的盐运也出现下降趋势。1945年10月5日《贵州日报》报道:"政府于最近将食盐加价后,民众购买力极弱,致使食盐滞销,常有数日不销现象。"贵阳市官盐运销商营业处营业清淡,资金难敷回转。省会尚且如此,其他各地可知。按贵州省盐务局统计,1949年川盐运量下降为1943年的44.9%,销量下降47%。食盐进口以水运为主,故盐运量下降标志着水运量下降。

特别值得注意的是赤水河盐运的变化。仁岸川盐向居全省水运运量首位,1943年曾达1.5万吨,后因运价不合理,船民亏累严重。1948年,船民忍无可忍,或在运输中途罢运,或盗卖盐斤补偿所失,盐商无由制止,遂改自重庆海棠溪用汽车直运贵阳,赤水河盐运一度停滞。1949年春,赤水河沿岸盐价暴涨,人民负担加重,由赤水县政府出面,召集盐务部门与船业公会代表协商,比照当地日用必需品价格折算运价,以实物(食盐)支付运费;适当照顾船民的利益,并责成船民维护运输信誉及质量,保障盐运。同时,贵州盐务局对陆运杂费标准也做了规定:马车每吨千米付给食盐0.5斤,驮马付给食盐1斤,人背付给食盐1.5斤,亦按实物计费。赤水河合江—二郎滩码头段调整后的木船运价低于畜力及人力运价44%~51%,为托运与承运双方所接受,赤水河盐运始于同年5月恢复。

水灾不仅影响生产和运输,也使航道发生变化,都柳江平禹滩的形成即为一例。该滩形成前原为深塘,航行方便。1945年8月12日洪水暴发,河岸宽70米,高40米,发生滑坡,岩石堵塞江心形成大滩。在此期间,其他河流航槽也发生变化,各界纷纷要求疏治,但此时各水利机关已经迁出贵州,政府忙于准备内战,已无整治打算。1946年初编制的《贵州省经济建设五年计划纲要》,航运部分仅用"以测量为主,乌江、清水江、榕江之利用,亦当使其逐渐完成"23个字提及,并未采取任何措施。内战时期,国民党当局还强迫各省木帆船为其军事行动服务,对航运产生破坏作用。总之,自内战爆发,航道淤阻失修,船舶损坏无力修造,货源缺乏,运输清淡,船工船民生计艰难,全省航运处于低潮,各河港口码头日渐萧条,直至1949年11月贵州解放始得复苏。

第八章

中华人民共和国成立初期贵州港口的
恢复与变革

（1949—1956 年）

1950 年贵州解放之初，由于山高谷深、道路崎岖，交通十分闭塞，全省 81 个县有 42 个县不通公路。[1] 水运处于举足轻重的地位，仍是主要的交通运输方式，全省各通航河流分布着由集镇形成的港口码头，诸如赤水、思南等，还有相当数量连接公路的津渡和驿道的渡口。当时各港口码头面貌一穷二白，设施破陋，船舶主要依靠自然岸坡停泊，装卸货物靠肩挑人抬，生产力极为低下，加之反动势力伙同土匪暴乱，码头营运受影响严重。

贵州省人民政府成立后，设立了新的省级航务及港务管理机构，隶属省交通厅，负责全省港航管理，港口和水上运输管理得到加强，港口码头在支援人民解放军作战、运送物资、恢复发展生产、促进物资交流、完成省际物资调运任务等方面发挥了重要作用。特别是贵州实施国民经济第一个五年计划，港口码头设施得到修复和建设，港口营运逐步恢复，沿江沿河港口码头吞吐量逐步提高。

第一节　中华人民共和国成立初期贵州港口现状

一、中华人民共和国成立初期的港口码头

1949 年 11 月 15 日，中国人民解放军进驻贵阳，接管贵阳市，贵阳宣告解放。同月 18 日，接管国民党当局所属机构。12 月下旬解放 71 县。12 月 26 日，贵州省人民政府成立[2]，推翻了国民党旧政权的反动统治，人民当家作主的新政权诞生。由于人民解放军主力奉命入川、入滇，只留少量人员接管城市，广大群众尚未充分发动起来，旧政权的敌对势力伙同溃军、惯匪，裹挟部分群众，乘机发动暴乱。1950 年 3—4 月，全省有较大股匪 460余股，到处抢劫公粮和物资，袭扰城镇和交通要道，在港口码头上设置关卡拦劫财物、劫持

---

[1] 《贵州省志大事记》，贵阳：贵州人民出版社，2007 年，第 321 页。
[2] 《当代贵州大事记(1949—1995)》，贵阳：贵州人民出版社，1996 年，第 8 页。

民船,破坏运力。

1. 土匪暴乱对港口码头营运的破坏

清水江流域,困于山路崎岖,股匪沿通航水道出没侵扰。民船多已停业,少数船家冒险外出经营,也屡遭劫掠。重安港下运的货物经常在南加、平略等码头被劫。潕阳河镇远向为黔东门户,昔有"欲踞滇楚,必占镇远,欲通云贵,先守镇远"的说法,镇远港更是土匪武装侵扰的目标。1950年初,股匪洗劫支流龙江河的龙田码头,胁迫民船30余艘装运物资由龙田码头到镇远港。6月,潕阳河干流航运因匪患中断,沿河港口码头营运停止,玉屏食盐一度脱销。锦江匪患严重危及港口码头营运。1950年5月1日,13艘民船从铜仁港运盐上溯江口,至锡堡油坊时遭匪袭击,被迫返航;5月4日经武装护送,在象鼻嘴击溃股匪,才完成运盐任务。7月,湘西缺盐,曾由铜仁调盐供应,组织木帆船20余艘从铜仁港下运,途中被匪徒打沉3艘,后护航部队击溃股匪,始安抵芷江。都柳江更是股匪麇集之地,非武装护送不能航行。1950年5月,30余艘木帆船由广西长安上运物资去从江港,至良口码头,船舶遭伏击,驾长中弹身亡,水手负伤,船只失控,多人遇难。乌江则有国民党军328师残部和当地封建势力多次骚扰思南县城、德江新滩等地港口码头。1950年3月,船民张金培船载3.6万斤食盐在新滩码头被劫,还有13艘赶场商船在甘溪子码头被抢。4月,袭扰思南县城港口码头,抢走食盐2万斤,逼迫民船运往文家店码头。一时沿江食盐告缺。后又多次在港口码头劫粮劫船,危及军民供应。南盘江渡船40艘,除巴结码头尚存4艘外,其余全遭焚毁。赤水河在匪患期间亦损失木帆船110多艘。

2. 港口码头为解放军剿匪提供支持和援助

在土匪暴乱时期,盘踞在各港口码头的匪徒横行霸道,敲诈勒索,港口码头设施和船舶受破坏达50%,对社会经济和人民生活造成极大危害。由于航运中断,商旅不行,如锦屏港木市,匪患期间,上海木商4家被迫歇业,当地盐行、布店20余家大都关闭。1951年初,食盐售价涨至每斤1.5银元,折合80斤大米,为历来所罕见。

20世纪50年代初,匪患猖獗一时,港口码头营运受到干扰。各河航运和港口码头虽遭受反动势力破坏和土匪暴乱摧残,但在一些地方仍以水势平缓地带作为船舶临时停靠点,以航运作为主要运输手段。解放军部队向贵州各地进军和后来的剿匪任务中,港口码头作为兵员和军需物资等的集散地发挥了重要作用。

贵州的剿匪斗争,从1950年1月至1951年8月,历时20个月,广大港口工人和船工船民热烈拥护新政权,对反动势力和暴乱分子深恶痛绝,积极投入支前装卸、运输。至1953年后,社会趋于稳定,生产和各项工作渐趋正常,港口货运进入持续增长阶段。

二、各河系运输及港口码头状况

新中国成立初期,百废待兴,各通航河流的港口仍沿用旧中国遗留的破旧设施。由于陆上交通落后,赤水河、乌江、清水江、锦江、都柳江及红水河占有重要地位。航运以食盐、木材和农副土特产品为主,以竹木筏、木船为运输工具,航程短、运效低。据 1951 年贵州建立交通运输统计以来的数据,全省港口码头完成吞吐量 3.2 万吨,占全省货运量的 12.63%。随着剿匪斗争的胜利,社会趋于稳定,各河港口码头的生产相继恢复,1952 年基本转入正常。1952 年,经水上民主改革后,船民生产积极性大大提高,港口码头营运得到恢复,全省港口码头完成吞吐量 7.92 万吨,比 1951 年增长 1 倍多,具体详见表 8-1-1。其中以赤水河、乌江港口码头吞吐量所占比重较大,赤水河港口码头吞吐量占全省的 33.1%,乌江港口码头吞吐量占全省的 22.1%。港口装卸货物全靠人背肩挑,效率较低,从事装卸搬运的帮口、工夫常达百余人。运输工具以木船和木帆船为主。

1952 年各河港口码头吞吐量及货物分类表　　　　表 8-1-1

河流名称	单位	合计	货种						
			粮食	食盐	煤炭	植物油	土产	金属及制品	其他
总计	万吨	7.92	1.44	2.5	0.47	0.92	0.49	0.62	1.48
赤水河	万吨	2.62	0.17	1.08	0.47	0.13	0.12	0.37	0.28
乌江	万吨	1.75	0.51	1.0	—	0.16	0.03	0.02	0.03
锦江	万吨	0.73	0.14	0.12	—	0.27	0.06	0.03	0.11
潕阳河	万吨	0.95	0.07	0.1		0.23	0.15	0.06	0.34
清水江	万吨	0.42	0.14	0.08		0.05	0.11	—	0.04
都柳江	万吨	0.79	0.41	0.12		0.08	0.02	0.14	0.02

1953 年,随着国家第一个五年计划的实施,加强运输任务计划显得突出,而当时运输工具均为木帆船,以一船一户单干,自主经营,生产力低下,安全无保障。偶有合伙承运,聚散不定,分合无常,缺乏严密组织。加强个体木帆船运输组织管理,实行劳动、技术、经济互助,成为必然趋势。各河航管站组织个体木帆船开展编组编队工作。到 1954 年底,全省纳入编组编队木帆船共 1592 艘 13733 载重吨,占总数的 64.85% 和 85.02%。经过编组编队,巩固了组织,增强了互助协作,提高了运输效率,各河港口码头生产得到恢复,吞吐量得到提高。

1955 年 1 月,潕阳河组建先锋木船运输生产合作社,是为贵州木帆船运输合作社的雏形。1955 年 12 月,交通部全国地方交通会议颁布了《木帆船运输合作社示范章程(草案)》,加快推进木帆船合作化进程。1956 年 1 月 20 日,贵州第一个高级木帆船运输合作社——赤水黔锋社成立。乌江等河系部分初级社相继转入高级社。1956 年 3 月,全省先后建成高级社 20 个、初级社 17 个,入社专业船 1320 艘计 12736 吨,分别占全省专业船数的 94% 和 96%,1956 年各河木帆船运输合作化情况见表 8-1-2。至此,水上运输基本完成社会主义改造,实现合作化。

1956 年各河木帆船运输合作化情况表 表 8-1-2

河系	港籍	社名	社级	船数		社员人数（人）			拥有资金（万元）
				艘数	吨位	合计	船工	船民	
赤水河	赤水	前进社	高级	107	2500	664	563	101	4.23
		黔锋社	高级	24	562	262	239	23	1.08
		黔崇社	初级	70	456	135	67	68	0.51
		光明社	高级	49	687	332	283	49	0.64
	土城	胜利社	高级	26	295	169	143	26	0.63
	茅台	运输一社	初级	22	176	94	72	22	0.75
		运输二社	初级	21	168	139	118	21	0.72
		运输三社	初级	33	264	185	153	32	0.98
		运输四社	初级	20	159	129	110	19	0.65
		运输五社	初级	13	45	67	55	12	0.14
乌江	沿河	先进社	高级	201	3590	793			
		前进社	初级						
	思南	短航社	初级						
		乌江社	高级						
	德江	新潮社	高级						
锦江	铜仁	运输一社	初级	21	221	342			2.95
		运输二社	初级	33	388				
		运输三社	初级	24	275				
	桃映	桃映运输社	初级	17	127				0.49
	江口	江口运输社	高级	8	63				0.18
潕阳河	镇远	先锋社	高级	51	352	147	96	51	
	玉屏	大同社	高级	70	678	210	127	83	
	青溪	前进社	高级	11	81	45	31	14	
	岑巩	前锋社	高级	14	77	40	24	16	
清水江	锦屏	前进社	高级	10	53	42	32	10	
	天柱	先锋社	高级	20	155	86	31	55	
	远口	红光社	高级	21	214	77	49	28	
	剑河	五河社	初级	41	139	128	87	41	
	南加	南加社	初级	4	22	23	18	5	
	炉山	先进社	初级	26	67	68	42	26	
		新江社	初级	11	25	39	28	11	
		红星社	初级	13	34	42			
	麻江	安全社	高级	10	24	32			

续上表

| 河系 | 港籍 | 社名 | 社级 | 船数 | | 社员人数(人) | | | 拥有资金 |
				艘数	吨位	合计	船工	船民	(万元)
都柳江	榕江	前进社	高级	220	571	509			
		红星社	高级						
	三都	胜利社	高级						
	从江	光明社	高级						

建社初期,由于生产关系和生产资料所有制的改变,社员热情高、干劲大,水上运输合作化生产效率比编组编队阶段有所提高。各社还根据实际制定一些生产制度,增加社员收入,组织社员学习理货、船舶保养等专业知识。木帆船运输合作社的建立,使管理得到加强,水运效益得到提高,促进了港口码头的发展,各港口码头的吞吐量得到相应提高。

(一)赤水河

赤水河早期担负贵州省西北部近 20 个县的进口盐运任务,关系到全省近四分之一人口的食盐食用。1952—1956 年货运量、货物周转量居全省各河的首位。20 世纪 50 年代,赤水河年货运量和货物周转量基本逐年递增,随各阶段经济形势变化,略有起伏。

赤水港港区上起甲子口,下至鲢鱼溪(接四川省界),新中国成立初期在港区开辟和建设了一些码头。1956 年,赤水港开始扩建。9 月成立建港临时办事处,规划及施工由赤水县人民委员会和省航运局分别主持,建设项目包括麻柳坨轮船码头、站房、仓库及囤船等。赤水港主要码头有:

1. 切角码头

切角码头原名截角垭,位于大同河与赤水河汇合处。新中国成立初期是大同镇至赤水县城的水路客运中转站、大同河竹林输出的集运码头,码头沿赤水河下行距赤水县城 8 千米,沿大同河上行 4 千米达大同镇下码头,可通航 5 吨木船。码头北有公路与县城相连,西南有公路与川滇公路连接,是一个水陆交通码头。

2. 复兴码头

复兴码头位于赤水河右岸,北宋大观年间为仁怀县治所,建置后辟为码头,设立上下码头。新中国成立初期为石板下河梯步,船舶顺自然岸坡停靠。码头顺流 18 千米至赤水县城,溯河而上 11.3 千米达赤水港丙安码头。

3. 风溪码头

风溪码头位于赤水河左岸,处于风溪河与赤水河交汇处的上夹角,历来是竹木集中扎筏外运的码头,建有石板下河步道,顺流 21 千米至赤水县城。

4. 丙安码头

丙安码头位于赤水河左岸，下行 11 千米至复兴码头。码头建有石板下河步道，船舶顺岸停靠。清乾隆年间是盐船上行必须停泊的码头，部分食盐在此登岸，经穿风坳陆运元厚。

5. 土城码头

土城码头位于赤水河右岸的土城镇，为元厚、土城、醒民、隆兴 4 个区的经济中心和交通枢纽。清光绪五年（1879 年），有风溪口及癫子岩码头，前者为自然岸坡，后者为阶梯式，有容量 10000 吨的盐仓。新中国成立后港口有较大发展，码头岸线长 542 米，最大可靠泊 70 吨级船舶。

6. 岔角码头

岔角码头位于赤水河中游右岸，岔角煤矿附近。煤炭经赤水河用木船运销赤水、合江、重庆等地，附近的粮食也多在此集运出境，供应沿河地区的工业日用品、农药、化肥等均从岔角码头集散。

7. 茅台码头

茅台码头位于赤水河上游右岸的茅台镇。清乾隆十一年（1746 年）以后为赤水河主要港口码头之一。沿岸分上、中、下三码头，均为自然岸坡。上码头为盐船装载作业区，盐仓容量 1000 吨；中、下码头为土产及粮食装卸作业区，专用仓库容量 1000～2000 吨。1955 年下码头被改建为阶梯式码头。

（二）乌江

在黔东北公路网形成前，乌江沿袭历史货运品种，担负铜仁地区西部沿河、德江、思南、印江、石阡 5 个县进出口物资运输的主要任务。1952—1956 年货运量、货物周转量居全省水运第二位。自 1952 年起，粮食外调连年不断，乌江运量逐渐增加，主要起运港有石阡、文家店、思南、潮砥、新滩、沿河等，贵州船舶运至川黔交界的龚滩码头，转四川船舶经涪陵入长江中下游地区。由于乌江潮砥、新滩、龚滩均需搬滩倒载，中转环节多，货损、货差较大，成本增加，运效降低，且常发生事故，粮运受到较大限制。为协调省际运输，提高运效，降低成本，1954 年初经过协商，川黔两省成立乌江航运联合办公机构，在龚滩设立联合工作组，隶属各航运主管部门领导，统一调度思南至涪陵的长航木船，建立航管站之间的船只动态情报制度，改进码头装卸工艺，加强港口码头营运管理工作。20 世纪 50 年代，河系运量稳定增长，因船舶受断航滩险阻航，只能分段接运，平均运距仅 34 千米。乌江年货物吞吐量较大的港口码头有：

1. 新滩码头

明万历年间，盐运新滩，东岸较平，商运便之，后因废坏，暂改西岸。清光绪十九年

(1893 年)修复东岸。

2. 潮砥码头

原为凿石的羊肠小道,长 1500 米,宽 2 米,坡面凹凸不平。后进行了整修,由水泥砂浆砌块石建成,全长 500 米,宽 2.5 米,坡度 5% ~ 15%。

3. 思南县航管站码头

1954 年动工,完成投资(旧币)1400 元,码头正中有石梯 74 步接平台,宽 4 米,修有公路衔接,上通乌江车渡码头,下通芦家码头,平台以下有 12 步台梯。

(三)清水江

20 世纪初清水江为本省进出口物资的主要通道,两岸林木葱茂,大量木材及土特产品经水道源源外运。1953 年革东、剑河、锦屏等港口码头集运粮食运至湖南洪江,少量转运汉口。次年粮食集运码头增多,遍及干支流各地。干流有狗场、坝固、卡乌、下司、三江、凯里、旁海、旧司、平寨、马号、胜乘、施洞、廖洞、革东、剑河、南哨河口、南寨、柳霁、满天星、南加、瑶光、四里塘、文斗、平略、锦屏、岔处、远口、兴隆、白市、瓮洞等 30 处;支流有重安江的野洞、平良、重安、对江、湾水,南哨河的太拥、南哨,六洞河的大洋、八卦、八挺、摆洞等十余处。至 1956 年共运粮 3.82 万吨,1952—1956 年年货运量、货物周转量居全省水运第四位。主要港口码头有下司码头、重安港、锦屏港、瓮洞码头等。

(四)都柳江

新中国成立后,河系传统的运输物资较少变化,主要承担三都、榕江、从江等县粮运,沿江粮食集运港口码头有三都、榕江、从江、八洛等处,中转港主要是广西富禄、老堡口、长安,由广西船只接运至柳州。1954 年 4 月,榕江航管站与广西长安航管站首订运输协议,统一运价和加强跨省运输联系,互相支援运力。1952—1956 年年货运量、货物周转量居全省水运第五位。主要港口有三都港(阶梯式码头 1 处)、榕江港(阶梯式、自然岸坡码头各 1 处,年吞吐量 1.7 万吨)、从江港(有自然岸坡码头 2 处)和八洛港等。

(五)潕阳河

潕阳河跨黔南、黔东南、铜仁 3 个市州的 10 个县境,历来为湘黔两省的主要联络线之一。沿江公路通车前,通过潕阳河及其支流龙江河输出土特产品,输入食盐、百货,促进省内外物资交流,发展城乡经济。镇远被誉为"滇黔门户",商贾云集,沿江城镇繁荣一时。新中国成立后,河系运输沿袭历史状况,货种改变不多,主要承担贵定、黄平、施秉、镇远、岑巩、玉屏等县的粮食运输。沿河粮食集运港口码头有旧州、施秉、镇远、清溪、岑巩、玉屏等,水运至湖南晃县中转,由湘省船只运往洪江以远。1952—1956 年年货运量、货物周转量居全省水运第三位。主要港口码头有旧州码头,施秉港,镇远港,玉屏港的万寿宫、馆驿、麻音塘、抚溪江、崇滩、新店、连鱼塘、恶滩码头等。

1. 麻音塘码头

麻音塘码头位于玉屏县城东北 20 千米,傍沅阳河北岸。明代所建,分江西大码头和小码头。麻音塘码头是全县闻名的水陆码头,每逢麻音塘场期,各处客商齐集,船只停满大小码头。民间流传着"挑不完的朱家场,填不满的麻音塘"。

2. 馆驿码头

馆驿码头位于玉屏县城东北,傍㵲阳河北岸。塘宽水深。明末建平溪驿馆,由此而得名,是由湘入黔的第一站。清同治年间,修有接官厅,京师大员来贵州,沿沅水而上,先到馆驿码头停泊,黔东各州府官员均到此候接。设有盐号、油号、百货铺、官栈(专住官职人员)、马栈、金银兑换铺和饮食店,码头船只排满,货物装卸不停。由于河道发生变化,来往船只逐渐向北门码头停靠,馆驿码头繁忙之景随之衰退。

3. 北门码头

北门码头位于玉屏县城北,傍㵲阳河南岸。长 9 米,宽 2 米,有石梯 27 级。1954 年 3 月拨款整修,完成石梯 54.5 平方米,投资 700 元。清末直至新中国成立初期,船只泊满,晚间灯火通明。

4. 万寿宫码头

万寿宫码头位于玉屏县城东北,在馆驿码头与北门码头之间。长 11 米,宽 2 米,有石梯 39 级。为便于货物装卸,1954 年 3 月,贵州省交通厅拨款 1500 元,加宽、降坡。完成码头上平台 33 ~ 64 平方米、码头中间平台 19 平方米、码头下平台 6 平方米,有石梯 54 级 147 平方米,石梯护墙 8 立方米。

(六)南盘江北盘江—红水河

20 世纪 50 年代初期,黔桂边境匪患猖獗,木船毁坏,运输萧条。1954 年起,北盘江沿岸发展少量木船,供附近赶场过渡或运送公粮,当时北盘江贞丰港白层码头、南盘江安龙港坡脚码头、红水河罗甸港羊里码头均为自然岸坡。

三、车渡的发展变化

贵州修建公路初期,渡口是连接陆上交通的重要节点,具有重要地位。贵州的河流多有急流险滩,不易架桥,故常在水流较平缓处修建渡口,沟通两岸交通。在跨越较大河流时,受到经费、工期等的限制,往往先建人工汽车渡口,维持交通。一般渡口设中、低水位码头,山洪暴发时经常停渡。随着公路建设的发展,渡口增多,行车密度增大,先后改人工渡为机轮渡,或改渡为桥。全省较为著名的汽车人工渡口有 45 处,改为机轮渡者 12 处、改为桥者 33 处。

乌江是贵州第一大河,上游有落折河渡、三岔河渡,两流汇合后有鸭池渡、六广渡、黄沙渡、乌江渡、楠木渡、茶山渡、大乌江渡、岩门渡、塘头渡、德江渡、佐溪渡、洪渡。赤水河上主要有茅台渡、太平渡、土城渡、赤水北门渡。清水江上主要有重安江渡、施洞渡、西门渡、坝黄渡。北盘江上有毛口渡、盘江渡、花江渡、白层渡。南盘江上主要有八渡。都柳江上主要有八开渡、古州渡、丙妹渡、八洛渡。

随着经济和水运交通的发展,有的渡口发展成为港口码头,诸如乌江的乌江渡码头、楠木渡码头,赤水河的茅台码头、土城码头,北盘江的白层码头,南盘江的八渡码头,但更多的是名存实亡。

第二节　港口码头管理新体制的建立

一、对旧码头的接收管理

1952 年,全国第五次公安会议召开,要求在党委的统一领导下,配合交通、工会、公安等有关部门,组织广大码头工人、船工船民及岸上居民,发动"镇反"高潮,着力建立水上户口,建立和加强水上公安工作。中共贵州省委根据这一精神,决定在全省各河开展水上民主改革,接收管理旧码头。当年 10 月,改革首先在赤水河展开。省委指派遵义专署副专员杨用信、省总工会秘书长武良柱担任正、副团长,省公安厅、赤水县委、仁怀县委等派人参加,组成工作团,分四个工作步骤进行。

1. 宣传政策,肢解旧船帮势力

赤水河码头、船运的帮会社团有"群谊会""青年联谊会""中流砥柱""中流报社"等十余个,还有青红帮、哥老会等组织,由县社会科管理。旧政权在水上设有国民党区分部 16 个、警察所 1 个、公会 8 个,安插有军、政、警、宪、特人员 28 人。他们有的公开敌视新政权,进行破坏,有的心怀不满,暗地操纵。工作团到港口码头后,上船头访贫问苦,先后举办 9 期学习班,讲解党的政策和保护民族工商业、搞好统一战线的策略,培养了 300 多名积极分子。同时报请省政府拨款 1000 万元(折合新币 1000 元)救济生活困难的船工,以团结教育群众。

2. 惩办民愤极大的封建把头恶霸

对民愤较大、态度顽固的分子,分别在港口码头召开群众性揭发、诉苦大会进行控诉斗争,参加大会的码头工人、船工、船民及家属约 1.4 万人次。经上级批准,对 16 名罪大恶极分子执行死刑,其余判刑 45 人、管制 20 余人。

3.整顿组织,恢复生产

取缔了原有的船帮同业、领江、挠业等公会组织,经民主选举,建立船民协会。清除流氓、地痞 35 人,肃清码头工人、船工船民队伍。加强对港口码头的接收管理,对木帆船编组编队,积极恢复生产。

4.建立新的政权组织

其他各河也在当地党委领导下相继开展水上民主改革,整顿港航队伍,建立水上户口。清水江、都柳江流经民族地区,主要是进行阶级教育,清理不纯分子,改组原有公会。建立船民协会,收管港口码头。戒烟禁毒,组织恢复发展水上运输生产等工作。

二、码头管理新体制的建立

1950 年 7 月 21 日,贵州省交通厅成立。1951 年 1 月,省交通厅召开首届交通会议,传达政务院财经委员会发布的《关于统一航务港务管理的指示》。《指示》明确交通部航务总局以及各地港务局为全国统一的航务及港务管理机构;贵州省交通厅明确各主要通航水道由所在专区分管,专署交通科设航管机构,管理港口码头、船舶及水上运输。3 月,遵照西南交通部指示,在交通厅内设立航务科(含港口码头管理职能),编制 5～7 人,负责全省航务管理工作,为贵州首届航运业务主管机构。航管机构的主要职责:办理船只登记,对民船进行编组、编队;统一调配运力,统一安排装卸;负责掌握运价,保证船货双方利益;做好进出口及过境船货登记,按时报送报表;管理港口码头,维护港区秩序等。

1951 年 4—6 月,潕阳河镇远、蕉溪航管站和旧州、玉屏联运社先后建立,继之遵义、都匀、铜仁等专署交通科筹建赤水(赤水河)和长沙(习水河)航管站、都柳江榕江航运中心站及乌江思南县航运管理站。为解决站务人员不足的问题,交通厅首次开办基层站务人员培训班,有学员 20 余名,以充实各河航管部门。

1952 年 4 月,全省建站工作全面展开,除将镇远、玉屏两站收归省管外,年内陆续建立了重安、锦屏、下司、思南、沿河、铜仁、榕江、三都、赤水、茅台 10 个航务管理站,均归交通厅直接领导。

1954 年 1 月,交通厅决定各通航河段的联运站与航务管理站合并,改称内河航运管理站。合并后的航管站共 19 处,除原有的 12 站外,增设石阡、江口、旧州、青溪、岑巩、瓮洞、从江 7 站。后又续增松桃、湾塘、八洛 3 站,除湾塘外均属省管。8 月,石阡、瓮洞两站改为服务组,年末共有 21 个站组,各河航管机构趋于健全。随着航运任务的增加和基层航管机构的扩充,交通厅于 1954 年 4 月 18 日将航务科扩大为内河航运管理处,内设运输、计统、河工、财务、秘书等科及政工室,熊飞、杜月泉任正、副处长,李超任政工室主任,负责全省航运管理工作。

1956 年 5 月 29 日,为适应航运发展的需要,省交通厅进一步将内河航运管理处扩大为内河航运管理局,属厅二级机构,编制 103 人,分设 12 个职能科室并建立政治处,孙紫芳任局长,熊飞、杜月泉任副局长。同年 11 月,增设红水河蔗香航运管理站。这是新中国成立以来贵州航运管理机构最健全、人员最充实的时期。

三、统一运输管理的推行

1952 年,各河建立航管站后,开始开展"三统"管理,即统一货源、统一调度、统一运价。"三统"管理规定,货主不得任意雇船运货,应先向所在航管站报送托运计划,经过平衡,按轻重缓急,统一安排装卸码头和运输船舶;船只不得私揽货源,无论是专业船舶还是副业船舶,一律由航管站统一调度、统一配载;按政府批准的运价统一计费。这是过渡时期对民间运输业进行社会主义改造的一项具体政策。

1953 年,各河运输计划由省下达,航管站组织完成,"三统"管理得到进一步加强。1956 年航运实现合作化,个体经济变成集体经济,为全面推行"三统"管理创造了条件。"三统"管理是计划经济的产物,对当时克服个体经济的散乱,发挥组织力量,加强管理,提高水运效益,抑制通货膨胀,保证国家重点物资运输任务完成等发挥了较大作用。"三统"管理使各河港口码头经营、货物保管和装卸等方面的管理得到加强,促进了各河港口码头生产的恢复和发展。

第三节 港口码头建设及首次普查

一、港口码头建设和设施修复

港口码头的建设和发展与贵州沿江城镇的形成和发展关系密切。沿江地区恢复发展经济,对港口码头建设提出了新的要求,虽然有些港口在解放前已有码头和仓库,但普遍规模较小,当时大多年久失修,有的利用率极低,甚至废弃,不堪使用。

1952 年 11 月,首建乌江思南港航管站前码头。次年,为集运外调粮食,各河码头建设相继展开,乌江思南港增建粮食专用码头,沿河港新建东岸粮食码头。锦江改建铜仁港西门码头。清水江修复黄平港重安江码头,原码头底线长 102 米,高出低水位 1 米,顶线长 95 米,顶部前沿宽度 4.5 米,于 1944 年冲毁,此期修复工程打桩 315 根加固基脚,新开料石修补破损部位,工料费 2403 元;另扩建凯里港下司码头,码头岸线长 71 米,工料费 1400 元;新建锦屏港锦屏新码头(六洞河口附近),码头岸线长 26 米,顶部前沿宽度 22 米,工料费 2200 元。1954 年,潕阳河整修玉屏港航管站前码头和万寿宫码头,工料费

2200 元;都柳江加固三都港三都码头和改建榕江港榕江码头。1955 年,潕阳河又整修镇远港禹门码头。同年,赤水河新建仁怀港茅台下码头和马桑坪码头。这些码头均为石砌阶梯式,依据该处河岸地形,顺岸布置或由岸坡伸至河边,虽然码头较为简陋,只是修建了下河阶梯,但仍对提高吞吐能力起了一定的作用。

1956 年 9 月,为发展赤水河拖船运输,赤水县人民政府计划扩建赤水港,由县人民政府和省航运局组成建港工作委员会,分别开展规划及组织施工。

二、港口码头的首次普查

1956 年 3 月,根据交通部的部署,贵州省交通厅组织开展了全省首次港口码头普查工作,对自然资源、社会经济、工农业生产、城镇交通等做了全面调查。将已有和在建的主要港口码头列入调查统计范围,如潕阳河镇远,府城有码头 8 处,卫城有 3 处,码头线长 12 ~ 39 米,前沿宽度 1.75 ~ 16.5 米,为阶梯式,阶梯 16 ~ 57 级,沿江布置,颇具繁荣景象。清水江重安、下司建有石砌阶梯顺岸码头,剑河上码头为阶梯式码头。赤水河赤水有东门、西门、北门码头 3 处,其中北门为石砌阶梯码头,盐仓和件杂货仓容量各约 3000 吨和 1 万吨;茅台顺右岸有上、中、下码头 3 处,上码头盐仓容量 1000 吨,中、下码头土特产及粮食仓库容量 2000 吨。都柳江三都石砌码头,顺岸长约 200 米。此外还有一些城镇建有码头或仓库,但规模较小,多数地方是利用自然岸坡装卸。新中国成立初期贵州主要港口码头情况如表 8-3-1 和图 8-3-1 所示。

新中国成立初期贵州主要港口码头情况表   表 8-3-1

河系	港口码头名称	所在地	码头（处）			吞吐量（万吨/年）
			合计	阶梯式	自然岸坡	
赤水河	赤水港	赤水县	3	1	2	3
	习水港土城码头	习水县土城	2	1	1	
	仁怀港茅台码头	仁怀县茅台	3		3	
乌江	思南港	思南县	5	2	3	0.8
	沿河港	沿河县	2	1	1	
锦江	铜仁港	铜仁县	6	1	5	1.2
潕阳河	黄平港旧州码头	黄平县旧州	1	1		0.4
	镇远港	镇远县	11	11		0.8
	玉屏港	玉屏县	3	2	1	0.5
清水江	麻江港下司码头	麻江县下司	1	1		
	黄平港重安江码头	黄平县重安江	1	1		
	锦屏港	锦屏县	2	1	1	1.3
	三都港	三都县	1	1		
	榕江港	榕江县	2	1	1	1.7
	从江港	从江县	2		2	

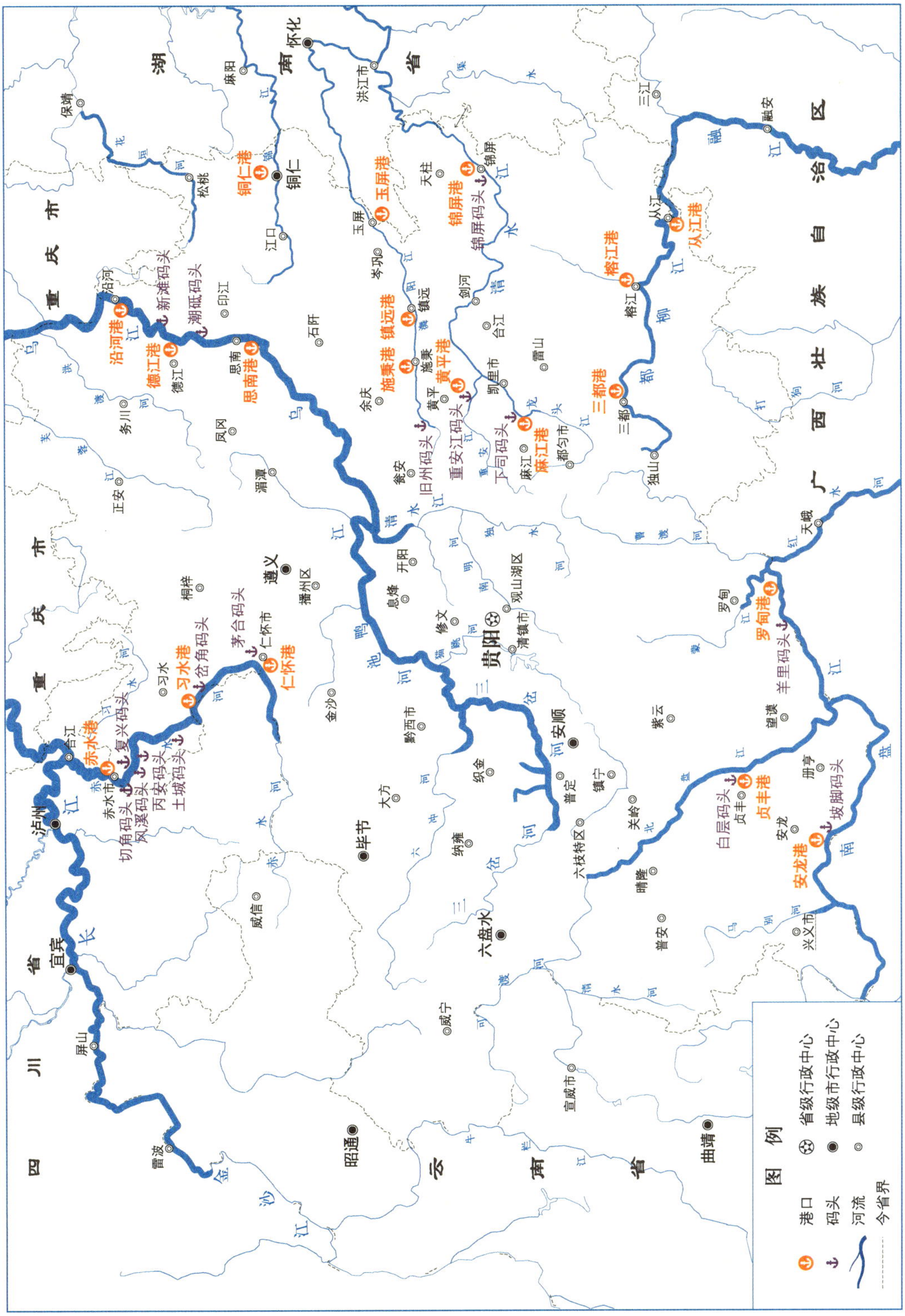

图 8-3-1 新中国成立初期贵州主要港口码头分布图

通过普查,过去修建的港口码头,因年久失修,有的已不堪使用。"一五"期间,随着航运恢复和运量增长,各地迫切要求改善劳动条件和提高港口码头装卸效率,港口码头工程建设逐步开展起来。

第四节　航道整治及运输量的增长与港口发展

一、"一五"期间的航道整治与港口发展

"一五"期间,贵州航运建设以打通断航滩险和开辟拖船航道为重点,工程遍及全省各河,有力地促进了贵州经济社会的发展,展现了新中国的建设成就。"一五"期间航道整治工程量见表8-4-1。

"一五"期间航道整治工程量表　　　　　　　　　　　　　　　表8-4-1

河系	炸礁（万立方米）	疏浚（万立方米）	筑坝（万立方米）	围堰		护岸		纤道（千米）
				长（米）	（立方米）	长（米）	（立方米）	
赤水河	4.84	3.27	1.03	1000	3700	981	3800	61.85
乌江	0.59	1.30						10.50
锦江	1.12	1.10						84
㵲阳河	0.72	1.49						62
清水江	9.67	1.58	0.04					26.40
都柳江	0.52	0.26						5.12
合计	17.46	9.00	1.07	1000	3700	981	3800	249.87

航道整治的同时,各河港口码头和助航设施亦同步开展建设,具体详见表8-4-2。随着省内各河流通航条件的改善,沿江港口码头吞吐量逐步增加,得到不断发展。

"一五"期间航运建设历年投资表（单位:万元）　　　　　　表8-4-2

项目	合计	1953年	1954年	1955年	1956年	1957年
航运投资总额	284.8	9.9	21.4	17.5	192.4	43.2
用于航道整治	177.1	5.0	16.4	17.0	118.5	20.2
用于码头和助航设施	107.7	4.9	5.0	0.5	73.9	23.0

二、运输量的大幅增长与港口的逐步繁荣

1956年以前,贵州铁路、公路运输处于初期发展阶段,水运以其省际运输自身优势和有利条件倍受重视,并获得较大发展,促进了沿江港口的逐步恢复和发展。

1953年,政务院发布《关于实行粮食计划收购和计划供给的命令》后,贵州超额完成粮食统购统销任务。为支援津沪地区的经济建设和湘鄂两省灾区,"一五"期间,贵州粮

食外调成为水运大宗货源，五年完成粮运 63.04 万吨，占全省水运货运总量的 44.55%。赤水河和乌江占比较大，超过水运量的一半。另一类大宗出口货物是木材，五年共流放 194.23 万立方米。水运主要进口货种是食盐，五年共输入 18.56 万吨，其他如煤、植物油、日用工业品、建材等，运量都有较大增长。1953—1957 年全省客货运量统计表和全省货物运量分类表见表 8-4-3、表 8-4-4。

1953—1957 年全省客货运量统计表　　　　　表 8-4-3

年份	客运量及旅客周转量		货运量及货物周转量	
	客运量（万人次）	旅客周转量（万人千米）	货运量（万吨）	货物周转量（万吨千米）
合计	34.92	1232	141.51	13308
1953 年	4.49	202	15.54	1756
1954 年	6.86	240	21.18	2286
1955 年	7.8	253	31.09	2834
1956 年	7.71	279	33.05	2857
1957 年	8.06	258	40.65	3575

1953—1957 年全省货物运量分类表（单位：万吨）　　　　表 8-4-4

物资分类	合计	1953 年	1954 年	1955 年	1956 年	1957 年
总计	141.51	15.54	21.18	31.09	33.05	40.65
粮食	63.04	5.44	8.96	15.59	14.59	18.46
食盐	18.56	2.76	3.18	4.34	4.25	4.03
煤炭	7.19	0.75	1.02	0.98	1.42	3.02
植物油	2.37	0.31	0.49	0.49	0.47	0.61
桐油	5.80	0.91	0.80	1.18	1.31	1.60
日用工业品	5.68	—	1.30	1.59	1.50	1.29
土特产	4.46	0.99	—	—	—	3.47
金属及制品	4.60	—	1.15	1.35	1.21	0.89
建筑材料	4.51	0.10	0.66	0.84	1.24	1.67
其他	25.30	4.28	3.62	4.73	7.06	5.61

随着各河运输量的增长，沿江各港口码头吞吐量逐步增加，吞吐的货物主要有粮食、食盐、煤炭、植物油、日用工业品、木材等。其中：粮食吞吐主要集中在赤水河、乌江、锦江、潕阳河、清水江、都柳江沿岸港口码头；食盐吞吐主要集中在赤水河和乌江沿岸港口码头；煤炭主要分布在赤水河中游岔角一带，供赤水县工业及民用，吞吐主要集中在赤水河沿岸

港口码头;植物油产区集中在铜仁地区和赤水河流域,主要有桐油、菜油和茶油,运往川、湘等省,吞吐主要集中在乌江、赤水河和锦江沿岸港口码头;木材当时为贵州出口的大宗货物,产地主要分布在黔东南地区,输出到湖北宜昌、武汉等地,吞吐以清水江沿岸港口码头为主。1953—1957 年各河港口码头货物吞吐量及货种分类见表 8-4-5。

1953—1957 年各河港口码头货物吞吐量及货种分类表（单位:万吨）　　表 8-4-5

港口	合计	粮食	食盐	煤炭	植物油	土产	其他
总计	141.51	63.04	18.56	7.19	8.17	4.46	40.09
赤水河港口	53.42	20.70	7.82	4.82	1.59	2.05	16.44
羊磴河港口	4.43	0.82	0.57	0.50	0.52	0.04	1.98
乌江港口	30.86	12.75	6.92	0.77	2.75	1.16	6.51
松桃河港口	2.22	1.25	0.08	—	0.24	0.02	0.63
锦江港口	10.94	6.56	0.62	0.42	1.12	0.32	1.90
潕阳河港口	15.67	7.28	0.50	0.42	0.95	0.27	6.25
清水江港口	12.56	5.93	1.00	0.26	0.43	0.50	4.44
都柳江港口	11.13	7.67	1.02	—	0.53	0.10	1.81
红水河港口	0.28	0.08	0.03	—	0.04	—	0.13

第九章
社会主义建设探索发展时期港口的曲折发展

（1956—1978 年）

1958—1965 年,贵州港口码头经历了从兴旺到衰落再到恢复 3 个阶段。1958—1960 年,贵州各河由竹木筏、木船运输逐步发展成为机动船运输,在完成粮食外调任务和支援"大炼钢铁"中,港口码头货物吞吐量得到较大幅度增长;1961—1963 年,"大跃进"后水路运输量大幅减少,港口码头吞吐量相应减少,随后进入恢复期。前期,随着各河港口码头的兴建、装卸技术的革新和装卸工具的改进,港口管理和生产组织不断得到加强,促进了港口码头货物吞吐量的增加;后期,港口码头建设和发展进入一个持续平稳阶段。

1966—1969 年,受"文化大革命"影响,贵州港口码头的营运受到冲击,各级管理机构陷入瘫痪或半瘫痪状态。1970—1976 年,局势有所缓和,国民经济逐渐好转,各河航运逐步恢复,港口码头的生产同步得到恢复,水路客货运量相应增加;港口管理机构得到恢复,港口码头得到一定的建设和发展,特别是赤水天然气化肥厂(简称"赤天化")的建设,促进了赤水河航道的整治和赤天化专用码头的建设。1976 年以后,随着水利水电的兴建和碍航闸坝的增多,除赤水河外,其他通航河流均出现断航,水运受影响严重,各河客货运量均出现不同程度的下滑,港口码头吞吐量相应减少。

1978 年 12 月,党召开十一届三中全会,果断结束"以阶级斗争为纲",实现党和国家工作中心战略转移,开启了改革开放和社会主义现代化建设新时期,实现了新中国成立以来党的历史上具有深远意义的伟大转折。贵州港口码头建设和发展随即进入改革开放新的历史阶段。

第一节 "大跃进"和国民经济调整时期港口发展格局

一、运量及运力变化对港口的影响

1956 年后,贵州省委和省政府重视发展水上交通,不断进行航道建设和治理,通航条件得到明显改善。赤水河、乌江、清水江、锦江、都柳江及红水河都先后发展了机动船运输。全省各河主要港口码头渐兴,吞吐量和货物种类有较大发展和变化,1966 年以前港口码头吞吐的货物以粮食、食盐、煤炭、木材为主，1966 年以后以煤炭、化肥、木材、石油等为主。

在"大跃进"时期，贵州各河水运货运量均有较大增加，但也都在 1960 年后急剧下降，至 1962 年降到低谷，经过三年调整，1965 年基本回升到 1957 年的水平。各河港口码头吞吐量随水运货运量的变化而起伏，具体详见表 9-1-1。

1958—1965 年全省港口码头货运吞吐量表（单位：万吨）　　表 9-1-1

年份	1958 年	1959 年	1960 年	1961 年	1962 年	1963 年	1964 年	1965 年
货运吞吐量	53.27	95.04	96.89	43.81	26.94	25.57	32.86	38.58

（一）赤水河

赤水河 1956—1966 年以食盐、粮食和煤炭运输为主，1966 年以后至 1978 年，以化肥和竹木制品运输为主，货运量占全省水路货运量一半以上。流域内物产富饶，历来靠水运出口，从而发展了城乡经济。沿河城镇密集，体现出"城因水兴，水为城用"的密切关系。20 世纪 70 年代的土城码头如图 9-1-1 所示，赤水河煤炭运输如图 9-1-2 所示。

图 9-1-1　20 世纪 70 年代的土城码头

图 9-1-2　赤水河煤炭运输

1. 货运量

新中国成立初期,赤水河沿岸经济发展,货源充裕,水道几经治理,货运量有较大增长。1957—1987年累计完成货运量1232.14万吨、货物周转量138975.88万吨千米,分别占全省内河运输总运量的61.49%与55.09%,年平均货运量34.22万吨、货物周转量3860.44万吨千米,居全省河流的首位。

20世纪50年代为水运兴盛时期,年货运量与货物周转量逐年递增,1959年增至35.12万吨、2095.23万吨千米,较1952年分别增长12.4倍与5.3倍。20世纪60年代受三年困难时期及"文化大革命"的影响,货运量下降,1969年减为9.95万吨,处于低潮。赤水河货物运输量见表9-1-2。

赤水河货物运输量表 表9-1-2

年份	货运量(万吨)	占全省水运量(%)	与1952年比值	机动船占河系比重(%)	货物周转量(万吨千米)	占全省水运量(%)	与1952年比值	机动船占河系比重(%)	平均运距(千米)
1952年	2.62	33.0	1.00	—	334.07	27.0	1.00	—	127.5
1957年	15.77	58.8	6.02	5.96	1527.40	42.7	4.57	13.03	96.9
1959年	35.12	36.95	13.4	14.49	2095.20	36.5	6.27	29.64	59.7
1962年	9.34	34.7	3.56	32.44	677.60	36.13	2.03	33.49	72.5
1965年	13.76	35.3	5.25	38.73	1188.10	41.24	3.56	35.09	86.3
1970年	13.15	36.1	5.01	34.74	1201.76	58.39	3.60	39.95	91.4
1975年	47.21	65.4	18.02	35.56	2288.29	40.25	6.85	50.21	48.5

20世纪70年代中期,兴建赤天化,水运提供了优越的运载能力,保证万余吨专用设备完整无损地运进厂区安装。

2. 主要货种

赤水河除调运粮食外,以运输煤炭、食盐、化肥、竹木制品、矿建材料等为大宗。

①煤炭运输。中游岔角一带产煤较多,"一五"期间运出4.81万吨,"二五"期间运出12.33万吨,1959年达8万吨,占河系各类物资运输量的23%。20世纪60年代中期,煤厂产量减少,年运量降至2000~3000吨,供应华一纸厂等工业及民用。煤炭运输促进了习水港岔角、土城等码头的发展。

②食盐运输。1957—1962年共计调入川盐12.5万吨,占全省水运输入总量的40.7%。川黔铁路通车后盐运改道,运量减少。食盐运输促进了赤水港的发展。

③化肥运输。20世纪60年代初期,食盐年运量不足3000吨,中期随着工农业生产发展,年输入万余吨。1978年10月赤天化投产后,运量大增,以外运为主,年运量增至30万吨以上,自赤水港鲢鱼溪码头起运,通过长江重庆、朱羊溪等港口换装铁路转运省内外各

地。赤天化促进了赤水港鲢鱼溪化肥专用码头的发展,安装了当时较为先进的皮带机运输专用设备。

④竹木及其制品运输。竹木及其制品为河系大宗货源,1959 年曾达 4 万余吨。20 世纪 70 年代平均输出 1000 吨。至 20 世纪 80 年代初期,出省船队远航长江各港,年载运木材 3000~8000 立方米,平均运距 1600 余千米。

⑤矿建材料运输。1957—1962 年,共承运建材 8.2 万吨,占全省水运建材总量的 27%。1975 年建设赤天化,年运输砂石、砖瓦等约 5 万吨,至 20 世纪 80 年代,年运量降至万吨以下。

3. 重点物资调运与省际协作

1957—1962 年粮食输出量占全河系货运总量的半数以上。主要起运码头为茅台、太平渡等码头,集运至赤水港后经合江至重庆,共计输出粮食约 21 万吨,占同期全省水运外调总量的 32.8%。

20 世纪 70 年代后期,赤水河以运输化肥为主。由赤水河运往长江猫儿沱、兰家沱两港和四川省朱羊溪港转铁路输出。同时,贵州省交通局、成都铁路局、重庆港务局共同报部批准,以猫儿沱、兰家沱为水陆联运换装港,赤水港鲢鱼溪码头为化肥输出专用码头。

(二)乌江

乌江 1956—1966 年以粮食运输为主,1966—1978 年以化肥和矿建材料运输为主,货运量占全省水路货运量的 25%。流域山高谷深,陆路交通极为不便,主要依靠水运进行物资交流。

1. 货运量

乌江沿袭了历史上的货运品种,主要担负铜仁地区西部沿河、德江、思南、印江、石阡等 5 个县进出口物资运输任务。1957—1987 年累计完成货运量 336.39 万吨、货物周转量 64003.83 万吨千米,分别占全省水运总量的 16.79%、25.37%,年平均货运量 9.34 万吨、货物周转量 1777.88 万吨千米,居全省水运第二位。20 世纪 50 年代,河系运量稳定增长,1959 年货运量 17.93 万吨、货物周转量 606.06 万吨千米,为 1952 年的 10.2 倍与 3.8 倍。20 世纪 60 年代初期,轮船、木船运输企业合并,管理削弱,加之国民经济发生严重困难,运量急剧下降。轮、木分管后,运量稍见回升。1966—1969 年,受“文化大革命”影响,又转入低潮。1978 年赤天化投产后,乌江担负沿河、德江、思南、印江等县的化肥输入任务,自赤水河经长江转溯乌江,实行江河接运,使河系运量逐渐增长,年平均货运量达 12.9 万吨、货物周转量 2247.7 万吨千米,较 20 世纪 60 年代平均运量分别增长 1.1 倍与 3.5 倍。乌江水运的发展促进了沿河、德江、思南等港口的发展,港口吞吐量占到了乌江水运量的 70% 左右。乌江货物运输量见表 9-1-3。

乌江货物运输量表

表 9-1-3

年份	货运量(万吨)	占全省水运量(%)	与1952年比值	机动船占河系比重(%)	货物周转量(万吨千米)	占全省水运量(%)	与1952年比值	机动船占河系比重(%)	平均运距(千米)
1952 年	1.75	22.1	1.00	—	158.50	13.80	1.00	—	90.06
1957 年	8.50	21.2	5.03	—	412.14	10.90	2.60	—	46.90
1959 年	17.93	18.9	10.20	—	606.06	10.60	3.82	—	33.80
1962 年	3.88	14.4	2.22	69.3	188.91	10.10	1.19	77.03	48.70
1965 年	6.90	18.2	3.94	32.9	711.30	24.69	4.49	66.18	103.10
1970 年	8.25	16.5	4.71	50.4	1438.71	35.17	9.08	86.90	174.40
1975 年	12.71	11.6	7.26	64.7	2501.89	44.00	15.78	94.70	196.80

2. 主要货种

乌江进出口大宗货物除粮食外,有煤炭、矿建材料、化肥、木材、食盐等。

①煤炭运输。流域内丰富的煤炭资源集中分布在上游。中下游通航河段内,均系地方开采的小煤窑,生产规模较小。

②矿建材料运输。20 世纪 50 年代年平均运量 4000 吨左右,均系短途运输。20 世纪 60 年代年运量增至万余吨,多为砂石、砖瓦。1970 年起,运量倍增,最高年份(1979 年)约 4 万吨。

③化肥运输。化肥属河系进口物资,初期年仅 2000~4000 吨。自赤天化投产后,占河系总运量的 18.28%,居进口货运量首位。化肥以供应思南、德江、沿河为主,兼顾印江、石阡等县。

④食盐运输。食盐是传统的主要进口物资。1954—1958 年,运量在 1.5 万吨左右,运距 300 千米以上。

⑤植物油及石油运输。沿河以上盛产桐油、木油,"一五"期间共运输 2.73 万吨,占全省水运植物油总量的 33.7%,后因产、运、销环节变化,改由陆运至大龙转铁路输出,水运减少。

3. 重点物资调运与省际协作

自 1952 年起,粮食外调连年不断,运量逐渐增加,主要起运点有石阡、德江、印江等县,集运至思南、沿河两港,经龚滩中转至涪陵转长江。

1958—1962 年,共运粮 13.75 万吨,占全省水运的 19.6%,但中转环节多,平均运距约 50 千米。1963 年后,省内三线建设开展,粮食改道内运,输出量顿减。外调粮减少后,改运原煤等其他物资。1962 年 6 月,乌江航运分局与涪陵港务局签订物资中转协议:贵州驻涪陵站承运土特产品出乌江至涪陵交货,由涪陵港务局负责转运汉口及上海等地。

1964 年 2 月初,涪陵港务局与贵州省航运局签订石油运输协议,采取从汉口经涪陵至沿河实行干支联运、代办中转、运费包干的协作方式,为石油改走水运之始。

（三）锦江

锦江曾为黔东北进出口物资运输重要通道。早期的锑矿厂、桐油加工厂及当代的造纸厂、地区化肥厂等皆傍河修建，水运是这些厂开拓原料和市场的主要运输方式。1951年，由于陆运不便，铜仁船民龙老黑自驾12吨的木船顺江东下，直航武汉，载回电灯公司的成套发电设备，解决了城市照明问题，并开创解放后贵州内河船舶远程运输的先例。

1. 货运量

20世纪50年代为河系水运发展时期，运量持续上升。1952年，锦江货物周转量占全省水运总量的1/5，仅次于赤水河。平均运距302.9千米，居全省首位。1959年，锦江包括短途集运在内的货物运输量为6.24万吨、货物周转量为590.78万吨千米，分别是1952年的8.79倍与2.52倍。锦江水运的发展带动了铜仁港口码头的发展，港口码头吞吐量占锦江水运量的80%左右。

20世纪60年代初期，为转运贵州进出口物资，船舶主要行驶湖南境内沅水的泸溪以下河段。1966—1969年运量下降，年约2万~3万吨。

20世纪70年代初，干流被芦家洞水电站大坝截断，船舶不能通过，营运困难，运输社陆续卖船转产，改办制钉厂。1977年，水运物资改道，地方国营锦江航运公司处境艰难，货物运输量降至1.9万吨、货物周转量降至409.6万吨千米。1978年6月，锦江航运公司停产关闭。

1957—1977年，河系货运总量共66.97万吨、货物周转量共9495.79万吨千米，年平均运量2.58万吨、货物周转量365.22万吨千米，居全省水运第六位。锦江货物运输量见表9-1-4。

锦江货物运输量表

表9-1-4

年份	货运量（万吨）	占全省水运量（%）	与1952年比值	机动船占河系比重（%）	货物周转量（万吨千米）	占全省水运量（%）	与1952年比值	机动船占河系比重（%）	平均运距（千米）
1952年	0.73	9.2	1.00	—	223.71	20.3	1.00	—	306.5
1957年	2.70	6.4	3.70	—	329.18	8.7	1.41	—	121.9
1959年	6.42	6.75	8.79	—	590.78	10.3	2.52	—	92.0
1962年	0.79	2.9	1.08	25.3	187.86	10.0	0.80	29.3	237.8
1965年	3.36	8.9	4.60	8.9	369.96	12.84	1.58	22.3	110.1
1970年	2.64	5.2	3.62	31.1	551.53	13.5	2.36	45.7	208.9
1975年	1.90	2.6	2.60	69.5	244.84	4.3	1.05	93.1	128.9

2. 主要货种

锦江除承担粮食调运外，以植物油、石油、矿建材料等物资运输为主。

①植物油运输。桐油、菜油均为河系传统的主要出口物资,历史上年运量曾达 500 万～600 万斤,自铜仁港运往辰溪、常德,入长江运至武汉一带。20 世纪 70 年代随河系运输形势变化,运量愈减。

②石油运输。石油为河系传统进口物资。随着陆运发展,河系货物流量、流向虽有变化,石油运输仍由水运承担。1976 年湘黔铁路通车,1977 年石油改为由铁路与公路联运。

③矿建材料运输。1959 年达 1.27 万吨,占河系年运量的 19.8%。平均运距 30 余千米。20 世纪 70 年代后期,随着河系运输形势变化,运量锐减。

3. 重点物资调运与省际协作

20 世纪 50 年代,锦江主要担负外调粮运输任务。1957—1962 年,共输出粮食 12.51 万吨,占全省水运总调量的 9.3%,由江口、铜仁运往湖南麻阳、辰溪等地,平均运距 117.8 千米。

1954 年初,贵州铜仁航管站与湖南常德办事处签订协议,铜仁站按月运大米 3000吨,至辰溪、常德交湘航局转运汉口。同年 10 月,黔、湘两省航运部门订立运输协议,自锦江起运物资,以辰溪为中转港,在粮运紧急或运力不足时,可在麻阳中转,由湘省运力上溯至麻阳接运。

1958 年 8 月,铜仁航管站与湖南麻阳、辰溪航管站商定,由麻阳站调配运力 600 吨支援铜仁物资运输,并由辰溪站统一调度。贵州在辰溪、常德分设办事处,湖南协助贵州船舶解决油料和维修等问题。

铜仁西门桥码头如图 9-1-3 所示。

图 9-1-3　铜仁西门桥码头（贵州省航运博物馆提供）

(四)潕阳河

潕阳河曾为黔东出口通道之一。沿江公路通车前,通过**潕**阳河及其支流龙江河输出土特产品,输入食盐、百货,促进省内外物资交流,发展城乡经济。镇远被誉为"滇黔门户"，商贾云集，沿江城镇繁荣一时。

1. 货运量

解放后，河系运输沿袭历史状况，货种改变不多。1957—1987 年累计完成货运量 101.63 万吨、货物周转量 5400.92 万吨千米，分别为全省水运总量的 5.07% 与 2.14%。年平均运量 2.82 万吨、货物周转量 150.02 万吨千米，居全省水运的第五位。潕阳河水运发展促进了黄平、镇远、施秉、玉屏等港口的发展。

20 世纪 50 年代，河系运量持续增长，至 1960 年货物运输量 17.47 万吨、货物周转量达 711.42 万吨千米，较 1952 年分别增长 17.4 倍与 3.8 倍。此后，干支航道上的碍航闸坝逐渐增加，航行日益困难，货运成本升高。支流龙江河沿线的岑巩、龙田等相继通车，物资纷纷改道陆路，传统货源渐为汽运代替，船只仅能运行于附近区乡，输送自产自销的少量产品，运量下降。

20 世纪 70 年代初，为支援湘黔铁路修建，干流船只运输砂石材料，1971 年运量达 20.76 万吨，但平均运距较短，仅 5.4 千米。1972 年后，货运继续下降，除少量副业船从事短途运输外，水运处于停顿状态。潕阳河货物运输量见表 9-1-5。

潕阳河货物运输量表　　　　　　　　　　　　　　　表 9-1-5

年份	货运量（万吨）	占全省水运量（%）	与1952年比值	机动船占河系比重（%）	货物周转量（万吨千米）	占全省水运量（%）	与1952年比值	机动船占河系比重（%）	平均运距（千米）
1952 年	0.95	12.0	1.00	—	148.28	12.90	1.00	—	156.1
1957 年	3.77	8.9	3.95	—	429.73	11.40	2.90	—	115.8
1959 年	17.47	17.8	18.39	—	711.42	12.10	4.80	—	40.7
1962 年	1.19	4.4	1.25	—	120.43	6.40	0.81	—	101.2
1965 年	1.81	4.8	1.91	—	94.02	3.30	0.63	—	51.9
1970 年	3.74	7.5	3.94	—	75.61	1.80	0.51	—	20.2
1975 年	1.83	0.25	1.93	12	76.65	1.30	0.52	82	41.9

2. 主要货种

河系除调运粮食外，主要运输物资有矿建材料、植物油、食盐、煤炭等。

①矿建材料运输。新中国成立初期，河系上游黄平港旧州码头以石膏输出为大宗，此后随建筑需要，砂石运输渐增，但平均运距约 15.8 千米。1960 年 2 月，为支援湘黔铁路建设，镇远县政府及航管站依托镇远港安排运力，供铁路部门调度，共运矿建材料 10.17 万吨，1970 年续运 10 余万吨。20 世纪 70 年代，矿建材料占河系运输量的 80% 左右。1979 年河系总运量 1.1 万吨，其中民用建材比重达 98%，但运距仅 3 千米。

②植物油运输。植物油为河系传统货源,自干流镇远、都坪、龙田、岑巩等港口码头出口,直达湖南晃县(今湖南新晃)、洪江、常德等地,平均运距 209.2 千米。1957—1962 年,运量共 1.19 万吨,占同期内全省各河输出总量的 13% 。1962 年以后,随着河系运输形势变化,输出减少。

③食盐运输。1957—1962 年,淮盐由湖南洪江上运,年约千吨,平均运距 132 千米。此后渐由汽运代替。

④煤炭运输。1957—1962 年,共运煤炭 1.3 万吨,运距 31 千米。1958—1960 年曾运输非金属矿石 1.3 万吨左右,为同期省内各河运量的 19.5% ,至 1961 年停运。

3. 重点物资调运与省际协作

河系水运兴盛时,以调运粮食为重点,专区、县各级政府建立粮运指挥部,河系航管部门与湖南协作。1954 年 2 月,由玉屏向常德、汉口输出粮食,玉屏航管站与湖南常德办事处首次签订粮运协议。

1955 年 3 月,贵州粮食厅与湖南航运局签订协议,由洪江站支援运力数百吨,自潕阳河运粮至晃县、洪江,1955 年输出粮食 2.11 万吨,占河系总运量的 57% 。

1957 年 1 月 17 日,潕阳河各站与洪江航管站订立运输协议,规定每次发运洪江船舶限额不超过 200 吨,以避免运力积压,同时建立进出港船舶动态制度,便于双方安排运力和货物装卸,要求双方在月、季度前 5 日互交货源计划。

1958 年 9 月 12 日,黔东南粮运指挥部与湖南黔阳专署交通局商定,由晃县木船运输社提供运力 1500 吨,自龙江河口运粮至洪江。

1957—1962 年,运出粮食 15.81 万吨,占全省调运总量的 11.9% 。其中 1959 年调出 3.7 万吨,由镇远(图 9-1-4)、青溪、都坪、龙田等港口码头集运至羊坪后转湖南洪江。

图 9-1-4　镇远码头(贵州省航运博物馆提供)

1959 年 11 月,贵州商业厅储运局根据本省"充分利用水运,减轻陆运压力"的指示,制定水运物资出省调运方案,由潕阳河出口运晃县、洪江的物资约 5 万吨。1960 年后,货源减少,运输萧条。

(五)清水江

清水江是公路运输兴起前贵州的运输大动脉,是贵州主要出省水运通道之一,20 世纪 50—60 年代以输出木材、粮食及土特产品为主。

1. 货运量

随着国民经济发展及区域内公路建设与汽运发展,水运货物流量、流向均有较大变化。1957—1987 年累计完成货运量 132.67 万吨、货物周转量 14329 万吨千米,分别占全省水运总量的 6.62% 与 5.48%。年平均运量 3.69 万吨、货物周转量 398 万吨千米,居全省水运第三位。

20 世纪 50 年代初,匪患猖獗一时,水运受到干扰。1953 年渐趋正常,货运进入持续增长阶段。1960 年完成货运量 12.26 万吨、货物周转量 733.93 万吨千米,分别为 1953 年的 7.2 倍和 3.3 倍,达到历史最高值。1958 年开始,河系试办拖驳船运输,于湖南洪江设沅水航运办事处,后迁至湖南常德,承担省际物资接运任务,航区为沅水的常德至洪江段。后因三年困难时期影响,水运形势急转直下,航运机构随即撤销。1962 年全河运量为1953 年后的最低点。1964 年后运输量缓慢回升,1968 年省内发展机帆船运输,出省煤和木材在货运中比重逐渐增大。

20 世纪 70 年代,流域内较多区、乡逐步通车,部分物资改道陆运,水运范围逐渐缩小,年运输量 2.9 万～7.1 万吨、货物周转量 173.6 万～661.6 万吨千米。清水江货物运输量见表 9-1-6。

清水江货物运输量表　　　　　　　　　　　　　　　　　　　　表 9-1-6

年份	货运量（万吨）	占全省水运量（%）	与1952年比值	机动船占河系比重（%）	货物周转量（万吨千米）	占全省水运量（%）	与1952年比值	机动船占河系比重（%）	平均运距（千米）
1952 年	0.42	5.0	1.00	—	67.10	5.8	1.00	—	159.8
1957 年	4.22	10.1	10.00	—	482.91	12.7	7.20	—	114.4
1960 年	12.26	12.6	29.19	—	733.93	12.4	10.95	—	59.86
1962 年	2.03	7.5	4.83	—	78.79	4.2	1.23	—	38.8
1965 年	2.43	6.4	5.83	—	137.21	4.8	2.04	—	56.0
1970 年	2.96	5.9	7.05	2.7	173.63	4.2	2.59	17.9	58.6
1975 年	3.65	5.1	8.69	41.5	350.01	6.0	5.22	72.6	95.9

注:表中所列运量不包括林业部门排筏流放量。

2. 主要货种

河系除承担粮食调运任务外,以木材、煤炭、食盐、矿建材料等为大宗。

①木材运输。木材系出省大宗货物,流域内木材产量甚丰,居全省之冠,历来以排筏流放为主。清水江木材运输如图9-1-5～图9-1-7所示。

图9-1-5　清水江专业放排人

图9-1-6　远口云潭湾木材待运

图9-1-7　清水江锦屏至天柱段"木排盈江"

②煤炭运输。煤炭为出省主要货源之一。1962年前,运距甚短,运量不大,仅供沿河两岸城乡民用。

③食盐运输。食盐为进口传统物资。新中国成立初期,由湛江转运输入粤盐,供应瓮洞、远口、锦屏、南加等地,其中部分利用行驶洪江的回程船载运,以保障沿河两岸城乡用食。1966年后,陆运发展,食盐全由汽运,水运只承担腹地区、乡短途集运,运量骤减,年仅数百吨。

④矿建材料运输。矿建材料以砂石料为主,多为自产、自用及自运。其中少量石膏由远口运销省外。

3. 重点物资调运与省际协作

粮食为河系外调重点物资。自1953年起,由锦屏、剑河及革东等港口码头集运湖南洪江,少量转输汉口。1958—1962 年运量占全省粮食水运总量的 19.48%。为完成外调粮任务,黔、湘两省航运部门加强协作,1954 年 10 月签订协议,商定河系运出粮油以洪江为中转港,凡大宗物资交接点由双方航管部门管理。

1960 年 10 月,因洪江港积压粮食达万吨以上,经贵州运输指挥部确定,清水江粮食改以安江为中转码头,延伸本省船舶航线,减少积压,以免扩大损失。

1961 年,受自然灾害影响,贵州水运萧条。以后,省际货运清淡,省际运输渐趋停办。

（六）都柳江

新中国成立后,河系传统的运输物资较少变化。1957—1987 年累计完成货运量116.68 万吨、货物周转量8534.09 万吨千米,分别占全省水运总量的 5.82% 和 3.38%。年平均运量3.24 万吨、货物周转量238.32 万吨千米,居全省水运第四位。都柳江水运的发展,促进了榕江、从江等港口的发展。

1. 货运量

20 世纪 50 年代货运量持续上升,1960 年包括拖排运输在内的河系总运量 17.28 万吨、货物周转量1793.56 万吨千米,为历年最高值。因三年困难时期影响,运量逐年下降,1968年减为货运量1.66 万吨、货物周转量96.55 万吨千米,为新中国成立后河系运量最低水平。

20 世纪 70 年代开始,河系发展机帆船运输,河系运量略有回升。但终因水利闸坝碍航,流域内水运逐步由陆路交通代替。都柳江货物运输量见表 9-1-7。

都柳江货物运输量表

表 9-1-7

年份	货运量（万吨）	占全省水运量（%）	与1952年比值	机动船占河系比重（%）	货物周转量（万吨千米）	占全省水运量（%）	与1952年比值	机动船占河系比重（%）	平均运距（千米）
1952 年	0.79	10.0	1.00	—	142.00	12.3	1.00	—	179.0
1957 年	3.20	7.7	4.06	—	263.30	7.0	1.85	—	82.3
1960 年	17.27	17.8	21.86	38.8	1801.53	30.0	12.75	68.2	104.3
1962 年	2.41	8.9	3.05	24.5	233.18	8.1	1.64	50.8	96.8
1965 年	3.12	8.2	3.96	—	160.34	5.6	1.13	—	51.4
1970 年	2.45	4.9	3.10	4.1	172.49	4.2	1.21	2.8	70.4
1975 年	2.85	4.0	3.61	15.8	161.30	2.8	1.14	25.4	56.6

注:表中所列 1960 年运量中包括林业部门在广西境内拖排流量 6.38 万吨、1174.4 万吨千米。

2. 主要货种

河系除调运粮食外,担负的其他大宗物资有木材、食盐、植物油、矿建材料等。

①木材运输。流域内林产甚丰,原靠扎排流放。1959—1962 年,林业部门发展拖排运输,至广西富禄、柳州等地,平均运距 173.6 千米,因受航道与船型限制,运输不畅,1963

年拖运中断,仍以人工流放为主。机动船发展后,只承担少量木材运输。

②食盐运输。食盐为传统的主要上水货源。1952 年进口货运量与货物周转量占全省内河盐运总量的 28.7% 和 37.9%,由广西老堡口、富禄等地向从江、榕江县境发运,平均运距 104.3 千米。后渐减少,1963 年后渐由陆运代替。

③植物油运输。植物油为传统主要出口物资。1957—1962 年外调 0.54 万吨,平均运距 178.2 千米,货运量与货物周转量占全省植物油水运总量的 6.6% 和 10.8%,20 世纪 60 年代后渐由陆运代替。

④矿建材料运输。1958—1962 年仅运输 1.1 万吨。1982 年因红岩水电站建设需要,陡增至 3.5 万吨,占河系总运量的 65.4%。唯系短途运输,平均运距仅 24 千米,电站建成后运量顿减。

3. 重点物资调运与省际协作

1957—1962 年,都柳江粮食调运量计运出约 20 万吨,占全省水运粮食输出量的 15%,主要由榕江、从江港运往广西富禄、老堡口,平均运距 91.8 千米。1961 年初,广西各港站装卸力量不足,船只停港待装、待卸时间甚久,又因广西接运船少,粮运进度慢、运效低,任务未完成。5 月,经两省(自治区)商定,贵州原设富禄转运站和柳州分站移交广西接管。以后经都柳江调出物资,概由富禄及柳州转运站承担。

1959 年繁荣的三都码头如图 9-1-8 所示。

图 9-1-8　1959 年繁荣的三都码头

(七)南盘江北盘江—红水河

20 世纪 50 年代初期,黔桂边境匪患猖獗,木船毁坏,运输萧条。1954 年起,北盘江沿岸发展少量木船,供附近赶场过渡或运送公粮。南盘江北盘江—红水河货物运输见表 9-1-8。

南盘江北盘江—红水河货物运输表　　表 9-1-8

年份	货运量（万吨）	占全省水运量（%）	与1952年比值	机动船占河系比重（%）	货物周转量（万吨千米）	占全省水运量（%）	与1952年比值	机动船占河系比重（%）	平均运距（千米）
1957 年	0.28	0.67	1.00	—	16.00	0.04	1.00	—	57
1962 年	0.54	2.00	1.90	—	17.66	0.94	1.10	—	38
1965 年	0.85	2.24	3.00	—	20.70	0.72	1.29	—	24
1970 年	1.68	3.36	6.00	—	23.46	0.57	1.47	—	14
1975 年	1.08	1.50	3.86	—	33.77	0.59	2.11	—	31.3

河系货种以粮食、煤炭和经济作物等大宗物资为主。

①粮食运输。以沿江短途集运粮食为主,1958年广西缺粮,曾调运天峨、凌乐等县粮食6000吨,占河系运量的75%左右,平均运距约50千米。北盘江的贞丰港白层码头、望谟港乐园码头与南盘江的安龙港坡脚码头、册亨港八渡码头等码头常年为秋粮入仓或运救灾粮的集运点,每年约1000吨。

②煤炭运输。流域内煤炭蕴藏量虽丰,但因受产、运、销条件制约,输出不多。1959—1962年,北盘江上游普安(高寨水库)、晴隆、河塘等地煤厂调运原煤共9.28万吨,因中游不通航,运距仅20余千米,供附近糖厂及居民使用。

③经济作物运输。经济作物包括甘蔗、梭草等制糖、造纸原料,年产数千吨,为南盘江主要货种,平均运距约40千米,自小末盆、革布、坝盘等地往兴义港巴结码头集运。

④其他。红水河干流有百货、食盐等进出口物资,年仅数百吨。木材主要靠扎筏流放,船运数量甚少。

二、开辟机动船客运专线

新中国成立初期,贵州内河客运仍沿袭以木帆船附载乘客,无固定航线,运距较短。1958年6月,赤水河赤水至合江段设置航标后,轮驳船开始载客,为本省轮驳船搭客之始。在此期间,乌江客运量一度领先,年客运量与旅客周转量约占全省内河客运总量的30%～50%。

1961年后,赤水河赤水至合江段及赤水至丙安段行驶客班船,乌江亦利用机动船搭载一部分旅客,两河客运量均有较大增长。1970年赤水河客运量与旅客周转量分别占全省客运总量的30.9%和75.9%,平均运距91.3千米,跃居全省内河客运之首。清水江客运亦有发展。1963年起,锦屏—平略—茅坪段以及远口区内河段,经营赶场客(货)船运输。下游瓮洞至托口段为集市贸易需要,湖南船舶往返,搭载旅客。上游重安江发展短途客运,每场期客货两用船常达 50~80 艘。各河系客运的发展,促进了各港口客运码头的发展,如赤水河的丙安码头、复兴码头,清水江的重安江码头、远口码头等。

20 世纪 70 年代以后,各河以机动船载客为主。1973 年赤水河增开赤水至合江段与赤水至朱羊溪段定期客班船。1975 年后清水江、都柳江等先后发展机动客船,锦江因闸坝阻断,运距甚短,仅局限于铜仁县城附近。潕阳河闸坝碍航后,自 1976 年起客运停止。全省内河客运量见表 9-1-9。

全省内河客运量表 表 9-1-9

年份	客运量(万人次)	年平均递增率(%)	与1952年比值	机动船占河系比重(%)	旅客周转量(万人千米)	年平均递增率(%)	与1952年比值	机动船占河系比重(%)	平均运距(千米)
1952 年	4.4	—	1.00	—	193	—	1.00	—	43.86
1957 年	8.0	12.7	1.82	—	259	6.1	1.34	—	32.38
1962 年	9.1	2.6	2.07	14.3	235.6	-1.9	1.22	19.6	25.89
1965 年	11.0	6.9	2.50	23.6	328	11.7	1.70	35.4	29.82
1970 年	22.0	14.9	5.00	77.3	824	20.2	4.27	77.3	37.45
1975 年	61.0	22.6	13.86	91.0	1699	15.6	8.80	93.2	27.85

三、港口码头基础设施的改善

新中国成立初期,船舶主要靠自然岸坡停泊,几乎无港口码头设施,装卸货物全靠人背肩挑,各港均靠人力搬运装卸。1957 年 4 月,赤水码头建成 20 米长阶梯式码头、60 吨级木质趸船 1 艘、油库 43 平方米、仓库 300 平方米,港区配备专业装卸工 100 余人。其间,乌江思南、沿河两港先后兴建粮食专用码头,共建设装卸作业区 5 处,年吞吐量约 4 万吨。清水江干流麻江港下司设上、中、下 3 处码头,为麻江县进出口物资中转港,年吞吐量居全河之首。1960 年,为减轻工人体力劳动强度,缓解货物压舱导致船舶滞留的矛盾,赤水港麻柳沱码头设置木轨手扒车等简易装卸工具,习水港岔角码头设置梭槽卸煤(能力达 10 万吨/年)。在 20 世纪 60—70 年代,赤水港建设头桥油库、疙蔸湾沙砖厂、华一纸厂专用码头,习水港建设土城习水糖厂等专用码头,华一纸厂、习水糖厂专用码头均配设架空索道运输线。1960 年 3 月,乌江思南港分别建成盐仓码头、粮运码头及件杂货码头 3 处,各处都有电动缆车及各类运输机,后因受货物及营运因素影响,大部分废弃。1961—1965 年,沿河港修建阶梯式的客货及杂货码头 2 处。清水江各港吞吐量随运输形势变化时起时伏,主要港口码头有剑河、锦屏、远口、白市 4 处,码头总长 901 米,为自然岸坡与阶梯式结合体。潕阳河各港曾增设各类装卸设备,港区吞吐量共 13 万吨左右。但因各项装卸设施设备多系木质,耐用性差,维修困难,多数被淘汰。锦江的江口、闵孝、寨固等码头,20世纪50年代为河系主要港口码头。

主要港口码头在当时初步实现半机械化、机械化装卸作业,减轻了人力搬运装卸强度,提高了装卸效率,导致装卸工人需求减少,裁减了冗员。

第二节　港口管理的改进和加强

一、港口生产组织和现场管理的改进

"大跃进"期间,货运量激增,港口码头的生产管理和装卸效率亟须提升。1958年初,赤水办事处实行定员定编,明确专人组织货源和管理港口装卸,提升港口码头生产能力。1960年6月5日,航运公司隶属省交通厅管理。运输计划调度由省交通厅直接下达计划任务。港口码头属企业内部运输科管理,生产组织和现场管理均由运输科负责。由于码头地处自然坡岸,装卸货物大都由人工搬运,使用篾签计数。卸货时由运输科专管人员在船上发篾签,码头上由收货方以及运输科专管人员验收篾签。因货场堆放货物受天气影响,现场增设防雨篷布,增加夜间灯光照明,并加强夜间巡查。港口码头管理的改进,有效保障了货物安全,提升了装卸效率。

二、港口码头治安归口管理

1960年,省交通厅设置保卫科,另设公路局、运输局、内河航运管理局,省属赤水航运公司、乌江航运公司相应设置保卫机构。1961年6月,赤水航运公司、乌江航运公司分别更名为"赤水航运分局""乌江航运分局"。1962年,省交通厅成立政治部。1964年10月,厅保卫科经批准改为保卫处,赤水航运分局、乌江航运分局设立保卫科。航运企业保卫科职能扩大为企业船舶、车间、办公楼内卫以及港口治安管理,接受省交通厅保卫处和当地公安局管理。

各地方港口码头治安归所辖地区公安水上派出所负责。

第三节　"文化大革命"时期的港口发展

"文化大革命"期间,贵州港口在逆境中虽遭受挫折,但仍有发展,特别是抓住国家分配给贵州成套引进化肥生产线兴建赤天化的机遇,建设赤天化码头,整治赤水河下游航道,进一步完善港口码头设施设备,顺利完成赤天化超重超限设备运输任务。同期整治、

处理了乌江新滩危岩,确保乌江航道畅通,推进乌江沿岸港口码头的进一步发展。在此期间,机动船运输取得突破性进展,提高了港口码头的吞吐量,对当时经济社会发展起到了积极促进作用。

一、港口码头的建设和发展

(一)赤天化码头建设

20 世纪 70 年代中期,国家进口了 13 套化工设备,每套设备可年产 30 万吨合成氨、48 万吨尿素,可增产粮食 70 亿斤。引进的全套设备总重量约 1.3 万吨,其中运输超限设备 40 件,最重的合成氨塔 335 吨,最长的二氧化碳再生塔达 56 米。这些大件设备不能拆解,须整装运达厂区。贵州要争取到这套设备,就必须解决超限设备运输问题,由于当时铁路、公路无法运输,只能利用水路运输。

赤水河系长江支流,距长江(合江)54 千米,最小流量仅 37 立方米/秒,虽经过 20 世纪 50 年代的整治,达到航道深度 0.7 米、航道宽度 14 米、弯曲半径 100 米、驳船载重 80 吨。专用驳船要运送超限设备,亟须对航道再次进行整治。为此,赤天化建设指挥部提出,建设赤天化,航道整治是先行。1974 年 11 月 15 日,赤天化建设指挥部交通工程处在黑蛮滩举行航道整治开工典礼,除专业施工队伍外,还有来自仁怀、习水、赤水三县的民兵团和四川合江县的民工,共计万余人。1975 年 8 月整治完成,整治后航道深度 0.8 ~ 0.9 米,航道宽度 25 ~ 30 米,弯曲半径 250 米,驳船载重达 160 吨。

因建设赤天化的需要,在赤水港赤天化建有大件起卸码头、成品输出码头和临时码头 3 处。

1. 大件码头

大件码头位于赤水河右岸,黄金岩对岸、淋淋滩右岸最后一道丁坝下方,为平台纵向斜坡式。码头前沿线与河岸成 11°交角,平台长 60 米,宽 30 米;斜坡段长 90 米,宽 12 米,纵坡 4%;以引道与厂区地坪相接,最大纵坡 6%。码头前沿设计低水位为 220.68 米,与航道设计水位相同,港池设计水深 1.5 米;平台段高程 222.7 米,平均每年有 6.7% 的非连续淹没期。码头外侧为混凝土直立岸壁,靠山设有挡墙护坡,平台、斜坡段铺 20 厘米厚混凝土面层。码头设计由省交通勘察设计院负责,施工由省公路工程大队承担,于 1974 年 11 月开工,1975 年 6 月竣工。完成超限设备的起卸任务后,改作件杂货码头使用。

2. 成品码头

成品码头位于大件码头下游原深沱右岸,紧接大件码头,为横向斜坡式。码头岸线全长 217.55 米,设有 3 条皮带机输送线,每条输送线对应一个泊位,从上游向下游分别为 1 号、2 号、3 号泊位。1 号和 2 号泊位岸线共长 146 米,3 号泊位岸线向河心偏出 10°,长

71.55 米。设计低水位和前沿水深与大件码头相同,设计最高通航水位为 231.1 米。码头坡度 28%,前沿设计低水位以下筑有顶宽 1 米的垂直趾墙,斜坡以厚度 12 厘米的混凝土面层封闭。每条输送线配置趸船 1 艘。趸船为专用驳船改装,可停靠 2 艘长 35.9 米、宽 7.2 米、载重量 165 吨的驳船。装卸工艺流程是尿素由散装仓库至包装楼,再由包装楼经趸船至驳船,全程皮带机输送,年输出能力为 60 万吨。设计和施工单位同大件码头,于 1975 年 10 月开工,1977 年 2 月完工。赤天化成品码头如图 9-3-1 所示。

图 9-3-1　赤天化成品码头

3. 临时码头

临时码头位于赤水河右岸,大件码头上游约 600 米处,利用淋淋滩 6 号丁坝加宽加固而成,用于小型设备或零星物资的起卸。

(二)乌江航道延伸与港口码头发展

1966 年,在继续改善乌江龚滩、新滩的同时,还整治了附近与之有关联的小滩子、金山子、土坨子、晏山头、大梁背、七里滩以及受潮砥滩影响的毛牛滩和九龙青滩。1967—1970 年上半年,乌江的航道工程主要是开辟回龙场(大乌江)至文家店 56 千米机动船航道。上游瓮安、福泉一带,磷矿丰富,要求解决运输问题,而当时国营瓮安新华化肥厂的磷肥已供销乌江沿岸各县,厂区有公路可达回龙场,通过乌江运出较为便利。因此,该期工程的目标是延伸机动船航线,扩大货源腹地,增加沿岸港口码头吞吐能力,发展水陆联运。

"文化大革命"期间,乌江航道工程虽然受到干扰,有些目标没有实现,但做到了维持航道通畅,沿江的港口码头得到了进一步利用和发展,并在这一非常时期发挥了重要作用。如:1968 年川黔铁路受阻时,大量物资从乌江进出,通过港口码头进入腹地;1972 年农业受灾,救灾粮也靠乌江水运,短短 3 个月中,从四川运入 1600 万斤粮食。

1970 年 5 月 14 日和 8 月 2 日,新滩左岸岩壁大量崩塌,河槽被侵占 2/3,巨石堆塞河心,浪高 3 米以上,造成第三次断航。新滩煤矿的煤,思南一带的桐油、土特产品,因搬滩费太高暂停输出。其他航运物资纷纷改道,航运受到严重影响。"文化大革命"初期,由于铁路运输经常受阻,乌江航运处于重要地位。新滩断航的影响迫使主管部门采取紧急措施,于是第三次打通新滩的工程很快展开。1970 年 12 月 26 日,由第三航道工程队施工,经 1 年多的努力,新滩于 1972 年 1 月 7 日恢复通航。

乌江机动船航道的延伸和保畅通航,促进了沿江港口码头的发展。贵州乌江航运分局在涪陵的中渡口、泗王庙等基地和码头,因设施简陋,物资常用趸船、驳船存放,容量甚小,不满足要求;货物大量堆于河岸,装卸不便,并常被洪水冲走,造成损失。1967 年 8 月,涪陵数艘趸船毁坏,物资存放转运更加困难。当时贵州大量物资依靠乌江进出,形势严峻。1968 年 4 月,乌江航运分局报请修建缆车、货场。经省交办批准,投资 21 万元,在中渡口码头建电动缆车输送线 1 条,两侧建二级平台露天货场(可堆煤 1600 余吨)、3050 平方米的仓库,于 1970 年底完工。投入使用后,货物管理方便,装卸效率得到极大提高。同期,还投资 23 万余元,在沿河建双轨缆车道 49 米、仓库 3050 平方米、宿舍 1800 平方米,以及材料房、货棚等;投资 17 万元,在思南建 200 吨趸船 1 艘;投资 0.85 万元,在洪渡码头建设站房 180 平方米。1973 年 2 月,投资 5 万元在大乌江建转运仓库 650 平方米。1974 年 6 月,思南搬运社自筹资金 2.5 万元,在盐仓码头建成缆车输送线 1 条,长 100 米,坡度 25%,配置电动缆车 1 台(载重 3 吨),年吞吐能力 1.5 万吨。

这一时期,随着乌江航道的通航和上延,沿江港口码头及设施也得到建设和发展,虽然投资有限,但各处码头设施均得到一定程度的改善。

1970 年 7 月 13 日,清水江发生百年不遇的大洪水,沿江村镇大量房屋被冲毁,多数航道严重淤塞。贵州省交通局工程管理处派遣测设组进行调查测量并提出了施工图设计,同时抽派技术人员支援黔东南州交通局组织施工。洪水之后,在航道整治的同时,还修建了凯里、剑河、白市 3 个小型码头。

凯里码头位于湾溪清水江右岸,水陆域条件均较好。码头为斜坡踏步式,中间预留有缆车道,按停靠 10 吨机动船建设,总投资 3.88 万元,1973 年 7 月建成。后因清水江上游航运逐渐萎缩,未能充分发挥作用。

剑河码头位于上菜园渡口和义寨脚河边,建设上、下 2 处码头,各长 20 米,为斜坡踏步式,码头后方均设有货场,总投资 2.8 万元,1971 年 8 月建成,1976 年吞吐量约 1 万吨。

白市码头位于玉屏山和杨家祠附近,建设有堆场和简易踏步,主要用于煤炭堆存和输出,总投资 1.52 万元,1975 年完工,1976 年完成货物吞吐量 2.67 万吨,其中煤炭占 86%。

二、水路运输对港口码头的影响

"文化大革命"初期,水运生产运输受干扰严重。1970 年以后,航运职工陆续返回岗位,航运机构经过调整,管理有所加强,各河航运逐步恢复,港口码头的生产同步得到恢复。同时,随着工农业生产的回升和一些航运工程建设的开展,水路客货运量相应增加。

1972年3月,贵州省委、省革委会决定在全省开展铁路、水路、公路联合运输,并成立省交通运输领导小组,对全省运输实行统一领导、统一指挥,港口吞吐量随客货运量的增加而相应增加。加上当时机动船性能有新的改进,船舶数量不断增加,各河系港口码头吞吐量也有所增加。

1970年,乌江运输生产恢复迅速,乌江航运分局完成货运量3.37万吨、货物周转量1076万吨千米,比上年度分别增长2.8倍和2.9倍;完成客运量2.6万人次、旅客周转量180万人千米,比上年度分别增长3.3倍和3.6倍。1971年3月,省运输平衡会议确定,沿河、印江、德江、思南等县的进出口物资都走乌江水运,通过沿江港口码头进行集疏,以减轻陆运压力。下水有煤、木材,上水有石油、食盐、轻工业产品、日用百货,运量逐年增加。沿河、德江、思南等港口的码头客货吞吐量均得到逐年增加,1976年完成货运量13.14万吨、客运量5.96万人次。

1972年和1974年,赤水河建成"遵义1号"和"遵义3号"客货船,开通了赤水港至合江港客运班船。后经四川交通部门同意,进入川江,把航线延伸到朱羊溪码头,与成渝铁路衔接,定时接送来自成都、重庆、贵阳等地来往旅客,减少食宿、换船中间环节。1974年,赤天化工程上马,客流量大增,赤水航运分局及时改进服务质量,在船上增设小卖部,提供书报阅读,改善饭菜及茶水,沿江停靠,方便群众,成为川、黔两省水上客运热线。1973年,"遵义6号"客货船航线由丙安向上延伸到二郎滩,试行上水拖带、下水自航的运行方式成功,煤炭运量大大增加,沿线港口码头的客货吞吐量大幅增加,特别是二郎滩码头的煤炭年吞吐量达2万吨,同期赤水长征航运公司也开办赤水至合江、赤水至大同和复兴的客运班船。1976年,赤水河港口码头完成货运量8.28万吨、客运量9.02万人次。

清水江机帆船兴起后,由锦屏、白市等起运港直达湖南常德,运煤船远航湖北天门、沔阳等地,有力地促进了省际运输的发展。1976年河系港口码头完成货运量2.31万吨。

自"文化大革命"开始后,都柳江水路运输量逐年下降。1970年之后,小型机动船的发展促进了省际水运的复苏,港口码头吞吐量开始回升。1973年8月起,从江航运社增开从江港至广西麻石的机动班船,108客位,载重量16吨,效益较好,促进了港口码头客运量的增长。1976年河系港口码头完成货运量2.68万吨、客运量3.68万人次。

南盘江北盘江—红水河有3艘小型机动船在营运,河系港口码头完成年货运吞吐量1万余吨。

潕阳河、锦江河系因闸坝碍航影响,水路运输量均有不同程度的下降,港口码头吞吐量亦受相应影响。湘黔铁路建设期间,潕阳河大量木帆船投入砂石料运输,港口货运年吞吐量均达数万吨,1970年超过20万吨。锦江芦家洞水电站库区机动船客运也得到发展,1975年后港口码头年客运量为13万~17万人次。1966—1976年全省内河客货运量见表9-3-1。

1966—1976 年全省内河客货运量表 　　　　　　　　　表 9-3-1

年份	客运						货运					
	客运量(万人次)			旅客周转量(万人千米)			货运量(万吨)			货物周转量(万吨千米)		
	合计	机动船	木帆船	合计	机动船	木帆船	合计	机动船	木帆船	合计	机动船	木帆船
1966 年	11.79	3.79	8.0	379	177	202	44.57	11.97	32.6	2700	1491	1209
1967 年	7.57	2.77	4.8	290	154	136	42.69	7.59	35.1	2790	1043	1747
1968 年	14.29	4.49	9.8	319	192	127	36.11	6.76	29.35	2836	1010	1826
1969 年	18.96	14.26	4.7	777	616	161	36.51	7.13	29.38	2830	1024	1806
1970 年	23.05	17.45	5.6	1038	887	151	54.57	13.26	41.31	4547	2619	1928
1971 年	34.29	29.59	4.7	1116	1006	110	74.21	20.97	53.24	5283	3827	1456
1972 年	34.34	28.94	5.4	1117	1077	100	65.69	27.79	37.9	5909	3880	2029
1973 年	58.64	55.64	3.0	1952	1874	78	62.38	30.38	32.0	5973	2413	3560
1974 年	54.38	53.13	1.25	1328	1297	31	47.77	19.7	28.07	5049	3541	1508
1975 年	69.04	66.42	2.62	2089	2023	66	78.27	33.66	44.61	6390	4638	1752
1976 年	58.72	57.12	1.6	1654	1611	43	73.65	32.32	41.33	5639	4244	1395

从表 9-3-1 可以看出,1966—1976 年全省客货运量的变化起伏,各河系港口码头的吞吐量也相应变化,但总体上呈现增长态势。

三、省级港口码头管理机构的恢复

1969 年末,中央调整贵州省革委会领导班子,对各级革委会进行整顿,促进归口大联合。1970 年 1 月,省革委会调整各办事机构,撤销交办,成立贵州省革命委员会交通局。10 月,航运管理逐渐恢复,机构亦着手重组。

1971 年 1 月,乌江航运分局、赤水航运分局下放地区管理;8 月,乌江、赤水河、清水江、都柳江、锦江、潕阳河航运下放地(州)交通局管理。1972 年 3 月,交通局设航运组,专管航运业务。1974 年 4 月,省交通局决定以航运组为班底,充实运输、船舶、航道等专业人员,重建航运处。8 月,在赤天化建设的推动下,经省革委会批准,赤水河、乌江两河收回省管,乌江航道工程队、赤水航运分局、乌江航运分局收归省交通局直接领导。至此,经过曲折历程,被取消 6 年的省级航运机构得到恢复,新的行业管理体制逐步形成,港口码头管理进一步加强。

第四节 闸坝碍航对港口码头的影响

一、兴建水利水电闸坝对港口码头的影响

20 世纪 50 年代末至 60 年代初,贵州各河开始兴建水利,闸坝碍航问题逐渐突出。"文化大革命"期间,断航闸坝不断增多,制约了港口码头的发展。

1965 年潕阳河上游施秉高寨榜建水轮泵站,拦河坝高 2 米,无过船设施,开干流闸坝断航的先河。1967—1975 年,潕阳河陆续兴建月家滩、新店、马面坡等水电站和水轮泵站,闸坝不断增加,各坝基本未建设过船设施,全线断航,船舶只能在区间航行。湖南在新晃上游 15 千米和下游 20 千米处修建狮子岩水电站和春阳水电站,虽设计有升船机,但未实施,造成断航。历时 2000 多年的潕阳河航道,在短短数年中完全被闸坝断航,沿江一度繁荣的港口码头变得日益萧条,甚至被废弃。

锦江断航始于支流桃映河。1958—1964 年,在支流桃映河建大平、长坪等 5 个农坝,碍航严重。1965 年建桃映水轮泵站,坝高 5 米,拦断河道,迫使物资搬运过坝。1975 年又建观音山等水轮泵站 3 座,拦断河槽,全河几乎全被闸坝断航。1969 年,在锦江干流铜仁市下游 6 千米建芦家洞水电站。次年在左岸建船闸,按通航 2 艘 50 吨级船舶设计,年通过能力 10 万吨,1974 年 4 月竣工,但只运营了 2 个月,闸门即毁于洪水,终未投入使用,干流亦断航。1971 年,湖南先后建马颈坳、锦和水电站,未同步建设过船设施,切断了锦江通往沅水的航运。

松桃河因 1965 年建徐家河引水工程,造成上游断航。1970 年,湖南在省界附近建长老水轮泵站,虽建有船闸,因闸门漏水、水位不衔接而不能使用,下游也断航。1969—1973 年,又相继建成 5 处水电站或水轮泵站,均无过船设施,导致全线断航,码头荒废。

都柳江干流及支流因兴建水电站碍航。1970 年统计,全河系各类碍航、断航闸坝达 27 处之多。干流广西融安建麻石水电站,虽建有船闸,但当时闸墙漏水,不能正常使用,船只不能顺利直下柳州。

清水江上的断航闸坝集中在上游,分布于各支流。1966—1976 年,都匀至凯里段陆续建成镰刀湾、付江、下司、龙里等 7 处水电站和桃花滩、水牛滩、雷打岩等 9 处水轮泵站。距凯里 17.5 千米的镰刀湾水电站设有船闸,闸室长 20 米、宽 3 米,叠梁式闸门,直接利用闸门充水或泄水。由于船闸设在大坝中段,上游无引航道,两侧无引桥,进闸极不安全,建成后一直未用。其他各坝均无过船设施,故全线断航。支流重安江建重安水电站,巴拉河建老屯水电站,南哨河建大拥水电站,亮江建吊函、大同水电站,六洞河建南明水电站,洪

州河建偶团、地青、德顺水电站,也因此相继断航。

红水河1975年10月建设大化水电站,设计有250吨垂直升船机,最大升程36.6米,但只建成上游引航道、通航明渠和升船机土建部分,起重机械未安装,导致断航,成为贵州南下水运出海通道的主要障碍。

此外,乌江上游1969年建乌江渡水电站,支流石阡河1972年建泗河坝水电站,造成断航。乌江渡大坝水级146米,预留有10吨升船机位置。泗河坝水电站建有船闸,闸室长19米、宽4.6米,平板式闸门,人力绞车启闭,可通10吨木船,但后因机械损坏未再使用。另外,羊磴河也因建坡度水电站而导致碍航。只有南盘江北盘江—红水河及赤水河水系无碍航闸坝,但受省外碍航闸坝影响。

到1976年,贵州全省共有永久式碍航闸坝83处,涉及大小河流22条,受其控制和影响的河段达1581千米,占1965年全省航道统计里程的46.4%。"文化大革命"期间兴建的碍航闸坝占84%,以后虽有增加,但大多是在原已断航的河段上有所增加。大量碍航闸坝的出现,导致乌江、㵲阳河、锦江、清水江、都柳江等被闸坝碍航,长途水运不通,翻运过坝成本太高,区间水运需求较小,沿江沿河的港口码头基本处于废弃状态。

二、解决闸坝碍航所做的工作

1964年3月国务院印发的《关于加强航道管理和养护工作的指示》对解决闸坝碍航问题已有明确要求,强调"发展水运事业是综合利用水利资源的一个重要方面",必须"统筹兼顾,全面规划",明确修建永久性拦河闸坝,必须"同时修建过船建筑物或驳运设施,其建设费用统一由闸坝建设部门列入基本建设投资计划内";对已经修建的碍航闸坝,要求"分期分批采取措施,恢复航行条件"。12月,交通部和水利电力部共同下发《关于通航河流上航行过坝(闸)问题的联合通知》(交基设〔64〕肖字184号、〔64〕水电规水字529号),具体贯彻国务院指示精神。

闸坝修建之初均留有孔口过船。一些永久性闸坝亦设有船筏道或船闸(据当时统计,全省有小型船闸11处),但几乎全部未能达到预期目标。原因有多方面。此后,航运萎缩、闸坝增多,过船设施问题则无人过问。

为解决闸坝碍航影响航运和港口码头发展的问题,交通部门和地方航运管理部门进行了积极的努力。1967年底,省革委会生产领导小组从水利、交通、林业3个部门抽调人员组成农坝通航小组,日常办公地点设在贵州省水利局内,是全国第一个协调解决碍航闸坝问题的具体办事工作机构。1968—1970年,该小组先后到黔东南、铜仁、黔南、遵义等地开展调查,了解闸坝碍航情况,研究解决办法。同时,小组还到江苏、广东、湖北等省进行考察,学习外省修建过船设施的经验和技术,并邀请一机部起重机械研究所、西南水利科学研究所的专家到现场调研。小组曾多次直接向省领导汇报,但因当时管理混乱,均未解决。1971年初,体制变动,小组撤销,工作未再继续。闸坝碍航影响航运和港口码头发展的问题也未能得到有效解决。

第五节　港口技术革新与进步

一、港口码头装卸设施的改进与技术革新

20世纪50年代,贵州各河的码头几无装卸设施,全靠人力肩挑背扛,效率低、劳动强度大。"大跃进"期间,货运量激增,装卸成为薄弱环节。因此,在全国开展技术革新和技术革命运动中,码头装卸工具的改进成为一个热点。特别是在1960年2月广西梧州召开的全国中小港口装卸机具先进经验交流会后,更是进入高潮。但当时受经济发展水平和技术条件限制,多数是自制简易工具或推广群众经验,引进或改进正规码头装卸机具较少。1960年,赤水港设置木轨手扒车等多种简易工具,提高装卸效率;赤水河上段习水港岔角码头建梭槽装煤上船,年吞吐量10万吨。1974年,乌江思南盐仓码头配置电动缆车,载重3吨,日输送能力80~100吨;粮运码头设重力式管道散粮运输机,日输送能力40~50吨;杂货码头设跑轮缆车,日输送能力8~10吨;桶井码头架设高空索道输送袋装粮食;沿河港河东码头使用皮带运输机,日输送能力50吨;沿江码头十余处,均建有滑板、滑槽、滑丝及木轨车等简易工具,减轻了体力劳动强度。清水江剑河、锦屏、远口、白市等港口设梭槽、木轨平车共7条,轨道长2000余米,其中白市港梭槽日装煤300吨;重安港制木轨平车道与公路运输衔接;其他10处小码头亦有简易装卸工具的制作。阳河镇远、岑巩、施秉等港设滑槽5道、装卸台1座、木轨车道5处,并有胶轮车2辆、吊车5台。都柳江三都、榕江、从江等港有木轨平车道8条,计2360米,滑槽50米,配有手推车、简易缆车、滑板设备。锦江铜仁、江口、闵孝、寨英各港也设有简易机具,提高装卸能力。

20世纪60—70年代,装卸机具技术革新遍及全省各河系港口码头,干部群众热情高涨。但有的革新并不完全出于生产需要,有的不完全适用,存在为革新而革新、追求形式和数量的倾向。一些土制机具质量差,效益不高,或只能用于一时。后期大部分装卸机械废置或淘汰。至20世纪70年代末,仅思南港、沿河港的缆车,镇远港的胶轮板车和个别码头的梭槽尚能保存使用。

二、港口港作变化和代办中转货运等业务的发展

1960年6月5日,赤水航运办事处与赤水长征运输人民公社合并,改组为轮船、木船兼管的航运公司。公司以"船舶运转"为中心,着重抓船、港、货3个环节。由于河系货源与运力不相适应,部分轮驳船依靠在省外港作或出租,赖以维持企业收支平衡。1965年4

月,公司调整机构,精简编制,撤销重庆站,停止重庆港作业务,封存部分轮驳船,另设置朱羊溪站。1966 年 4 月起,开办中转包干和代办运输等业务。赤水航运分局在赤水港东门码头原有地址的基础上进行改扩建,供船舶停靠、装卸货物和旅客上下使用,并划定锚地、码头、仓库货场、修理设备(包括船舶修理)及必要的管理和服务机构等。此外还成立运输科,指派专人到码头指导现场理货,船舶进出港口由运输科值班人员进行调度。

1961 年 7 月 1 日,乌江航运分局在沿河县成立企事合一企业,直属省航运局,接管原由航运公司经营的轮船运输。1962 年,因腹地内连年旱灾,货源不足,除留少数船舶在思南、沿河、龚滩港点行驶外,其余船舶调配运行沿河至彭水、涪陵段,经营省际运输或港作,同时加强港口装卸工作,减少积压,营运有所好转。商务工作开始办理货运包干、联运或代办中转等运输业务,但全年仍处于亏损状态。商务工作改变等货上门,积极组织货源,争取务川县木材经德江县到沿河港船运,促成德江、沿河两县化肥以及铜仁地区西五县石油改道经涪陵水运。

1968 年 8 月,分局开办货船附搭旅客业务。沿河、思南两港在 1968 年度被列入全国水陆联运点,河系运量的 32% 由涪陵直达思南港,减少了中转环节。按航道特点划定航行思南的水位界线,固定沿河至思南段的引水,加强思南、新滩航管业务力量,同时开展"一托多代"业务,即对发往省外的物资由分局代收、代存、代管、代运;对于进口转运各县的物资采取归口中转,不需货主押运经办,为货主提供了便利。

第六节 港航企业精神文明建设的开展

一、港航企业政治工作机构的建立和思想政治工作的加强

"大跃进"时期,水路运输量大幅减少,港口码头吞吐量相应减少,港航业体制收放、扩缩变动频繁,但政治工作机构(政治处)一直存在,并坚持开展思想政治工作。

1961 年 4 月,中共贵州省委召开工交企业政治工作会议。会议总结了三年来在工交企业中开展思想政治工作的经验和企业管理工作,研究部署进一步掀起工农业生产高潮等问题。会议认为,由于部分企业党组织对思想政治工作的重要性认识不足,没有把思想政治工作放在首要地位,出现思想工作跟不上生产建设事业的现象,影响了职工积极性的提高。为了调动广大职工的积极性,贯彻执行党的总路线,争取工业生产继续"跃进",必须把思想政治工作加强起来。同年 10 月 19 日,中共贵州省委批转中共贵州省委工业交通部《关于在工交系统中建立政治工作机构的报告》。报告提出:厂矿企业职工总数在2000 人以上的,应设立政治处或政治部;中型厂矿企业设政工室;省属厅、局,凡流动、分

散性大或所属企业较多的,可设政治工作机构。报告要求全省各工业企业在 1961 年内把政治工作机构建立起来,配备好政治工作人员,并开展政治工作。❶ 按照中共贵州省委的部署和省交通厅的安排,省航运局指导省赤水航运公司、乌江航运公司、思南船厂等港航企业相继设立政治工作机构,配备政治工作人员开展政治工作。

二、港航企业职工文体活动的开展

港航企业文体活动的开展可追溯到 20 世纪 50 年代。赤水航运分局、乌江航运分局、思南船厂等港航企业设立广播室,转播中央人民广播电台新闻及文艺节目、传达企业重要通知等。企业工会还建立图书阅览室,在机关办公楼、车间、船队、码头等设立黑板报、墙报等,寓教于心、寓学于趣。

贵州省赤水航运分局、乌江航运分局、思南船厂等港航企业,经常组织职工进行篮球、乒乓球、羽毛球比赛,以丰富职工文化生活。赤水航运分局还建造了 2 艘龙舟船,逢端午节或喜庆日子,组织或参加所在县举行的龙舟比赛。这些文体业余组织的成立,对于地处边远的赤水、沿河和思南等县起到了引领作用,丰富了企业文化生活。企业文艺宣传活动和方式一直延续到改革开放后。

三、首次拍摄乌江港航建设发展的电影纪录片

1973 年 1 月 14 日,《贵州日报》报道,乌江航道港口建设工作成绩显著,乌江航道向上游延伸 268 千米,能行驶 60 吨级机动客货船;在沿河建双轨缆车道、仓库、材料房、货棚等;在思南建 200 吨级趸船 1 艘;在洪渡码头建设站房;在大乌江建转运仓库;在思南盐仓码头建成缆车输送线 1 条,配置电动缆车 1 台等。为宣传乌江港航发展取得的成绩,记录乌江港口航道建设的艰苦历程,同年 7 月,由北京电视台、新华社、中央新闻纪录电影制片厂、贵州电视台共派出十余人,赴乌江实地拍摄反映乌江航运建设和发展的纪录片,并于次年完成。片名《战乌江》,为黑白 16 毫米电影胶片,在各地上映。片中记录了航道工人身系钢丝吊索面对脚下波涛汹涌的江水进行施工作业的无畏情景,令人感慨。

四、港航企业办社会职能的兴盛

港航企业办社会职能由来已久,始于 20 世纪 50 年代。随着企业生产经营的发展,职工人数增多,办社会职能成为企业面对的现实问题。由于赤水航运分局、乌江航运分局、思南船厂是省属国营企业,且地处边远,职工及家属患病就医、子女入学等在当地无法解决,当时政策允许企业承办社会职能,于是赤水航运分局、乌江航运分局、思南船厂等企业相继开设了职工食堂、澡堂、医务室、理发室及锅炉房等,方便职工及家属就餐、洗澡、看

---

❶ 当代贵州简史编委会编:《当代贵州大事记(1949—1995)》,贵阳:贵州人民出版社,1996 年。

病、理发和打开水等。赤水航运分局、乌江分局还开设幼儿园、子弟学校,招收职工子弟入学。赤水航运分局利用赤天化配套建设资金建设2个灯光篮球场,夜晚可观看职工篮球比赛;建设大礼堂(电影院),安装翻板座椅,屋顶安装吊扇,可容纳观众1000人,比当时赤水县城仅有的一个电影院还要舒适。同时,赤水航运分局新购置2台35毫米电影放映机,原使用的16毫米电影放映机作为备用,设置专职电影放映员,全天候放映电影,职工、家属及县城居民纷纷前来购票观看,大礼堂逐步替代了露天电影院。

企业办社会职能到"文化大革命"结束后达到高峰。1977年,赤水航运分局、乌江航运分局面向全省招工上千人,其中就包括教师、医务工作者、炊事员(其中多数到机动船从事炊事工作)等,有条件地招收具有文艺和体育特长的青年充实企业文艺、体育队伍。赤水航运分局总务科成立职工粮油供应组,负责为企业职工及家属服务,在本地粮油供应紧张时,企业派船只到四川调拨(将职工计划粮食定量转成全国粮票)粮油解决船员及职工粮油供应问题;赤水航运分局总务科下设维修组和水电组,负责企业办公房及职工宿舍的维护及修缮。赤水航运分局、乌江航运分局还设立保卫科,后改名为公安科,接受企业党委和贵州省交通厅保卫处(公安处)领导以及当地公安机关的指导,负责维护本单位社会治安和办公楼、码头、停泊船舶、车间、职工宿舍等重点部位的保卫工作。在当时的历史条件下,港航企业办社会职能对促进企业发展、改善职工工作生活条件、稳定职工队伍起到重要作用。

第十章
改革开放初期港口发展的新局面

（1978—1992 年）

1978 年 12 月,党召开十一届三中全会,果断结束"以阶级斗争为纲",实现党和国家工作中心战略转移,开启了改革开放和社会主义现代化建设新时期,实现了新中国成立以来党的历史上具有深远意义的伟大转折。贵州港口发展进入了改革开放新的历史阶段。

在国民经济调整、整顿和全面推进改革的十余年中,贵州港口管理机构经过调整和重组,基本理顺和稳定,行业管理得到恢复和加强;在建立化肥运输专线、发展长江中下游直达运输、恢复"两江一河"(南盘江、北盘江、红水河,下同)航运、铁水分流开拓水运航线的过程中,港口码头实现了不断发展。在建设方面,通过"两江一河"复航工程和"以工代赈"资金的建设,码头数量增加,码头设施不断完善,码头功能不断得到体现,在保障百姓安全出行、服务旅游客运和货运需求方面发挥了巨大作用,进一步发挥了水运交通的扶贫功能,促进了地方经济发展。港口码头发展呈现出欣欣向荣的新面貌。

新的内河航运发展规划的编制,为未来贵州港口码头的建设和发展规划了蓝图、指明了方向。

第一节　水运体制的调整及职工队伍扩大

一、省级港口管理体制调整

1978 年 12 月,经贵州省革委会❶批准,省交通局将水运处改为综合职能处,全称"贵州省内河航运管理处",编制由 16 人增加到 30 人,下设行政办公室和运输、航道、计财、机务、港监❷等科室。

---

❶　1980 年 1 月,贵州省第五届人民代表大会召开。会议根据《中华人民共和国地方各级人民代表大会常务委员会和地方各级人民政府组织法》的规定,将贵州省革命委员会改为贵州省人民政府。《当代贵州大事记(1949—1995)》,贵阳:贵州人民出版社,1996 年,第 454 页。

❷　交通部于 1953 年 4 月颁布了《海务、港务监督工作章程》,将航政管理机构改名为港务监督。《水运技术词典》,北京:人民交通出版社,1984 年,第 1567 页。

1979 年 6 月,省属赤水、乌江航运分局更名为贵州省赤水航运公司、贵州省乌江航运公司,专营船运业务,原分局所属航运中心站改为河系航运管理中心站,统管河系航政、航务工作,由省内河航运管理处直接领导。地、州管辖的航运中心站隶属关系不变。赤水航运公司和乌江航运公司船队到长江中下游港口,常常被误认为是集体或个体(联)户,造成诸多不便,1985 年两公司分别更名为贵州省赤水轮船公司和贵州省乌江轮船公司,与长江沿岸国有航运企业冠名方法一致。

省内河航运管理处,除负责全省各河系的航务、港监管理外,直接领导赤水、乌江两个航运公司,赤水、乌江两个航运管理中心站,赤水河、乌江两个航道工程队和思南船舶修造厂等 7 家企事业单位。

1980 年 4 月,省交通局更名为贵州省交通厅。1983 年 12 月 27 日,省编制委员会、省经济委员会批准,同意将贵州省内河航运管理处改为贵州省内河航运管理局,为省交通厅属二级机构。贵州省内河航运管理局,是全省水路运输、航道港口、水运工业、船舶检验和水路交通安全执法管理机构,形成集航务管理、航政管理、企业管理和工程建设为一体的机制、体制,局运输科负责全省港口管理职能。

贵州港航管理机构,由解放初期的从无到有,经历了"大跃进"期间的"放"与"收"、"文化大革命"期间的撤并与恢复、改革开放初期的调整,基本稳定了下来。

二、各港口码头设置港航监督机构

1979 年,省交通局报经省革委会批准,在乌江、赤水河、清水江、锦江、都柳江、南盘江北盘江—红水河等 6 个河系设港航监督站(含船检),统归省内河航运管理局领导,同时撤销各河航运中心站内港监组,另在铜仁、遵义、都匀、毕节、岩架、红枫湖、乌江渡库区设置 7 个直辖港航监督站。扩编后的港监人员被安排到各河港口码头,负责港口船舶在航和停泊过程中所遇到的情况,检查船舶动态和船舶记录的航行日志。港监巡逻船(艇)作为政府公务船舶,不定期到港口码头和危险航段巡逻。1988 年,贵州省交通厅按照省人民政府黔府〔1987〕248 号文件精神,将各河港航监督和船舶检验业务下放到地方。

新中国成立以来,贵州省港口码头管理职能都是由省、地(州)、县三级航运管理机构负责,具体见表 10-1-1。

贵州省航运管理机构设置表   表 10-1-1

站名	辖县航运管理站	人数	成立时间(年)
遵义地区水运管理中心站	赤水、习水、仁怀、桐梓、遵义	46	1987
铜仁地区水运管理中心站	沿河、德江、思南、铜仁、石阡	22	1989
清水江水运管理中心站	凯里、剑河、锦屏、天柱	38	1957

续上表

站名	辖县航运管理站	人数	成立时间（年）
都柳江水运管理中心站	榕江、从江	15	1957
㵲阳河水运管理中心站	镇远	1	1957
黔南州水运管理中心站	三都、罗甸	2	1987
黔西南州交通局航管中心站	兴义	1	1991
安顺地区港监所（兼办水运管理）	息烽、开阳、修文、普定、关岭	12	1986
毕节地区水运管理中心站	金沙、黔西、毕节、大方、威宁、纳雍、织金	20	1986

三、全省航运招工规模超千人

1977 年 2 月，赤水航运分局在全省 9 个地州市的 41 个县招收工人，旨在为赤天化运输船队配足船员，按省劳动局、省交通局下达的 1976 年招工指标，组成 7 个招工组分赴各地，在当地劳动部门的配合下，共招收新工人 1180 人，加上省交通局由思南调来的新学工 44 人，共计 1224 人。新工人中党、团员占 34.9%，高中文化程度占 86.4%，平均年龄 21.3 岁，女工占总数的 26.7%。培训采取内外结合方式进行，442 人选送湖南省水运公司下属的长沙、湘潭、岳阳、常德、益阳、津市等水运公司，实船学习驾驶、水手，为期 1 年，分批于 1978 年 5—9 月返回；49 人派往遵义汽车运输公司、贵州汽车配件厂和贵州汽车三场学习车、钳、铣等技术；18 人派往重庆港务局学习航运现场管理；15 人派往贵州省交通医院学习医务；其余安排生产，在实际工作中培训。同期，乌江航运分局招收新工人 115 人，按船舶驾驶、轮机、航务 3 个专业，由分局结合生产实际就地培训。这次招收水运工人，是新中国成立以来，贵州航运招录工人面最广、人数最多的一次，这些人后来成为贵州水运发展的主力军。

第二节　港口发展新形势

1983 年交通部提出"有河大家走船，有路大家走车"，掀起了全国交通改革开放的高潮。长江开放了直达运输，准许外来船舶进出各港口码头。贵州船队抓住难得的机遇，积极开拓出省水路运输。

一、化肥运输专线中的港口码头

赤天化在开始选点时，就已确定产品输出以水运为主。运力和相关设施被列为赤天化配套工程，国家计委另批专款投资建设，至 1980 年底完成。项目包括建设合江中转码头及站房（752 平方米）、油库（1000 吨）及油库码头，投资 58.5 万元。

赤天化于1978年9月20日正式投产。大部分化肥由赤水鲢鱼溪港起运,经赤水河、长江至苗儿沱、兰家沱码头转铁路运输,定为赤天化运输专线;少部分化肥下运涪陵,由乌江船舶接运。1979年11月,国家科委、国家经委、石油化工部、交通部、铁道部和全国供销合作总社、贵州省科委等单位在贵阳召开会议,对赤天化尿素输出的路港协作、铁水衔接、港口装卸等作出部署,商定国家上调18万吨、贵州自用30万吨。其流量流向是:25万吨经鲢鱼溪港水运重庆港作业区转铁路运遵义、贵阳、安顺、都匀、黔东南等地的市、县;3万吨经鲢鱼溪港水运四川涪陵港,沿乌江水运沿河、德江、思南等港,上岸陆运铜仁的沿河、德江、思南、印江、石阡等县及遵义的凤冈、湄潭和黔南州的瓮安等县;2万吨经赤(水)桐(梓)公路运往赤水、习水、仁怀、桐梓4县的所属区社。国家上调的18万吨,也由鲢鱼溪港水运至苗儿沱、兰家沱或朱羊溪等码头转铁路运往各地。

自赤天化投产到1990年的12年中,赤水鲢鱼溪码头累计运输化肥430.78万吨,占赤天化总产量的86.1%。乌江沿河、思南等港口码头化肥吞吐量达24.7万吨。赤天化化肥的运输,大大促进了专线上港口码头的发展。

二、贵州港口开辟至长江中下游新航线

1982—1983年,贵州省赤水航运公司从赤水港共运出原煤、木材、磷肥等物资4030吨,由赤水河入长江,先后到达江苏江阴、湖北黄冈、汉口,安徽裕溪口等地。1983年9月17日,贵州省乌江航运公司"东风16号"货船(400马力、载重量100吨)代替拖船,绑拖4艘驳船组成船队,装载木材935立方米,从涪陵港直航江苏南通港,由此开启了直航长江下游的新局面。1984—1990年的7年时间里,赤水、乌江的港口码头共完成吞吐量48.457万吨,充分发挥了水运运量大、运距远、成本低的优势。因长江沿岸港口码头提供优质服务和方便,贵州船队与长江中下游各港口开展了广泛的合作,学到了许多先进的管理技能和经验,如港区船舶停泊、编队、依次等候装卸等。从1984年起,把远航船队的建设列为重要任务,组建机构、落实货源、充实人员、筹集资金设计、建造新型船队。1990年底,赤水航运公司、乌江航运公司已有长江船队9个(3930马力,12060载重吨),年运输能力20万吨。

1980—1990年,清水江的航运企业和个体(联户)运载木材、粮食、煤炭、桐油及其他土特产品,从白市、瓮洞等码头水运到湖南入长江,省际共运输煤炭8.68万吨。锦屏、天柱两港口水路运输木材共4.27万立方米7.79万吨到湖北、安徽、江苏、浙江等地,流放木筏近188.2万立方米。

三、港口码头岸台通信网络的建立

1982年,以赤水航运公司化肥专线运输的通信需要为契机,贵州省交通厅报省政府

批准,委托交通部水运科学研究院布设无线电台及建立船舶移动通信网。次年5月开始设计,经安装调试,于1984年2月13日正式交付使用。按赤水航运公司化肥专线运输线路,在赤水港、鲢鱼溪码头、合江码头、朱杨溪码头、苗儿沱码头5个港点建台,其中遥控台1座设在朱杨溪,有船舶移动台12个。1982年,乌江航运公司安装船岸中波机、甚高频无线电话。到1990年,全省航运系统配备单边带短波电台40个、甚高频无线电话41台、其他设备16台,初步形成省属航运港站船通信网络,解决了贵州航运部门港口和船舶对外通信不畅的难题。

四、珠江水系港口与省外航线的延伸

南盘江北盘江—红水河是珠江干流的上游,是贵州南下广西和广东的水运通道。1975年10月,红水河因广西境内大化水电站建设而断航。20世纪80年代,为加速贵州"两江一河"水运的恢复和港口发展,促进水运工程建设立项和实施,1983年省计委、省科协下达《南、北盘江、红水河复航试验和北盘江煤运船队运输的研究》。次年3月,贵州省内河航运管理局经过航道实地考察后,认为以适航船舶在普通水位时实现复航是可行的,决定用省拨专款58万元,委托思南船厂设计建造70吨货船1艘、100吨驳船2艘,取号"盘江201"。省内河航运管理局和黔西南州交通局即组织单船试航,以册亨岩架航管站船员为主,聘请赤水航运公司船员指导,于9月17—30日,在北盘江的贞丰港白层码头、南盘江的安龙港坡脚码头到红水河安篓(广西东兰县)码头间往返航行共1407千米,其中空载航行1099千米,载重47吨航行308千米(白层至安篓)。这次试航成功,为将复航工程列入国家"七五"计划提供了有力论据。1986—1990年,盘江轮船公司往返广西东兰、巴马等地的省际煤炭水运线也初步建立起来,其间南盘江、北盘江港口码头共完成货物吞吐量1.548万吨。

1985年,都柳江航运中心站瞄准下游市场需求,利用当地资源优势,积极主动与珠江港航企业合作,在从江、榕江等港口组织木材直运广州,打入南方市场。采用机动船拖带提高运输效率,机动船拖带量占流放量的60%。又组织企业筹集资金购买木材,实行运销结合,并与之签订合同,明确责任义务,实行一票到底,既方便船民,又增加了地方财政收入。

五、铁水分流开拓水运航线

20世纪80年代中后期,为适应长江、珠江干流沿岸港口向社会开放的历史机遇,贵州省政府作出对货物运输实施铁水分流,大力发展水上运输的战略决策,旨在优化铁路货场、公路站点、港口码头资源配置,解决铁水货物运输极不平衡的矛盾,将贵州烤烟、煤炭、木材及磷矿石等通过铁—公—水联运运往省外,开拓和延伸水运航线,缓解铁路运输压

力,促进贵州经济更好发展。1989 年,贵州省铁水分流领导小组和铁水分流办公室成立,办公室设在省交通厅,负责货物运输铁水分流的具体工作。

1988 年,贵州北盘江、红水河航道整治工程完成。当时广东迫切盼望黔煤南下,缓解其能源紧缺局面,但水电站闸坝碍航,通航遥遥无期。1989 年,由交通部珠江航务管理局发起,得到黔、桂、粤三省(区)的积极支持和配合,在贵州将贞丰三河煤矿的煤炭用汽车运至贞丰港白层码头,经北盘江、红水河船运至岩滩水电站坝上,交广西转汽车载运至大化水电站坝下,再经西江船运至广东佛山市的南海糖厂,全程 1537 千米,其间三合煤矿至白层码头陆运 56 千米,白层码头至岩滩水电站坝上水运 391 千米,岩滩水电站坝上至大化水电站坝下陆运 83 千米,大化水电站坝下至南海糖厂水运 1007 千米。试运结果表明,利用现有的通航条件,把贵州的资源水运到珠江三角洲,在技术上是可行的。但煤运到南海糖厂的包干售价,高出当地煤价 10%,缺乏竞争力。因此,要使黔煤及其他资源水运直达珠江三角洲,最迫切的是解决闸坝断航问题。《中国水运报》广西记者站记者黄振才随访采写的内参稿上报国务院,国务院领导作出重要批示,交通部等国家部委领导也做了批示,支持建设通航设施,解决闸坝断航问题。

第三节　港口建设与规划

从 20 世纪 80 年代起,贵州省就开始探索水运出海通道问题,抓住国家对"两江一河"和乌江水电开发的机遇,提出"南下珠江,北入长江"设想。

一、南盘江北盘江—红水河复航与码头工程建设

为顺应"两江一河"流域各族人民群众的要求,1985 年,"两江一河"一期复航整治工程被正式列入"七五"计划,于 1985 年开工,历时 6 年,到 1991 年 5 月全部完成,共建设白层、岩架、坡脚、蔗香等 100 吨级码头及附属设施 5 处,港口吞吐能力达 21 万吨。工程总投资 2591 万元,其中交通部补助 1700 万元、地方配套 891 万元。1994 年 12 月,"两江一河"二期复航整治工程建设正式动工,历时 2 年,包括新建及维修码头 7 处,新建成 100 吨级泊位 4 个,港口吞吐能力达 24 万吨,工程投资 1173 万元。工程完工后,北盘江航道向上游安顺境内延伸了 23 千米,南盘江航道向上游延伸了 18 千米。工程实施后,港口码头发展迅速,助推地方经济社会发展。红水河罗甸港羊里码头建成后,羊里乡 1990 年财政收入仅 5000 多元,而 1995 年则猛增到 37 万元。

二、"以工代赈"资金建设的港口码头

1984 年底,国家计委下达粮棉布实物指标,帮助贫困地区修建道路和水利工程。次

年3月,贵州省政府批准省计委、省交通厅的具体安排方案,根据扶贫工作的需要,又扩大到用于码头建设。动用国家库存粮棉布帮助贫困地区进行工程建设,是采用"以工代赈"方式作为民工的劳动报酬。发放有3种形式:一是全部折发实物;二是部分折发实物,部分转发现金;三是全部转发现金。由于码头工程不便采用民工建设,故采用第三种形式。实际上,根据水运工程的特殊性,所有项目都是由地、县有关部门将粮棉布转换为资金,组织专业队伍按基本建设程序实施的。

"粮棉布"由1985年施行到1987年,1990年后改用中低档工业品代替。"以工代赈"资金建设的码头主要如下。

1. 赤水河东门码头

建设3个泊位(2个以客运为主,1个货、渡综合泊位)及相应配套设施,岸线总长260米,最大靠泊能力200吨,船舶尺寸为40米×8米×1.2米。由贵州省交通厅动用粮棉布补助资金修建,地、县交通局组织实施,总投资239万元。1986年8月开工建设,1989年建成投入使用。码头建成后,被誉为赤水县的"外滩"。

2. 赤水河鲢鱼溪码头

上起鲢鱼溪,下至省界,建设2个生产泊位及深水、浅水2个停泊区,码头总长515米。由贵州省交通厅动用粮棉布补助资金修建,贵州省赤水轮船公司组织实施,总投资88万元。1986年8月开工建设,1992年10月建成投入使用。鲢鱼溪码头的建设,改造了泥泞岸坡,为赤水轮船公司增加6000平方米的堆场。鲢鱼溪货运码头如图10-3-1所示。

图10-3-1　鲢鱼溪货运码头

3. 赤水河岔角码头

岔角码头原为煤炭输出码头,1985年货物吞吐量3.18万吨,不能满足煤炭输出要求。1986年8月,省交通厅动用粮棉布补助折款36万元,其他投资由企业承担,工程由地、县交通局组织实施扩建,1989年扩建码头建成投入使用。码头建设泊位3个,岸线长1000米,水域面积1万平方米,陆域面积0.8万平方米。岔角专用煤炭码头如图10-3-2所示。

图 10-3-2　岔角专用煤炭码头

4. 锦江瓦窑河码头

结合市区规划建设,在满足客货运输需求的同时,美化了市区环境。码头成为街道和农贸市场的组成部分。

5. 乌江潮砥码头

潮砥码头位于德江县潮砥镇乌江左岸,由于交通闭塞,乘船出行成为当地群众出行的首选。码头建设前为原始自然岸坡,当地学生和居民渡河时上下船极不安全。当地政府、群众以及学生家长强烈盼望改善渡口码头设施。为此,省交通厅将该码头列入"七五""以工代赈"资金建设码头,建成斜坡式码头 1 个,码头岸线长 20 米,设计年吞吐能力为货运 2 万吨、客运 4 万人次、渡运 20 万人次,从根本上解决了当地群众和学生出行困难的问题。

6. 乌江思渠码头

思渠码头位于沿河县下游乌江左岸,是思渠镇居民出行和货物装卸集散点。当地的生活日用品需要船运进来,所生产的绝大多数农副产品需通过船运出去。因码头为原始岸坡,给当地群众乘船和货物装卸带来诸多不便且极不安全。码头于"七五"时期使用"以工代赈"资金建设,建成斜坡式码头 1 个,码头岸线长 70 米,设计年货运吞吐量 2 万吨。码头建设博得当地群众的称赞,解决了货运上下船的困难。

7. 北盘江白层码头

白层码头位于北盘江贞丰县境内,上接贵昆铁路和贵(阳)黄(果树)高等级公路,下临红水河,区位优势明显,加之矿产和旅游资源极为丰富,是黔西南州各县煤炭水运南下两广的重要码头之一。1984 年列入"两江一河"复航工程项目,使用"以工代赈"资金 117 万元,建成引道式码头泊位 1 个,岸线长 36 米,设计年货物吞吐量 8 万吨。该码头建成后,成为黔西南州煤炭水运出省的起运点。

8. 北盘江岩架码头

该码头未建前,附近只有十几户人家。在"七五"期间,利用"以工代赈"资金10万元,建成斜坡式码头泊位2个,码头岸线长36米,设计年货物吞吐量2万吨。该码头建成后,个体船舶迅速增加,促进了当地经济的发展,吸引近百户人家在此居住,岩架凭此码头而发展成为集镇。遇上赶场天,沿岸的群众驾着本村寨的小机船,往返于省际和沿江集镇之间,泊集于此,成为新开集镇的集散点。

9. 红枫湖滴澄关码头

滴澄关码头位于清镇市红枫湖库区,1991年开工建设,建设旅游客运泊位1个,为斜坡踏步式结构,岸线长约60米,设计年吞吐量20万人次,1992年10月建成投入使用。这是贵州省首座在风景名胜区修建的旅游客运码头。清镇港滴澄关码头如图10-3-3所示。

图10-3-3　清镇港滴澄关码头

红枫湖位于贵阳市西33千米,距安顺地区清镇县5千米,是1958年建设猫跳河姬昌桥水电站后形成的水库。湖面最高水位1240米(海拔),东西最大宽度5千米,南北长21千米,面积57.2平方千米,库容6亿立方米;平均水位1233米,面积32平方千米。水库建成后,原来的山峦变成众多岛屿,风景秀丽。在省交通厅的支持下,省赤水航运公司修建湖区公路,陆续建造机动旅游船5艘、客驳2艘、钢质小游艇26艘、木质小游船20艘,并在滴澄关修建码头等服务设施,成立贵州省红枫湖轮船旅游公司,开展水上旅游业务。1982年至1992年,旅游公司艰苦创业,逐步发展到一定规模,作为贵州水上旅游事业的先驱者,对社会作出贡献。1995年11月28日,省红枫湖轮船旅游公司接待了由时任外交部副部长姜恩柱陪同的欧洲、亚洲、非洲44个国家驻华大使和国际货币基金组织驻华代表等77名外宾,乘坐"红枫号"游船游览了红枫湖。

10. 乌江渡库区乌江渡码头

乌江渡水电站于1970年4月开始兴建,整个电站工程于1982年12月4日全部建成并正式并网发电。播州港乌江渡码头1984年由遵义县乌江区乌江渡旅游航运公司兴建,码头自然岸线长185米,水域面积8500平方米,陆域面积3700平方米,码头建设泊位

2 个。1985 年货物吞吐量 2.2 万吨、旅客吞吐量 1.76 万人次。

以上码头虽然规模不大，装卸工艺也不先进，有的只是普通的停靠点，但结合了山区河流的特性，适应当地经济的发展水平，重视船员和群众的实际要求，改善了当地百姓出行条件，受到当地群众欢迎，经济效益显著，社会反映良好，故各河兴建码头的热情高涨，随后清水江天柱港瓮洞码头、都柳江从江港从江码头、北盘江镇宁港坝草码头等也开始酝酿和筹划建设。

1985 年至 1990 年，动用国家库存粮棉布、中低档工业品帮助发展航运，码头建设方面的成效尤为突出。"七五"期间建设码头 14 处，共 27 个泊位，设计年货运吞吐量 67 万吨、客运吞吐量 292 万人次；码头岸线长 1361 米，相当于 1985 年港口普查全省码头岸线总长的 1/8；总投资 856.1 万元，占"七五"水运工程建设总投资的 24.26%，其中粮棉布、中低档工业品扶贫资金占 79.54%，具体见表 10-3-1、表 10-3-2。

"以工代赈"资金使用表　　　　表 10-3-1

工程名称	粮棉布折算资金（万元）	中低档工业品购物券（万元）	占工程投资总额（%）
习水港岔角、赤水港东门、赤水港鲢鱼溪 3 处码头建设	285.00	—	78.5
思南港思南码头、德江港潮砥、白果沱码头、沿河港思渠码头建设	84.00	39	68.7
铜仁港瓦窑河码头	—	5	26.3
清镇港红枫湖旅游码头	50.14	—	64.8
合计	419.14	44	72.5

码头建设成果表　　　　表 10-3-2

所在河流	码头名称	结构形式	泊位（个）	码头岸线（米）	设计年吞吐能力			投资（万元）
					货运（万吨）	客运（万人次）	渡运（万人次）	
北盘江	贞丰港白层煤码头	引道式	1	36	8	—	—	117.0
	册亨港岩架客货码头	斜坡式	2	36	2	—	—	10.7
南盘江	安龙港坡脚货运码头	引道式	1	132	8	—	—	44.5
红水河	望谟港蔗香客货码头	斜坡式	1	55	3	—	—	41.5
	东兰货运码头	斜坡式	1	30	3	—	—	4.1
赤水河	习水港岔角煤码头	斜坡式	4	170	8	—	—	36.0
	赤水港东门客货码头	直立式	3	260	5	180	25	239.0
	赤水港鲢鱼溪货运码头	直立式	2	230	10	—	—	88.0
乌江	思南港思南客货码头	斜坡式	1	50	3	40	—	179.0
	德江港潮砥客渡码头	斜坡式	1	20	2	4	20	
	德江港白果沱客货码头	引道式	2	126	10	5	—	
	沿河港思渠客货码头	引道式	1	70	5	2	—	

续上表

所在河流	码头名称	结构形式	泊位（个）	码头岸线（米）	设计年吞吐能力			投资（万元）
					货运（万吨）	客运（万人次）	渡运（万人次）	
锦江	铜仁港瓦窑河客货码头	直立式	3	50	—	31	—	19.0
红枫湖	清镇港滴澄关旅游码头	斜坡式	4	96	—	30	—	77.3
合计			27	1361	67	292	45	856.1

对于建设资金匮乏的贵州航运事业，粮棉布"以工代赈"政策为港口码头的发展增添了活力。新中国成立以来至1985年，贵州水运工程建设投资累计不过5000万元，而三年"粮棉布"已超过其1/3；用以作为配套资金，又从中央争取相当数量的投资；以此为契机，后来的能交返还基金、中低档工业品及其他基金，也按比例拨出一部分扶持航运发展，省交通厅还把比例提高到10%。从此，在拓宽资金渠道方面逐步取得进展，为改变贵州港口基础设施落后面貌创造了条件。

三、开展全省港口码头普查

1986年，交通部组织全国开展港口普查，贵州于5月开展工作。由省内河航运管理局牵头，地（州）交通主管部门参加，成立普查领导小组，下设普查办公室。以1985年港口现状及生产活动为普查内容，包括港口规模及设施、码头结构及装卸工艺、吞吐量及货类构成、客货流向等四个方面。经一年多的工作，于次年6月完成任务，编制了《贵州港口》一册上报。

按《贵州港口》记载，1985年全省有吞吐量万吨（或万人次）以上的港口码头（或集散点）44个。按河系，赤水河9个，乌江20个，锦江2个，潕阳河2个，清水江8个，都柳江2个，红水河1个；按行政区划，遵义地区10个，铜仁地区17个，黔东南州12个，黔南州1个，安顺地区1个，毕节地区2个，贵阳市1个；按吞吐量，50万～100万吨（或万人次）级1个（赤水），20万～50万吨（或万人次）级2个（沿河、思南），10万～20万吨（或万人次）级6个（锦屏、从江、铜仁、芦家洞、复兴、红枫湖），10万吨（或万人次）以下35个。赤水港有码头多处，仓库20372平方米，堆场13950平方米，起重机1台，皮带机21台，缆车5套，年货运吞吐量占全省的52.7%。

全省港口岸线总长51.57千米。码头岸线长10212米，其中交通部门8545米、其他部门1667米。共有泊位305个，其中交通部门232个、其他部门73个；50吨以下的泊位166个，50～100吨57个，100～300吨82个；自然岸坡泊位占65%，斜坡码头泊位占26%，其他形式码头泊位占9%。除个别码头有皮带机、缆车或简易梭槽外，绝大多数是人力装卸。

1985年，全省客运吞吐量共276.15万人次，出口占55.20%；货运吞吐量共104.15

万吨,出口占76.37%。货运出口以化肥、煤炭、木材为主,主要流向四川、湖南、湖北及江浙一带,进口多为建材、石油、钢铁、百货。1985年贵州省内河港口码头统计见表10-3-3,1985年贵州省港口码头分布如图10-3-4所示。

1985年贵州省港口码头统计表 表10-3-3

水系	河名	港口(集散点)名称	距省界(千米)	吞吐量		码头及作业地段			备注
				客(万人次)	货(万吨)	总长(米)	泊位(个)	最大靠泊能力(吨)	
总计				276.3	104.2	10212	305	3866	
长江水系	赤水河	赤水	5	43.4	54.9	1230	37	150	
		切角	13	7.8		70	2	65	
		复兴	21	12.1	0.5	535	8	65	
		风溪	26	1.4	0.3	100	3	65	
		丙安	33	6.6	0.4	80	4	65	
		土城	77	2.8	1.1	542	6	70	
		岔角	108		3.2	1000	3	70	
		茅台	159	3.9	0.5	400	4	15	
		中华	167	3.8	0.1	200	2	15	
小计				81.8	61	4157	69	580	
长江水系	乌江	洪渡		3.7	0.9	40	1	200	囤船码头
		毛渡	22	2.9	0.2	60	1	200	
		思渠	31	5.0	0.3	170	3	200	斜坡阶梯码头
		黑獭	50	7.1	0.2	100	2	200	
		沿河	58	23.3	4.0	489	8	200	斜坡阶梯、缆车
		沙沱	65	0.9	1.3	40	1	200	
		淇滩	69	5.0	0.1	50	1	200	
		夹石	105	1.3		50	1	200	
		潮砥	140	2.3	0.2	500	2	200	斜坡阶梯码头
		龙江	153	3.5		150	15	10	
		思南	160	28.2	2.6	360	6	200	斜坡、囤船码头
		邵家桥	172	3.3		120	1	200	
		瓦窑嘴	199	5.3		150	1	100	
		文家店	209	4.5	0.3	150	1	100	

续上表

水系	河名	港口(集散点)名称	距省界(千米)	吞吐量		码头及作业地段			备注
				客(万人次)	货(万吨)	总长(米)	泊位(个)	最大靠泊能力(吨)	
长江水系	乌江	乌江渡	408	1.8	2.2	185	2	30	引道式码头
		周家院	447	1.7	2.0	180	9	30	
小计		16		99.8	14.3	2794	55	2470	
长江水系	石阡河	塘头	187	1.4		120	6	20	
	偏岩河	大渡口	438	1.6		20	3	10	
	猫跳河	百花湖		2.1		167	21	15	
		红枫湖		19.5		570	36	150	
	锦江	芦家洞	26	16.9	1.2	110	5	100	
		铜仁	31	16.9	1.2	120	5	100	斜坡阶梯码头
	潕阳河	镇远	113	2.0		180	10	40	斜坡阶梯码头
		施秉	148	1.2		50	4	20	斜坡阶梯码头
	清水江	白市	33	0.3	1.6	144	3	50	直立码头、梭槽
		远口	57	1.3	1.7	200	4	80	
		锦屏	87	2.4	12.8	477	12	50	
		南加	135	1.1	1.7	50	3	40	
		剑河	194	2.0	2.5	80	3	20	斜坡阶梯码头
		施洞	254	3.6	0.1	63	8	8	斜坡阶梯码头
		旁海	290	1.9	0.1	200	14	4	斜坡阶梯码头
		重安	317	2.2	0.2	127	15	4	斜坡阶梯码头
小计				76.4	23.1	2678	152	711	
珠江水系	都柳江	从江	33	15.7	2.2	193	11	20	
		榕江	110	2.3	0.3	270	15	15	斜坡阶梯码头
	红水河	羊里	42	0.3	3.3	120	3	70	
小计				18.3	5.8	583	29	105	

这次普查首次摸清了贵州港口情况,同时看出港口存在不少的问题:一是在管理上,省、地、县均无专职港口管理机构,地方码头多由航运企业、物资部门或搬运单位自行管理使用;二是投资偏少,1950—1985年,港口码头建设投资约150万元,仅占全省航运基建投资的3%。

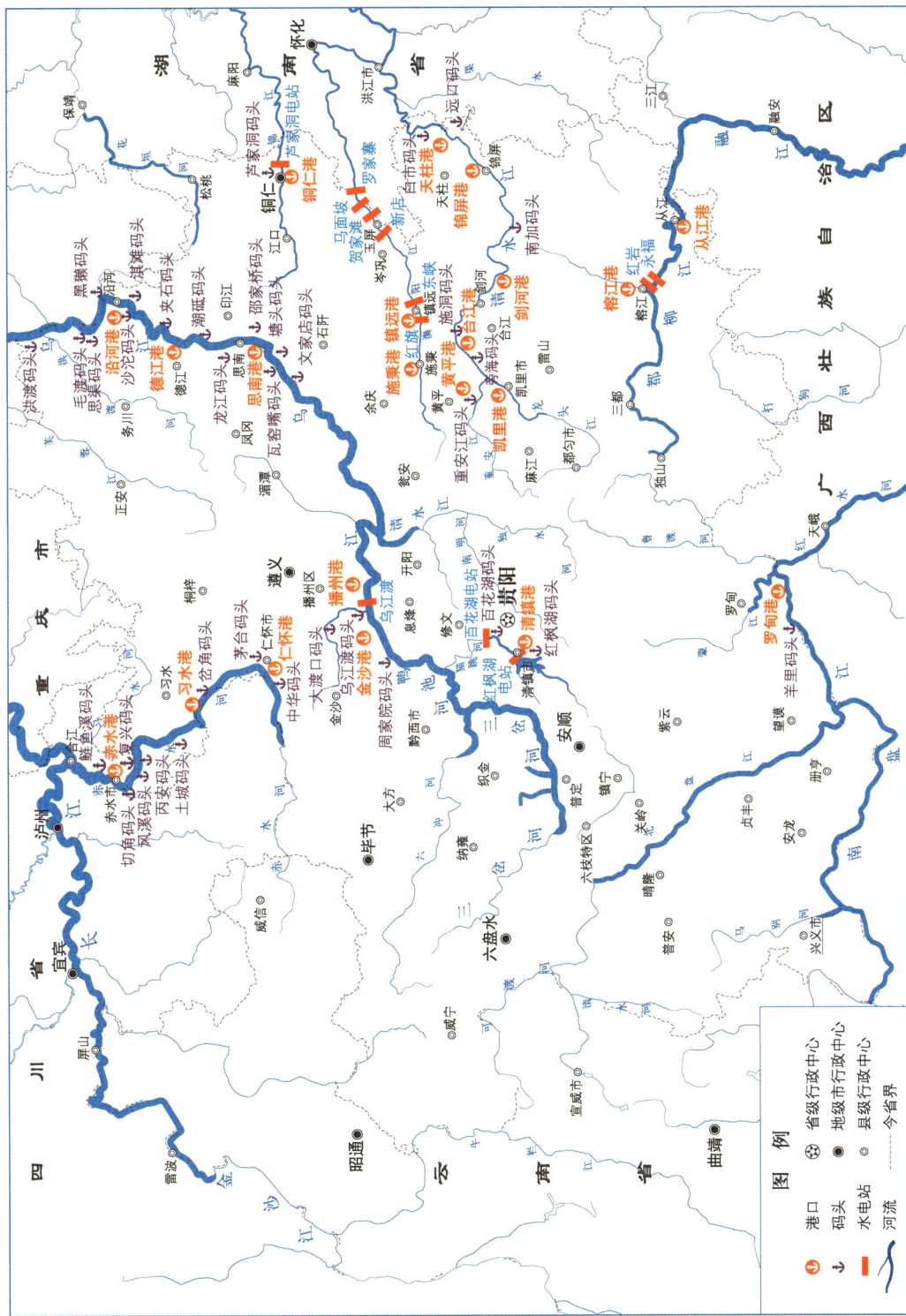

图 10-3-4　1985年贵州省港口码头分布图

四、水运发展规划的编制

贵州第一次编制水运规划是于 20 世纪 50 年代末 60 年代初完成的。第二次水运规划是在水系水运规划安排下进行的,而水系水运规划又是在长江、珠江两大流域水资源综合利用规划带动下开展的。1980 年,水利部珠江水利委员会召开流域规划协作会议,邀请交通部门参加。会前,交通部水运规划设计院(简称"水规院")召集粤、桂、滇、黔、赣、湘等各省(区)交通部门交换意见,与贵州直接关联的有三:一是编制的红水河规划,未考虑贵州水运发展要求;二是都柳江榕江以上河段应纳入规划;三是同意北盘江以开发水能为主,兼顾水运。1991 年制定《贵州省内河水运发展规划》,把"干支直达,江海直达"列入中长期规划。

1979 年,水利部珠江水利委员会成立,于次年 10 月下旬在广东佛山召开珠江流域规划协作会议,邀请交通部门参加。会议强调交通、能源都是重点,明确发展水运是河流水资源综合利用的重要任务之一。佛山会议后成立了珠江流域规划协调小组,交通部水规院为领导成员之一,负责组织各省(区)交通部门进行流域规划,1981 年 6 月下达工作提纲。1982 年 5 月,贵州省交通厅明确由省交通勘察设计院承办,省内河航运管理局配合,正式开展工作。1990 年 7 月,水利部上报《关于珠江流域综合利用规划报告审查意见的请示》,经国务院批复。

1984 年,水利部长江水利委员会修订后的《长江流域综合利用规划简要报告》发布,贵州按照长江水利委员会规划修编办公室的要求编写赤水河、乌江的规划要点,纳入《长江水系水运规划报告》。贵州省交通厅成立水运规划领导小组,杨守岳厅长、邓时恩总工程师兼任正、副组长,由省交通勘察设计院和省内河航运管理局组成规划办公室,年底提出了《长江水系赤水河水运规划报告》和《长江水系乌江水运规划报告》。1984 年 7 月经全国水资源与水土保持工作领导小组审查通过,9 月报请国务院批准。

1987 年,省交通厅相应成立规划领导小组,厅计划处委托贵州航海学会编制《贵州省内河航运发展规划》,于 1991 年底完成了较为全面的《贵州省内河航运发展规划》,规划修订的水平年是 1990—2020 年。

修订后的《贵州省内河航运发展规划》对全省主要的 6 条河流进行长远规划:至 2000 年,全省航道里程将达到 1945 千米(不包括赤水河赤水至合江 49 千米),其中五级航道 264 千米,六级航道 596 千米,七级航道 265 千米,七级以下航道 820 千米;将建设主要码头 32 处,吞吐量 298.4 万吨,其中 10 万吨以下港口 24 处(吞吐量 83.25 万吨),10 万~20 万吨港口 6 处(吞吐量 91.65 万吨),50 万~100 万吨港口 2 处(吞吐量 123.5 万吨)。到 2020 年,全省航道里程将达到 2065 千米,其中四级航道 571 千米,五级航道 357 千米,六级航道 527 千米,七级航道 171 千米,七级以下航道 439 千米;建设港口 40 处,吞吐量1137.87 万吨,其中 10 万吨以下港口 20 处(吞吐量 80.51 万吨),10 万~20 万吨港口 8 处(吞吐量 101.18 万吨),20 万~50 万吨港口 5 处(吞吐量 156.18 万吨),50 万~100 万吨港口 4 处(吞吐量 320.6 万吨),100 万吨以上港口 3 处(吞吐量 479.4 万吨)。

规划主要通航河流港口建设:

(1)赤水河。新、扩建以赤水港为主要港口的合江(四川境)、赤水、土城、太平渡(四川境)、岔角、马桑、茅台 7 处码头。

(2)乌江。改扩建涪陵(重庆境)、沿河、思南、大乌江、江界河、新三、化觉、三沙、鸭池河 9 处码头,以思南为主要港口。其中,乌江渡库区三沙码头拟建煤运码头。

(3)南盘江北盘江—红水河。建设红水河羊里码头,建设北盘江坝草、岩架以及南盘江坡脚、八渡等码头。

(4)锦江。在马岩、九龙洞等地建小型码头,以适应库区旅游和区间货运需要。

(5)都柳江。改建榕江客货码头,年货运吞吐量达 30 万吨。

第四节　港口发展新面貌

随着港口管理体制的理顺和各河水路运输航线的开拓,贵州港口在改革开放的进程中,经过不断的探索和多方位的发展,发生很大变化,呈现出新面貌。

一、赤水河主要港口

1. 赤水港

全省第一大港,位于赤水河下游之赤水县,距河口(合江)54 千米。1978 年,建设鲢鱼溪化肥输出专用码头,总长 150 米,可靠泊 150 吨级驳船,码头配有钢质趸船及胶带运输线。1986 年兴建东门客货码头,总长 260 米,阶梯条石结构,共设 3 个泊位,供长途及县境客班船靠泊。随即于鲢鱼溪续建货运码头泊位 1 个,主要供煤炭输出之用。截至 1987 年,全港共有码头 17 座,泊位 39 个,堆场 16 处,仓库 13 座,以及囤船和港作船等。年货物吞吐量 50 多万吨,旅客吞吐量 40 余万人次,为全省最大的港口。自1977 年开始,随着赤天化的建设和投产,赤水港功能的完善,船舶靠泊、旅客上下、货物装卸规模的扩大,赤水河水运快速发展,赤水河航道等级提升,赤水河水运持续繁荣长达 25 年之久。

2. 习水港

赤水河系港口,位于赤水河中游之习水县,距河口(合江)约 140 千米。主要有土城码头和岔角码头。土城码头1985年货物吞吐量1.1万吨、旅客2.7万人次。1987年规划成煤炭输出专用码头。岔角码头为煤炭输出专用码头,1985年吞吐量3.2万吨,为扩大煤炭输出能力,于1987年修建为斜坡码头。土城专用煤炭码头如图10-4-1所示。

图10-4-1　土城专用煤炭码头

3. 仁怀港

仁怀港位于赤水河上游之仁怀县,距河口(合江)约210千米。主要建设有茅台码头。1987年,全港码头岸线长共400米,可供15吨级船舶停靠。由于上游腹地陆路交通逐步发展,港口逐渐衰退。

二、乌江主要港口

1. 思南港

思南港为乌江中游重要港口,位于思南县乌江两岸,距省界龚滩约160千米。1985年,思南港共有泊位6个,岸线长360米,可停泊200吨级以下货船。货运年吞吐量3万吨、旅客28万人次。1987年,在思南乌江公路大桥(左岸)下游50米处建设斜坡码头。

2. 沿河港

沿河港为乌江贵州境内主要港口,位于沿河县乌江两岸,距省界龚滩约58千米。20世纪80年代初期,沿河港东风码头设施和装卸条件逐渐改善。1985年港区社队企业船队修建阶梯式码头1座。沿河港码头岸线总长近500延长米,可靠泊200吨级船舶,客货吞吐量剧增,成为本省东北部的水陆中转港,运输较繁忙。20世纪80年代乌江沿河码头如图10-4-2所示。

图 10-4-2　20 世纪 80 年代乌江沿河码头

三、清水江主要港口

清水江沿岸有剑河、锦屏、天柱等十余处港口码头,中下游各港口码头继续利用。上游及支流各港口码头随运输形势变迁,始兴终废。其中多因闸坝碍航,货运清淡,以客运为主,年吞吐量 20000 ~ 30000 人次;或公路修通后,物资改道,航运萧条,港口冷落。因木材运输量大,锦屏港 1985 年货物吞吐量居赤水港之后,为本省第二大港。

20 世纪 80 年代锦屏港茅坪码头水上贮材如图 10-4-3 所示。

图 10-4-3　20 世纪 80 年代锦屏港茅坪码头水上贮材

四、都柳江主要港口

20 世纪 80 年代中期,都柳江干流因受红岩水电站碍航影响,榕江港港务渐衰。三都港于 1984 年修复水坝及码头,但因受大河、红岩水电站碍航,水运萧条。河系从江港发展缓慢,有自然岸坡码头 2 座。该港继三都、榕江两港后随之衰落,以客运为主。1985 年货物吞吐量不足 2 万吨。

五、南盘江北盘江—红水河主要港口

随着运输发展,港务渐兴,但进展不快。南盘江主要港口码头有兴义港巴结码头、安龙港坡脚码头、册亨港八渡码头等;北盘江主要港口码头有贞丰港白层码头、册亨港岩架码头等。坡脚、八渡、白层 3 个码头为现阶段水运航线的起点,均为水陆中转码头。1985 年,贞丰港为转输县境原煤需要,兴建白层码头 1 座,可靠泊 70～100 吨级机动船。红水河主要港口码头有望谟港蔗香码头、罗甸港羊里码头等,后者水域条件较好,年货物吞吐量达 3.3 万吨。两个码头均为自然岸坡,可靠泊 100 吨级货船。因煤炭运输需求较大,册亨港在当时是北盘江较繁忙的港口。"两江一河"随着水运的发展,港务渐兴,但进展不快。

第五节　港航行业精神文明建设及职工文化教育宣传的深入开展

一、港航行业精神文明建设的深入开展

1982 年 9 月,党的十二大胜利召开。党的十二大报告提出,我们在建设高度物质文明的同时,一定要努力建设高度的社会主义精神文明。这是建设社会主义的一个战略方针问题。11 月,中共贵州省委召开工作会议,拟定贵州发展战略目标和措施,其中要求把精神文明建设作为全党的任务坚持不懈抓下去。省内河航运管理局、省赤水航运公司、省乌江航运公司等单位和企业积极响应,各党组织组织党员干部学习马克思列宁主义、毛泽东思想,学习党史、党章。充分利用墙报、黑板报、广播等宣传党的方针政策,树立新风、崇尚科学、破除迷信,与坏人、坏事做坚决斗争。有的单位结合本单位实际,立足岗位,组织职工开展社会主义劳动竞赛,积极营造"学先进,争先进"的活动氛围,一度成为当地文明建设的样板。

二、职业教育培训形式多样化

实行改革开放后,为适应市场经济发展的需要,各行业均通过形式多样的教育培训提高职工职业技能,职工职业教育迈上了新台阶。1980 年 9 月,贵州省赤水航运公司举办职工培训班,1981 年经贵州省交通厅政治部批准为职工学校,1982 年受到交通部表彰。1984 年 7 月,赤水航运公司职工学校受省交通汽车驾驶学校委托开办轮机、驾驶专业班。

1985 年,赤水、乌江航运公司开办函授大专班和函授站;自办职业高中,解决职工子女学习和就业问题。赤水、乌江航道工程队多次举办文化补习班和业务学习班,组织职工学习爆破、码头航道施工、测量、通航信号、轮机、驾驶等知识和技术。

三、按照国家教学管理举办管理专业大专班

随着改革开放不断深入,企业面临转换经营机制、走向市场的新形势,急需大批懂经营、会管理的专业人才。

1983 年,省赤水航运公司按有关条件报请贵州省教育主管部门批准,举办贵州广播电视大学经济类工业企业管理专业 3 年制大专班,报考人员经参加全国电大统考合格后录取。共计 34 人被正式录取,其中赤水航运公司 19 人、赤水县 15 人,全脱产学习,统一使用中央广播电视大学教材,统一参加中央广播电视大学授课,统一参加中央广播电视大学考试,考试试卷交贵州广播电视大学评阅。大专班设"政治经济学"等公共必修课 14 门、"工业经济管理概论"等专业基础课及专业课 8 门、选修课 14 门。通过广播电视大学授课与自学相结合,采用学分制,进行毕业答辩,成绩及格者,由贵州广播电视大学颁发 3 年制大专毕业证。这批电大毕业生,充分运用所学的知识,在各自工作岗位上发挥了积极作用。

四、贵州航海学会的建立与学术活动的开展

在国家科委、科协的倡导下,各种专业的学会、协会发展起来。1981 年 10 月,贵州航海学会成立,到 1990 年,会员增至 432 人,分布在全省港航系统各企事业单位和省有关委、厅、局,以及大专院校和厂矿企业。学会下设航道与港口、造船与轮机、水运经济、船舶驾驶 4 个专业委员会,另在赤水设有分会,赤水航道队有基层委员会。学会办公室配有 2 ~ 3 人经办日常事务。

贵州航海学会是经主管部门批准成立的社会团体组织,接受贵州省科协、贵州省交通厅的领导和中国航海学会的指导。自成立以来,学会在开展学术活动、科普教育、科技咨询、编辑出版等方面做了大量工作。

1. 学术活动方面

1982 年 10 月,组织召开锦江过船建筑物经验交流会,省内外专家学者 70 多人出席,收到论文 36 篇。1983 年 5 月,在赤水举行水上侧壁式气垫船学术讨论会,邀请安徽省交通厅高级工程师季克民作报告,省内外专家学者 30 多人到会。1985 年,组织航运科技人员赴广州参加沿海和内河航运技术交流会;同年 10 月,选派会员何志远参加中国航海学会组织的中国青年访日友好之船代表团,赴日考察。1986 年,贵州航海学会召开第二届会员代表大会及年会,改选理事会,大会交流学术论文 14 篇。1987 年 2 月,与交通运输协

会联合举办振兴内河航运座谈会,出席会议的有贵州省人民政府、省顾委、省计委、省经委、铁路等单位的领导及专家38人,讨论内河航运战略地位和面临的问题。1988年9月,中国航海学会内河地区学会第二次联席会议在贵阳召开,有9个省学会领导及代表出席,研讨贵州航运发展战略。1989年8月,召开山区浅水船型及运输方式研讨会;同年10月,与交通运输协会联合召开振兴内河航运讨论会;接着又召开港口码头建设经验交流会,总结交流"七五"期间省内港口码头建设的技术经验。

2.科普教育方面

1984年7月,首次举办航运夏令营活动,贵州省各地的中学生计100人参加,省人大常委会主任徐健生主持开幕式。组织营员从红枫湖出发,经娄山关到红军四渡赤水的土城镇,再经赤水河乘船到重庆,行程1200千米,营员接受了一次生动的红色革命传统教育,上了一堂航运科普知识课。1987年至1990年,组织拍摄了《通向大海》和《愿江河畅通》两部反映贵州航运发展情况的电视纪录片。在庆祝中华人民共和国成立40周年和贵州省科协成立30周年时,参加省、市科协组织的"科技一条街"活动,展出36幅关于航运发展成果的大型图片及文字简介。举办船员培训班14期,共606人次参加。赤水分会举办航运知识竞赛,以航运历史、港口、航道、船舶及航运安全等知识为内容,200多人参与。

3.科技咨询方面

1984年至1990年,组织各类经济技术论证,涉及内容有港口码头建设、航道整治、企业经营管理、工程竣工报告等。

4.学术期刊方面

1987年创办《贵州航运杂志》[1989年改为《贵州交通科技(航运版)》],至1990年为止,共发行7期7000册;另发表各类文章218篇,计66万字。

5.科普读本方面

编印出版《贵州省民间渡口船工初级教材》《贵州省内河航运小轮机船读本》,共发行1.2万册。

贵州航海学会是贵州省办得比较活跃的学会之一,多次受到省科协和行政主管部门的表彰。

1988年11月,交通部长江航道局成立长江航道协会,邀请各省航道管理部门作为团体会员参加,属半官方的社会团体。1989年,协会受交通部工程管理司委托,与交通部水运工程科技情报网内河航道分网共同组织编写《中国内河航道建设四十年》,贵州省航运局《前进中的贵州航道建设事业》一文被收录进文集。

五、《中国河运报》贵州记者站的设置为外宣开设窗口

《中国河运报》(后为《中国水运报》)于1984年7月创刊,由交通部主管,交通部长江

航务管理局主办,报社设在武汉。1984 年,贵州省航运管理局按《关于创办〈中国河运报〉方案的批复》的精神,报经中国河运报社批准,在贵州设立记者站,记者站设在省航运管理局办公室,是各省(区、市)较早建立的记者站。贵州记者站在贵州省交通厅、省航运管理局和《中国河运报》的领导下,为宣传贵州水运建设和发展、提高贵州水运知名度发挥了积极作用。

1991 年,根据交通部《关于中国河运报社驻各地记者站重新申请登记注册的函》和中共湖北省委宣传部、湖北省新闻出版局的文件要求,贵州记者站于 1991 年在贵州新闻出版局申请登记注册并得到批准,成为经新闻出版部门批准的记者站,从事新闻采访的记者证件由湖北省新闻出版局核发,报贵州省新闻出版局备案。当时,该报每周出版一期(后改为周一、三、五出版),港航各单位组织职工积极向报刊投稿,及时将贵州港航最新的工作动态传到该报,让社会了解贵州水运的最新情况。

第十一章
社会主义市场经济体制下的港口发展

（1992—2002 年）

1992 年初,邓小平到武昌、深圳、珠海、上海等地视察,发表重要谈话。1992 年 10 月党的十四大召开,确立了邓小平建设有中国特色社会主义理论在全党的指导地位,中国的改革开放走上了新的起点。省级和地(州)港口管理新体制的建立,规范了港口码头的管理,为港口码头的发展打下坚实基础。贵州乌江、"两江一河"水运主通道经过"八五""九五"期间的建设,建设了一批港口码头,航运基础条件得到了一定的改善,港口码头布局趋于合理。

烤烟、煤炭和磷矿石等出省水路运输线路的开拓和建立,货运得到较大发展,促进了沿江沿河港口码头吞吐量的增加,港口码头得到较大的发展。各河客运线路的开辟和库区旅游的发展,水运客运量得到较大的增加,促进了客运码头的发展。同时,加强港航系统精神文明建设,推动全省港航事业健康、稳步发展。

《贵州省内河航运发展规划(2003—2020 年)》的编制,确立了"十五"至"十三五"期间港口码头发展目标和主要任务,为贵州港口码头建设和发展提供了依据、明确了方向。

第一节　港口管理新体制机制的建立

一、港口管理机构改革与职能转变

1. 省级港口管理机构体制的调整

1991 年 5 月,贵州省内河航运管理局事业编制增至 75 人。新增编制 20 人所需经费,从征收的水路运输管理费中列支。1996 年 10 月,调整局机关内设机构及负责人:运输管理科更名为航运管理科,负责统筹全省港口码头的管理;设计室更名为贵州水运规划勘察设计所(港口码头工程设计);航道管理科更名为航道工程管理科,负责统筹全省航道、港口码头建设工作;计划统计科增加战备办职能(含港口码头规划职能)。

1997 年 8 月 11 日,贵州省内河航运管理局更名为贵州省航务管理局,明确了工作职责范围。其中规定:负责港政管理,指导全省水路运政管理;根据国家有关政策,拟定地方性港口管理的实施细则和办法;编制港口规划、拟定港口规章、制定港口费收和管理;实施港口岸线、港口设施建设管理;维护港口经营秩序;对港口企业资质审批等。同时,成立贵州省港航监督局、贵州省船舶检验局(三块牌子一套班子),其各自原有级别、人员编制、经费来源、隶属关系不变。1999 年 5 月,核定局领导职数 4 名:局长 1 名,党委书记或副书记 1 名,副局长 1 名,总工程师 1 名。经费开支仍按照 55 人全额预算管理,20 人从航运管理费中列支。

2.各市(州、地)县航务(港口码头)管理机构的设置

1997 年,各航运管理中心站更名为航务管理处(清水江、都柳江除外);各县(市)站更名为所,隶属关系、机构规格、人员编制、经费来源、职责范围不变。管理模式多样。一是由州统一管理,以黔东南州和黔西南州为代表,其中黔东南州交通局以"对外称处、对内为科"的形式设航务管理处,仍保留原河系航运管理中心站,各县航管站(组)航务工作由河系中心站统一管理。二是市(州、地)、市(县)分级管理。两级之间仅是业务指导关系,遵义、铜仁、安顺、毕节、贵阳、黔南等地、县均采取这一形式。省航务管理局与市(州、地)之间亦是业务指导关系。经费来源分全额预算管理和自收自支预算管理。由于管理模式不同,经费来源亦不同。省航务管理局属全额预算管理事业单位;遵义、黔东南、黔西南等市(州)实行自收自支;沿河、思南、铜仁、清镇(红枫湖)、修文、开阳、息烽等县(市)由财政拨付基本工资或从征收的水路运输管理费开支,不足部分由财政补贴;铜仁地区航务管理处、贵阳市航务管理处、安顺地区航务管理处等则由地区交通局或公路运管、港航监督处兼管。

二、贵州省港口管理办法的颁布

在"七五"和"八五"期间,贵州动用国家库存粮棉布、中低档工业品发展航运,建设码头 14 处,共 27 个泊位,改变了贵州港口基础设施落后的面貌,但港口建设管理的问题矛盾也开始凸显。

1993 年 12 月 30 日,贵州省人民政府印发《贵州省港口管理办法》,共 13 条,自 1994 年 1 月 1 日起施行。《贵州省港口管理办法》的公布,虽然解决了港口建设管理的问题,但在执行过程中也遇到一些依法管理瓶颈和障碍。之后,经过三次修改,即:1997 年 12 月 23 日《贵州省人民政府关于修改、废止部分行政规章的决定》第一次修正;2008 年 8 月 4 日《贵州省人民政府修改废止部分政府规章的决定》第二次修正;2014 年 11 月 14 日《贵州省人民政府关于修改〈贵州省港口管理办法〉部分条款的决定》(省政府令第 158 号)第三次修正。修订后的《贵州省港口管理办法》共 13 条,仍按第一次颁布日期执行。《贵州省港口管理办法》的公布和施行,填补了贵州港口管理的法规空白,针对性、操作性强,促进了港口建设、管理持续健康发展。

第二节 港口码头建设发展与规划

一、港口码头的建设

1. 西南水运出海通道中线起步(贵州段)工程中的港口码头建设

"西南水运出海中线通道"是交通部规划的西南水运出海北、中、南 3 条水运主通道之一,是应贵州、广西两省(区)政府和人民的要求,在人大代表、政协委员多次提出议案、提案下,由交通部统一安排部署。2000 年,交通部将南盘江北盘江—红水河命名为"西南水运出海中线通道"。同年,交通部安排下达投资计划,西南水运出海通道中线起步工程(贵州段),被列入"九五"跨"十五"贵州省重点交通建设项目。根据贵州省计委批准的初步设计,港口码头工程主要建设镇宁港坝草、贞丰港白层、安龙港坡脚、望谟港蔗香、罗甸港羊里 5 个码头 9 个 250 吨级泊位及相应的配套设施。因受龙滩、平班水电站建设影响,港口建设相应有所调整,首期建设坝草、百层、八渡 3 个港口 6 个泊位,缓建坡脚、蔗香、羊里 3 个港区。工程总投资 16274.32 万元,建设工期 4 年。2000 年 12 月,工程开工建设,2004 年 5 月建成完工。

西南水运出海通道中线起步工程(贵州段)是贵州省与交通部共同投资建设的水运工程项目,也是新中国成立以来贵州省建设标准最高、投资规模最大的水运建设工程,本次工程建设的港口码头规模前所未有,标志着贵州港口建设迈进了一个全新的发展阶段。

工程建设后,航运条件得到极大改善,沿江集体、个体运输船舶迅猛发展,项目实施的几年间,新增运输船舶 100 余艘,全部为沿江人民购进或新造的钢质机动船,单船载重吨位已达 200 吨。沿江两岸的荔枝、甘蔗、柑橘、香蕉、西瓜等经济作物,利用建成的港口码头水运输出,增加了沿江人民的经济收入,促进了区域经济的发展。

码头建成投用后,沿岸的各民族群众也逐步改变了山腰聚居的习惯,将村镇迁移到港口码头边来。如册亨县就在南盘江八渡码头后方新建了八渡镇,贞丰县白层镇也将镇区从毛安迁移至北盘江白层港附近。沿江各地县政府依港建镇,依港规划城镇发展,促进了城镇建设的合理布局,增添了现代文明气息。

2. 乌江(大乌江—龚滩)航运工程中的港口码头建设

"八五"末期,国家对内河水运建设投入增加,省交通厅决定加快乌江水运建设进程,在"九五"实施了乌江(大乌江—龚滩)航运建设工程,该工程是"九五"期间贵州省地方重点交通建设项目。新、扩建余庆港大乌江码头、思南港思南码头、沿河港东风码头、涪陵港泗王庙码头 4 个码头共 10 个 300 吨级泊位,总投资 2750 万元。工程于 1996 年 12 月开工,2000 年完工,历时 4 年。此期工程建设后,乌江水路运输船舶均向货运大吨位(300吨)和客运高速化发展,沿江港口码头的发展繁荣,带动了城镇建设、区域经济发展步伐。2001 年 6 月中旬,经贵州省计委主持竣工验收,被评为优良工程。

3. 地方港口码头建设

"九五"期间,在进行全省重点水运工程建设的同时,统筹安排资金,加大了省内重点通航库区港口码头工程的建设,建成清水江锦屏港三江码头、施秉港两岔河码头、都柳江榕江港榕江码头、潕阳河玉屏港玉屏码头等中小码头 25 处,形成 100 吨级泊位 15 个、50吨级泊位 10 个,大幅提升了港口码头吞吐能力,2000 年贵州全省船舶运输旅客周转量首次突破 1 亿人千米大关,同时有效促进了贵州旅游事业的新发展。

"九五"期间,全省港口码头建设投资 3219 万元,乌江、清水江等重点通航河流上的港口码头基础设施条件得到改善,吞吐能力得到提高,促进了航运的发展。"九五"期间全省港口码头建设投资汇总见表 11-2-1。

"九五"期间全省港口码头建设投资汇总表(单位:万元)   表 11-2-1

建设项目名称	投资	1996 年	1997 年	1998 年	1999 年	2000 年
合计	3219	812	821	626	820	140
一、乌江航运建设工程	1594	414	396	274	510	0
沿河港东风码头及设施	414	200	200	14	—	—
涪陵港涪陵码头及设施	290	60	150	80	—	—
思南港思南货运码头	367	—	—	100	267	—
余庆港大乌江码头	243	—	—	—	243	—
德江港共和码头	280	154	46	80	—	—
二、赤水河航运工程	220	80	65	75	0	0
赤水港鲢鱼溪码头工程	210	70	65	75	—	—
习水港土城码头工程	10	10	—	—	—	—
三、清水江	160	0	0	0	50	110
天柱港白市码头	50	—	—	—	50	—
锦屏港三江码头	110	—	—	—	—	110
四、都柳江	268	108	110	0	50	0
从江港从江码头及设施	168	108	60	—	—	—
三都港三都码头	100	—	50	—	50	—
五、其他河流建设工程	977	210	250	277	210	30
六枝港毛口码头	70	60	10	—	—	—
黔西港化觉码头	10	10	—	—	—	—
镇远港镇远码头	40	10	30	—	—	—
铜仁港漾头码头	20	20	—	—	—	—

续上表

建设项目名称	投资	1996 年	1997 年	1998 年	1999 年	2000 年
普定港小兴浪码头	87	70	10	7	—	—
贵阳港百花湖码头	60	20	40	—	—	—
清镇港滴澄关码头	20	20	—	—	—	—
红枫湖码头防污染处理	30	—	30	—	—	—
播州港三沙码头及设施	140	—	70	70	—	—
黔西港东风码头	50	—	30	—	20	—
荔波港樟江码头	50	—	30	20	—	—
施秉港施秉码头	50	—	—	50	—	—
石阡港洋仔码头	30	—	—	30	—	—
安龙港永和码头	150	—	—	40	110	—
镇远港西门码头	30	—	—	30	—	—
织金港红岩码头	30	—	—	30	—	—
玉屏港北门码头	70	—	—	—	70	—
湄潭港杨家坪码头	10	—	—	—	10	—
关岭港盘江码头	30	—	—	—	—	30

这些投资少、见效快的项目,使全省港口码头基础设施初具规模,有力地促进了地方经济的发展,对改善沿江贫困地区的交通状况,促进矿产开发、旅游业发展以及推动城镇建设等各方面起到了积极作用。

二、重点港口码头的发展情况

2002 年,全省有 36 个内河港口,共计 98 个码头(含自然岸坡码头),港口设施初具规模,布局合理。港口岸线总长 20180 米(其中自然岸坡长 12087 米),船舶停靠泊位 222 个,总长 8093 米,港口附属的仓库面积 8407 平方米、堆场面积 78190 平方米。完成货物运输量 353.65 万吨、货物周转量 40963.54 万吨千米,完成旅客运输量 468 万人次、旅客周转量 10289 万人千米。全省港口(码头)年吞吐能力为货物 400 多万吨、旅客 876 多万人次。其中,赤水河的赤水港、乌江的沿河港及思南港、清水江的瓮洞港、北盘江的白层港、红水河的羊里港、都柳江的从江港等港口,年货物吞吐能力均在 10 万吨以上,成为河系航运发展的重要的客货集散地。

1. 赤水港

赤水港是贵州省年客货吞吐量最大的港口,也是赤水河流域重要的旅客、货物集散地。港内的东门客运码头建有 100 吨级泊位 3 个,岸线长 260 米,堆场面积 2880 平方米,年货物吞吐能力 5 万吨、旅客吞吐能力 180 万人次;港内的鲢鱼溪货运码头建有 100 吨级泊位 2 个,岸线长 230 米,堆场面积 6000 平方米,仓库面积 760 平方米,年货物吞吐能力 10 万吨、旅客吞吐能力 5 万人次;港内的赤天化专用码头建有 100 吨级泊位 6个,岸线长 180 米,装卸设备为成套的皮带输送机,年货物吞吐能力 60 万吨;港内的复兴天然岸坡码头,泊位 6 个,岸线长 535 米,年货物吞吐能力 5 万吨、旅客吞吐能力 5 万人次。

2. 沿河港

沿河港位于贵州东北部的沿河县城区,是乌江航运的重要中转港。港内的东风码头建有 300 吨级泊位 4 个,岸线长 350 米,堆场面积 3460 平方米,仓库面积 1238 平方米,年货物吞吐能力 19 万吨、旅客吞吐能力 46 万人次,该码头配 5 吨缆车装卸机械;港内的红军渡货运码头建有 300 吨级泊位 2 个,岸线长 264 米,堆场面积 4155 平方米,仓库面积 640 平方米,年货物吞吐能力 9.5 万吨、旅客吞吐能力 7.8 万人次;港内的沙沱货运码头建有 300 吨级泊位 1 个,岸线长 70 米,堆场面积 2400 平方米,年货物吞吐能力 4 万吨。沿河港东风码头如图 11-2-1 所示。

图 11-2-1　沿河港东风码头

3. 思南港

思南港位于乌江中游的思南县城区,是铜仁地区西部五县和遵义地区湄潭、凤冈等县的大宗货物集散地。港内有 300 吨级泊位 4 个和自然岸坡泊位 10 个,岸线总长 1180 米,堆场面积 2780 平方米,仓库面积 400 平方米,年货物吞吐能力 30 万吨、旅客吞吐能力 69 万人次。思南港如图 11-2-2 所示。

4. 余庆港大乌江码头

大乌江码头位于乌江中游的余庆县大乌江镇。建有 300 吨级泊位 2 个,码头岸线长 80 米,堆场面积 3200 平方米,仓库面积 420 平方米,码头进港公路、管理用房等设施配套完备。码头年设计吞吐能力 15 万吨。

图 11-2-2　思南港

5. 从江港

从江港位于贵州省黔东南州的从江县,是都柳江流域物资进入广西和广东出南海的重要港口。港内有 100 吨级泊位 2 个,岸线长 150 米,堆场面积 8154 平方米,仓库面积 720 平方米,年货物吞吐能力 10 万吨、旅客吞吐能力 12 万人次。从江港如图 11-2-3 所示。

图 11-2-3　从江港

6. 天柱港瓮洞码头

瓮洞码头位于黔东南州的清水江下游,也是清水江流域物资经洞庭湖入长江的重要港口,自古就有"黔东门户"的美誉。2000 年,港内有 100 吨级泊位 3 个,岸线长 100 米,堆场面积 3565 平方米,仓库面积 800 平方米,年货物吞吐能力 20 万吨、旅客吞吐能力 10 万人次。

7. 贞丰港白层码头

白层码头位于黔西南州的北盘江上游贞丰县境内,是交通部规划的西南水运出海中线通道的起运港。2000 年,港内有 250 吨级泊位 2 个,岸线长 160 米,堆场面积 2546 平方米,年货物吞吐能力 15 万吨、旅客吞吐能力 11 万人次。

8. 罗甸港羊里码头

羊里码头位于红水河上游黔南州的罗甸县境内,是红水河沿岸物资经广西、广东水运出南海最近的港口。1995 年"两江一河"二期复航工程建设,港内有 100 吨级泊位 1 个,岸线长 66 米,堆场面积 3100 平方米,年货物吞吐能力 10 万吨。码头建成后,带动了地方经济的发展,码头后方发展成为新的集镇,是贵州"以港兴镇"的示范工程。

9. 涪陵贵州码头

1961 年 7 月 1 日,在沿河县成立乌江航运分局,为企事合一性质单位,直属省航运局,接管原由航运公司经营的船运,分局直辖涪陵等营业站,仅有规模小且简陋的停靠点。进入 20 世纪 90 年代后,贵州省政府提出水运"北上长江,南下珠江"的战略,省交通厅加大了码头建设的投资力度,按照《贵州省内河航运发展规划(1990—2020 年)》部署,涪陵贵州码头被列入"八五"时期建设规划。1994 年 12 月,动工修建涪陵泗王庙、马脚溪、中渡口 3 个码头,1998 年 12 月竣工,总投资 505.28 万元。泗王庙码头建成 300 吨级泊位 2 个,岸线长 88 米,堆场面积 3124 平方米,仓库面积 1915 平方米,码头管理用房面积 1200 平方米;中渡口码头建成 300 吨级泊位 2 个,1 个为化肥专用泊位,1 个为煤炭专用泊位,配备有缆车作业,岸线长 140 米;马脚溪码头建成泊位 1 个,为加油靠泊码头,岸线长 69 米。至此贵州在长江上拥有属于自己的港口码头基地。随着 2003 年三峡水电站的建成蓄水,贵州在涪陵的泗王庙、马脚溪、中渡口 3 个码头(合计岸线总长为 297 米)5 个泊位和 1852.2 平方米的仓储房屋建筑、7889 平方米的堆场被淹没。经贵州省与重庆市有关部门多次协商,决定在涪陵城区自乌江河口逆江而上地名为乌杨树的地方恢复重建,并定名为涪陵港贵州码头。工程总投资为 2470.84 万元,分两期进行。首期工程于 2002 年 7 月 3 日开工,2004 年 5 月 30 日竣工,历时 697 天。建成 300 吨级泊位 2 个及相应的港口生产辅助设施,年吞吐量 17 万吨;码头岸线长 110 米,陆域面积 5300 平方米,综合办公及仓储面积 1562 平方米。该码头成为贵州船队在长江的驿站。

三、建设出海港口的探索

20 世纪 90 年代初期,贵州省委、省政府提出"南下、北上、西进、东联"和"借港出海"的战略构想。为了加快发展外向型经济,进一步缓解贵州省内物资外运紧张状况,结合交通部倡导省际合作建设港口的精神,努力开辟新的外运通道。

1. 广西防城港建设贵州口岸码头

1992 年 4 月 22 日,贵州省政府与广西壮族自治区政府签订了《黔桂两省(区)经济合作意向书》,拟在广西防城港建设 2 个万吨级码头。5 月 21 日,省人民政府召开防城港贵州口岸建设讨论会议,听取了省交通厅关于在广西防城港建设贵州口岸码头的情况汇报。

6月13日,省交通厅办公会议研究了《建设防城港贵州出海口岸的协议》(征求意见稿)的各项内容,并明确具体工作负责人。9月9日至13日,工作小组到广西防城港实地考察,与广西壮族自治区交通厅、防城港区管委会进行磋商沟通。11月6日工作小组受邀参加在南宁召开的防城港二区码头工程及土地综合开发恳谈会。广西对防城港二区(包括贵州拟建设的第9号、第10号泊位在内)建设,不采取单独投资分段建设码头的方式,而贵州意在广西获得专用码头,因此未能与广西方面达成共识,在广西防城港建设贵州口岸未能实施。

2. 上海黄浦江建贵州码头

贵州省内河航运管理局目光转向"北入长江,江海直达"贵州口岸的筹建工作。1993年9月,组织人员对黄浦江码头进行考察,完成了《关于在上海黄浦江沿岸建设贵州省码头的考察报告》,但最终未能实现。

3. 广东湛江建设海港

1995年5月20日,贵州省人民政府与广东省湛江市人民政府签订《在湛江市东海岛建设贵州港协议书》,协议提出,贵州在湛江市东海岛建设5万～10万吨级港口,湛江市在东海岛北面深水海岸线无偿提供1000亩土地给贵州建设港口。按照该协议书的要求,省政府及时组成赴湛江市考察组,于1995年7月5日至12日对湛江市进行了初步的综合考察。初步综合考察认为,建设湛江市东海岛贵州港面临的问题较多,贵州无法实现。与湛江市政府协商未果,贵州在广东湛江市东海岛建设贵州港未能如期实现。

四、内河航运发展规划的编制

2001年,交通部印发《西部地区内河航运发展规划纲要》,明确了西部地区内河航运的发展思路和目标,强调有条件的地区,要抓住契机,加快发展内河航运,并要求各省(区、市)结合实际情况,研究制定省(区、市)内河航运发展规划。受贵州省交通厅委托,交通部规划研究院开展《贵州省内河航运发展规划》的编制工作,把"干支直达,江海直达"列入中长期规划。规划基础年为2003年,规划水平年为2010年、2020年。

规划项目组于2002年7月编制了工作大纲和报告编写提纲,在得到贵州省交通厅认可后,于8月中下旬对贵州省的黔西南州、黔南州、黔东南州、贵阳市、铜仁地区、遵义地区、赤水市等有关地(市)进行了现场调研,与当地政府有关部门进行座谈,征求当地政府对发展内河航运的意见和建议,收集了国民经济、交通运输、航道、港口、水利水电、矿产资源等方面的资料;同时,实地踏勘了南盘江、北盘江、清水江、乌江、赤水河等部分航道、港口及水利枢纽坝址。项目组对收集的资料进行了整理,对运输需求进行了分析,并对内河运量和港口吞吐量进行了预测。在此基础上,对内河航道及港口进行布局规划,提出分期实施意见,于 2002 年 12 月完成了中间成果报告。

第三节　水路运输对港口码头的影响

一、出省水路运输的影响

1.烤烟出省水路运输的拓展与结束

贵州是全国烤烟主产区,长期以来主要通过铁路输出。由于铁路运能有限,烤烟经常积压,外运受到限制。1991 年,省铁水分流办公室积极组织航运企业开展烤烟输出试运行。经协调,毕节地区的烤烟通过汽运运到赤水,由赤水港通过赤水河水运进入长江中下游地区。

1991 年 1 月 9 日,赤水轮船公司"遵义 501"轮船队从赤水港鲢鱼溪码头出发,首次装载 10464 担(20 担 = 1 吨)烤烟,由赤水河水运进入长江,安全、优质、无损地抵达安徽裕溪口,拉开了贵州省烤烟水路输出的序幕。此后,毕节地区烤烟输出转由赤水轮船公司承担。同时,遵义地区行署决定将桐梓、习水、绥阳三县经铁路输出的烤烟,改用汽车运到赤水市,由赤水港水路输出。1991 年 10 月 21 日,"赤水 304"轮一拖四驳(4 × 150 吨)船队装载烤烟 10876 担,从赤水港麻柳沱码头起航,经赤水河入长江转洞庭湖。29 日,船队无货损货差安全抵达湖南常德港,单边航程 1733 千米,首航成功。此后,供货方将桐梓、遵义复烤厂生产的全部烤烟交由赤水市航运公司承运,成为水路烤烟外运输出主力。11 月,省铁水分流办公室组织开展乌江"公水联运、江海联运"直达运输业务。用汽车运输 5000 担烤烟至长江涪陵港中转,再由乌江轮船公司通过长江运往江苏南通港,转海船运往福建云霄港。

1992 年 2 月,中共贵州省委、省人民政府发出《关于进一步搞好我省两烟工作的决定》,把"两烟"(即卷烟、烤烟)列为全省国民经济计划重点扶持和发展对象之一。坚持把提高经济效益作为搞好"两烟"工作的中心,进一步调整结构,提高质量和档次,深化改革,转换企业经营机制,积极开拓国内外市场。这为水运企业拓展长途运输指明了方向。1992 年 3 月,贵阳卷烟厂从津巴布韦进口了 3600 担烤烟叶,交省铁水分流办公室负责组织公水联运,乌江轮船公司负责由长江运往涪陵港的接载任务,再进入乌江至思南港转汽车运至贵阳,历时 19 天,货物完整无损,第一次成功实施贵州外贸进口物资的江海联运。1993 年,乌江轮船公司开辟湄潭港至上海港烤烟运输专线。

1992 年,通过赤水港水运到长江中下游的烤烟达 55 万担。1994 年,水路出省烤烟运输量为 17.3 万担。随后几年间,全省水路烤烟运输量始终保持在 20 多万担。水运企业依靠烤烟运输的支撑或补充,创造了良好的经济效益。赤水市航运公司在1992—2000年完成烤烟运输200余万担,航线从赤水港鲢渔溪码头至长江中下游港口,企业连续8年盈利。1998—1999年两年分别运输烤烟61400担和45880担。2000年后,遵义地区关闭道真、务川、余庆、桐梓4家复烤厂,加之遵义卷烟厂的投产,至"九五"末期烤烟水路运输逐渐减少,到2004年基本终止。

烤烟水路运输,前期促进了沿江港口货物吞吐量的增长,但后期由于运输量减少,港口码头的吞吐量亦随之回落。

2. 煤炭出省水路运输的涨落

20世纪90年代,黔北地区、乌江腹地、黔西南州煤炭资源开发力度加大,煤炭主要销往长江中下游及桂、粤地区。由于这些地区无铁路,单靠公路无法将大宗煤炭运达目的地,水路运输成为煤炭输出的首选运输方式。

赤水轮船公司、赤水市航运公司、个体(联户)船队,通过赤水河各港口码头的集运,把煤炭源源不断地运往长江中下游地区。1990年习水港、赤水港共输出煤炭15.9万吨,1994年12万吨,1996年10万吨,1998年达25万吨。乌江也是将贵州煤炭运入长江的重要通道。据不完全统计,乌江各港口1990—1998年煤炭输出28.9万吨。20世纪90年代末期,受长江中下游煤炭供需市场变化影响,加之运输成本较高、煤炭理化指标不佳以及"三角债"等因素的制约,乌江支干直达煤炭运输量逐渐减少。

"两江一河"二期复航工程结束后,航运条件进一步改善,港口码头布局更趋合理,北盘江航道向上游安顺地区腹地延伸,与镇(宁)坝(草)公路和贵(阳)黄(果树)高等级公路衔接,南盘江航道与盘百公路和南昆铁路相衔接,"两江一河"水陆联运通道打通,煤炭外运量逐年增加。1998年,盘江轮船公司通过"两江一河"港口输出煤炭量达6万余吨。

3. 磷矿石长途水运的探索

贵州磷矿蕴藏丰富,保有量居全国第二位。1993年4月,省航运总公司与省瓮福磷矿基地签订30年长期运输合同。12月,省交通厅将磷矿铁水分流作为科研课题开展可行性研究。1994年6月,《贵州省瓮福磷产品等出省物资江海运输实施方案的研究》完成,提出由贵阳至枝城,经张家港或上海到日本、韩国以及东南亚等国家的运输线路。经有关部门审定,认为技术可行、经济合理。1995年8月,贵州东方航运有限责任公司开辟开阳(磷矿)铁路到武汉汉阳转长江水运抵达福建等地的铁水联运线,铁路到湖北枝城转水路运往安徽、江苏等出省航线。1995年磷矿石出省运输量56万吨。后因公路条件改善,铁路运输压力缓解,磷产品基本改走铁路输出,磷产品的江海船舶运输方案未能继续实施。

铁水、公水分流和江海联运的推进,缓解了贵州出省货物运输压力,拓展了贵州水路运输发展,推进了沿江沿河港口码头的发展。"九五"末期,随着水路出省货源逐步减少,20世纪90年代中期成立的部分专营水路出省运输企业因亏损而撤销或停业,到2000年,进入长江干流的货运量在40万吨左右徘徊,港口货物吞吐量也随之大幅减少。

二、水运个体(联户)运输的影响

水运市场的逐步放开和水电站的建设带动区间短途客运、水上旅游客运的形成,也带动个体运输业的快速发展,提升了港口码头的客货运输能力和港口客货吞吐量。到2000年末,全省个体运输户1873户,从业人员7045人,船舶1925艘,载重量36538.8吨,载客量14191位,功率53516.3千瓦。2000年,完成客运量411.73万人次、旅客周转量9390.76万人千米,货运量271.86万吨、货物周转量18367.4万吨千米。以客运量、旅客周转量、货运量、货物周转量四项经济指标相比,前三项均超过了国有和集体运输企业的总量,且主要占据了省内短途运输市场。个体运输业的快速发展,既为城乡沟通和物资交流发挥了积极作用,也进一步推进了港口码头的发展。

1992年,各地区航运管理中心站按照《中华人民共和国水路运输管理条例》《水路运输管理条例实施细则》,加强对社会经营船舶的管理,明确经营者的经营范围和线路,建立详细的经营业户档案,加强港口码头治理,遏制无证经营,维护水路运输市场有序竞争和港口码头正常秩序。

三、货运起伏变化的影响

受经济发展和市场变化的影响,全省主要河流货物运输也发生起伏变化,并对港口的运输产生重要影响。

1. 赤水河

20世纪90年代初,经过国家粮棉布转换投资,对中游河段几个较大碍航滩险进行整治,取消所有绞滩站后,通航能力有所提高。个体运输业户快速增加,中游河段船舶吨位从30~70吨增加到50~120吨,货物运输量逐步增长。下游河段船舶吨位发展到150~200吨,运输方式以拖带为主。1990年,赤水河货物运输量64.5万吨,货物周转量18799.5万吨千米,占全省水路货物运输总量的70.49%。主要货物有:煤炭15.90万吨,石油0.52万吨,钢铁0.02万吨,矿建材料0.02万吨,水泥0.77万吨,木材0.82万吨,非金属矿石0.11万吨,化肥43.80万吨,其他2.51万吨。1998年底,水路货物运输量达103万吨,货物周转量达24363万吨千米,占全省水路货物运输总量的32.78%,其中:煤炭25万吨,矿建材料4万吨,水泥2万吨,非金属矿石20万吨,化肥48万吨,其他4万吨。2000年,货物运输量达136.90万吨,货物周转量达20820.30万吨千米,占全省水路货物运输总量的38.71%。赤水河货物运输主要从习水港和赤水港进行集散,其中习水港以煤炭输出为主,赤水港以化肥输出为主。沿河主要水路运输企业有赤水轮船公司、赤水市航运公司、赤水市黔川航运公司、元厚运输社、大同运输社、习水县胜利航运公司(1996 年解体)、仁怀县航运公司(1997 年解体)、华一纸厂船队、赤天化天永运输有限公司、赤水市岔角煤矿船队。

2. 乌江

"九五"期间乌江航运建设工程对航道进行了全面整治,达到了五级航道通航标准,通航能力大大提高,水路运输快速增长。1990 年,乌江货物运输量仅 8.80 万吨,货物周转量 5432.80 万吨千米,占全省水路货物运输总量的 11.15%。1994 年,下游涪陵境内武陵县边滩发生崩岩,堵塞航道,乌江水路运输受到影响,直到 1996 年恢复通航后,才得以逐步恢复。1998 年,乌江货物运输量达 40.5 万吨,货物周转量 12961 万吨千米,占全省水路货物运输总量的 12.89%。2000 年,乌江货物运输量猛增到 116.2 万吨,货物周转量达 9718.89 万吨千米,占全省水路货物运输总量的 32.85%。乌江主要运输货物有煤炭、建材、水泥、矿石、粮食等,其中金沙港、息烽港以煤炭输出为主,沿河港以水泥输出为主。其主要水路运输企业有乌江轮船公司、沿河县乡镇航运公司、沿河县航运公司(1996 年解体)。

3. 清水江

清水江航道在 20 世纪 80 年代末期和 90 年代经过整治,保持通畅,货物运输量逐年增加。1995 年,随着个体运输的发展,水运市场竞争激烈,仅有的天柱县远口航运公司被撤销,水路运输主要由个体(联户)经营。1990 年,货物运输量达 8.67 万吨,货物周转量 5666.05 万吨千米。1994 年,货物运输量 12.3 万吨,货物周转量 4987 万吨千米。1995 年,货物运输量 10.3 万吨,货物周转量 3789 万吨千米。1996 年,货物运输量 12.9 万吨,货物周转量 5170 万吨千米。1997 年,货物运输量达 21.4 万吨,货物周转量 4580 万吨千米。上游三板溪水电站建设后,水路运输量急剧下降,1998 年,货物运输量仅 3.8 万吨,货物周转量 1822 万吨千米。2000 年,货物运输量增加到 18.33 万吨,货物周转量 4805.2 万吨千米,占全省水路货物运输总量的 5.18%。

4. 南盘江北盘江—红水河

1995 年 4 月,二期复航工程结束,航道整治和港口码头建设使航运条件得到较大改善,水路运输恢复正常,个体运输业户发展较快,船舶运力快速增加,水路运输量逐年增长。1995 年,货物运输量仅 9.70 万吨,货物周转量仅 55.30 万吨千米,货物运输量仅占全省水路货物运输量的 7.82%。1996 年,货物运输量猛增到 40.50 万吨,货物周转量达 5818 万吨千米。1998 年货物运输量增加到 61.70 万吨,周转量 2791.40 万吨千米,占全省水路货物运输总量的 19.64%。2000 年货物运输量达 77.05 万吨,货物周转量达 1965.98 万吨千米,占全省水路货物运输总量的 21.78%。"两江一河"水路货物运输具有明显的库区水运特点,长途水运较少,短途运输发展较快。

5. 都柳江

都柳江由于碍航闸坝和航道多年未得到维护,通航条件较差,水路货物运输量较少。20世纪90年代后,随着沿河两岸社会经济的发展,恢复水路运输的呼声越来越高。1998年,实施三都—新华段港航建设工程,改善都柳江航道通航条件。1995年,水路货物运输量11.8万吨,货物周转量3858.5万吨千米,占全省水路货物运输总量的9.52%。1996年,货物运输量增加到22.4万吨,货物周转量增加到5200万吨千米。1998年,货物运输量达到30.3万吨,货物周转量增加到6231.6万吨千米,占全省水路货物运输总量的9.6%。2000年,随着腹地陆路交通条件的改善,货物运输量仅2.26万吨,货物周转量3646.7万吨千米,后基本停运。

水电站的建设,形成库区深水航道,改善了库区的通航条件,促进了库区航运快速发展。至2000年,主要库区,如乌江渡、万峰湖、夜郎湖,货物运输总量90.4万吨,货物周转量1617.77万吨千米。

四、客运的影响

据统计,1990年,全省水路客运量90.7万人次、旅客周转量2 664万人千米;2000年,全省水路客运量468.07万人次、旅客周转量10289.27万人千米,分别比10年前增长了516.06%和386.23%。客运量的增长,相应带动了沿江港口码头旅客吞吐量的增长,繁荣了港口码头,拉动了社会经济的发展。

1. 赤水河

20世纪90年代初、中期,由于陆路交通不便,赤水河长短途客运较为发达,年客运量始终保持在40万~50万人次,旅客周转量在1700万人千米左右。长途客运主要由赤水轮船公司和赤水市航运公司经营。之前,两个公司客船均开辟赤水港—合江港—朱杨溪港航线。1992年1月1日,赤水轮船公司"金梭号"双体快速客船投入营运,将航线从赤水港—合江港—朱杨溪港延伸到重庆港。1993年,开辟赤水港至丰都港旅游航线。1994年,该航线因游客少、成本高而停运。随着赤水至合江、泸州公路的改善,泸州至隆昌、成都至重庆高等级公路的通车,客源逐步向陆路转移。1998年以后,水路长途客运逐渐衰落,赤水市航运公司停止长途客运业务。

赤水河短途客运仅限于小吨位客船逢场赶集,主要分为3个区段:四川境主要短途客运航线为赤水—车辆—先市—实录,由贵州赤水市航运公司和四川合江县的先市、车辆、实录3个乡镇的个体经营户经营;赤水市境内航线为赤水—丙安—复兴、赤水—大同,由赤水市黔川航运公司、大同运输社和个体运输联户经营。随着沿河公路的改善,水路短途客运逐年减少。1995年开辟习水县土城至四川古蔺县太平渡航线,满足沿途群众出行需求。上游仁怀县境内客运航线主要为由茅台至中华往返。

1990年,赤水河全河系客运量47.9万人次,占全省水路客运量的52.81%。2000年,由于陆路交通条件的改善,"金梭号"双体快速客船退出市场,赤水河长途客运终止,客运量锐减至25.84万人次,仅占全省水路客运量的5.52%。

2. 乌江

20世纪80年代,沿江陆路交通极为不便,两岸居民出行多靠船舶,但两岸山势陡峻、滩险水急,短途客运较少,主要经营者有乌江轮船公司、沿河县航运公司、沿河县乡镇航运公司、思南县航运公司(1990年解体)等国有和集体航运企业。1991年对乌江航道进行局部整治后,通航条件有所改善,个体(联户)区间短途客运发展迅猛,1994年,水路客运量由整治前的25万人次猛增到109万人次。1995年虽然客运量有所回落,但长途旅客有所增加。随着个体(联户)的参与,水路运输市场竞争激烈,1996年沿河县航运公司解体,沿河县乡镇航运公司到1998年已处于瘫痪状态,唯有国营企业乌江轮船公司仍经营水路客运。"九五"期间,大乌江至龚滩五级航道和港口码头建成后,乌江客运回升较快,个体(联户)机动客船发展盛行,被称为"水上中巴"。重庆市个体户投入80座快速客船1艘,开辟沿河港—涪陵港—重庆港省际区间直达航线。1998年,乌江水路客运量113万人次。2000年客运量猛增到265.66万人次,已占全省水路客运总量的56.76%。

3. 清水江

1990年,完成客运量9.1万人次、旅客周转量165.1万人千米,占全省水路客运总量的10.03%。"八五"期间,远口、瓮洞、白市、垄处、锦屏等港口码头赶集日短途客运繁忙,客运量52.94万人次。"九五"期间,随着锦屏、南加、凯里、白市、远口、温洞等港口码头开通客运班船,船舶数量逐年增加,客运量呈上升趋势,1998年客运量增至65万人次。此后,因陆路交通条件的改善和水电站的修建,客运量逐步减少,至2000年客运量减至38.94万人次,占全省水路客运总量的8.32%。

4. 潕阳河

由于水电站的建设,水路客运主要为库区区间客运,以旅游客运为主。20世纪90年代中期,镇远古镇和潕阳河开辟水上旅游,引进外资,购买豪华钢质旅游船,改造原有船型和质量较好的船舶,水路客运逐年增加。1995年,全河有62艘机动旅游船1367客位,年客运量3.5万人次。其支流水上漂流迅速发展,漂流船舶猛增,1995年有漂流船舶718艘2154客位。1996年有旅游船63艘1462客位,漂流船867艘2601客位;完成客运量4.85万人次。2000年,潕阳河有旅游船61艘1420客位,漂流船1867艘

5601 客位;河系完成客运量 56.71 万人次、旅客周转量 1697.15 万人千米,占全省水路客运总量的 12.16%。

5. 都柳江

20 世纪 90 年代初期,经营水路运输的集体航运企业有从江县航运公司(1993 年解体)、榕江县航运公司(1997 年解体)。随着社会经济的发展,乡镇集贸市场的繁荣,水路个体运输业户的发展,水路客运逐年增加,1995 年机动客船已发展到 41 艘、601.97 千瓦、1107 客位,完成客运量 11.6 万人次、旅客周转量 333.4 万人千米。到 1998 年客运量增加到 27.9 万人次,旅客周转量达 657.4 万人千米。后由于 321 国道沿江段(从江—三江公路)的开通,加上 1997 年榕江永福水电站的修建,榕江航段与下游形成永久性断航,但仍有大量以赶集为主的区间短途客运。省境内主要客运线路有从江—梅林、从江—下江、从江—车寨、从江—四寨河口、从江—大榕、四寨河库区;省际客运线路有从江—老堡、从江—富禄、从江—程村、从江—融安。2000 年,都柳江完成客运量 15.4 万人次、旅客周转量 651.31 万人千米,占全省水路客运量的 3.29%。

6. 南盘江北盘江—红水河

二期复航工程后,航运复苏,沿江集镇建设加快,集贸市场交易日趋活跃,个体客运船舶发展较快,客运从无到有,客运量逐年增加,区间逢场赶集旅客运输特别活跃。1995 年,完成客运量 9.02 万人次、旅客周转量 122 万人千米;2000 年,完成客运量 37.45 万人、旅客周转量 789.18 万人千米,占全省水路客运量的 8%,促进了当地经济的繁荣。沿岸册亨港岩架码头、望谟港蔗香码头、贞丰港白层码头、罗甸港羊里码头、镇宁港坝草码头、安龙港坡脚码头等港口码头带动了集镇发展,呈现出欣欣向荣的良好势头。

7. 锦江

1990 年,水路客运量仅 2.5 万人次,旅客周转量仅 15.2 万人千米,占全省水路客运量的 2.76%。随着旅游业的发展和乡镇集贸市场的繁荣,水上客运发展较快,1994 年,水路完成客运量 38 万人次、旅客周转量 304 万人千米。此后几年间,水路客运量一直保持在 35 万~40 万人次。2000 年,客运量下降到 6.96 万人次,旅客周转量为 122.08 万人千米,占全省水路客运量的 1.49%。

五、库区水运的影响

水电站建设形成深水库区,改善了航道条件,促进了港口码头的建设,推进了库区短途客运和库区旅游的发展。如万峰湖、红枫湖、东风等库区,兴起了水上旅游热,吸引省内外游客前来观光。2001—2005 年贵州省主要库区旅客运输量见表 11-3-1。

2001—2005 年贵州省主要库区旅客运输量表　　　表 11-3-1

库(湖)区	运输量	2001 年	2002 年	2003 年	2004 年	2005 年	合计	备注
乌江渡库区	客运量（万人次）	29.2	54.22	21.24	37.18	46.51	188.35	
	旅客周转量（万人千米）	511.89	1097.88	443.81	660.13	889.47	3603.18	
东风库区	客运量（万人次）	32.31	9.86	10.62	4.28	4.81	61.88	
	旅客周转量（万人千米）	604.71	92.78	219.95	83.91	102.5	1103.85	
万峰湖	客运量（万人次）	12.71	37.94	35.76	34.95	58.42	179.78	
	旅客周转量（万人千米）	287.14	1294.88	1030.66	1352.53	2101.64	6066.85	
夜郎湖（小兴浪库区）	客运量（万人次）	22.4	6.66	8.48	7.35	13.88	58.77	
	旅客周转量（万人千米）	379.38	38.25	154.15	100.92	187.22	859.92	
红枫湖	客运量（万人次）	27.74	5.44	19.66	11.79	40.3	104.93	
	旅客周转量（万人千米）	240.86	89.28	201.88	188.14	382.54	1102.7	
百花湖	客运量（万人次）	8.84	3.46	13.88	1.8	3.72	31.7	
	旅客周转量（万人千米）	17.4	37.68	64.04	4.97	15.31	139.4	
洪家渡库区	客运量（万人次）	—	—	—	—	16.16	16.16	2004 年底建成发电
	旅客周转量（万人千米）	—	—	—	—	351.57	351.57	

第四节　精神文明建设的加强

一、"解放思想大讨论"的开展

1994 年 3 月,中共贵州省委、省人民政府发出通知,针对深入开展"解放思想、振奋精神、真抓实干、加快发展",决定在全省开展"解放思想大讨论"。3 月 31 日,中共贵州省委召开省直机关厅级以上干部动员会,会后,省、地(州、市)、县(市)和省直部门都成立了领导小组。省航运局也成立了大讨论领导小组,指导港航直属企事业单位开展"解放思想大讨论"工作。从 4 月开始,"解放思想大讨论"在全省及省属企事业单位展开,分四个阶段进行:深入学习,提高认识;回顾总结,查找差距;制定对策,完善措施;抓整改,促发展。10 月,港航系统的"解放思想大讨论"报告上报省交通厅。11 月,中共贵州省委、省人民政府召开总结会,"解放思想大讨论"工作结束。

二、干部队伍建设和党员思想教育的加强

1996 年 6 月,省内河航运管理局印发《中共贵州省内河航运管理局党委工作制度》,随后,全省各航运基层单位党组织相继制定和完善相应的工作制度,指导推动全省水运事业健康、稳步发展。

1.干部队伍的建设

在"八五"初期,企事业单位实行第二轮经营承包责任制,以及中后期实行的目标经营责任制中,严格按照干部"革命化、年轻化、知识化、专业化"标准和德才兼备的原则,注重班子成员年龄结构、专业结构,选拔勇于改革、开拓创新的干部进入领导班子。

2.企业领导班子的整体管理水平提高

各企业领导班子认真学习邓小平理论,带头"讲学习、讲政治、讲正气",加强业务学习,提高了企业领导班子的整体管理水平,增强了企业领导班子驾驭市场竞争的能力。加强企业职工民主监督,坚持职代会民主评议领导干部制度。

3.加强党员政治思想教育

着重开展"三个基本教育":一是马克思列宁主义、毛泽东思想、邓小平理论、"三个代表"重要思想的基本教育;二是党的基本路线教育;三是党的基本知识教育。加强基层党组织建设,特别是船队、车间、港站、工区基层党组织的建设,充分发挥基层党组织的战斗堡垒作用。

4.加强和改进政治思想工作

省属各企事业单位始终把加强思想政治工作任务落实到车间、班组、港站、船队。在改革和发展中，进一步发挥工会、共青团、学会等群众团体的桥梁纽带作用，切实维护职工的民主权利，充分发挥职代会作用，实行厂务公开、民主管理、民主监督，增强广大职工的主人翁责任感，形成共同推进航运建设和发展的整体合力。

三、职工思想道德建设的加强

加强职工思想道德建设，在全省港口职工中广泛开展立足本职、爱岗敬业教育，进行热爱社会主义、坚定社会主义信念教育。开展集体主义教育，着力抓住爱国主义教育这个主题，采取报告会、知识竞赛等多种形式，引导职工正确处理国家、集体、个人之间的利益关系，个人利益服从国家利益和集体利益。对从事船舶运输、港站业务等工作的职工，加强职业道德教育，尤其重视窗口职工职业思想、职业道德、职业纪律、职业技能建设，做到"安全优质，文明服务"，促进行业风气的好转；开展学雷锋、学严力宾活动，把"学雷锋学根本，奉献在岗位"作为开展活动的指导思想，形成学雷锋树新风的良好行业风尚。

四、精神文明创建活动向前推进

"八五"时期，全省航运行业精神文明建设以职工思想道德建设、党员思想建设、领导班子建设三个方面为主。通过加强精神文明建设，为贵州航运的发展提供精神动力和思想保证。

1997年5月，省内河航运管理局制定《贵州省水运交通行业精神文明建设"九五"规划和2010年远景目标》，以指导全省水运行业精神文明建设。同时根据水运行业的特点和工作实际情况，制定了11个文明单位标准（试行）及考评细则，使开展文明单位创建活动覆盖全行业，使文明单位创建工作制度化、规范化。

随着文明单位创建活动力度的加大，全省水运系统以"三学一创"（即个人学习包起帆"在岗位尽责，为事业奉献"，集体学习"华铜海"轮"艰苦创业、爱国奉献"，单位学习青岛港强化管理、苦练内功、发展生产；争创文明单位）为主要目标，把"文明科室""文明站点""文明船舶"的创建活动列入年度工作目标考核，形成了学习先进、赶超先进、争创先进的良好气氛。"九五"时期，涌现出一批港航管理先进个人、先进集体和先进单位，乌江轮船公司"乌江号"，赤水轮船公司"遵义1号""遵义3号"获"交通部文明客轮"称号；赤水航道处"航标4轮"获评"1998年度全国水运系统安全优秀船舶"；省航务管理局获省交通厅"1999—2000年度文明单位"称号；全省各级港航监督部门认真抓好行业作风建设，继续深入开展港航行业"文明单位"创建活动，至"九五"末期，全省港航监督、船舶检验系统13个处所获"文明单位"称号。

五、举办形式多样的在职教育与港口文化的宣传

1.举办形式多样的在职教育

从20世纪90年代起,省内河航运管理局十分重视对专业人才的培养,特别是把实施科教兴航与普及科学文化知识,提高广大水运职工的素质和水平,作为建设社会主义物质文明和精神文明的重要内容来抓。对学历偏低而在职学习的干部职工,各单位在学费上给予补助,在时间上给予保证,加大学历教育力度,许多职工通过自学、成人继续教育等方式获得大专、本科学历。通过水运工程建设,着力培养技能型实用人才和复合型人才。1990年,廖国平被评聘为教授级高级工程师。1992年10月、1993年10月,张敦嘉、廖国平两位专家享受国务院政府特殊津贴。

2.采写水运新闻获《中国河运报》好新闻二等奖

由驻站记者韦世荣采写的《贵州已开始水路批量运输烤烟》于1992年1月10日刊登在《中国河运报》头版头条,在该报1992年度好新闻评比中荣获二等奖。

3.邀请主流媒体宣传水运建设和发展

1996年9月,《中国水运报》由胡乾想、程永华、韦世荣组成的记者采访组和《贵州交通报》记者李黔刚一行深入黔南州、黔西南州,连续登载《珠江水系在呼唤》系列报道共四篇——《功在千秋的事业》(之一)、《历史不会忘记》(之二)、《3700万元投资带来的效益》(之三)、《贵州人民的期盼》(之四),在社会上引起强烈反响。呼唤带来决策效应,为"西南水运出海中线通道工程"的立项产生了积极作用。

记者在采访中得知了许多感人的故事。1989年,罗甸县交通局局长何军伍提出开发羊里港口及红水河航运建议,得到县委、县政府的支持。当年8月23日,何军伍同志随队考察,前往广西东兰、岩滩、大化等地进行适航考察,26日上午乘坐机动船逆江而上。当船行至广西天峨县境内的纳相滩时,因滩险水急发生危险,为保护国家财产和船上人员生命安全,何军伍奋不顾身与洪水搏斗,以身殉职,年仅42岁。黔南州委发出在全州范围内"向为发展交通事业以身殉职的优秀共产党员何军伍同志学习"的通知。1996年,记者又将英雄的事迹写入该系列报道《历史不会忘记》(之二),登上《中国水运报》。

4.自办内部刊物加强宣传

省航务管理局创办的《贵州水运简报》是内部交流刊物,各单位广大职工积极向《贵州水运简报》投稿,及时宣传报道本单位的工作动态以及港口、航道建设成就等,成为各级交通部门领导和广大职工了解水运情况的窗口与广大航运职工反映宣传水运建设和发展的阵地。同时,基层单位的职工从多角度、多层次积极向报刊投稿,宣传贵州水运新闻,让更多的人了解贵州港口、关心贵州港口、支持贵州港口、发展贵州港口。

1993 年,贵州航海学会完成了《贵州航运史(古、近代部分)》的编辑工作,1999 年完成了《贵州航运史(现代部分)》的编辑工作,均由人民交通出版社正式出版发行,记述了港口码头在航运发展历史中的作用,是航运的重要组成部分。另外,还完成了贵州省库区及其支流航道技术等级的定级工作。

1998 年汛期,长江、松花江、嫩江流域发生历史上罕见的特大洪灾,牵动着全省航运职工的心。局机关积极开展献爱心活动,职工个人合计向灾区捐款 11650 元,平均每位职工捐款 150 元。同时,局机关职工坚守岗位,做好本职工作,以实际行动支持灾区军民抗洪救灾。局机关多次开展捐资助学活动,资助贫困地区失学儿童。

抓好职工和家属特别是下岗职工以及离退休职工的教育引导,提倡崇尚科学,反对各种形式的封建迷信活动,明辨是非,自觉抵制邪教的侵蚀。广泛开展群众性的健康的积极向上的文体活动。

第十二章
西部大开发促进贵州港口快速发展

（2002—2012 年）

2000 年,国务院印发《关于实施西部大开发若干政策措施的通知》(国发〔2000〕33 号),明确提出实施西部大开发战略,加快中西部地区发展。为体现国家对西部地区的重点支持,国务院制定了实施西部大开发的若干政策措施,政策适用范围包括重庆市、四川省、贵州省、云南省、西藏自治区、陕西省、甘肃省、宁夏回族自治区、青海省、新疆维吾尔自治区、内蒙古自治区和广西壮族自治区。实施西部大开发,要依托亚欧大陆桥、长江水道、西南出海通道等交通干线,发挥中心城市作用,以线串点,以点带面,逐步形成我国西部有特色的西陇海兰新线、长江上游、南(宁)贵(阳)昆(明)等跨行政区域的经济带,带动其他地区发展,有步骤、有重点地推进西部大开发。

2010 年,国务院印发《关于深入实施西部大开发战略的若干意见》(中发〔2010〕11 号),明确提出重点推进长江中上游、西江、澜沧江等干流及重要支流航道治理,提高航道标准,加强重点内河港口建设,提高出海通道能力。加快重庆长江上游航运中心建设,推进广西北部湾沿海港口资源整合,加强集装箱和大型散货公用码头建设。2011 年,国务院印发《关于加快长江等内河水运发展的意见》(国发〔2011〕2 号),明确加快长江等内河水运发展。

西部大开发战略的实施,有力推动了贵州经济社会的发展。2002—2012 年,跨越"十五""十一五"规划期,贵州港口码头建设提速,港口码头步入快速发展时期,并向专业化方向发展。在此期间,贵州水运抢抓发展机遇,在加快港口码头基础设施建设的同时积极探索市场化发展,各地港口码头初步形成规模,装卸机械化水平不断提高,布局趋于科学合理,在量与质的方面都有了极大提升,为全省经济社会发展作出积极贡献。

第一节 规 划 修 编

在前阶段工作基础上,《贵州省内河航运发展规划》(简称《规划》)于 2003 年 6 月再次征求各方面意见,之后进一步完善。2004 年 1 月,送审稿完成。2004 年 8 月 17 日,贵州省人民政府会同交通部在贵阳市主持召开了《贵州省内河航运发展规划》审查会,报送省人民政府审批。2005年4月23日,贵州省人民政府予以批复。

《规划》按照"发展综合运输体系、水资源综合利用、远近期相结合和与相关规划相协调"的原则,确定总体目标为:以西部大开发为契机,以河流渠化为重点,结合水利枢纽建设,用20年左右时间,基本建成乌江、赤水河、清水江、"两江一河"、都柳江等5条水运出省通道,相应发展区间和库区航运,配套建设港口和航道支持保障系统,形成港、航、船协调发展,与其他运输方式相互衔接的内河航运体系。

《规划》根据各航道所处的地理区位、自然条件、开发前景及功能定位,将贵州省航道划分为出省水运通道和一般航道两个层次。"两江一河"、乌江及赤水河、清水江、都柳江等5条河流规划为出省水运通道,其中乌江、赤水河、清水江通往长江,"两江一河"、都柳江连接珠江,属珠江水系。出省水运通道规划总里程1594千米,其中四级航道884千米,五级航道239千米,六级航道471千米。锦江、松桃河等支流航道和水利枢纽库区航道规划为一般航道。一般航道的规划等级主要为五级和六级。《规划》同时对各条规划河流的船舶船型及营运组织进行了规划论证。

《规划》分近期目标(2010年)和远期目标(2020年)。近期目标为2010年以前,根据经济发展需要,集中力量实施重点航道的整治工程和航电枢纽工程,建设"两江一河"南下出海通道、赤水河岔角以下航道、清水江航电枢纽以及结合乌江水利枢纽工程建设,治理库尾航道,同步建设与之相配套的贞丰(白层)、罗甸(羊里)、赤水等主要港口,初步形成北经赤水河入长江、南经红水河达西江的出省水运通道。远期目标是到2020年,继续实施乌江、清水江、都柳江航电枢纽工程,基本建成贵州省南下珠江、北上长江的出省水运通道,相应建设大、中、小结合的港口群和航道支持保障系统,使贵州省出省水运通道的面貌发生根本性变化,满足社会经济发展的需要。

《规划》根据《内河航道维护技术规范》和各河系航道的发展变化情况,充分考虑了航道维护、管理及航道员工的工作、生活条件环境,规划新建、改建航道专用码头11座,航道站房4400平方米,其中省乌江航道处增建航道码头5座,岸线长570米;省赤水河航道处改造码头2座,新建2座航道专用码头;省黔西南州航道工程处在南盘江八渡、北盘江坝草建设2座航道专用码头,并在各航道专用码头处相应配套建设航道站房。

港口规划方面,根据贵州航道跨珠江、长江两大水系的特点,规划贵州省港口布局为:以珠江水系的白层港、罗甸港(羊里港)、从江港,长江水系的锦屏港、开阳港、沿河港、赤水港等地区重要港口为重点,其他一般港口为基础,满足资源外运中转出口需要,大、中、小结合的港口布局。

重点港口白层港建设500吨级泊位3个,年吞吐能力150万吨:2010年建设2个,年吞吐能力100万吨,2011—2020年建设1个,年吞吐能力50万吨。

罗甸港建设500吨级泊位2个,年吞吐能力50万吨:2010年建设1个,年吞吐能力30

万吨,2011—2020 年建设 1 个,年吞吐能力 20 万吨。

从江港建设 100 吨级泊位 2 个,年吞吐能力 50 万吨;2010 年建设 1 个,2011—2020 年建设 1 个,年吞吐能力均为 25 万吨。

锦屏港 2011—2020 年建设 500 吨级泊位 1 个,年吞吐能力 45 万吨。

开阳港建设 500 吨级泊位 2 个,年吞吐能力 70 万吨;2010 年建设 1 个,年吞吐能力 20 万吨,2011—2020 年建设 1 个,年吞吐能力 50 万吨。

沿河港 2011—2020 年建设 500 吨级泊位 1 个,年吞吐能力 30 万吨。

赤水港建设 300 吨级泊位 6 个,年吞吐能力 150 万吨;2010 年建设 4 个,年吞吐能力 100 万吨,2011—2020 年建设 2 个,年吞吐能力 50 万吨。

完成此规划的发展目标,今后 20 年航道建设工程共需投资 51.89 亿元,其中 2010 年前需投资 13.53 亿元,2011—2020 年需投资 38.36 亿元。港口工程投资匡算按每泊位 2000 万元,今后 20 年港口工程共需投资 3.4 亿元,2010 年前需投资 1.8 亿元,2011—2020 年需投资 1.6 亿元。

贵州省珠江、长江水系航运发展规划是应珠江流域、长江流域规划办的要求,根据国务院办公厅转发水利部《关于开展流域综合规划修编工作意见的通知》和交通部《关于配合修编流域综合规划抓紧做好水系水运规划修编工作的通知》而开展的。2007 年 11 月,省航务管理局负责修编工作,2008 年 5—7 月先后完成了《贵州省珠江水系航运发展规划报告》《贵州省航运发展规划报告》,修编规划期为 2005—2030 年。

珠江、长江水系航运发展规划以 2005 年《贵州省内河航运发展规划》为基础,根据 2007 年国务院批准的《全国内河航道与港口布局规划》和《中华人民共和国港口法》,按照"一城一港"的要求,重点考虑港口建设规划。

第二节　港口码头建设提速发展

"十五"时期是水运实现跨越式发展的五年,全省水运上下紧紧抓住西部大开发的历史机遇,水运工程建设达到新的高潮,实施了西南水运出海通道中线起步工程(贵州段)、涪陵港区贵州货运码头复建工程、赤水河(岔角—合江)航运建设工程、天生桥库区航运建设工程等部省合资重点项目,新扩建港口码头 9 个,建成 300 吨级泊位 14 个、100 吨级泊位 8 个,新增港口货物吞吐能力 293.2 万吨、旅客吞吐能力 56 万人次,促进港口码头建设迈上新的台阶。

"十一五"期间,全省内河航运重点实施了赤水河(岔角—合江)航运建设工程、西南水运出海中线通道(贵州段)航运扩建工程、乌江(乌江渡—龚滩)航运建设工程 3 条出省水运通道,天生桥库区航运建设工程、洪家渡库区航运建设工程2个库区航运建设工程。

一、赤水河港口码头建设

"十五"期间,贵州实施了赤水河(岔角—合江)航运建设工程。该工程是交通运输部与贵州省共同投资建设的重点航运工程项目,概算投资1.83亿元。工程建成六级航道80.9千米、五级航道77.9千米,改扩建码头5个,配套建设通信、导航、航道管理设施等安全支持保障系统工程,航道设计年通过能力350万吨。工程于2002年11月开工,2006年11月由贵州省发展和改革委员会验收并被评为优良工程。赤水河(岔角—合江)航运建设工程获交通运输部"2009年水运工程质量奖"、国家工程建设质量奖审定委员会"2010年国家优质工程银质奖"。

依托赤水河(岔角—合江)航运建设工程,在赤水河改扩建了习水港岔角、土城码头,赤水港东门、鲢鱼溪码头,合江港合江码头,共计100吨级泊位8个和300吨级泊位6个,新增港口年货物吞吐量235.5万吨、客运量100万人次。赤水河港口码头建成投入营运后,经济效益明显,依靠全河段贵州、四川两省的700多艘运输船舶,沿河港口码头每年完成了200多万吨的煤炭、化肥、竹木等货物吞吐量,基本达到了港口码头的设计吞吐能力,带动了赤水河流域区域经济的发展。特别是岔角码头建成投用后,煤炭运输船舶和煤炭运输量激增,短短几年时间,煤炭输出量已超过设计吞吐能力。2013年以后,随着赤水河自然保护区管理加严和国家环境保护力度的加大,赤水河上游煤炭生产和输出逐年减少,沿河各港口码头的吞吐量随之减少。

1. 土城码头

土城码头(图12-2-1)位于习水县土城镇赤水河左岸,与土城镇隔河相望,下距河口126千米,习水至古蔺公路通过码头后方。对原1995年建设的顺岸重力式简易码头改扩建形成。码头建设100吨级货运泊位3个,采用顺岸式布置,占用岸线长约150米,前沿为实体直立式结构,后方为分级堆场,堆场总面积约8000平方米,总投资约1000万元。码头主要为煤炭输出码头,采用梭槽配合装载机进行装卸作业,设计年吞吐能力46万吨。

2. 东门码头

东门码头位于赤水市城区赤水河右岸,下距河口54千米,为1987年国家动用库存粮棉布资金修建,1990年正式交付使用,主要为客运码头。为解决货运问题,在客运码头下游200米处建设300吨级货运泊位1个,采用顺岸式布置,占用岸线长约100米,前沿为实体直立式结构,后方为堆场,堆场总面积约1400平方米,总投资约800万元。码头主要为件杂货码头,配置5吨固定式旋转起重机进行装卸作业,设计年吞吐能力20.5万吨。

图 12-2-1　土城码头

二、南盘江北盘江—红水河港口码头建设

"十五"跨"十一五"期间,贵州实施了西南水运出海中线通道(贵州段)航运扩建工程,建成南盘江北盘江—红水河和蒙江共 350.1 千米的四级航道,新建和改扩建码头 8 个,配套建设航标、通信、航道管理、海事搜救等支持保障系统工程,总投资 4.3 亿元。工程于 2008 年 5 月开工建设,2012 年 5 月建成完工。

依托西南水运出海中线通道(贵州段)航运扩建工程,在"两江一河"新建了册亨港板坝、岩架码头,望谟港蔗香码头,罗甸港羊里、八总码头,扩建了册亨港八渡码头、镇宁港坝草码头、贞丰港白层码头,共计 8 个码头 15 个 500 吨级泊位,设计年客运吞吐能力 363 万人次、货运吞吐能力 540 万吨。该项目在罗甸港建成羊里码头 500 吨级客货综合泊位 1 个,设计年货物吞吐量 29 万吨、旅客吞吐量 60 万人次;在八总码头建成 500 吨级货运泊位 1 个和客运泊位 1 个;在册亨港建成岩架码头 500 吨级泊位 1 个、板坝码头 500 吨级泊位 2 个、八渡码头 500 吨级泊位 1 个。

由于"两江一河"航道受龙滩水电站未建设通航设施影响,各港口码头基本无大宗长途货运,局限于库区各码头之间的短途货物运输,港口码头效益未得到充分发挥。

1. 坝草码头

坝草码头(图 12-2-2)位于镇宁县良田乡坝草村龙滩库区回水变动段北盘江左岸,下距龙滩水电站约 231.5 千米,建设 500 吨级客货泊位 1 个,占用岸线长 90 米,泊位长 60 米,设计年货物吞吐量 64 万吨、旅客吞吐量 25 万人次,总投资 959.29 万元。码头为实体直立式结构形式,前沿作业区长 60 米,直立挡墙高 14 米,设置 2 处可调式梭槽用于散货装卸作业。作业区后方紧连堆场,进深 70 米,面积约 4200 平方米。

图 12-2-2　坝草码头

坝草码头的建成，为安顺市提供了最为便捷的"南下珠江"出海口岸，对当地经济发展和城镇建设起到较大的促进作用。但只有龙滩水电站通航设施建成后，才能真正发挥其区位优势。

2. 白层码头

白层码头（图 12-2-3）位于贞丰县白层镇龙滩库区回水变动段北盘江右岸，下距龙滩水电站约 220 千米，建设 500 吨级货运泊位 2 个，占用岸线长 120 米，设计年货物吞吐量 100 万吨，总投资 1105.52 万元。码头为实体直立式结构形式，前沿作业区长 120 米，直立挡墙高 15.5 米。作业区后方紧连堆场，进深 75 米，面积约 11500 平方米。在码头后方 400 米以上建设有 2000 平方米的管理房。码头配置有可调式梭槽和装载机，主要为煤炭输出使用。

图 12-2-3　白层码头

白层码头建成投入运营后，主要开展煤炭运输，将腹地内安顺、黔西南一带的煤炭通过该码头，经北盘江—红水河水路运输至龙滩坝上，再由陆路转运至坝下转水路运至合山电厂。这条航线的形成在一定程度上打通了红水河航运，带动了偏远地区经济发展，将资源优势转换为经济效益，使白层码头成为"两江一河"上最重要的货运码头。

3. 岩架码头

岩架码头（图 12-2-4）位于册亨县岩架镇龙滩库区常年回水区北盘江右岸，下距龙滩水电站 168 千米，建设 500 吨级客运泊位 1 个，占用岸线长 89 米，泊位长 55 米，设计年旅客吞吐量 38 万人次，总投资 309 万元。码头为实体下河踏步结构形式。高水平台长 55 米、宽 10 米，后方连接 6 米宽进港路，前方连接下河踏步。

图 12-2-4　岩架码头

项目建成投入运营后，对地方经济发展起到一定促进作用，带动了岩架镇的建设和发展，为周边群众便捷出行提供了新的途径，为水上交通安全提供了基础保障。

4. 八渡码头

八渡码头（图 12-2-5）位于册亨县八渡镇龙滩库区回水变动段南盘江左岸，下距两江口 78 千米，与广西田林县的旧州镇隔江相望，南宁—昆明铁路从此跨过并设有八渡站，是南盘江、北盘江、红水河铁、公、水交会的交通要地，原建设有 2 个 300 吨级斜坡下河踏步泊位。码头建设 500 吨级客货泊位 1 个，占用岸线长约 100 米，泊位长 33 米，设计年货物吞吐量 17 万吨、旅客吞吐量 25 万人次，总投资 243 万元。码头为实体下河道路形式。从原建高水堆场建设长 150 米、宽 7.5 米下河道路至平台，平台长 33 米、宽 15 米。

码头建成投入运营后，为贵州、广西两岸物资交流提供了便捷的条件，对八渡镇的城镇建设起到了极大的带动作用，促进了地方经济的发展。

5. 八总码头

八总码头（图 12-2-6）位于罗甸县龙坪镇五星龙滩库区红水河支流蒙江右岸，下距河口约 37 千米，建设 500 吨级客货泊位各 1 个，占用岸线长 520 米，设计年货物吞吐量 73 万吨、旅客吞吐量 25 万人次，总投资 1327 万元。码头客运泊位为实体汽车下河路结合斜坡下河踏步结构形式，道路宽 10 米，长 252 米，坡比 6%，在道路外侧间隔设 15 米宽的靠船下河踏步；货运堆场在客运泊位后方，长 150 米、宽 40 米，下游端连接实体下河道路，下河道路长 260 米、宽 20 米。管理区在堆场后方,面积 2700 平方米,布置有综合管理楼和厕所等。

图 12-2-5　八渡码头

图 12-2-6　八总码头

码头建成投入运营后,极大地促进了罗甸县的城镇建设和发展,带动了当地货物运输量的增长,为当地群众安全便捷出行和交流提供了便利条件。码头建成后,运输的物资主要有煤炭、砂石建材及农用物资等,主要运往龙滩坝上及上游黔西南蔗香、岩架码头上岸,服务周边各乡镇小码头间的交流,运量相对较小。码头运输优势要充分发挥,尚待红水河的全面复航。

6. 蔗香码头

蔗香码头(图 12-2-7)位于望谟县蔗香镇龙滩库区常年回水区南盘江、北盘江汇合处下游约 800 米的红水河左岸,下距龙滩水电站约 130 千米,建设 500 吨级客货泊位 1 个,占用岸线长 270 米,设计年货物吞吐量 17 万吨、旅客吞吐量 35 万人次,总投资 974 万元。码头为实体汽车下河路结合斜坡下河踏步结构形式,汽车下河路长 269.7 米、宽 9 米,坡比 9%,在道路外侧间隔设 10 米宽靠船下河踏步。在下河道路上端设置高水平台,面积约 1500 平方米,在下河路下端部设置长 30 米、宽 20 米的中水平台,中水平台以下为 15 米宽实体下河踏步。在码头后方 400 米以上建有 1166 平方米的管理房。码头配置装卸趸船 1 艘,供船舶靠泊使用。

图 12-2-7　蔗香码头

蔗香码头建成投入运营后,成为红水河上最大的船舶集散码头之一,每到赶集之日,船运繁忙,极大地带动了周边的物资交流,对当地经济起到巨大的促进作用。

7. 羊里码头

羊里码头(图 12-2-8)位于罗甸县红水河镇龙滩库区常年回水区红水河左岸,上距南盘江、北盘江交汇处两江口 62 千米,下距龙滩水电站 69 千米。码头建设 500 吨级客货泊位 1 个,占用岸线长 265 米,设计年货物吞吐量 29 万吨、旅客吞吐量 60 万人次,总投资 532.75 万元。码头为实体汽车下河路结合斜坡下河踏步结构形式。利用已建成的 7 米宽下河道路,在道路外侧水域分别布置高水泊位、中水泊位及中枯水泊位下河踏步,随着水位变化,船舶可在不同水位下靠泊,保证船岸之间的衔接。堆场布置在下河道路后方,面积 1940 平方米。

图 12-2-8　羊里码头

羊里码头建成投入使用后,龙滩水电站回水淹没的码头设施得以恢复,靠泊能力和吞吐能力得到大幅提升,极大地促进了水运的复苏和地方物资交流。沿岸百姓种植的玉米、甘蔗等作物大多通过码头集运销售,码头成为该地区重要的农用物资交流市场,红水河镇也依港而建,集镇发展欣欣向荣,对当地经济发展促进作用明显。

三、乌江港口码头建设

"十一五"跨"十二五"期间,贵州实施了乌江(乌江渡—龚滩)航运建设工程,按四级航道标准建设乌江干流乌江渡—龚滩、支流清水河开阳港洛旺河码头—河口共431千米航道,新建码头8个总计15个500吨级泊位,配套建设431千米航段的航标、通信、航道管理、航运安全支持保障系统等设施,总投资5.9亿元。工程于2010年5月开工建设,2014年建成完工。

依托乌江(乌江渡—龚滩)航运建设工程,在乌江新建播州港乌江渡和楠木渡码头、开阳港洛旺河码头、瓮安港江界河码头、湄潭港沿江渡码头、凤冈港河闪渡码头、思南港太平码头(现改名新港码头)、德江港共和码头共8个码头,总计15个500吨级泊位,设计年货物吞吐量329万吨、旅客吞吐量160万人次。另建设了14个小码头、19个船舶停靠点。

1.乌江渡码头

乌江渡码头(图12-2-9)位于播州区乌江镇江北村构皮滩库区回水变动段乌江左岸,上距乌江渡水电站4千米,下距构皮滩水电站133千米。码头建设500吨级客运泊位和货运泊位各1个,占用岸线长235米,设计年货物吞吐量11万吨、旅客吞吐量8万人次,总投资2368.79万元。码头为实体直立式结合斜坡下河踏步结构形式。上游为直立式,长80米,后方为作业区和堆场区,面积6870平方米。斜坡段在下游方紧接直立式布置,为斜坡下河踏步,长60米,后方为客运区。管理区布置在后方651米高程处,面积4800平方米,建有综合楼、公厕和停车场等。

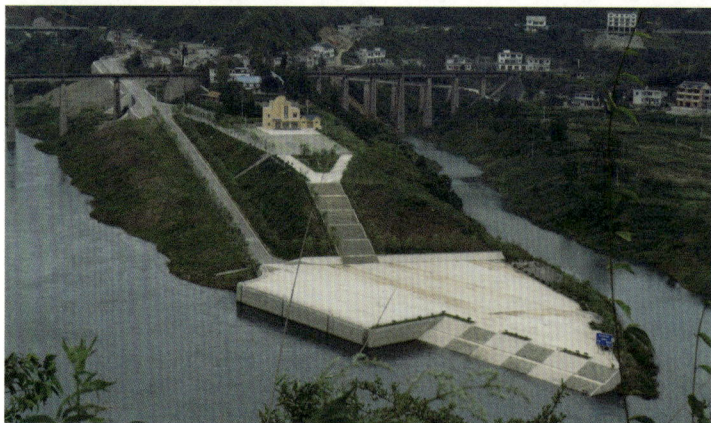

图12-2-9　乌江渡码头

乌江渡码头建成投入运营后,为腹地内的播州、金沙、息烽等地提供了新的交通运输方式,对地方经济社会发展起到较好的促进作用。

2. 楠木渡码头

楠木渡码头(图12-2-10)位于播州区尚嵇镇构皮滩库区回水变动段乌江左岸,距构皮滩水电站大坝103千米。码头建设500吨级客运泊位和货运泊位各1个,占用岸线长346米,设计年货物吞吐量15万吨、旅客吞吐量8万人次,总投资1613.04万元。码头为实体直立式结合斜坡下河踏步结构形式。高水平台前沿长70米,面积约4946平方米,下游方为下河道路,长190米,宽9.5米,道路外侧为斜坡下河踏步。码头高、中水堆场面积合计7110平方米,生产及辅助生产建筑面积1200平方米,绿化面积1212平方米,港内道路长818.7米。

图12-2-10 楠木渡码头

楠木渡码头建成投入运营后,为当地群众提供了便捷的水上出行方式,带动了旅游产业发展,对促进当地资源优势转化为经济优势及加快沿江地区脱贫致富具有十分重要的意义。码头建成后不久就有两家旅游公司进入运营,投入200客位、350客位游船各1艘,以及20客位游艇十余艘,乘客以节假日游客居多。

3. 洛旺河码头

洛旺河码头(图12-2-11)位于开阳县花梨乡构皮滩库区常年回水区支流清水河左岸,距支流河口约24千米。码头建设500吨级客货综合泊位3个,占用岸线长480米,设计年货物吞吐量45万吨、旅客吞吐量50万人次,总投资1820.1万元。码头为实体下河道路结合斜坡下河踏步结构形式。高水平台长90米,宽40米,前方为下河踏步。高水平台下游方为下河道路,长698米,宽12米,道路外侧布置有下河踏步,内侧布置有中水堆场,码头堆场总面积13360平方米。管理区布置在高水平台后方,建有管理房、停车场、绿化带等。

洛旺河码头建成投入运营后,多艘集旅游、水上娱乐为一体的旅游船相继投入使用,依托清水河两岸秀美风景和红军渡口等旅游资源,带动了当地旅游业的发展,促进了新农村建设。

图 12-2-11　洛旺河码头

4. 江界河码头

江界河码头(图 12-2-12)位于瓮安县龙塘乡江界河村构皮滩库区常年回水区乌江右岸,距构皮滩水电站 34.5 千米。码头建设 500 吨级客货综合泊位 2 个,占用岸线长 210米,设计年货物吞吐量 25 万吨、旅客吞吐量 15 万人次,总投资 2639 万元。码头为实体下河道路结合斜坡下河踏步结构形式。高水平台长 105 米,宽 45 米,前方为下河踏步。高水平台下游方为下河道路,长 245 米,宽 12 米,道路端部外侧布置有下河踏步。高水平台面积 4700 平方米,建有管理房、停车场、公厕等。

图 12-2-12　江界河码头

江界河码头是黔南州进入乌江的唯一水运门户,瓮安、福泉等地资源富集,其中磷矿蕴藏量大且品质高,瓮安—福泉煤磷电一体化千亿元园区将为瓮安港提供充足的货物运输量。但由于江界河码头是政府投资建设的公益性交通基础设施,未针对货运进行专门设计和配置相应装卸设施设备,故以旅游客运为主,货运量较小。

5. 河闪渡码头

河闪渡码头(图 12-2-13)位于凤冈县天桥乡河闪渡村思林库区常年回水区乌江左岸,上距构皮滩水电站 45 千米,下距思林水电站 42.6 千米。码头建设 500 吨级客货综合泊位1个,占用岸线长97米,设计年货物吞吐量21.5万吨、旅客吞吐量9万人次,总投资1298.46万元。码头为实体直立式结合斜坡下河踏步结构形式。高水平台长75米,宽约65米,前方为直立式,下游侧方为下河踏步。堆场面积2375平方米,绿化面积460平方米,港内道路长688.62米。码头未配置装卸设备。

图12-2-13　河闪渡码头

河闪渡码头建成后,为凤冈县及周边区域内的工农业产品通过乌江水运输出提供了良好的平台。但由于码头是政府投资建设的公益性交通基础设施,未针对货运进行专门设计和配置相应的装卸设施设备,故以旅游客运为主,货运量较小。

6. 葛闪渡码头

葛闪渡码头(图12-2-14)位于石阡县本庄镇思林库区常年回水区乌江右岸,上距构皮滩水电站45千米,下距思林水电站42千米。码头建设500吨级客货综合泊位1个,占用岸线长90米,设计年货物吞吐量10万吨、旅客吞吐量20万人次,总投资500余万元。码头为实体斜坡下河踏步结构形式。高水平台长50米,宽10米,前方为下河踏步。管理区布置在下游方,面积600平方米,建有管理房、绿化带等。码头未配置装卸设备。

图12-2-14　葛闪渡码头

葛闪渡码头建成后,附近农庄兴起,带动了石阡县及周边区域内水上旅游的发展,保障了当地老百姓水上出行的安全。

7. 太平码头

太平码头（图 12-2-15）位于思南县城区沙沱库区常年回水区乌江右岸，上距思林水电站 25 千米，下距沙沱水电站 88 千米。码头建设 500 吨级客运泊位和货运泊位各 1 个，占用岸线长 285 米，设计年货物吞吐量 23.9 万吨、旅客吞吐量 60 万人次，总投资 1517 万元。码头为实体直立式结合斜坡下河道路结构形式。货运泊位高水平台长 85 米，宽 75米，前方为直立式挡墙；客运泊位在下游方，客运站场连着高水平台，长 50 米，宽 43 米，下游紧连下河道路，下河道路长 202 米，末端连接长 30 米、宽 25 米的枯水平台。码头堆场面积 7763 平方米，仓库面积 600 平方米。管理区在高水平台后方，面积 3500 平方米，建有管理房、停车场和绿化带等。码头未配置装卸设备。

图 12-2-15 太平码头

太平码头建成后，为思南县城及周边区域内的工农业产品通过乌江水运输出提供了良好的平台。但由于码头是政府投资建设的公益性交通基础设施，未配置货运装卸设备，码头未得到充分利用。

8. 涪陵港贵州码头

长江涪陵港贵州码头是贵州省乌江轮船公司在长江专属码头，原名乌江涪陵码头，是贵州北入长江的主要码头之一。随着三峡工程建设，贵州在涪陵的泗王庙、马脚溪、中渡口 3 个码头全部被淹没。经贵州省与重庆市有关部门多次协商，决定在涪陵城区乌江河口处乌杨树恢复重建，并定名为"涪陵港贵州码头"，工程总投资 2470.84 万元，分两期进行。一期工程于 2002 年 7 月 3 日开工，2004 年 5 月 30 日竣工，历时 697 天。码头位于乌江左岸，岸线长 110 米，建成 300 吨级泊位 2 个及相应的港口生产辅助设施，年货物吞吐量 17 万吨；陆域面积 5300 平方米，综合办公及仓储面积 1562 平方米。二期工程由于种种原因未建设。涪陵港贵州码头（图 12-2-16）处于三峡库区长江支流乌江内，距乌江河口约 1 千米，是地处三峡库区的重要枢纽港，也是乌江流域最大的货物集散地。2020 年，由于城市建设的原因，涪陵港贵州码头被征拆，补偿贵州省乌江轮船公司 3300 余万元，经与涪陵区协商，同意在距乌江河口约 20 千米的乌江大石溪选址复建。

图 12-2-16　涪陵港贵州码头

四、库区码头建设

"十五"跨"十一五"期间,贵州实施了天生桥库区航运建设工程,工程于 2005 年开工建设,2008 年建成完工,总投资 0.35 亿元。工程建成了兴义港永和、巴结、红椿、白云、未罗兰堡 5 个码头计 6 个 300 吨级泊位,设计年货物吞吐量 85.2 万吨、旅客吞吐量 244 万人次。随着库区港口码头客货吞吐能力的增强和水运的发展,助推了库区旅游业、休闲娱乐、餐饮、住宿等第三产业的发展。

1. 白云码头

白云码头(图 12-2-17)位于兴义市三江口镇南盘江天生桥库区支流黄泥河上,在鲁布革水电站出口处,距交汇口约 4 千米,距天生桥大坝约 90 千米,是库区旅游终点码头。码头建设 300 吨级客货综合泊位 1 个,占用岸线长 200 米,设计年货物吞吐量 34 万吨、旅客吞吐量 30 万人次,总投资 559 万元。码头为实体斜坡结合下河道路结构形式。高水平台长 110 米,宽 30 米,高水平台上游前方为斜坡下河踏步,宽 56 米;中水平台布置在高水泊位下游方,长 56 米,宽 19 米,前方连接下河踏步。高中水平台间通过长 184 米、宽 7.5 米的道路连接。高水平台布置有管理房、堆场、停车场和绿化带等。码头未配置装卸设备。

白云码头建成后,带动了库区旅游航运的发展。

2. 巴结码头

巴结码头(图 12-2-18)位于兴义市巴结镇天生桥库区南盘江左岸,距天生桥大坝约 10 千米。码头建设 300 吨级客货综合泊位 1 个,占用岸线长 180 米,设计年货物吞吐量 40 万吨、旅客吞吐量 60 万人次,总投资 551 万元。码头为实体斜坡结合下河道路结构形式。高水平台长 56 米,宽 30 米,高水平台前方为斜坡下河踏步;中水平台布置在高水泊位下游方,长 56 米,宽约 25 米,前方连接下河踏步。高中水平台间通过长 175 米、宽 7.5 米道路连接。高水平台布置有管理房、堆场、停车场和绿化带等。码头未配置装卸设备。

图 12-2-17　白云码头

图 12-2-18　巴结码头

巴结码头建成后，带动了库区旅游航运的发展。

"十一五"期间，贵州实施了洪家渡库区航运建设工程，建设九洞天—大坝 84.8 千米航道（达到七级航道标准），木空河—大坝 65.1 千米航道（达到六级航道标准），工程总投资 0.3 亿元。工程于 2007 年开工建设，2010 年建成投入使用。建成了大方港九洞天码头、纳雍港木空河码头、织金港云盘码头、黔西港洪家渡码头 4 个码头计 4 个 100 吨级泊位和 1 个 50 吨级泊位，设计年货物吞吐量 34.9 万吨、旅客吞吐量 159 万人次。

3. 洪家渡码头

洪家渡码头（图 12-2-19）位于黔西市五里乡洪家渡库区乌江左岸，距洪家渡大坝约 3 千米。码头建设 100 吨级客货综合泊位 2 个，占用岸线长 200 米，设计年货物吞吐量 16.9 万吨、旅客吞吐量 40 万人次，总投资 582 万元。码头为实体斜坡结合下河道路结构形式。高水平台长 80 米，宽 60 米，高水平台前方为斜坡下河踏步；中水平台布置在高水泊位上游方，长 80 米，宽约 30 米，前方连接下河踏步。高中水平台间通过长 161 米、宽 7.5 米的道路连接。高水平台布置有管理房、堆场、停车场和绿化带等。码头未配置装卸设备。

洪家渡码头建成后，带动了库区旅游航运的发展。

图 12-2-19　洪家渡码头

五、地方港口码头建设

2002—2012 年,地方建设的港口码头有息烽港顺江码头,榕江港榕江码头,铜仁港九龙洞、牛行口、五显庙、东关、清水桥、渔梁滩码头,镇远港杨柳湾码头,安顺平坝、起源码头,金沙沙三码头,六枝茅口、中寨、野钟码头,黔西化屋码头,台江施洞码头等。特别是位于百里乌江画廊鸭池河大峡谷的黔西化屋码头,在二河(鸭池河、六圭河)交汇处,上接织金洞风景区,下连六广河风景区,是集货运、客运、旅游为一体的多功能码头,总投资约500 万元,码头建成投入运营后,促进了当地旅游经济发展。

五显庙码头(图 12-2-20)位于铜仁市中心锦江大江小江汇合处。码头建设 50 吨级客货综合泊位 5 个,占用岸线长 100 米,设计年货物吞吐量 5 万吨、旅客吞吐量 70 万人次,总投资 196 万元。码头为实体斜坡式结构形式。高水平台长 100 米,宽 20 米,高水平台前方为间隔的 4 个斜坡下河踏步。高水平台建有站场、停车场和绿化带等。码头未配置装卸设备。

图 12-2-20　五显庙码头

五显庙码头建成后,带动了锦江旅游航运的发展。

六、港口吞吐量的增加以及集疏运公路的完善

经过"十五""十一五"期的建设和发展,港口码头客货运量逐年增加。至2012年底,全省港口共有泊位438个,其中300吨级及以上泊位45个,设计年客、货吞吐能力达到3287万人次、1563万吨。2012年完成货物吞吐量1092万吨,出港货物吞吐量占总吞吐量的比重保持在62%以上。随着旅游资源的开发和库区便民码头的建设,旅客吞吐量达3742.2万人次,年均增长19.2%,促进了港口旅客吞吐量的快速增长。2012年贵州省主要港口吞吐量见表12-2-1。

2012年贵州省主要港口吞吐量表　　　　　　　　　　表12-2-1

序号	港口名称	生产用泊位数(个)	主要用途	吞吐能力		2012年完成吞吐量		备注
				货物(万吨)	旅客(万人次)	货物(万吨)	旅客(万人次)	
1	清镇港	39	客、货	5	260	4.26	110	
2	息烽港	9	客、货	59	105	7.65	58	
3	赤水港	19	客、货	223	180	310	105	
4	习水港	22	客、货	185	120	110	70	
5	沿河港	35	客、货	285	382	90	540	
6	思南港	26	客、货	80	150	9.4	480	
7	德江港	17	客、货	50	188	6	188	
8	碧江港	13	客、货	1	150	2	336	原铜仁
9	天柱港	11	客、货	30	139	7.53	126.86	
10	锦屏港	4	客、货	71	260	0.03	40.61	
11	从江港	10	客、货	28	175	11.14	68.91	
12	镇远港	7	客、货	9	205	0	93.48	
13	凯里港	17	客、货	22	117	0	10.48	
14	施秉港	7	客、货	10	105	0	47.16	
15	贞丰港	2	客、货	14	100	143.5	62.41	
16	兴义港	8	客、货	110	108	114.31	139.19	
17	罗甸港	4	客、货	127	180	51	60	

注:本表列出了贵州省货物吞吐能力等于或大于50万吨、旅客吞吐能力大于100万人次的港口名称。

到2012年末,港口集疏运公路总里程685千米,其中二级公路里程70.5千米,三级公路里程183千米,四级公路里程336千米,等外级公路里程95.5千米。其中,铺装路面73.5千米,简易铺装路面446千米,未铺装路面165.5千米。2012年全省重要港口集疏运公路情况见表12-2-2。

2012年全省重要港口集疏运公路情况　　　　　　　　　　表12-2-2

序号	港口名称	所含港区名称	现有集疏运公路情况				备注
			名称	里程(千米)	技术等级	路面类型	
	合计			685			
1	赤水港	鲢鱼溪港区	鲢鱼溪港公路	5	三级	沥青表处	
		复兴港区	新店至复兴公路	8	等外	泥结碎石	
		东门港区	河滨东路	2	三级	沥青表处	

续上表

序号	港口名称	所含港区名称	现有集疏运公路情况				备注
			名称	里程(千米)	技术等级	路面类型	
1	赤水港	赤天化港区	赤天化港公路	3	三级	沥青表处	
		合江港区	省道 S308 合江段	40	三级	沥青表处	四川省境
2	开阳港	洛旺河港区	开阳至洛旺河港公路	22	三级	沥青表处	
		大塘口港区	楠木渡至大塘口港公路	14	等外	泥结碎石	
		龙水港区	龙水乡至龙水港公路	3	等外	泥结碎石	
		清水口港区	米坪至清水口港公路	6	等外	泥结碎石	
		宅吉港区	保兴村至宅吉港公路	6	等外	泥结碎石	
3	遵义港	漩塘港区	尚稽氧化铝至漩塘公路	29	等外	泥结碎石	
		三沙港区	三合至三沙码头公路	11	三级	沥青表处	
		乌江渡港区	乌江至乌江渡码头公路	1.5	等外	泥结碎石	
		楠木渡港区	楠南公路至楠木渡码头公路	0.5	二级	沥青混凝土	
		三星港区	铁厂至三星公路	20	四级	泥结碎石	
4	瓮安港	江界河港区	坪寨至江界河港公路	7	四级	泥结碎石	
5	思南港	思塘港区	新港区集疏运公路	2	等外	泥结碎石	
		邵家桥港区	腾龙至邵家桥港公路	14	三级	沥青表处	
		思林港区	大河坝至思林港公路	17	四级	沥青表处	
		塘头港区	塘头港公路	7	四级	沥青表处	
		文家店港区	文家店港公路	6	等外	泥结碎石	
6	沿河港	复兴港区	县城至沙坨公路	1	三级	沥青表处	
		山峡港区	县城至黑獭坝公路	6	四级	沥青表处	
7	锦屏港	三江港区	S202 锦屏县城路段	3	三级	水泥混凝土	
		茅坪港区	锦屏至茅坪公路	9	四级	沥青表处	
8	天柱港	瓮洞港区	X842 邦洞至瓮洞公路	29	四级	沥青表处	
		白市港区	X838 天柱至白市公路	28	三级	沥青表处	
		远口港区	X840 天柱至远口公路	25	四级	沥青表处	
		坌处港区	远口至坌处公路	20	四级	沥青表处	
9	贞丰港	白层港区	S309 白层至贞丰公路	21	四级	沥青表处	
10	册亨港	岩架港区	S312 岩架至册亨公路	29	三级	沥青表处	
		板坝港区	板坝至 G324 公路	18	等外	碎石路面	
		八渡港区	S312 册亨至八渡公路	70	四级	沥青表处	
11	望谟港	蔗香港区	望谟至蔗香公路	40	四级	沥青表处	
		乐元港区	望谟至乐元公路	43	四级	沥青表处、沙石	
		乐元港区	乐元至油迈公路	20	等外	碎石路面	
		油迈港区	S312 油迈至望谟公路	27.5	三级	沥青表处	

续上表

序号	港口名称	所含港区名称	现有集疏运公路情况				备注
			名称	里程(千米)	技术等级	路面类型	
12	罗甸港	八总港区	罗甸至八总(县道)	22	四级	沥青表处	
		羊里港区	罗甸至羊里(省道)	70	二级	沥青混凝土	
		罗妥港区	港区至G69惠罗高速	4	等外	水泥混凝土	
13	从江港	从江港区	G321八洛至停洞	65	三级	沥青表处	
		停洞港区				沥青表处	
		下江港区				沥青表处	
		八洛港区				沥青表处	

到2012年,全省港口规模创历史新高,初步形成布局合理的港口体系,不但改善了港口基础设施条件,还提高了码头的机械化装卸水平。但与港口码头快速发展相比,港口集疏运公路存在公路等级低、与重要节点通达性较差、建设资金缺口大等问题,成为制约贵州港口码头发展的瓶颈之一。

第三节 省级港航管理机构参照公务员法管理

2007年7月19日,贵州省委组织部、省人事厅印发《关于印发参照公务员法管理的省属事业单位名单的通知》(黔组通〔2007〕71号),贵州省地方海事局(贵州省航务管理局)被列为参照公务员法管理的省属事业单位。全省各级地方海事管理机构同时获准参照公务员法管理。同年9月,省机构编制委员会办公室(省编办)发文对省地方海事(航务管理)局职能配置、内设机构和人员编制等重新明确,局内设12个科室:行政办公室、党委办公室、综合规划科(战备办)、安全监督科、船舶检验科、基本建设管理科、水运工程质量监督科、航道管理科、水运管理科、财务审计科、法规科、科技信息科。事业编制仍核定为85名(其中,全额拨款事业编制65名、自收自支事业编制20名),其中:管理人员18名,专业技术人员60名,工勤人员7名。领导职数为局长1名,副局长2名,党委书记或副书记1名,总工程师1名,内设机构领导职数19名。

省级港航管理机构实行参照公务员法管理后,队伍结构得到进一步优化,人员素质明显提高,港口管理进一步加强。

第四节 《贵州省水路交通管理条例》的颁布与费改税的实施

一、《贵州省水路交通管理条例》的颁布实施

自改革开放和西部大开发以来,全省的水路交通事业得到了空前的发展,通航水域面

积不断扩大,通航里程不断增加,港口码头数不断增多,水路交通行业管理工作任务越来越繁重,制定一部符合贵州水路交通管理实际的地方性法规就显得十分迫切。

2007 年 9 月 24 日,贵州省第十届人民代表大会常务委员会第二十九次会议通过并公布了《贵州省水路交通管理条例》(简称《条例》),自 2008 年 1 月 1 日起施行。

2007 年 12 月 21 日,贵州省人大常委会在贵阳举行《条例》颁布施行新闻发布会。《条例》分"总则""规划与建设""运输与运输服务""航道管理与维护""港口经营与管理""水上交通安全""法律责任""附则"共 8 章 56 条。《条例》是贵州省第一部水路交通综合性地方性法规。该《条例》的颁布施行,对贵州省水运交通、港口管理等均具有里程碑意义,为加强港口管理提供了法制保障。

二、开征新的港口规费和税费改革

2001 年,全省水运规费征收项目为交通发展基金、船舶港务费、船舶船检费,规费全部上缴省交通厅,用于航运基础设施建设和航运事业单位经费开支。航运规费征收项目为水路运输管理费、航道养护费、水运客货附加费。水路运输管理费属各航务管理所(事业)自收自支经费。省管赤水河、乌江航道养护费则全额上交省航务管理局汇总后上交省交通厅,用于航道养护及港口维护。水运客货附加费由起运港的航运企业代收,所收款项用于内河航道及其配套设施的建设和改造。

2005 年,随着贵州港口布局和设施的健全完善及港口投资、管理的多元化,省航务管理局根据《中华人民共和国港口法》《贵州省港口管理办法》以及交通部、国家发展和改革委员会《关于调整港口内贸收费规定和标准的通知》和《中华人民共和国港口收费规则(内贸部分)》的规定,在做好调查摸底的基础上,对港口的收费内容和标准进行了重新确定,报经省交通厅、省物价局同意后发布了《关于港口内贸收费和标准的通知》,从 2005 年 12 月 1 日起按新规定开征港口货物港务费、停泊费、堆场保管费等。

随着国家财税体制改革的深入,2009 年 1 月 1 日,成品油价格税费改革实施,自当年起取消了航道养护费、水路运输管理费、水运客货运附加费。

第五节　第三次港口普查工作圆满完成

2008 年 5 月,根据交通运输部《关于开展第三次全国港口普查的通知》和省交通运输厅《关于开展我省第三次全国港口普查的通知》(简称《通知》)的要求,贵州省航务管理局组织实施了贵州省第三次港口普查。

第三次港口普查的基准时间分三个部分：2008年6月30日为港口基础设施、设备及港口经营人、管理单位现状的调查时点；2008年9月1日—9月30日为港口吞吐量的调查时期；2008年1月1日—2008年6月30日为港口生产能源消费的调查时期。普查的主要内容包括：港口管理部门现状、港口（港区）、港口航道、锚地、港口管理部门及其他涉港管理部门使用港口资源、港口经营人、码头泊位、港口装卸、港口仓库堆场、港口生产、港口生产能源消费、船厂设施、港口港务船舶的基本情况。

为了使普查工作顺利开展，交通运输厅成立了专门的领导小组，设立办公室，开展全省港口普查工作。各市（州、地）交通行政主管部门也按照省交通运输厅《通知》的要求，成立了航务等相关部门参加的普查领导小组，设立普查办公室，负责组织开展辖区内的港口普查具体工作。为确保普查工作进程，省交通运输厅和地方航务部门共投入资金164.25万元，以保证普查中的人力和物力需要。同时，为了提高普查人员的工作水平，确保普查质量，使参加普查的人员能达到普查工作的要求，举行了两次港口普查培训，共有来自全省各市（州、地）普查机构的人员计86人参加了培训。普查从2008年5月开始，2009年1月结束，历时8个月。普查工作分两个阶段进行：第一阶段外业调查，主要工作集中在基层普查机构，由各市（州、地）港口普查办公室组织普查人员深入全省9个港口近200个码头现场，进行现场察看，了解收集港口基本数据、生产情况，同时查阅港口码头设计、工程竣工等资料文件；第二阶段进行数据的整理、普查表格填报、数据录入以及数据上报。2008年11月，省交通运输厅向交通运输部上报了数据汇总表、数据软盘、总结等资料，2009年1月，交通运输部对港口普查数据正式审查并通过验收。

通过普查，全省共有内河港口9个，港区45个，码头泊位445个，其中300吨级内河泊位45个、300吨级以下的其他泊位332个、非生产泊位68个；泊位长度计21664米。各港口共计有装卸机械80台，其中300吨级泊位配备装卸机械21台、输送机械15台，300吨级以下泊位配备装卸机械22台，另有库场机械33台、水平运输机械4台。全省港口生产用仓库面积9000平方米，堆场面积301895平方米。有港口业务经营人82个，其中从事港口经营业务的经营人53家，其余29家为航务管理机构。根据《中华人民共和国港口法》的规定，全省9个市（州、地）港口普查成果见表12-5-1、图12-5-1。

2008年贵州省港口普查成果表 表12-5-1

港口名称	港区个数	港区现状面积（万平方米）			港口生产已使用自然岸线长度（米）
		合计	陆域	水域	
贵阳港	5	60.46	42.04	18.42	13090
遵义港	6	25.49	14.73	10.76	6530
六盘水港	1	0.90	0.40	0.50	412
毕节港	4	3.77	1.86	1.91	1296
安顺港	5	3.47	1.94	1.53	1863

续上表

港口名称	港区个数	港区现状面积(万平方米)			港口生产已使用自然岸线长度(米)
		合计	陆域	水域	
铜仁港	7	29.47	10.38	19.09	19284
黔西南州港	5	23.00	12.50	10.50	6766
黔东南州港	8	13.78	7.02	6.76	3646
黔南州港	4	9.58	1.03	8.55	2641
合计	45	169.92	91.9	78.02	55528

截至 2008 年 6 月 30 日,各市(州、地)港口基本情况:

(1)贵阳港。贵阳港由原贵阳港、百花湖港、清镇港、修文港、息烽港等港口整合而成。辖有 5 个港区:花溪港区、乌当港区、清镇港区、息烽港区、修文港区。港区水陆域总面积 60.46 万平方米,其中陆域面积 42.04 万平方米、水域面积 18.42 万平方米,港口生产用岸线长度 13090 米,利用自然坡岸作业长度 6670 米,堆场面积 130420 平方米。

贵阳港有港口经营人 32 家、船厂 3 家。港口经营人中,17 家是机关、事业单位,作为管理码头者,不直接进行码头经营;10 家主要是经营水上旅游运输;5 家是以港口经营为主,主要经营煤炭等货物。

(2)遵义港。遵义港由原赤水港、土城港、三沙港、大乌江码头等港(区)码头整合而成。辖有 6 个港区:赤水港区、习水港、仁怀港区、遵义县港区、余庆港区、湄潭港区。港区面积 25.49 万平方米,其中陆域面积 14.73 万平方米、水域面积 10.76 万平方米。港口生产用仓库面积 4276 平方米,堆场面积 58978 平方米,港口生产已使用自然岸线长度 6530 米,船厂占用岸线长度 740 米。有 30 个码头 58 个泊位(其中 300 吨级以上泊位 8 个、300 吨级以下泊位 50 个),设计年货物吞吐能力 516 万吨、旅客吞吐能力 300 万人次。

(3)六盘水港。六盘水港是贵州新兴港口,其作业区码头以自然岸坡作业为主。主要港区仅有六枝港区,有毛口码头、凉风洞码头、长寨码头。港区面积 0.9 万平方米,其中陆域面积 0.4 万平方米、水域面积 0.5 万平方米,港口生产用岸线长度 412 米。六枝港区毛口码头因光照水电站建成,老码头已被淹没,新的毛口码头于 2009 年 6 月建成投产,包括 2 个 500 吨级泊位。

(4)毕节港。毕节港由原金沙港、黔西港等港口(码头)整合而成。有金沙港区、黔西港区、织金港区、大方港区 4 个港区。港区总面积 3.77 万平方米,其中陆域面积 1.86 万平方米、水域面积 1.91 万平方米,港口使用自然岸线长度 1296 米,港口仓库、堆场面积 5728 平方米。有 300 吨级以下泊位 10 个,设计年货物吞吐能力 47 万吨、旅客吞吐能力 41 万人次。

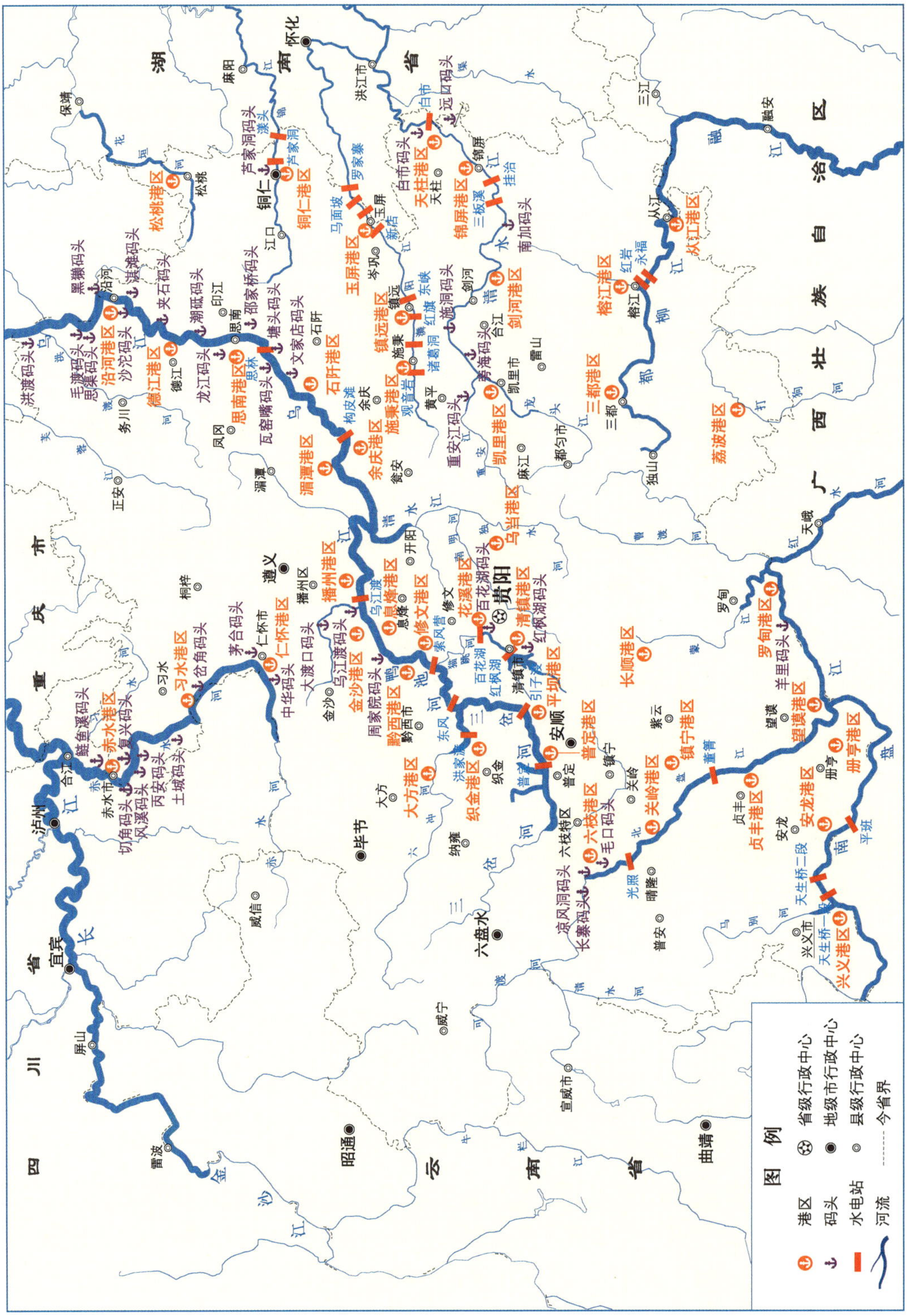

图 12-5-1　2008年贵州省港口码头分布图

(5)安顺港。安顺港由原镇宁港坝草码头、普定港、关岭港等整合而成。辖有港区5个:镇宁港区、关岭港区、普定港区、紫云港区、平坝港区。有码头作业区6个:普定县小兴浪码头、平坝斯拉河码头和引子渡码头、镇宁坝草码头、关岭盘江码头、紫云格凸河码头,共计22个泊位。港区面积3.47万平方米,其中陆域面积1.94万平方米、水域面积1.53万平方米,港区生产使用岸线长度1863米。全港只有镇宁、关岭、普定3个港区有堆场,生产用堆场面积共计4944平方米,容量3600吨。港口设计年货物吞吐能力26.51万吨、旅客吞吐能力62.86万人次。

(6)铜仁港。铜仁港由原思南港、沿河港、德江港、铜仁港、玉屏港、松桃港、石阡港等港口整合而成。辖有港区7个:沿河港区、思南港区、德江港区、铜仁港区、玉屏港区、松桃港区、石阡港区。港区面积29.47万平方米,其中陆域面积10.38万平方米、水域面积19.09万平方米;港口生产使用自然岸线19284米。共有码头泊位106个,其中300吨级泊位16个、300吨级以下泊位90个;泊位长度9934米。港口仓库面积1600平方米,堆场面积10900平方米。港口设计年货物吞吐能力449万吨、旅客吞吐能力916万人次。

(7)黔西南州港。黔西南州港由原白层港、岩架港、蔗香港、坡脚港等整合而成。其港口腹地包括黔西南州的兴义市、普安县、晴隆县、兴仁县、贞丰县、安龙县、册亨县、望谟县等8个县(市),是贵州省西南部通过南、北盘江及红水河连接两广的重要枢纽港。辖有港区5个:兴义港区、安龙港区、贞丰港区、册亨港区、望谟港区。港区面积23万平方米,其中陆域面积12.5万平方米、水域面积10.05万平方米;港口生产使用自然岸线6766米。有作业区9个,泊位数14个(其中300吨级以上泊位3个),泊位总长855米,利用自然岸坡12200米,仓库面积467平方米,堆场面积10650平方米,管理用房面积4123.7平方米。港口设计年货物吞吐能力145万吨、旅客吞吐能力136万人次。

(8)黔东南州港。黔东南州港由原凯里港、重安江港、镇远港、施秉港、剑河港、锦屏港、瓮洞港、榕江港、从江港等港口整合而成。辖有港区8个:天柱港区、锦屏港区、从江港区、镇远港区、榕江港区、凯里港区、剑河港区、施秉港区。港区面积13.78万平方米,其中陆域面积7.02万平方米、水域面积6.76万平方米;港口生产使用自然岸线3646米。有32个码头作业区,300吨级以下泊位63个,泊位总长度1024米。港口设计年货物吞吐能力221万吨、旅客吞吐能力1145万人次。

(9)黔南州港。黔南州港由原羊里、三都、长顺、荔波等港口整合而成。辖有港区4个:长顺港区、三都港区、荔波港区、罗甸港区。港区面积9.58万平方米,其中陆域面积1.03万平方米、水域面积8.55万平方米;港口生产使用自然岸线长度2641米。有码头作业区4个,300吨级以下泊位4个,设计年旅客吞吐能力35万人次。

第六节　港口码头向专业化发展及市场化探索

一、专业化发展

1.赤水港鲢鱼溪件杂货专用码头

该码头是根据赤天化20万吨纸浆厂兴建的需要而建设的,码头主要服务于纸浆厂原材料的输入和纸浆产品的输出。2004年8月开工建设,2006年9月建成投入试运营,2006年11月竣工验收,项目投资2900万元,交通部及贵州省财政资金各占50%。项目建设4个300吨级货运码头泊位,岸线长度247.57米。该码头为重力直立式码头,结构形式以桩基承台为基础,其上为重力式直立挡墙结构,配套建设堆场、仓库、道路、环保消防等设施。码头前沿水深1.9米,仓库面积3447平方米,堆场面积10250平方米,修建综合办公楼2460平方米,新建过境公路407米、港区道路303米,码头前沿作业平台配备2台当时国内较先进的5吨双悬臂桥式起重机。

2006年9月,正在建设中的赤天化纸业公司从上海、武汉等地采购的1060吨各类生产设备经长江转赤水河船运赤水市,在鲢鱼溪码头安全起岸,标志着贵州当时最大的件杂货专用码头正式投入使用。码头建成后,承担了赤天化纸业公司每年50万吨竹材原料和15万吨纸浆产品的进出运输任务,为赤天化纸业公司的发展发挥了重大作用。2014年,码头生产经营人更换后,改变了单一的货物经营品种,增加了水泥、石料进出口,吞吐量需求增加,码头增加了2台旋转式吊装设备,年吞吐能力提升到100万吨。鲢鱼溪码头如图12-6-1所示。

图12-6-1　鲢鱼溪码头

2.习水港岔角煤炭专用码头

该码头于2005年8月开工建设,2006年9月建成投入试运营,2006年11月竣工验收,主要是服务岔角煤厂煤炭的输出。项目投资470.81万元,交通部及贵州省交通厅投资340.81万元,岔角煤厂自筹资金130万元。项目建设4个100吨级泊位,岸线长度146

米,设计年吞吐量 48 万吨。码头采用实体直立式结构形式,配套建设管理站房、堆场、道路及环保设施等。码头前沿水深 1.6 米,堆场面积 3680 平方米,道路长 232.38 米,管理站面积 573.08 平方米,配备的装卸设备是装载机及煤炭梭槽。岔角码头建成投入使用后,岔角煤厂的煤炭主要通过赤水河水运至合江大船进入长江,短短几年时间,岔角码头煤炭输出量已超过设计吞吐能力,贡献地区生产总值增加近 3 亿元。岔角煤炭专用码头如图 12-6-2 所示。

图 12-6-2 岔角煤炭专用码头

3. 合江港合江水水中转码头

合江码头于 2004 年开工建设,2005 年建成投入运营。该码头位于赤水河河口的左岸,属四川省合江县城关镇,主要服务于赤水河船舶在此转大吨位船舶进入长江。港区紧靠合江县城,是因长江和赤水河货运中转的需要而建设的码头。合江码头配置浮式趸船,趸船上配置双悬臂桥式 5 吨起重机(图 12-6-3),由交通部天津水运工程科学研究所研发,2005 年投入运行。

图 12-6-3 合江码头 5 吨起重趸船

2014年,交通运输部天津水运工程科学研究所对运行近10年的5吨起重趸船进行科技成果后评估,贵州省赤水轮船公司作为用户单位也于同年提交了使用报告。使用报告指出,2005年竣工的合江港区5吨起重趸船,是集货物装卸和仓储于一体的多功能船舶,该船具有较大的仓储空间,装卸设备可遥控操作,自动化程度高,可根据装卸的需求做不同轨迹运动,起重设备起吊的货物既能横向移动,也能沿船舶纵向移动,极大地提高了货物装卸效率,加快了船舶中转装卸速度,提高了经济效益。与人工转载相比,2005年以前,赤水轮船公司的船舶中转作业,在鲢鱼溪码头、航行途中、合江南关码头,货物中转都是靠人工转载,不但装卸效率低、成本高,而且货损、货差大,人工劳动强度高,特别是船舶煤炭中转作业,空气污染较为严重,极大影响工人的身体健康。"遵义506"轮在合江南关码头受载1050吨煤炭,停靠于合江码头5吨起重趸船左舷(面向赤水河),其他转载驳船靠合江码头5吨起重趸船右舷,2天即可完成装载作业。而采用人工装卸(通常为15人)装货时间至少为6天。应用结论:一是设备先进,自动化程度高;二是装卸效率高,成本低;三是货物货损货差少,人工劳动强度降低;四是船舶周转速度快,生产效益提高。

交通运输部天津水运工程科学研究所研制的可在趸船上移动的双悬臂桥式起重机和起重机防倾翻台车装置,具有结构新、质量轻、造价低、高效安全等特点。通过国内外科技文献检索,未见与该项目技术特点相同的针对内河航运港口设备及船舶船型技术研究的文献报道。该装卸设备的研制和应用,解决了西部内河大水位差斜坡式码头水转水装卸作业难度大、效率低的难题。

4.黔西港化屋旅游码头

化屋码头位于"乌江百里画廊"鸭池河大峡谷,东风库区二河(鸭池河、六圭河)交汇处鸭池河左岸,上接织金洞风景区,下连六广河风景区。2010年开工建设,2011年建成投入运营,总投资500余万元。码头建设旅游客运泊位2个,岸线长285米,为斜坡踏步式码头,分高水和中水两级斜坡踏步,码头广场面积19000平方米,布置有客运管理房、游客接待中心等,总占地面积25000平方米。设计年客运量30万人次。

"乌江百里画廊"是千里乌江滨河旅游带的重要组成部分,是连接织金洞景区的水上旅游环线,融高峡、平湖、溶洞、飞瀑于一体,十分壮观、秀丽,是中国西部喀斯特地区高峡平湖的典范,有"头上天一线、峡中水一湾"的天然画廊之称。码头所在之处,乌江在"大鹏展翅"崖壁景观下呈现两源交汇的壮美景观,是千里乌江上最美的崖壁画廊。化屋码头(图12-6-4)建成后,带动了"乌江百里画廊"旅游业的发展,码头年客运吞吐量超过30万人次。特别是2021年2月3—5日,中共中央总书记、国家主席、中央军委主席习近平来到贵州考察调研,来到毕节市黔西县,实地察看乌江六冲河段生态环境,走进新仁苗族乡化屋村看望乡亲们。习近平总书记来到黔西县新仁苗族乡化屋村视察后,化屋村旅游业呈井喷式增长,2 月 11 日至 3 月 22 日,化屋码头累计接待游客 40.37 万人次,日均接待游客 1.03 万人次。

图 12-6-4　化屋旅游码头

5. 兴义港红椿客运码头

红椿码头位于天生桥库区支流清水河上,距支流河口约 3 千米,距天生桥水电站大坝约 8 千米,是库区进入马岭河峡谷风景区的中转码头。红椿码头建设客运泊位 1 个,泊位长度 56 米,码头高低水位差 25 米,结构形式为汽车引道连接斜坡下河踏步,按高、中、低三级水位停泊布置。高水平台布置有综合管理楼 1005 平方米、候船厅 500 平方米、停车场 2500 平方米等,港区道路 269 米。工程于 2005 年开工建设,2007 年建设完工。设计年旅客吞吐量 44 万人次。

红椿码头(图 12-6-5)建成投入运营后,带动了库区客运的发展。兴义至红椿码头农村客运班线于 2009 年开通,该班线的开通,给沿线的则戎镇长冲村 8 个组、干戛村 3 个组、拱桥村 3 个组及南盘江镇红椿村 4 个组共 540 户 2700 人的生产生活及到红椿码头游览的游客带来极大便利,峰林深处土特产源源不断运出大山,农民群众喜笑颜开,纷纷称赞市人民政府建设码头、开通客运班线为贫困山区的农民群众做了一件大好事、大实事。

图 12-6-5　红椿码头

二、码头建设新技术、新工艺、新材料的应用

在 2000 年以前,贵州码头工程建设前沿挡墙基础,一般采用水上开挖抛石基床或水下围堰开挖抛石基床。在赤水港鲢鱼溪码头的设计中,重庆交通学院(今重庆交通大学)采用机械成孔灌注钢筋混凝土排桩作为支撑,桩顶浇筑钢筋混凝土承台,承台上砌筑直立式块石挡土墙,墙后用抛石菱体和泥土回填,形成后方陆域货场。鲢鱼溪码头前沿挡墙施工工艺是贵州港口码头建设设计施工技术的一个重大突破。

鲢鱼溪码头开创了贵州码头建设五个"第一":一是成功实施水下机械成孔灌注桩桩基施工和大体积混凝土桩基承台施工;二是采用强度等级预制水泥连锁块铺砌堆场地面;三是安装大型桥式起重装卸作业机械;四是第一个在港区安装电子监控安全系统;五是在码头仓库中安装大跨度轻钢屋面。并创下了贵州当时六个"之最":一是码头建设规模和工程投资最大;二是码头岸线最长;三是货物堆场面积最大;四是装卸工艺最为先进;五是港区环境治理及绿化面积最大;六是工程施工中采用的机械化施工程度最高。码头建成后,为赤天化纸浆厂大型设备和原材料的起卸发挥了重要作用。同时,它也标志着贵州港口码头工程设计施工技术达到一个新水平。

三、市场化探索

西部大开发时期,贵州积极鼓励民营企业投资建设、运营港口码头。其间,贵州在港口码头建设、运营方面进行了市场化探索,有社会企业资金独立投资建设、运营港口码头模式,也有政府资金和社会企业资金合作投资建设、运营港口码头模式,改变了过去由政府单一投资,形成了国家、集体、民营企业多渠道筹措资金投入水运基础设施建设的新局面。进行市场化探索的港口码头主要有以下几个。

1.赤水河岔角煤矿企业码头

"十五"期间,岔角煤厂依托赤水河航运建设工程,企业投资 130 万元扩建岔角码头,在原设计的基础上,扩大堆场面积,增加现代化的装船设施。赤水河航道条件改善后,四川古蔺县煤炭企业迅速扩大生产规模,许多煤矿生产业主在太平渡—九溪口几千米内,修建不规范的简易码头和槽道 50 多处,后经赤水河航道处与古蔺县交通管理部门进行清理整顿,采取"统一规划、统筹建设、统一管理",由煤矿生产业主自筹资金,将沿河几千米岸线建成规范有序的煤炭专用码头,满足了煤炭输出的需要。随着乡镇建设砂石需求量增大,在赤水河中下游,部分砂石老板自己投资修建码头,但规模较小。

2.白层码头

白层码头是西南出海中线通道航运扩建工程中的重点工程之一。由贵州白层港新港港务有限公司投资修建,按投资协议,建成后该公司可经营管理、使用 50 年。白层港改扩

建工程规划为两个作业区,原港址为第一作业区,第二作业区港址异地新建于原码头下游 4 千米处的平赖滩,两作业区共建设 500 吨级货运泊位 4 个、汽车滚装运输泊位 2 个,预算总投资 16000 万元。先期实施第一作业区,建设 500 吨级泊位 2 个,总投资 5448 万元,由贵州白层港新港港务有限公司自筹 1089 万元,占 20%,申请项目贷款 4359 万元,占 80%。第一作业区于 2009 年 11 月开工建设,2011 年完工。第二作业区因各种原因未建。

3. 罗甸港八总码头

八总码头是西南出海中线通道航运扩建工程中的重点工程之一,建设泊位 2 个,其中客运泊位 1 个、500 吨级货运泊位 1 个,总投资 1800 余万元,通过招商引资引进贵州嘉禾港务有限公司和省航务管理局共同投资建设。嘉禾港务有限公司投资建设、运营货运泊位,按港口相关法律法规进行经营管理,省航务管理局作为政府出资人,投资客运泊位,作为公益基础设施进行投资建设后交由地方管理。八总码头为实体斜坡式码头,500 吨级的货运泊位长 86 米,客运泊位长 55 米。设计年货运吞吐量 73 万吨,码头的堆场和道路停车面积共计 8000 平方米。

第七节　新的水运发展规划修编

2005 年贵州省人民政府批复了《贵州省内河航运发展规划(2003—2020 年)》(简称《2003 年规划》),贵州港口按照《中华人民共和国港口法》"一城一港"进行设置,均为地方主要或一般港口,没有全国内河主要港口。随着贵州境内的一批水利枢纽的开发建设,较大程度地改善了部分河段及库区的通航条件,《2003 年规划》已经不适应新形势发展的要求。

2012 年,省交通运输厅对《2003 年规划》进行了修编,根据省内各港口的区位交通条件、航道开发情况、港口发展需求等,在以往规划的基础上,重新对港口进行划分。同年 11 月 14 日,将新修编的《贵州省水运发展规划(2012—2030 年)》(简称《2012 年规划》)上报贵州省人民政府,《省人民政府关于贵州省水运发展规划(2012—2030 年)的批复》(黔府函〔2012〕270 号)批准实施。

一、港口布局规划

根据贵州省各港口的区位交通条件、航道开发情况、港口发展需求等,在以往规划的基础上,将贵州省港口划分为地区重要港口和一般港口两个层次。地区重要港口,是指地理位置较重要、区位优势较明显,具有一定发展基础和发展潜力的港口,也是发挥出省水运主通道、辅助通道作用,实现贵州水运北通长江、南达珠江的重要依托,对港口周边地区经济发展和对外物资交流具有较强的辐射带动作用。一般港口,是指地区重要港口以外的港口,具有分布面广、腹地范围和吞吐量较小、功能相对单一等特点,主要为当地经济发展、交通不便地区居民出行和旅游客运发展服务,是贵州水运拓展运输市场、扩大服务范围的基础。

(一)乌江

乌江干、支流分布有普定港、黔西港、金沙港、修文港、息烽港、开阳港、播州港、瓮安港、思南港、德江港、沿河港等众多港口,其中开阳港、播州港、瓮安港、思南港、沿河港等港口的发展基础和腹地依托条件较为优越。

1. 开阳港

开阳港位于贵阳市开阳县,乌江构皮滩水利枢纽上游库区内,港口腹地可延伸至周边的息烽、瓮安、福泉、贵定、贵阳等地区,腹地内煤炭、磷矿等资源丰富,分布有开阳磷煤化工生态工业基地、贵阳金石石材工业园等园区。随着乌江出省水运通道全线打通和开阳港基础设施的全面改善,开阳港的500吨级运输船舶可直达长江,发展成为黔中地区通江达海的北大门,为进一步发展成为黔中地区区域性港口物流中心创造了条件。

2. 播州港

播州港位于遵义市播州区,乌江构皮滩水利枢纽库区内,港口腹地可延伸至金沙、播州、湄潭等地区,腹地内煤炭、铝矿、石灰岩、建筑砂石等矿产资源丰富,有色金属工业发展基础良好。随着乌江航道条件和港口基础设施的改善,播州港将为腹地散货、件杂货等运输提供运输保障。

3. 瓮安港

瓮安港位于黔南州瓮安县,乌江构皮滩水利枢纽库区内,以瓮安、福泉、余庆为主要腹地,腹地内磷矿、煤炭等矿产资源丰富,磷煤化工产业较为发达,货源依托条件较好。随着乌江航道条件和港口基础设施的改善,瓮安港将逐步发展成为腹地煤炭、磷矿、件杂货等货物对外交流的重要港口。

4. 思南港

思南港位于铜仁市思南县,乌江沙沱水利枢纽库区内,港口腹地可延伸至石阡、江口、思南、印江等地区,腹地内煤炭、磷矿等矿产资源及旅游资源丰富,特色装备制造业、电子信息产品制造业等产业发展态势良好,货源发展前景好。随着乌江航道条件和港口基础设施的全面改善,思南港将逐步发展成为黔北地区的门户港,为进一步发展成为黔北地区区域性港口物流中心创造了条件。

5.沿河港

沿河港位于铜仁市沿河县,乌江沙沱水利枢纽下游,腹地内煤炭、磷矿等矿产资源及旅游资源丰富,水运发展需求较大,港口发展基础较好,沿河港将有望发展成为黔北地区的重要港口。而其他港口的发展基础和依托条件相对较差,运输需求规模较小。

规划开阳港、瓮安港、播州港、思南港、沿河港为地区重要港口。

(二)南盘江北盘江—红水河

南盘江北盘江—红水河分布有六枝港、贞丰港、册亨港、望谟港、安龙港、兴义港、罗甸港等多个港口,其中贞丰港、册亨港、望谟港和罗甸港的港口基础设施、发展条件较好,且腹地运输较为旺盛。

1.贞丰港

贞丰港位于黔西南州贞丰县,处于龙滩枢纽库尾段,运输船舶可以直达广西壮族自治区天峨县,腹地辐射到贞丰、安龙、兴仁、晴隆、关岭等县,腹地内煤炭和旅游资源丰富,分布有兴仁、兴义轻工业园区,货源发展前景较好。随着北盘江、红水河航道条件的改善和全线贯通,贞丰港将有望发展成为黔西南地区通江达海的门户和北盘江上游重要的矿产资源输出港。

2.册亨港

册亨港位于黔西南州册亨县境内,处于龙滩枢纽常年库区,水域宽阔、水深条件良好,腹地延伸至安龙、望谟、册亨等县,腹地煤炭资源较为丰富,煤化工业具有较好的发展前景;册亨港将成为南、北盘江之间广大腹地对外物资交流的重要节点,在促进腹地资源开发和当地经济发展方面发挥重要作用。

3.望谟港

望谟港位于黔西南州望谟县境内,腹地内煤炭、辉绿岩、硫铁矿、大理石、铁矿石、重晶石等矿藏资源丰富、储量大,区位交通条件较好。望谟港主要为黔西南州及周边地区的煤炭、建筑材料、农产品等物资运输服务。

4.罗甸港

罗甸港位于黔南州罗甸县境内,处于龙滩枢纽库区,港口腹地可延伸至长顺、紫云、惠水及贵阳市,腹地内的煤炭、辉绿岩等矿产资源丰富;随着红水河、蒙江等航道条件的改善和龙滩枢纽通航设施的建成运营,未来港口发展需求较旺盛,罗甸港有望发展成为黔中、黔西南地区通江达海的南大门,并为进一步打造成为贵州南部区域性的港口物流中心创造条件。而其他港口的发展基础和依托条件相对较差,运输需求规模较小。

规划贞丰港、罗甸港、册亨港、望谟港为地区重要港口。

（三）都柳江

都柳江沿线分布有三都港、榕江港、从江港等港口，其中从江港的发展基础和腹地依托条件较好。

从江港位于黔东南州的从江县、黔桂两省（区）的交界处，运输船舶可由从江港直达广西壮族自治区融江、柳江沿线地区，腹地以从江县及都柳江两岸村寨为主，腹地木材、旅游资源丰富。随着都柳江航道条件的改善和腹地经济的发展，从江港将成为贵州黔东南地区与广西壮族自治区柳黔江沿线地市物资交流的重要水陆中转节点。

规划从江港为地区重要港口。

（四）清水江

清水江分布有凯里港、剑河港、锦屏港、天柱港等港口，其中天柱港、锦屏港的发展基础和腹地依托条件较为优越。

1. 锦屏港

锦屏港位于黔东南州锦屏县、挂治水利枢纽下游，以锦屏县及清水江两岸村寨为主要腹地，腹地内煤炭、重晶石、木材等矿产资源丰富。随着清水江航道条件的改善和腹地经济的发展，锦屏港将成为腹地货物与湖南及长江沿线地区进行物资交流的重要港口。

2. 天柱港

天柱港位于黔东南州天柱县、黔湘两省边界，白市水利枢纽下游，运输船舶可由天柱港直达湖南省沅水沿线地区，港口腹地包括天柱县及清水江两岸地区，腹地煤炭、重晶石等矿产资源丰富。随着清水江航道条件的改善和腹地经济的发展，天柱港将逐步发展成为黔东地区的第一门户港。而其他港口的发展基础和依托条件相对较差，运输需求规模较小。

规划天柱港、锦屏港为地区重要港口。

（五）赤水河

赤水河分布有仁怀港、习水港、赤水港等港口，其中赤水港的发展基础和腹地依托条件较为优越。

赤水港位于赤水市、赤水河两岸，运输船舶由赤水港可直达长江干线。腹地煤炭、楠竹等资源丰富，且旅游资源丰富，烟酒业及化工业十分发达，港口发展基础较好。随着赤水河航道条件的逐步改善，赤水港将进一步发展成为黔西北地区最大的港口和通江达海的起运港，成为赤水市及周边地区物资对外交流的主要集并港。而其他港口的发展基础和依托条件相对较差，运输需求规模较小。

规划赤水港为地区重要港口。

此外,贵州省的其他航道还分布有花溪港、乌当港、青镇港、息烽港、织金港、大方港等众多港口,但这些港口多数位于区间通航河段或封闭通航库区,主要满足当地人民出行、物资交流或旅游资源开发等运输服务需要,将其规划为一般港口。

二、贵州省港口布局规划方案

根据贵州航道跨越长江、珠江两大水系特点,按照合理布局、突出重点、加强与周边省份水运联系等原则,贵州省港口布局规划方案为:形成以开阳港、播州港、瓮安港、思南港、沿河港、贞丰港、册亨港、望谟港、罗甸港、从江港、锦屏港、天柱港、赤水港等 13 个地区重要港口为骨干,其他一般港口为基础的布局合理、层次分明、功能完善,与腹地资源开发及经济发展水平相适应的全省港口体系。

1. 开阳港

开阳港位于构皮滩水利枢纽库区的乌江支流清水河口 24 千米范围内,港口腹地包括息烽、瓮安、福泉市、贵定、贵阳市等地区,腹地内磷矿、铝土矿、煤炭等资源丰富,分布有开阳磷煤化工生态工业基地、贵阳金石石材工业园等园区。开阳港是贵州北部距离省会城市贵阳市最近的港口。随着乌江构皮滩水利枢纽通航设施的建成和开阳港综合服务能力的提升,开阳港的客货吞吐量将持续增长,预测开阳港 2020 年、2030 年货物吞吐量分别为 300 万吨、600 万吨,旅客吞吐量分别为 160 万人次、420 万人次。

开阳港的功能定位和发展方向:是黔中地区通江达海的北大门,逐步发展成为以大宗散货、件杂货、集装箱等运输为主,兼为旅游客运服务,具有装卸储存、中转换装、临港开发等功能的综合性港口,并为进一步发展成为黔中地区区域性港口物流中心创造条件。规划开阳港辖洛旺河、大塘口、龙水、清水口、宅吉 5 个港区,重点发展洛旺河港区。洛旺河港区位于乌江支流清水河左、右两岸,水陆域发展条件好,水域开阔,陆域平坦,纵深较大,可开发港口岸线约 1600 米,具备开发规模化港区的条件;规划港区面积约 400 亩,港区距省道久铜线约 3 千米,集疏运条件较好。

2. 播州港

播州港位于乌江构皮滩、乌江渡枢纽库区,川黔铁路和兰海高速公路(G75)在附近交会,有较好的区位交通条件。2011 年,播州港辖有三沙、乌江渡和楠木渡 3 个港区,有生产性泊位 8 个,年货物、旅客综合通过能力为 34 万吨和 40 万人次,完成货物及旅客吞吐量分别为 40 万吨和 65 万人次。随着播州港腹地内铝、锰及煤矿采掘业及铝加工业、锰系合金等相关工业发展和库区旅游规模扩大,播州港客货吞吐量将持续攀升,预测播州港 2020 年、2030 年货物吞吐量分别为 250 万吨、450 万吨,旅客吞吐量分别为 200 万人次、

400 万人次。

播州港的功能定位和发展方向：是黔中地区产业发展和对外物资交流的重要支撑，以煤炭、磷矿、铝土矿、件杂货等为主，积极推进集装箱运输，发展成为具备装卸存储、中转换装、运输组织、多式联运等功能的综合性港口。规划播州港辖三沙、乌江渡、楠木渡、漩塘、三星 5 个港区，重点开发漩塘港区。漩塘港区位于播州区茅栗镇境内、乌江左岸构皮滩库区，水陆域条件较好，上距楠木渡港区 18 千米，下距构皮滩水利枢纽大坝 89 千米，是推动区域内磷矿、煤炭等矿产资源开发，园区经济发展及旅游资源开发的综合性港区。

3. 瓮安港

瓮安港地处黔南州、遵义市、铜仁市的交界处，位于乌江构皮滩水利枢纽常年库区，区位条件优越，交通便捷。瓮安港紧靠贵阳城市经济圈，腹地内煤炭、磷矿资源深加工产业发展和沿河旅游资源开发，将为瓮安港开发建设提供较丰富的客货运输需求。预测瓮安港 2020 年、2030 年货物吞吐量分别为 300 万吨、600 万吨，旅客吞吐量分别为 80 万人次、200 万人次。

瓮安港的功能定位和发展方向：是发展成为贵阳城市经济圈及瓮福磷化工经济带的重要依托，以磷化工、煤化工、农副产品等物资运输为主，兼为旅游客运服务，发展成为具备装卸存储、中转换装、运输组织、现代物流等功能的综合性港口。重点发展江界河港区，江界河港区位于乌江右岸、构皮滩水利枢纽库区，将以磷、煤化工产品以及农副产品等运输为主。

4. 思南港

思南港位于乌工沙沱水利枢纽水库常年回水区，杭州—瑞丽高速公路、思南—剑河高速公路在境内通过，港口的对外集疏运条件较好。思南港辖思塘、邵家桥、思林 3 个港区，有生产性泊位 26 个，最大靠泊能力 300 吨，年货物、旅客综合通过能力分别为 80 万吨、150 万人次，2011 年完成货物、旅客吞吐量分别为 9.4 万吨、480 万人次。思南港腹地内矿产资源丰富，可供开采矿产 40 多种，其中锰矿储量达 6000 万吨，此外，思南港还是贵州的主要船舶制造基地，船舶工业生产所需材料运输需求较为旺盛。预测思南港 2020 年、2030 年货物吞吐量分别为 150 万吨、300 万吨，旅客吞吐量分别为 750 万人次、900 万人次。

思南港的功能定位和发展方向：是铜仁地区联系湘、渝、川的水运口岸和黔东北地区重要的客运枢纽，将发展成为以建材、煤炭、农副产品、旅客运输为主，具备装卸存储、中转换装、运输组织、临港开发等功能的综合性港口。规划思南港辖思塘、邵家桥、思林、塘头、文家店 5 个港区，重点发展思塘、邵家桥港区。思塘港区位于乌江右岸，依托思南县城，以工业颜料、工业产品运输为主，主要为关中坝工业园区发展服务。邵家桥港区位于乌江右岸、思林水利枢纽下游,以石材、建材运输为主,为赵家坝工业园区及黔东北石材运输服务。

5. 沿河港

沿河港位于铜仁地区的沿河县、乌江沙沱水利枢纽下游,沿河港辖有和平、思渠、洪渡、淇滩 4 个港区,共有生产性泊位 35 个,最大靠泊能力 300 吨,年货物、旅客通过能力分别为 285 万吨和 382 万人次,2011 年完成货物、旅客吞吐量分别为 90 万吨和 540 万人次,分别占全省港口总量的 8.2% 和 14.4%。随着沿河港腹地煤炭、石灰石等资源开发和地区经济发展,将促进港口客货吞吐量的增长,预测沿河港 2020 年、2030 年货物吞吐量分别为 100 万吨、250 万吨,旅客吞吐量分别为 950 万人次、1200 万人次。

沿河港的功能定位和发展方向:是铜仁市联系湘、渝、川的水陆交通枢纽和黔东北地区的门户港,将发展成为以建材、煤炭、矿产、农副产品、旅客运输为主,具有装卸存储、中转换装、运输组织、临港开发等功能的综合性港口。规划沿河港辖和平、思渠、洪渡、淇滩 4 个港区,重点发展和平港区复兴作业区和山峡作业区。复兴作业区位于乌江东岸,以矿产品、农副土特产等物资运输为主,主要为山峡工业区服务;山峡作业区位于乌江东岸,依托山峡县城,以旅游运输为主。

6. 贞丰港

贞丰港位于北盘江干流龙滩水利枢纽库区回水末端,在黔西南州的能源、原材料等物资运输中发挥着重要作用。贞丰港有生产性码头泊位 2 个,最大靠泊能力 500 吨,港口年货物综合通过能力 14 万吨;2011 年全港完成货物、旅客吞吐量分别为 143.5 万吨和 62.4 万人次,分别占全省港口总量的 13.1% 和 1.7%。黔西南州地处滇、桂、黔三省(区)接合部,矿产资源丰富,已探明煤炭远景储量 196 亿吨。随着腹地经济发展和旅游资源的进一步开发利用,预计贞丰港客、货吞吐量将持续增长,预测贞丰港 2020 年、2030 年货物吞吐量分别为 400 万吨、600 万吨,旅客吞吐量分别为 160 万人次、280 万人次。

贞丰港的功能定位和发展方向:是黔西南地区矿产资源及旅游资源开发利用、腹地经济发展的重要依托,以能源、原材料等货物运输为主,兼具旅客运输,将发展成为具备装卸存储、中转换装、运输组织、临港开发、修造船等功能的综合性港口。贞丰港将重点发展白层港区。白层港区位于北盘江右岸,处于龙滩水利枢纽回水末端,陆域相对平坦、宽阔,港区距省道 S309 公路约 1 千米,集疏运条件较好。白层港区以散货、件杂货、客运等运输为主,兼有修造船功能,主要为贞丰县产业布局和经济发展提供运输保障。规划白层港区辖第一、第二作业区,第二作业区位于第一作业区下游 4 千米处。2010 年 3 月已实施第一作业区的改扩建工程,工程建成后,白层港货物吞吐能力将达到 300 万吨。

7. 册亨港

册亨港位于龙滩水利枢纽常年库区的南盘江、北盘江干流沿岸,主要承担黔西南州及周边地区的能源、建筑材料等运输。册亨港有生产性码头泊位 2 个,最大靠泊能力 300 吨,港口综合通过能力 30 万吨、20 万人次,2011 年完成货物、旅客吞吐量分别为 76.7 万吨和 108.7 万人次,分别占全省港口总量的 7% 和 2.9%。预测册亨港 2020 年、2030 年货物吞吐量分别为 370 万吨、820 万吨,旅客吞吐量分别为 250 万人次、450 万人次。

册亨港的功能定位和发展方向:是腹地经济发展的重要依托和黔西南地区的门户港,将发展成为以能源、原材料等大宗散货运输和旅游客运为主,具备装卸存储、中转换装、运输组织、临港开发等功能的综合性港口。规划册亨港辖岩架、板坝和八渡 3 个港区,重点发展岩架港区。岩架港区位于北盘江右岸,处于龙滩水利枢纽常年库区,腹地内有册亨县物流园,经济依托条件较好;港口水、陆域条件较好,港区后方距望谟至安龙高速公路约 3 千米,是以散货、件杂货等运输为主的货运港区,为腹地资源外运和工业发展提供运输支撑。

8. 望谟港

望谟港位于南盘江、北盘江及红水河的交汇处,区位交通及港口发展条件较好,在黔西南州及周边地区的能源、建筑材料、农产品等运输中发挥了一定作用。望谟港现有蔗香 1 个港区,有生产型泊位 1 个,靠泊能力 500 吨,2011 年完成港口货物、旅客吞吐量分别为 70 万吨和 110 万人次,分别占全省港口总量的 6.4% 和 2.9%。望谟港腹地可进一步延伸至安顺、镇宁、紫云、望谟等地区,预测望谟港 2020 年、2030 年货物吞吐量分别为 1000 万吨、2000 万吨,旅客吞吐量分别为 100 万人次、200 万人次。

望谟港的功能定位和发展方向:是以大宗散货、件杂货、旅客运输为主,积极发展集装箱运输,发展成为具有装卸存储、中转换装、运输组织、临港开发等功能的综合性港口,力争逐步发展成为珠江上游第一大港和滇黔桂川四省(区)接合部的港口枢纽。规划望谟港辖乐园、油迈、蔗香 3 个港区,重点发展蔗香港区。蔗香港区位于望谟县城以南 22 千米(高速公路距离)处的南盘江、北盘江与红水河的交汇处,可建港岸线长约 20 千米,航道宽 400~500 米,沿岸地形低缓,承担大宗散货、滚装、集装箱等货物运输。

9. 罗甸港

罗甸港位于龙滩库区、红水河及其支流蒙江沿线,罗甸港辖羊里、八总 2 个港区,有生产性泊位 4 个,2011 年完成港口货物、旅客吞吐量分别是 51 万吨和 60 万人次。腹地内煤炭、辉绿岩、玉石等矿产资源丰富,随着罗甸港对外集疏运条件的不断改善,罗甸港腹地将进一步延伸至长顺、紫云、惠水、贵阳等地区,罗甸港客、货吞吐量将增长较快,预测罗甸港 2020 年、2030 年货物吞吐量分别为 320 万吨、510 万吨,旅客吞吐量分别为 150 万人次、250 万人次。

罗甸港的功能定位和发展方向:是黔中、黔南地区通江达海的南大门,将发展成为以大宗散货、件杂货、旅客运输为主,积极发展集装箱运输,具备装卸存储、中转换装、临港开发等功能的综合性港口,并为进一步发展成为区域性港口物流中心创造条件。规划罗甸港辖八总、羊里、罗妥 3 个港区,重点发展八总港区。八总港区位于罗甸县城、龙滩水利枢纽库区的红水河支流蒙江沿岸,港口水陆条件较好,港区后方距 S312 省道约 12 千米,八总港区将以散货、件杂货运输为主,积极发展集装箱运输。

10. 从江港

从江港位于都柳江沿线的黔东南州的从江县,黔桂两省(区)的接合部。从江港辖停洞、下江、从江、八洛 4 个港区,现有生产性泊位 10 个,年货物综合通过能力 28 万吨、旅客通过能力 175 万人次,2011 年完成港口货物及旅客吞吐量分别为 11 万吨和 69 万人次。从江港腹地内的木材及旅游资源较丰富,随着腹地经济的发展和都柳江水运发展条件的改善,从江港的运输需求将稳步增长,预测从江港 2020 年、2030 年货物吞吐量分别为 90 万吨、160 万吨,旅客吞吐量分别为 200 万人次、400 万人次。

从江港的功能定位和发展方向:是腹地经济发展的重要依托和黔东南地区的门户港,将发展成为以件杂货和旅客运输为主,具有装卸存储、中转换装、临港开发等功能的综合性港口。规划从江港辖停洞、下江、从江、八洛 4 个港区,重点发展从江港区。从江港区位于从江县城、都柳江干流沿岸,紧邻从江工业园,陆域相对平坦、宽阔,港区距榕江至从江省级公路约 1 千米,港区对外交通条件较好。从江港区以木材、矿建材料等货物运输为主,兼有旅客运输。

11. 锦屏港

锦屏港位于清水江的白市水利枢纽库区。锦屏港辖三江、茅坪 2 个港区,有生产性泊位 4 个,年货物、旅客通过能力分别为 71 万吨、260 万人次;因白市水电站蓄水,2011 年锦屏港完成旅客吞吐量 41.6 万人次。随着腹地煤炭、重晶石等资源开发和区域经济发展,锦屏港将有一定规模的客、货运输需求。预测锦屏港 2020 年、2030 年货物吞吐量分别为 40 万吨、80 万吨,旅客吞吐量分别为 100 万人次、200 万人次。

锦屏港的功能定位和发展方向:是黔东地区重要的水陆交通枢纽,为清水江沿岸城镇居民出行、旅游资源开发和地区间物资交流服务,将发展成为具有装卸存储、中转换装、运输组织等功能的综合性港口。规划锦屏港辖三江、茅坪 2 个港区,重点发展三江港区。三江港区依托锦屏县城,位于白市水利枢纽水库,水域宽阔、陆域平坦。港区距天柱至锦屏省级公路约 1 千米,集疏运条件较好。三江港区以矿产品、木材等资源性货物运输为主,兼为旅游客运服务。

12. 天柱港

天柱港位于沅水上游的清水江沿岸,北距湘黔铁路、320 国道分别为 64 千米和 74 千米,东距 209 国道 78 千米。天柱港辖瓮洞、白市、远口、坌处 4 个港区,有生产性泊位 11

个,年货物、旅客综合通过能力分别为 30 万吨、139 万人次,2011 年完成港口货物、旅客吞吐量分别为 7 万吨、127 万人次。天柱港腹地矿产资源丰富,被誉为"中国重晶石之乡"。随着沅水、清水江高等级航道的畅通和天柱县矿产资源、旅游资源的开发利用,天柱港客、货吞吐量将逐步增长,预测天柱港 2020 年、2030 年货物吞吐量分别为 60 万吨、110 万吨,旅客吞吐量分别为 300 万人次、500 万人次。

天柱港的功能定位和发展方向:是黔东地区的门户港,以重晶石、石灰石、木材等资源性物资外运为主,兼具旅游客运功能的综合性港口。规划天柱港辖瓮洞、白市、远口、坌处 4 个港区,重点发展瓮洞港区。瓮洞港区位于贵州、湖南两省接合部、白市水利枢纽下游,以矿产品、木材等运输为主,兼有旅游客运,主要为黔东南、黔南州加强与湖南、长江沿线地区物资交流提供运输服务。

13.赤水港

赤水港位于长江上游右岸一级支流赤水河下游,流域内水、陆运输相辅相成,交通便捷。2011 年,赤水港辖东门、鲢鱼溪、赤天化和合江 4 个港区,有生产性泊位 19 个,最大靠泊能力 300 吨,设计年货物、旅客吞吐能力分别为 253 万吨、180 万人次;全港完成货物及旅客吞吐量分别为 310 万吨、105 万人次,分别占全省港口总量的 28.4% 和 2.8%。随着腹地煤炭、竹木、旅游等资源开发和沿河产业的进一步发展,预计赤水港的客、货吞吐量将继续增长,预测赤水港 2020 年、2030 年货物吞吐量分别为 420 万吨、520 万吨,旅客吞吐量分别为 200 万人次、300 万人次。

赤水港的功能定位和发展方向:是黔北地区重要的规模化港口,是赤水市及周边地区资源开发、沿江经济发展和对外物资交流的重要依托,将逐步发展成为以煤炭、化肥、竹木等物资运输为主,具备装卸存储、中转换装、运输组织、多式联运、现代物流等功能的综合性港口。规划赤水港辖复兴、东门、鲢鱼溪、赤天化和合江 5 个港区,近期重点发展鲢鱼溪港区。鲢鱼溪港区位于赤水河下游右岸,下距河口 49 千米,距赤水市城区 5 千米,是赤水市及赤天化物资的主要集散港区,是贵州西北地区通江达海的起运港点,是具有件杂货的装卸、中转换装等功能的水陆联运港区。

第八节　党风廉政建设和精神文明建设的全面加强

一、党风廉政建设的加强

加强党风廉政建设和反腐败工作。从 20 世纪 90 年代初期开始,按照《县以上党和国家机关党员领导干部民主生活会若干规定》的要求,贵州省内河航运管理局党委建立每半年一次的领导班子民主生活会制度。20 世纪 90 年代中期,省属企业赤水轮船公司、乌江轮船公司建立党员领导干部民主生活会制度。2000 年后,将党员领导干部民主生活会制度扩大到省直属航运系统各单位。

"十五"时期,省地方海事(航务管理)局认真贯彻落实中央颁布的《建立健全教育、制度、监督并重的惩治和预防腐败体系实施纲要》精神,坚持标本兼治,加大预防力度,采取有效措施,建立和完善监督管理制约机制,把党风廉政建设和反腐败工作的各项任务细化分解,明确廉政目标,落实具体责任,结合商业贿赂、小金库、水运工程建设领域突出问题等专项治理,继续加强对招标投标、材料采购、设计变更、资金拨付等关键环节的监督力度,在水运工程建设中,施工队伍在与业主方签订施工合同时,必须同时签订廉政建设合同。通过加强工程建设项目"双合同"制,不断推进党风廉政建设和反腐败工作制度化、规范化,从源头上遏制腐败现象的滋生蔓延。5 年中,贵州省地方海事(航务管理)局没有腐败案件发生。

开展党员先进性教育。2005 年,中央开展保持共产党员先进性教育活动,贵州省地方海事(航务管理)局按照《关于做好第一批先进性教育活动学习动员阶段工作的通知》要求和省交通厅具体部署,抓紧开展学习培训工作。组织局机关党支部、局离退休党支部、贵州省红枫湖轮船旅游公司党支部等 55 名党员,从学习动员、分析评议、整改提高三个阶段入手开展教育活动。省局领导班子及直属单位,针对群众反映强烈的党风、政风、行风方面存在的突出问题,以及影响贵州水运改革、发展、稳定和存在的其他突出问题,多层次、多渠道、多形式广泛征求党员群众和社会各界的意见 168 条,经归纳整理为 5 个类别 59 条,均提出了整改措施和落实意见。

党员先进性教育活动的开展使广大党员受到了一次深刻的马克思主义理论教育,深化了对"三个代表"重要思想的时代背景、科学内涵、精神实质的认识,提高了树立正确政绩观和构建和谐社会的认识。同时,找准了党员在党性、党风方面存在的突出问题,明确了努力的方向,增强了党员的先进性,使党组织的创造力、凝聚力和战斗力进一步加强,战斗堡垒作用进一步发挥。各级海事和航务管理部门在巩固和保持共产党员先进性教育成果的基础上,深入开展民主评议行风活动。一方面采取上评下的方法,主动到当地纠风办听取意见;另一方面采用下评上的办法,向群众发放行风问卷调查表,虚心接受群众批评和意见,及时改进工作作风。

二、职工思想教育和人才队伍建设

"十五"时期,贵州省水运系统广泛学习贯彻《公民道德建设实施纲要》,扎实开展社会主义荣辱观和公民道德建设工程、"文明伴我行、满意在航运"等主题实践活动,切实加强干部群众的思想道德教育、法制教育。采取"走出去、请进来"的方式,多次派员外出学习、培训,邀请中共贵州省委讲师团、中共贵州省委党校教师前来举办讲座,以提高干部群众的思想道德素质。大力培育贵州特色的海事(航务)文化,提出以"文明、专业、规范、高效"的执法精神为主旋律,提出了以人为本、方便群众的服务,规范精细、工作有痕的管理,依法行政、执法必果的执法,让航行更安全、让水域更清洁的理念。用先进的文化理念促进行业作风的转变,并树立了良好形象。

"十五"时期,省地方海事(航务管理)局把加强海事、航务人才队伍建设作为水运兴业之本,为贵州水运发展提供了人才保证。2005年,省地方海事(航务管理)局委托武汉理工大学举办为期三年的船舶工程大专班,共有57人参加学习,其中49人获得毕业证书。同时,建立执业资格培训制度,积极开展资格性岗位技术培训,众多职工参与了建造师、监理工程师、试验工程师、爆破工程师、安全员、船舶检验员等执业资格证的培训考试,并获得了相应的资格证书,有的获得多项执业资格证,成为多技能的复合型人才。

2004年开始,贵州省水运系统全面实行专业技术职务资格评聘分离制度,由个人申报职称,经评审或参加考试获得职称资格,单位自主聘任,不搞论资排辈,变身份管理为岗位管理,并打破职称终身制,实行能上能下原则。对业绩突出、成绩显著的专业技术人员,开辟"绿色通道",破格申报高、中级专业技术职务。通过继续教育、培训、执业资格认定、职称评聘等措施,贵州省水运系统专业技术队伍结构发生了明显变化,中青年技术骨干增加,整体能力和素养增强。"十五"时期,贵州省水运系统共有5人入选交通部水运工程质量管理专家库。

三、行业精神文明建设上新台阶

20世纪90年代末,贵州省地方海事(航务管理)局党委重视精神文明建设,坚持"两手抓、两手都要硬"的方针,制定了《贵州省水运交通行业精神文明"九五"规划和2010年远景目标》和《贵州省水路交通行业精神文明建设"十五"规划》,推进水运行业精神文明建设健康向前发展。

2002年11月,党的十六大报告强调,全面建设小康社会,必须大力发展社会主义文化,建设社会主义精神文明;强调坚持弘扬和培育民族精神,切实加强思想道德建设。贵州省地方海事(航务管理)局按照中央、省和厅的安排部署,把水运文化建设、精神文明建设、职工思想道德建设推向新的高度。率先在局机关先后制定《局机关创建"文明机关"暂行办法》《机关文明建设公约》《机关干部职业道德行为规范》《机关干部工作守则》《岗位职责》《工作职责》等66个制度,并汇编成册,分发到各科室,作为每个职工的行为规范。2002年,贵州省地方海事(航务管理)局投入精神文明建设专项经费达50万元,在创建活动中,2000—2002年度,被省交通厅直属机关党委授予"先进基层党组织"称号。在制定《省水路交通行业"十五"时期精神文明建设工作的总体规划和任务目标》时，制定了《水路交通行业文明单位管理办法》和《省水路交通行业文明单位标准和考评细则》，将精神文明建设和物质文明建设的重点落实到基层，实行交通行业与地方人民政府条块结合，通过向属地各级文明办和交通行业各级主管部门逐级申报、创建的办法，有力地推进了文明单位的创建。2003 年，在交通系统目标考核中，贵州省地方海事（航务管理）局的业务目标和共性目标双双名列前茅，荣获一等奖。同年，贵州省地方海事（航务管理）局荣获贵阳市云岩区人民政府授予的"文明单位"铭牌，这是水运系统开展文明创建活动以来，首次经地方人民政府严格考核后获得的奖励，这标志着水运精神文明建设上了一个新台阶。2005 年，贵州省赤水河航道处荣获"全国模范职工之家"称号，赤水河航道处先市航标站被交通部授予"全国交通行业文明示范窗口"称号，赤水河航道处家属区被评为赤水市安全文明小区、遵义市文明楼院。2007 年，水运行业精神文明建设迈上新台阶。贵州省地方海事（航务管理）局机关被贵阳市人民政府授予"贵阳市文明单位"称号，同时入选交通部 2007 年"全国交通行业文明单位"候选名单并在《中国交通报》上公示；贵州省赤水河航道处荣获"遵义市文明单位"称号。

2004 年，贵州省交通厅组织召开"纪念邓小平同志诞辰 100 周年歌唱比赛"，省地方海事（航务管理）局机关职工个个穿着海事服装，精神饱满，怀着对一代伟人邓小平同志的崇敬之情，用歌声缅怀了邓小平同志的丰功伟绩，并获得优秀奖。同年，在赤水市举办了首届水运杯羽毛球赛，水运职工欢聚一堂，切磋球艺，展现了水运职工的精神风貌。

四、港航文化建设的深入

采用新媒体宣传。2002 年，贵州省地方海事（航务管理）局自办《贵州水运简报》在水运系统内部传阅。虽于 2005 年停刊，但水运对外宣传未停止。

2005 年，贵州省地方海事（航务管理）局委托贵州电视台交通记者站制作完成《贵州航运新面貌》DVD 光碟，这是第一次用先进宣传形式，整合该记者站平时随水运建设发展采访报道的新闻影像资料，配合省地方海事（航务管理）局提供的文字资料，生动形象地宣传了港口码头、航道建设发展及水路运输成就，在 2005 年全省航运工作会议上首映后，受到了参会者的称赞。该水运宣传光碟分发给各地（州、市）交通主管部门和水运企事业单位，同时赠送给国家有关部委和省有关厅局。使用光碟宣传水运，全方位、多视角展现改革开放以来，特别是在中央实施西部大开发战略的机遇下，贵州港航建设发展取得的历史性突破，这在当时是"超前时尚"的。

2005 年第 3 期《贵州画报》用 6 页版面刊登了《内河航运的崛起——纵横贵州交通》文章。该篇文章由韦世荣撰文、画报社策划并提供照片，图文并茂地宣传了从中华人民共和国成立到"十五"期间贵州水运的发展轨迹。

赤水河航运历史展览馆的建立。赤水河航运历史悠久，为赤水河留下了许多珍贵文物。土城镇设置较早，系千年古镇。1935年1月，中国工农红军长征经过此地，留下了土城渡口等许多珍贵遗迹。2006年5月，红军四渡赤水战役旧址作为近代重要史迹被国务院确定为第六批全国重点文物保护单位，清末民初由船民所建的船帮旧址也被列入其中。2005年，习水县人民政府决定在土城镇筹建四渡赤水纪念馆、赤水河航运历史展览馆、赤水河盐运文化馆等展馆，以展示赤水河港口码头、航道和航运发展的历史。赤水河航运历史展览馆于2006年开始筹建，馆址设于船帮旧址内，2009年9月建成。

五、港航"双拥"工作的开展

党的十一届三中全会以来，贵州省赤水轮船公司、省赤水河航道处和省乌江航道处在地方双拥办的领导下，积极开展"拥军优属，拥政爱民"工作，结合自身的生产管理实际情况，寓"双拥"于活动之中，开展了内容丰富的共建活动，"双拥"工作取得了一定的成绩，职工的国防意识得到明显增强，爱国主义思想有了普遍提高，水运交通战备、民兵预备役、战时应急分队等组织建设得到进一步加强。

赤水河、乌江连通长江，自古以来就是贵州通向省外的重要水路交通要道。赤水河航道处和乌江航道处分别担负赤水河、乌江航道的养护和管理工作，为使这两条通航河流成为拖不垮、炸不烂的水上运输线，两航道处遵照上级战备办的指示精神，按照平战结合的要求，在广大职工群众中深入开展国防宣传教育，组织职工学习《中华人民共和国国防法》《中华人民共和国兵役法》《中华人民共和国人民防空法》《中华人民共和国国防交通法》的同时，进一步做好航运战备工作，组建航道交通战备应急队伍。赤水轮船公司充分发挥专业航运企业的优势，以适应新时期交通战备工作的需要，对原组建的航运交通战备船舶运输大队，按相关要求，相应组建了舟桥分队、水上应急分队、船舶运输分队、船舶修理分队。

在当地人民政府的关心和支持下，贵州航运系统"一人参军、全家光荣"的氛围浓厚。1978—2005年，航运系统职工子女近80人应征入伍，履行保家卫国的义务。自党的十一届三中全会以来，各单位还认真落实转业干部和退役军人接收安置政策。赤水轮船公司、赤水航道处、乌江航道处优先接收安置转业军人26人、退役军人321人。航运企业与当地驻军关系融洽，相互支持，互办实事。航道处在自身经费较紧张的情况下，仍按时足额上缴优抚金。值得一提的是，赤水轮船公司在自身包袱重、企业经济效益差、生产经营亏损的情况下，仍然挤出资金，累计上缴优抚金7万多元，有力地支援了国防建设。每逢建军节、春节等节假日，各单位党政领导都会组织拥军慰问组到当地驻军营房，送去节日问候，并与部队官兵促膝交谈。据不完全统计，1999年以来，赤水航道处多次被赤水市人武部授予"民兵预备役工作先进单位"和"征兵工作先进单位"称号。2004 年,赤水航道处在八一建军节被中共赤水市委、赤水市人民政府授予"拥军优属先进单位"称号。赤水轮船公司、乌江航道处也多次被当地人武部授予"民兵预备役工作先进单位"和"征兵工作先进单位"称号。2003 年,赤水轮船公司还被中共遵义市委、遵义市人民政府、遵义军分区授予"先进民兵应急分队"称号。

当年中国工农红军在贵州突破乌江,四渡赤水浴血奋战,写下了光辉的历史诗篇。在这具有光荣传统、红军曾经战斗过的地方,贵州港航广大职工与解放军亲密无间的故事数不清,也讲不完。在新形势下,贵州港航职工将一如既往,继续传承和发扬红军长征精神,弘扬拥军传统,共筑军民钢铁长城。

第十三章
进入新时代的港口高质量发展

（2012—2017 年）

2012 年 11 月,党的十八大胜利召开,中国特色社会主义进入新时代。省交通运输厅按照贵州省委、省政府的战略部署,对《贵州省内河航运发展规划(2003—2020 年)》进行了修编,出台了《贵州省水运发展规划(2012—2030 年)》。

省委、省政府高度重视水运发展,2012 年 12 月出台《省人民政府关于加快水运发展的意见》,提出了水运发展的指导思想、基本原则、发展目标、主要任务。以规划为引领,在 2014—2016 年实施了"水运建设三年大会战"❶,建成了一批适应贵州经济社会发展的重点枢纽港口和服务民生的便民码头主乡镇渡口;建成了构皮滩翻坝运输系统、乌江沙沱和思林水利枢纽通航设施,乌江基本实现了复航;实施了都柳江从江、大融等四级航电枢纽工程,实现了"以航为主、航电结合、综合利用"航电开发零的突破。在此期间,将港口码头建设推向史无前例的高速发展期。

港口码头建设技术取得新的突破,建成了贵州第一个高桩框架沙湾码头,配置了集装箱专用的门座式起重机。乌江渡社会资本建设煤炭输出码头配置专用皮带运输机,建设煤炭输入码头配置专用趸船和抓斗式起重机。码头建设结构形式和装卸工艺均取得突破。

港口码头带动发展成效显著,促进了水路货运和水上旅游的发展,助力脱贫攻坚作用明显。

第一节　港口发展融入贵州发展战略

一、省委、省政府高度重视水运及港口码头发展

2012 年 5 月 4 日,贵州省分管交通的副省长在省交通运输厅主持召开了"加快内河水运发展"专题会。在会上,明确了水运发展的一系列工作计划。提出"用时间换空间"战

---

❶ 《省人民政府关于印发贵州省水运建设三年会战实施方案的通知》(黔府发〔2013〕25 号),"三年会战"时间是2014—2016 年。

略决策,确定了乌江水利枢纽通航设施建设时间表:构皮滩水利枢纽过船设施于 2017 年建成,下游思林水利枢纽过船设施于 2015 年建成,沙沱水利枢纽过船设施于 2016 年建成。省交通运输部门于 2015 年同步建设和完善港航基础设施项目,2017 年实现贵州乌江复航。

2012 年 10 月 31 日,省常务副省长带领省交通运输厅相关负责同志,专程到黔西南州调研北盘江、红水河水运发展建设情况。在贞丰港白层港区,调研组考察港区基础设施建设时指出,随着"两江一河"航道等级的提高和白层港区吞吐能力的增加,港口具备了较好的发展条件,在此基础上,要加快港区连接高速公路建设,尽快形成公水联运通道,要科学布局港口物流和产业园区,完善配套服务设施,带动区域经济加快发展。调研组一行在望谟港蔗香码头乘船察看南盘江北盘江—红水河航道,实地察看蔗香港区的选址。在望谟县召开的现场办公会议上,调研组听取了望谟县关于蔗香港区和城市建设发展规划的汇报后指出,要把蔗香港区与城市和产业进行一体化建设,将望谟县城灾后重建通盘统筹,走出一条以港兴城之路,要抓住内河大建设、大发展的重要机遇期,举全省之力,共同推进水运发展。贵州省交通部门要积极对接广西壮族自治区交通部门,尽快建设龙滩翻坝运输码头,形成年 250 万~500 万吨的翻坝运输能力,促进北盘江—红水河水路运输快速发展;黔西南州政府要加快蔗香港区进入实质性规划建设,黔源电力公司要立即启动北盘江董箐、光照水电站通航设施的设计与建设工作,促进北盘江—红水河这条国家高等级航道早日延伸到上游资源腹地。

2013 年 3 月 6 日,省常务副省长和省交通运输厅相关人员赴罗甸县调研交通基础设施建设、民营经济发展情况。省领导一行深入到罗甸港八总、羊里和罗妥港区进行了实地调研,罗甸县是贵州的南大门,罗甸港是贵州水路通达南海最近的港口,区位优势十分明显,抓住这一优势尽快构建罗甸水、陆、空立体综合交通运输体系,对罗甸县经济社会发展有着重要意义。省领导要求,尽快打通红水河南下珠江连接珠三角经济区的水运通道,是省委、省政府领导提出的明确要求,重点要督促电站建设业主加快红水河龙滩水电站通航设施建设,以尽快发挥水运通道物流成本低、运能大、能耗低的比较优势。

2013 年 5 月 4—5 日,省常务副省长赴仁怀至赤水高速公路(仁赤高速)建设工地和赤水河航道进行考察调研,仔细了解高速公路工程建设、赤水河航运规划等情况。在赤水市举行的座谈会上,随同考察的省交通运输厅厅长汇报了遵义市高速公路建设和赤水河水运发展情况,要求加班加点做好赤水河扩能改造前期工作,抓紧编制赤水河航运发展与生态保护规划,统筹做好港区公路、货运港口改造和客运码头建设,实现与工业园区、旅游景区、陆路通道等的无缝连接,构建综合交通运输体系。省领导对仁赤高速公路建设取得的重要进展给予充分肯定并给予高度评价,强调要充分发挥赤水河航运通道优势,围绕将赤水河打造成为贵州北入长江的重要水运通道的目标,坚持开发与保护、水路与陆路、货运与客运相结合,加快推进航运扩能工程,切实提升航运能力,努力打造促进黔北经济发展的黄金水运大通道。

二、省政府出台加快水运发展意见

为深入贯彻党的十八大和省委十一届二次全会精神，认真落实《国务院关于加快长江等内河水运发展的意见》（国发〔2011〕2号）和《国务院关于进一步促进贵州经济社会又好又快发展的若干意见》（国发〔2012〕2号）有关要求，进一步发挥水运优势和潜力，切实提高水运服务经济社会发展能力，加快建设畅通、高效、平安、绿色的现代水运体系，2012年12月28日，贵州省人民政府出台《省人民政府关于加快水运发展的意见》（简称《意见》）（黔府发〔2012〕44号），提出了水运发展的指导思想、基本原则、发展目标、主要任务、政策措施及保障措施共21条意见。该《意见》有关港口建设规划要点包括以下几项。

1. 指导思想

以邓小平理论、"三个代表"重要思想、科学发展观为指导，以加快转变经济发展方式为主线，以大水运建设为目标，坚持深化改革，加强统筹规划，强化科学管理，加大投入和建设力度，切实提升水运的质量、效益和现代化水平，促进产业结构调整和区域经济协调发展，为促进全省经济社会又好又快发展提供重要基础保障。

2. 基本原则

坚持协调发展，统筹水运、水利、水电协调发展，统筹协调水运与公路、铁路发展，统筹协调贵州水运与相邻省（区、市）水运规划衔接；坚持突出重点，加强出省水运通道、集约化港口、安全监管与保障能力等建设，全面提升水运发展基础条件；坚持分类指导，强化政府在航道、支持保障系统等公益性基础设施建设中的主体责任，充分发挥市场配置资源的基础性作用，积极引导和支持社会资本投入港口、旅游航运、港口装卸、船舶制造等建设，共同促进水运又好又快更好更快发展。

3. 发展目标

按照"以航为主、航电结合、综合利用、协调发展"的要求，全面提升水运服务全省经济社会发展能力，突出"坚持规划引领、主攻航道建设、突破闸坝碍航、着力产业培育、创新机制保障"五大重点，制定加快水运发展的政策措施，强化联动协调机制，拓宽投融资渠道，形成政府引导、部门协作、社会参与的水运发展新格局。

4. 主要任务

全力推进航道提等升级。加强与周边省（区、市）的协调配合，积极争取国家有关部门支持，扎实推进乌江、红水河等航道由四级提升为三级的规划修编和建设工作，争取将乌江、红水河等航道提等升级规划修编项目纳入交通运输部水运建设"十二五"中期调整规划，充分发挥乌江、红水河连接长三角、珠三角水运大通道优势，确保实现乌江、红水河航道通过能力的最大化。加快出省水运通道建设。紧紧围绕解决闸坝碍航,提高出省水运通道通过能力,加快推进航道建设。重点推进乌江构皮滩翻坝运输系统建设,水电站建设业主要尽快启动构皮滩、思林、沙沱水电站二线 1000 吨级通航设施建设和北盘江董箐、马马崖、光照等水电站 500 吨级通航设施建设;积极协调推进彭水水电站二线 1000 吨级通航设施建设和红水河龙滩、岩滩水电站 1000 吨级通航设施建设改造;加快实施都柳江和清水江航电一体化枢纽工程;积极推进赤水河航道运输能力提高。

5.政策措施

一是加强规划衔接。发挥规划引领作用,《贵州省水运发展规划(2012—2030 年)》在实施过程中要加强与全国内河航道与港口布局规划及省综合交通运输规划、城乡规划、产业布局规划、土地利用总体规划等相关规划衔接。各级人民政府要把水运放在经济社会发展的重要位置,纳入国民经济和社会发展规划,加强水运项目前期工作,做好水运项目储备。港口所在地政府要将港口总体规划中的疏港道路及供水、供电、通信等港口公用基础设施建设,纳入相应的城市建设规划,并负责组织实施。

二是加大资金投入。积极争取中央资金支持,提高对贵州省航道、港口、航电和支持保障系统等水运建设项目的资金补助标准。加大省级财政投入,在现有成品油税转移支付的增量中每年继续安排 1 亿元资金用于水运建设的基础上,从 2013 年起每年在预算中安排不少于 2 亿元的财政专项资金用于水运基础设施建设,并逐年增长。市(州)及县级人民政府相应加大水运建设发展资金的投入。

三是加强政策支持。水运项目享受高速公路、水利设施等重点建设项目在土地、税收、行政事业性收费等方面的同等优惠政策。航道、船闸、港口和支持保障体系等公用基础设施建设用地符合国家划拨用地政策的,可按规定以划拨方式取得。积极争取国家发展改革委核定流域水电上网电价,用于流域内水电站通航设施建设。

四是强化水运资源保护。按照"谁造成碍航,谁恢复通航"原则,对有复航价值和条件的枢纽及航道,水电枢纽建设业主要按规划航道标准限期进行复航改建或补建通航设施。严格执行国家有关标准,加强跨、拦、临河建筑物的通航论证工作,新建水电站和桥梁等设施,必须按其流域航道规划与通航标准建设通航设施和满足通航要求。加快航道、港口、船闸、渡口管理等立法工作,完善地方水运法规配套体系,规范水运规划、建设、经营和管理等行为,依法保护和利用水运资源。加强执法监管,严厉打击港航区养殖、非法挖沙、破坏航道及通航设施等行为,确保航道安全畅通。

五是加强水运人才队伍建设。进一步实施科教兴黔战略,深化干部人事制度改革,制定水运人才发展规划,创新人才培养和引进办法,分层次开展专业培训,多形式引进高素质、高层次、高技能紧缺人才。加强与省外院校的合作交流和联合办学,定向培养本土专业技术人才和技能人才,支持省内大专院校增设港航建设、船舶运输、海事管理等专业,加大人才培养和储备力度。

六是建立完善水运建设管理体制机制。进一步理顺各市（州）、县（市、区、特区）港航管理体制，健全出省水运通道省级航道管理机制。省、市（州）水运工程项目实施分级建设管理机制，省重点项目由省级交通运输部门负责组织实施，其他项目由地方政府负责组织实施，省级交通运输部门给予相应指导和支持。

6.保障措施

一是切实加强组织领导。成立省加快水运发展领导小组，领导小组下设办公室，办公室设在省交通运输厅，具体负责加强与周边省（区、市）、水电站建设业主的协调，解决水运发展中的重大问题，研究扶持水运发展的措施和办法。各地各部门要切实做好水运规划实施、项目审批、资金支持、土地供应和水资源综合利用等方面工作，为全省水运发展提供便利条件和良好服务。省有关部门和各级地方政府要抓紧制定出台支持水运发展的具体措施和办法，确保全省水运发展取得实效。

二是强化督促落实。将水运发展纳入省政府督查程序，省政府督查室要组织重点督查。省目标办要将水运发展目标任务完成情况纳入年度专项目标考核。省水运主管部门要建立水运发展监测服务平台，掌握发展动态和趋势，加强产业发展政策和评估体系研究。

三是优化发展环境。各地要进一步加快政府职能转变，强化服务意识，提高办事效率，优化环境，规范行为，加强监督。简化水运项目审批程序。涉及水运建设项目审批的相关部门，要简化水运项目审批手续，除土地预审、环境影响评价、水土保持方案、移民安置报告、规划选址实行独立评审外，其他专题报告在发展改革部门组织可研报告审查时同步审查。要充分发挥舆论导向作用，加大水运工作的宣传、报道力度，广泛普及水运知识，在全社会形成共同推进水运发展的良好氛围和宽松环境。

《省人民政府关于加快水运发展的意见》出台后，在社会上引起巨大反响。《意见》中明确提出"以航为主、航电结合、综合利用、协调发展"的创新模式，在全国省级层面尚属首次，起到积极示范作用。明确每年安排3亿元省级财政资金用于水运建设，并逐年增长。要求市（州）、县级财政也要加大水运建设的财政资金投入力度。为水运可持续发展，提供了政策遵循、制度安排，具有战略意义。

三、实施水运建设三年大会战

《省人民政府关于加快水运发展的意见》出台后，2013年，贵州省组织召开全省水运发展大会，举全省之力支持水运发展。9月，贵州省人民政府印发《贵州省水运建设三年会战实施方案》，从2014年1月1日起，用3年时间，在全省范围内开展水运建设大会战。《实施方案》中关于港口码头方面内容如下：

1.总体要求

坚持科学统筹、航电结合、综合利用、协调发展,着力突出"通航道、建港口、增运力、建机制、育产业"五大重点,着力突破"航道提等、闸坝通航、筹资融资"三大难题,形成省地共建、区域联动的工作格局,共同构建"三出省、二达海"水运大通道,统筹推进水运、水利、水电协调发展,统筹水运与公路、铁路、机场的衔接,大力提升水运服务经济社会发展能力,实现水运安全发展、可持续发展,为贵州与全国同步全面建成小康社会提供坚实的交通运输保障。

2.总体目标

2014 年至 2016 年,全省完成水运交通固定资产投资 100 亿元以上。到 2016 年,全省高等级航道达到 700 千米以上,水运能力达 2000 万吨以上,港口码头吞吐能力突破 3000 万吨,水运交通有效连接 37 个产业园区、230 个小城镇、42 个旅游景区、46 个现代高效农业示范园区、29 个城市综合体。

构建适应经济发展的水运经济港口枢纽,结合全省产业布局规划和"5 个 100 工程"的实施,积极引导现代物流、装备制造等产业向沿江布局、聚集发展。加快推进港口和临港经济区建设,尽快建成一批规模化、专业化、现代化港区,促进港口、产业、城镇联动发展,形成布局合理、层次分明、功能明确、与经济发展水平基本适应的水运港口枢纽体系。

构建服务民生便民水运体系,充分利用贵州省封闭库区和支小河流通村达寨的自然条件,加快推进库区航运、城乡便民码头和乡镇渡口建设,改善库区和沿江(河)群众出行条件,提高水运公共服务均等化能力。

3.项目建设

(1)2014 年项目

水运通道项目:全面建成乌江(乌江渡—龚滩)航运工程,新增四级航道 431 千米,全省四级航道达到 700 千米。加快建设乌江构皮滩、思林、沙沱通航设施,构皮滩翻坝运输系统,以及都柳江从江、大融航电枢纽工程。开工建设清水江锦屏—白市高等级航道和都柳江郎洞、温寨航电枢纽工程。

区间水运项目:建成清水江三板溪库区航运工程,新增五级航道 85 千米,全省五级航道达到 179 千米。开工建设北盘江光照库区航运和铜仁锦江、荔波樟江、湄潭湄江旅游航道工程。

港口码头项目:加快贞丰港白层港区、册亨港岩架港区建设,建成 360 个乡镇渡口、40 个城乡便民码头,全省乡镇渡口达 2226 个。

(2)2015 年项目

水运通道项目:全面建成乌江思林、沙沱通航设施和构皮滩翻坝运输系统工程,打通乌江水运通道,形成 500 万吨/年通航能力。加快乌江构皮滩通航设施、清水江锦屏—白市高等级航道工程和都柳江从江、大融、郎洞、温寨航电枢纽工程建设,力争从江、大融航电枢纽第一台机组发电;开工建设清水江平寨、旁海航电枢纽工程。

区间水运项目:加快北盘江光照库区航运和铜仁锦江、荔波樟江、湄潭湄江旅游航道工程建设;开工建设乌江乌江渡、北盘江董箐、洪渡河石垭子库区航运工程。

港口码头项目:建成乡镇渡口 360 个、城乡便民码头 40 个,全省乡镇渡口达 2586 个,城乡便民码头达到 80 个。

(3)2016 年项目

水运通道项目:建成清水江锦屏—白市高等级航道工程,新增四级航道 57 千米,全省四级航道达到 758 千米;建成都柳江从江、大融航电枢纽工程;加快建设乌江构皮滩通航设施和都柳江郎洞、温寨、清水江平寨、旁海航电枢纽工程。

区间水运项目:建成北盘江光照库区航运工程,新增五级航道 69 千米,全省五级航道达到 248 千米;加快建设乌江乌江渡、北盘江董箐、洪渡河石垭子库区建设工程和铜仁锦江、荔波樟江、湄潭湄江旅游航道工程;开工建设乌江索风营五库区、桐梓河库区、芙蓉江库区、格凸河库区。

港口码头项目:建成 360 个乡镇渡口、40 个城乡便民码头,全省乡镇渡口达 2946 个,城乡便民码头达到 120 个。

4.工作任务

一是强化航道提等升级。扎实推进乌江、红水河航道规划等级由四级提升为三级的工作,努力打通贵州“北进长江、南下珠江”的水运通道,确保实现航道通过能力的最大化。

二是强化闸坝通航。贵州乌江水电开发有限公司要按期建成乌江构皮滩、思林、沙沱水电枢纽一线通航设施,同时启动二线通航设施建设前期工作。贵州黔源电力公司要启动北盘江董箐、马马崖一级、二级和光照水电枢纽通航设施建设前期工作。省发展改革委、省交通运输厅要积极协调五凌电力有限公司按标准建设清水江白市水电枢纽通航设施,积极协调龙滩水电开发公司按 1000 吨级标准加快建设红水河龙滩水电站通航设施。

三是强化资金筹措。从 2013 年起,省级在每年安排 2 亿元专项资金(含一般预算及成品油价格和税费改革转移支付)用于水运基础设施建设的基础上,2013 年从成品油价格和税费改革转移支付增量中再安排 1 亿元,力争 3 亿元以上用于水运建设,并逐年增长;各市(州)政府对区域内库区、农村水运等项目按照总投资的 30% 配套资金;乌江、北盘江、都柳江等水电、航电枢纽业主单位要同步筹集建设资金,解决好闸坝碍航问题。加大招商引资力度,引导各类社会资本参与水运基础设施和经营性设施建设及养护,鼓励和支持港航企业、大宗货源企业建设港口码头及物流园区。充分发挥省航电开发公司投融资平台功能,最大限度用好存量,盘活资产,推进“以电促航、滚动发展”。各市(州)政府要充分利用地方融资平台,采取以岸线、土地、旅游、项目预期收益等资源换资金的方式筹措资金,探索与水电项目业主建立捆绑式统一开发模式,推进地方水运建设。

四是强化项目建设监管。省交通运输厅、有关市(州)政府和水电建设业主要强化施工组织管理,推行施工标准化,倒排工期推进三年会战项目建设,实行进度动态监管,质量全过程监督、全方位巡视、全环节检查,确保工程建设程序合法、质量合格、资金安全。

五是强化水运产业培育。省发展改革委要加快编制乌江产业布局规划,适时启动编制红水河沿江产业布局规划。省经济和信息化委要积极扶持造船工业发展。相关市(州)要研究出台促进内河水运市场培育、企业扶持以及支持保障体系建设等的政策措施,积极发展有特色的临港产业园区和物流园区;统筹航道、库区周边开发布局旅游产业,整合发展沿江(河)特色农业、风光旅游和水上休闲娱乐,着力打造绿色经济走廊,促进沿江(河)经济发展。

5.保障措施

一是加强组织领导。建立由分管副省长为召集人,省发展改革委、省财政厅、省环境保护厅、省国土资源厅、省住房城乡建设厅、省交通运输厅、省林业厅、省农委、省移民局、省文物局及各市(州)人民政府、贵安新区管委会、仁怀市人民政府、威宁县人民政府负责同志为成员的省水运建设三年会战联席会议(简称"联席会议"),具体负责三年会战实施、协调、督促、指导和考核工作,协调三年会战推进过程中遇到的重大问题,并定期组织开展督查工作。联席会议办公室设在省交通运输厅。

二是明确责任分工。省交通运输厅要充分利用与交通运输部长江、珠江航务管理局签订的共建协议,积极争取国家政策支持。省发展改革委、省交通运输厅要建立与重庆、广西等省(区、市)有关部门的协调机制,共同争取国家规划调整,共同统筹规划、建设。省国土资源、环境保护、住房和城乡建设、农委、林业、移民、文物等部门建立联合审查机制,依法简化审批流程,共同加快水运项目前期工作。省交通运输厅、省水利厅、有关市(州)政府和各水电建设业主要按照开工一批、审批一批、储备一批的思路,加快前期工作,确保项目按期开工建设。

三是加强政策支持。水运项目享受高速公路、水利设施等重点建设项目在土地、税收、行政事业性收费等方面的同等优惠政策。航道、船闸、港口和支持保障体系等公用基础设施建设用地符合国家划拨用地政策的,可按规定以划拨方式取得。积极争取国家发展改革委核定流域水电上网电价,用于流域内水电站通航设施建设。

四是优化建设环境。各地各部门要强化服务意识,加强协调配合,采取切实有效措施,加强项目前期和施工环境治理工作,共同营造稳定、和谐的工作环境。各地要及时制定配套措施,抓好政策落实,采取有效措施,充分调动和激发群众的积极性和创造力,营造有利于水运建设三年会战实施的社会环境。

第二节　水运重大项目推动港口码头新发展

按照《省人民政府关于加快水运发展的意见》和《贵州省水运建设三年会战实施方案》要求,全面建成乌江思林、沙沱通航设施和构皮滩翻坝运输系统工程,打通乌江水运通道,形成 500 万吨/年通航能力;加快乌江构皮滩通航设施和都柳江从江、大融、郎洞、温寨航电枢纽工程等水运重大项目建设。

随着乌江思林、沙沱通航设施和构皮滩翻坝运输系统工程的建设,乌江即将全线复航,乌江渡以下 500 吨级船舶可直达长江,从而带动沿江港口码头的发展。随着从江、大融、郎洞、温寨航电枢纽工程的开工建设,都柳江五级航道将上延至榕江,从而带动沿江港口码头向上游发展。

一、乌江通航设施建设

乌江(乌江渡—龚滩)航道自 2003 年开始,因各枢纽的建设而断航,直到 2017 年思林、沙沱水电站通航设施进入试运行和构皮滩翻坝运输系统工程完工才恢复通航。由于水电站建设,乌江航运长期断航,极大影响了沿江港口码头的发展,造成现有港口码头吞吐量减少,未得到充分利用,没有企业愿意投资进行新的货运码头建设。

1. 沙沱通航设施

沙沱通航建筑物为一级 500 吨级升船机,升船机采用全平衡钢丝绳卷扬式,最大提升高度 74.88 米,布置在枢纽右岸,由上游引航道、上闸首、升船机主体、下闸首等部分组成,全线总长约 806 米,最高通航水头 75.4 米(图 13-2-1)。工程概算投资约 7.4 亿元,设计年最大过坝能力 420.64 万吨,单向最短过坝时间 32.99 分钟,2017 年 8 月建成开始试运行。

图 13-2-1　沙沱枢纽升船机

2. 思林通航设施

思林通航建筑物为一级500吨级升船机,采用全平衡钢丝绳卷扬式垂直升船机,布置在枢纽左岸,由上游引航道、过坝渠道、升船机本体段、下游引航道等主要部分组成,全线总长951.8米,最高通航水头80.7米(图13-2-2),设计过坝运量单向200万吨/年。工程概算投资约10.1亿元,2017年8月建成投入试运行。

图13-2-2　思林枢纽升船机

3. 构皮滩通航设施

构皮滩通航建筑物为三级500吨级垂直升船机(图13-2-3)和2条中间渠道,其中第一、三级采用船箱下水式垂直升船机,第二级采用全平衡式垂直升船机,单级提升高度达127米,线路总长2306米。设计通航标准为四级航道,最高通航水头199米,设计代表船型为500吨级机动驳船,设计过坝运量单向142万吨/年,概算总投资约32.9亿元。2021年6月建成投入试运行。

图13-2-3　构皮滩枢纽升船机

二、构皮滩翻坝运输系统建设

乌江构皮滩水电站翻坝运输系统工程由坝上港区、坝下港区及两港区间翻坝连接公路组成。整个工程总投资 6.99 亿元,其中坝上港区、坝下港工程概算为 5.56 亿元,连接公路概算 1.43 亿元。工程于 2013 年 6 月开工建设,2015 年 9 月建设完成。

坝上港区位于构皮滩大坝上游约 1.7 千米的乌江左岸,建设樱桃井码头 30 车位滚装泊位 2 个,年吞吐量 20.67 万辆(折合 500 万吨)。码头结构采取实体斜坡道,斜坡道长 460.6 米,宽 53 米。陆域占地面积 1.8 万平方米,布置有办公楼、停车场(待泊区)、安检房、服务大厅、变电所、消防水池和门卫室等。

坝下港区位于构皮滩大坝下游思林库区大乌江镇乌江左岸,距构皮滩大坝约 12.1 千米,建设沙湾码头 500 吨级(水工结构兼顾 1000 吨级)泊位 6 个(图 13-2-4),其中多用途泊位 1 个、件杂货泊位 3 个、散货泊位 2 个,年吞吐量 500 万吨。码头后方陆域总占地面积 14.4 万平方米,主要布置有堆场、仓库、办公楼、停车场、变电所、消防水池和门卫室等。散货区主干道宽 12 米,布置了煤炭堆场、矿建堆场、矿石堆场,其他区域布置有 1 个集装箱堆场、1 个钢铁堆场、1 个普通件杂(货)堆场、4 个件杂(货)仓库、港区综合办公楼、候工楼、前方调度楼、机械库、维修间等。

图 13-2-4　沙湾码头

翻坝连接公路采用设计速度 40 千米/时的两车道二级公路标准,路基宽 10 米,路线总长 17.2 千米。

乌江通航设施和构皮滩水电站翻坝运输系统工程的建成,使乌江乌江渡以下 500 吨级船舶可直达长江,将极大促进沿线瓮安、开阳、余庆、德江、思南、沿河等港口的发展,充分发挥港口的枢纽和辐射作用。

三、航电枢纽建设

都柳江航电一体化开发规划建设 10 个航电枢纽,自上而下建设白梓桥、柳叠、坝街、寨比、红岩、永福、温寨、郎洞、大融、从江等梯级航电枢纽,装机容量 372.3 兆瓦,概算总投资约 80 亿元。全部建成后,都柳江航道全面渠化,都柳江榕江至省界 110 千米的航道由原来的等外级提高到可通行 500 吨级船舶的四级高等级航道、榕江至三都 104 千米航道提升到通航 300 吨级船舶的五级航道,为黔东南、黔南民族区域自治地方增加了一条南下珠江水运出海通道。都柳江温寨、郎洞、大融、从江四级航电枢纽工程由贵州省航电开发投资有限公司投资建设,工程建成后,从江以上至榕江界将达到四级航道标准,水运通道向上游延伸将促进上游港口码头的发展。

1. 从江航电枢纽

从江航电枢纽下距从江县城 1.2 千米,是都柳江干流梯级规划中的第 10 级,工程等级为三等,工程规模为中型,电站装机容量 45 兆瓦,年发电量 1.7 亿千瓦时,工程总投资 10.44 亿元。工程形成库区五级航道 13.7 千米,通航船闸设计等级为四级,通航船舶吨级为 500 吨,船闸有效尺度 120 米 ×12 米 ×3 米(长 × 宽 × 门槛水深)。工程于 2013 年 3 月开工,2019 年 7 月竣工。

2. 大融航电枢纽

大融航电枢纽工程位于从江县丙妹镇大融村,坝址下距从江县城 16 千米,是都柳江干流梯级规划中的第 9 级,工程等级为三等,工程规模为中型,电站总装机容量 36 兆瓦,坝址控制流域面积 8632 平方千米,总库容 4338 万立方米,总投资 6.95 亿元。工程形成库区五级航道 14.2 千米,通航船闸设计等级为四级,通航船舶吨级为 500 吨,船闸有效尺度 120 米 ×12 米 ×3 米(长 × 宽 × 门槛水深)。工程于 2013 年 4 月开工,2018 年 8 月竣工。

3. 郎洞航电枢纽

郎洞航电枢纽工程位于从江县境内下江镇郎洞村,下距从江县城约 30 千米,是都柳江干流梯级规划方案中的第 8 级。工程等级为三等,工程规模为中型,电站装机容量 22 兆瓦,年发电量 0.7584 亿千瓦时,总库容 3655 万立方米,工程总投资 7.035 亿元。工程形成库区五级航道 12.45 千米,通航船闸设计等级为四级,通航船舶吨级为 500 吨,船闸有效尺度 120 米 ×12 米 ×3 米(长 × 宽 × 门槛水深)。工程于 2014 年 11 月开工,2020 年 11 月竣工。

4. 温寨航电枢纽

温寨航电枢纽工程位于从江县境内下江镇孖温村,下距从江县城约 43 千米,是都柳江干流梯级规划方案中的第 7 级。工程等级为三等,工程规模为中型,电站装机容量 27 兆瓦,工程总投资 8.3 亿元。工程形成库区五级航道 18.6 千米,通航船闸设计等级为四级,通航船舶吨级为 500 吨,船闸有效尺度 120 米 × 12 米 × 3 米（长 × 宽 × 门槛水深）。工程于 2014 年 11 月开工,2020 年 11 月竣工。

都柳江是贵州省规划的 5 条主要出省水运通道之一,同时也是国家规划的西南地区水运出海北线通道,系国家航道主骨架网的重要支线。都柳江温寨、郎洞、大融、从江四级航电枢纽工程以航为主,航电并举,以电促航,兼顾旅游。项目的建成,标志着贵州航电开发取得了零的突破,使都柳江航道航行条件获得极大改善,渠化航道约 60 千米,通航船舶由 50 吨提高到 500 吨,将积极促进榕江、从江等港口的发展,极大地降低物流成本,提高流域腹地货物在市场上的竞争力,同时带动流域经济、交通、旅游、乡村振兴、工业布局、城镇化建设等健康发展,促进上、下游地区的经济和文化交流,服务流域经济发展。

第三节 港口码头助力库区航运发展

贵州省水运建设三年会战,实施了一大批库区航运建设工程,有清水江的三板溪库区、白市库区,格凸河库区、芙蓉江库区、桐梓河库区、洪渡河石垭子库区,乌江乌江渡库区,北盘江光照库区、董箐库区等。到 2017 年底,建成了一大批便民停靠点和码头,改善了库区交通运输条件,方便了库区周边百姓安全出行和农产品的运输,每逢赶集天,码头船来船往,呈现出一片繁荣景象。库区港口码头的建设,方便了当地群众安全便捷水上出行和物资交流,依托库区丰富的旅游资源,带动了库区旅游客运的发展,对助力库区航运发展、更好服务库区周边区域经济发挥了重要作用。

一、清水江白市库区港口码头

2014—2016 年,贵州实施了清水江白市库区航运建设工程,建设了排洞、茅坪、垒处、远口、绠硐 5 处码头和兴隆、大溪口、浒包等 31 处停靠点码头,总投资 12613.92 万元。

1. 排洞码头

排洞码头位于锦屏县三江镇排洞村白市库区常年回水区清水江右岸,上距锦屏县城 3 千米,下距白市水电站 49 千米。建设 500 吨级货运泊位及 60 客位客运泊位各 1 个,占用岸线长 173.8 米,设计年货物吞吐量 14 万吨、旅客吞吐量 15 万人次,总投资 1285.53 万元。码头为下河道实体斜坡结构形式,堆场面积 4433 平方米。配套建设进港公路、斜坡梯步及相应环保、水保、消防等设施。

2.茅坪码头

茅坪码头位于锦屏县茅坪镇白市库区常年回水区清水江左岸,上距锦屏县城9.5千米,下距白市水电站42.5千米。建设500吨级货运泊位及60客位客运泊位各1个,占用岸线长110.6米,设计年货物吞吐量10万吨、旅客吞吐量10万人次,总投资619.02万元。码头为梯步、护坡结合的实体斜坡结构形式,堆场面积734平方米。配套建设进港公路及相应环保、水保、消防等设施。

3.坌处码头

坌处码头位于天柱县坌处镇白市库区常年回水区清水江左岸,上距锦屏县城20千米,下距白市水电站32千米。码头建设500吨级货运泊位和50客位客运泊位各1个,占用岸线长170米,设计年货物吞吐量10万吨、旅客吞吐量10万人次,总投资752万元。码头为下河道结合实体斜坡结构形式。货运高水平台长70米,宽38米,为直立式结构,上游端连接下河道路,道路长60米,宽9米。客运高水平台紧接下游布置,长40米,宽20米,前方为斜坡下河踏步。配套建设进港公路、环保等设施。坌处停靠点如图13-3-1所示。

图 13-3-1　坌处停靠点

4.远口码头

远口码头位于天柱县远口镇白市库区常年回水区清水江右岸,上距锦屏县城30.2千米,下距白市水电站21.8千米。码头建设500吨级货运泊位及50客位客运泊位各1个,占用岸线长165.9米,设计年货物吞吐量12万吨、旅客吞吐量14万人次,总投资834.15万元。码头为梯步、护坡结合的实体斜坡结构形式,堆场面积2141平方米。配套建设进港公路及相应环保、水保、消防等设施。远口停靠点如图13-3-2所示。

图 13-3-2　远口停靠点

5. 缏硐码头

缏硐码头位于天柱县白市镇白市库区常年回水区清水江左岸,上距锦屏县城 50.7 千米,下距白市水电站 1.3 千米。码头建设 500 吨级货运泊位及 50 客位客运泊位各 1 个,占用岸线长 109 米,设计年货物吞吐量 12 万吨、旅客吞吐量 12 万人次,总投资 478.88 万元。码头为进港公路 + 堆场 + 梯步护坡 + 下河引道的实体斜坡结构形式,堆场面积 750 平方米。配套建设相应环保、水保、消防等设施。

白市库区码头建成投入试运行后,极大改善了库区落后的水运交通状况,为库区群众安全快捷出行创造了条件,对于库区旅游资源的开发及改变库区落后的面貌也起到积极的推动作用,成为锦屏、天柱等县重要的旅客集散地。但由于白市水电站通航设施仅为 50 吨升船机,远不能满足现实通航需要,运输被限于封闭库区内,极大制约了水路货物运输增长。2017 年,贵州省已针对白市水电站碍航问题,启动了白市 500 吨级船闸建设的前期工作,至 2019 年已进入初步设计阶段。

二、清水江三板溪库区港口码头

三板溪库区位于清水江中段,2006 年三板溪水电站下闸蓄水,形成了 500 千米干支连通的通航水域,水运成为库区周边人民群众出行的首选交通方式,但是港口基础设施建设滞后,无固定停靠点,加之库区水位变幅大,旅客上下船极不方便,水上安全隐患突出。为解决出群出行难问题,2012 年 6 月,三板溪库区航运建设工程开工,项目由交通运输部、贵州省共同投资 9658 万元建设,2014 年 12 月项目完工,建成柳川、南加、三板溪、八受 4 个码头和其他 37 个停靠点码头。

1. 柳川码头

柳川码头位于剑河县柳川镇三板溪库区常年回水区清水江右岸,下距三板溪电站约 85 千米,是三板溪库区水陆起运连接点,区位优势明显。码头建设 300 吨级货运泊位及 60 客位客运泊位各 1 个,占用岸线长 220 米,设计年货物吞吐量 10 万吨、旅客吞吐量 100

万人次,总投资 1596 万元。码头为下河公路＋堆场＋梯步护坡的实体斜坡结构形式,堆场面积 2700 平方米。配套建设综合管理楼、亭子、绿化及相应环保、水保、消防等设施。柳川码头如图 13-3-3 所示。

图 13-3-3　柳川码头

2.三板溪码头

三板溪码头位于锦屏县平秋镇三板溪库区常年回水区清水江左岸,位于三板溪水电站旁边,是三板溪库区水运终点。码头建设 300 吨级货运泊位及 60 客位客运泊位各 1个,占用岸线长 200 米,设计年货物吞吐量 6 万吨、旅客吞吐量 60 万人次,总投资 512 万元。码头为下河公路＋堆场＋梯步护坡的实体斜坡结构形式,货船沿下河公路停泊作业,客船沿下河梯步停泊作业,堆场面积 4900 平方米。配套建设综合管理楼、停车场、绿化及相应环保、水保、消防等设施。

三板溪库区码头建成后,极大改善了库区周边三县十多万人民群众交通出行条件。每逢三板溪柳川镇当地赶场天,码头上均有十多艘客船停泊,来来往往的旅客均为库区周边村寨的人民群众。清水江三板溪库区客运码头的建成,有效解决了周边群众的出行问题,优化了库区的交通布局和运输结构,促进了库区航运的快速发展。

三、格凸河库区港口码头

格凸河是红水河支流蒙江的支流,干流长 128 千米,发源于长顺县,流经长顺县、紫云县、罗甸县等县。格凸河库区位于安顺市的紫云县,风景优美,旅游资源丰富。2011 年,格凸河库区穿洞风景名胜区被列入国家重点风景名胜区和首批国家自然与文化遗产预备名录。2014—2017 年,贵州实施了格凸河库区航运建设工程,建成大穿洞、大河苗寨、金春、小穿洞 4 个码头和 1 个停靠点码头。

大穿洞码头(图 13-3-4)位于紫云县水塘镇格凸河旅游航道左岸。距格凸河风景区旅游管理处约 1.0 千米,是格凸河风景区旅游的主要入口。码头建设 40 客位客运泊位 1个,占用岸线长 44 米,设计年旅客吞吐量 30 万人次,总投资 358 万元。码头为实体斜坡结构形式,高水平台面积 607 平方米。后方配套建设管理站房、候船厅、厕所、绿化及相应环保、水保、消防等设施。

图 13-3-4　大穿洞码头

格凸河库区码头建成后,库区通航条件得到了很大改善,促进了格凸河库区旅游的发展,是"航运 + 旅游"融合发展的典范。

四、湄江港口码头

2015—2017 年,贵州实施了湄江航运建设工程,总投资 6000 万元,建成停靠点码头 22 个、翻坝 2 座和七级船闸 1 座,可同时容纳 2 艘船过闸,该船闸的建成改写了贵州内河航运无船闸的历史。湄江河贯穿湄潭县城区,湄江停靠点码头的建成,与城区环境优美的滨河景观、天下第一壶茶文化主题公园、象山茶植物博览园等浑然一体,呈现出一幅"江中游客赏风景,景中游人品茶香"的画卷,码头、航道、船闸和旅游完美结合,是"航运 + 旅游"发展的成功典范。项目建设创造了贵州水运的两个"第一",它是第一个采取"建设-经营-移交"的 PPP 模式建设的水运项目,项目建成后,由企业使用、经营、管理,期限 28 年,期满后无偿移交政府;同时,它也是第一个采取水上旅游开发与县城各风景旅游点相结合的创新运营模式,不仅可以充分发挥各自功能,还可以拓展湄潭旅游市场,实现风险共担、利益共享的目的。

五、桐梓河库区港口码头

桐梓河库区位于贵州省仁怀市火石岗乡,地处赤水河一级支流桐梓河中下游河段,属桐梓河水电梯级开发规划的第 6 级,下游为杨家园水电站,上游接大塘口水电站。2015—2018 年,贵州实施了桐梓河库区航运建设工程,建设了 9 个码头和 23 个停靠点码头。

桐梓河库区码头建成后,库区通航条件得到了极大改善,保障了当地群众水运出行安全,促进了库区旅游客运的发展。

六、洪渡河石垭子库区港口码头

洪渡河系乌江一级支流,发源于正安县谢坝仡佬族苗族乡,流经湄潭、正安、凤冈、务川、德江、沿河等县,在沿河县洪渡镇汇入乌江。石垭子水电站位于务川县大坪镇和柏村镇交界的梅林峡谷河段中,是洪渡河干流水电梯级开发的第 6 级。2015—2017 年,贵州实施了石垭子库区航运建设工程,概算投资 5608.65 万元,建成了邹家坳、杆子园、龙潭、天祖坳 4 处码头,洋岗河、下深溪等 11 处停靠点码头。库区码头建成后,经济和社会效益明显,为周边群众的水上安全出行和物资交流提供了便利,水上旅游业也因此蓬勃兴起。

综上所述,在此期间,库区一共建成大小型停靠点(泊位)218 个,极大地方便了库区人民群众的安全便捷出行,打通了水运交通的"最后一公里",有效促进了库区航运的发展。

第四节　社会资本建设专用码头兴起

进入新时代,贵州省委、省政府高度重视水运建设发展,"十二五"期间,贵州水运投资 63 亿元,位列非水网省份之首,除政府主导的水运投资外,社会资本投资建设港口码头也开始兴起,主要体现在乌江渡库区。

乌江渡库区是 1982 年乌江渡水电站建成后形成的库区,连接贵阳、遵义、毕节的息烽、修文、播州、黔西、金沙等五县(区),水域总面积 65 平方千米,库容量 23 亿立方米。由于该水电站未建设通航设施,致使乌江渡与下游航运中断。黔西、金沙两县,蕴藏着大量的优质煤炭资源,各煤炭生产企业年产量 60 万～200 万吨,在库区周边的耳海、化觉、渔尔箐一带,分布着长江、大沟、耳海、金川、永晟、玉龙等多家年产量 30 万～100 万吨的中小煤矿,其中长江、大沟、耳海 3 家煤矿必须通过水路将煤炭运出,金川、永晟、玉龙 3 家煤矿虽然有公路与外界连接,但 70% 以上的煤炭还需经水路运出。"十二五"至"十三五"期间,社会资本在库区投资建设煤炭专用码头兴起,陆续建设了八合、金源、马尔河、永安、仲家坪、竹林湾、新三沙、耳海等十多个码头,其中竹林湾、耳海码头背靠煤矿场,为煤炭输出码头,其余码头为煤炭输入码头,主要分布在库区支流偏岩河和息烽河。煤炭运输线路主要有两条:一条是从竹林湾、耳海码头水运至偏岩河的码头上岸,走公路到遵义火车站走铁路运输;另一条是从竹林湾、耳海码头水运至息烽河的码头上岸,走公路到小寨坝火车站走铁路运输,比公路汽运节省运距近 100 千米。

1. 竹林湾码头

竹林湾码头由贵州飞尚能源有限公司投资,建设煤炭输出泊位 3 个,采用皮带运输机工艺,设计年煤炭输出能力 200 万吨。码头为实体斜坡式,其上采用钢桁架铺设皮带运输机。工程于 2014 年开工建设,2015 年建成投入使用,总投资 2000 万元,是社会资本投资建设库区港口的成功典范。永晟煤矿位于金沙化觉乡,已形成年产煤炭 100 万吨规模,距乌江渡库区岸边仅 4 千米,但因山高谷深,若建公路,蜿蜒十几千米才能到达水边。因此,沿山脊为煤炭输出量身定做了一条 1.5 千米长的皮带运输机连接到竹林湾码头,该皮带运输机可选送精煤原煤,由电脑称量,实现全机械化自动化控制,整条皮带传送机安装有遮盖罩,全天候作业,符合环保要求,由飞尚集团的全资子公司金沙县聚力能源有限公司经营。煤炭在竹林湾码头上船,水运 50 千米至库区新三沙码头转公铁联运,销往重庆、四川、云南、广西,每年输出煤炭约 50 万～70 万吨。库区水运煤炭成本优势明显,当时煤炭交货汽车运输折合价格为 480 元/吨,而水运折合价格为 400 元/吨,水运比较优势十分明显。竹林湾码头如图 13-4-1 所示。

图 13-4-1　竹林湾码头

2. 耳海码头

耳海码头由金沙金耳海能源发展有限公司投资,建设煤炭输出泊位 1 个,采用皮带运输机加梭筒工艺,设计年煤炭输出能力 70 万吨。码头前沿为钢柱框架式结构,其上铺设全封闭皮带运输机,连接可调节角度梭筒。工程于 2017 年开工建设,2018 年建成投入使用,总投资约 800 万元。耳海煤矿位于黔西县花溪乡和金沙县化觉乡,年产煤约 60 万吨,矿区西北有简易公路 7 千米至耳海码头,耳海码头水路上距修文六广码头约 15 千米,下至息烽河永安码头约 40 千米,煤炭在六广码头、永安码头起载后可通过公路运达渝黔铁路遵义火车南站、修文县扎佐火车站,每年输出煤炭约 30 万～50 万吨。

3. 永安码头

永安码头由贵州黔兖发实业有限公司投资,建设煤炭输入泊位 1 个,采用趸船皮带运输机工艺,设计年煤炭输入能力 90 万吨。码头为斜坡下河道路加趸船方式作业,趸船上布置皮带运输机和抓斗起重机。工程于 2017 年开工建设,2018 年建成投入使用,总投资约 2000 万元。竹林湾和耳海码头水路运输来的煤炭在此码头上岸,经公路运达小寨坝转铁路运输,每年输出煤炭约 30 万~50 万吨。永安码头如图 13-4-2 所示。

图 13-4-2 永安码头

第五节 港口码头建设技术新突破

一、结构形式创新

贵州主要通航河流,除赤水河外已基本梯级渠化形成库区,库区最大的特点是正常蓄水位与死水位差较大。在大水位差库区建设码头需要解决不同水位船舶停靠作业的难题,同时码头建设时需要考虑库区水位影响,因此码头设计施工技术难度极大。针对这种情况,结合装卸工艺需求,码头主要采取高桩框架、实体直立和下河路结合分级下河踏步等结构形式,既保证了结构安全,又解决了不同水位装卸作业问题。

1.高桩框架式沙湾码头

沙湾码头位于乌江思林库区,属于乌江构皮滩水电站翻坝运输系统工程坝下港区码头,建设 500 吨级泊位 6 个。设计单位是长江航道规划设计研究院,施工单位是长江航道工程局。

沙湾码头(图 13-5-1)设计高水位 440 米,设计低水位 431 米,高低水位差 9 米。为克服大水位差作业,码头件杂货、多用途泊位设计采用吊装工艺,前沿作业区采用钢筋混凝土高桩框架结构,作业区平台高程 450 米,高桩框架架空高度达 22 米以上。泊位排架间距 8 米,共 33 榀排架。每榀排架设 4 根直桩,其中靠江侧第一根桩采用直径 1500 毫米嵌岩灌注桩,其余桩基采用直径 1200 毫米嵌岩灌注桩,桩端均嵌入中风化岩基。基桩和上部横梁连接分别采用直径 1500 毫米和直径 1200 毫米钢筋混凝土立柱,立柱间相隔一定高度设纵横联系撑连接,共设 3 层(不含码头顶平面)。码头上部结构由现浇横梁、前边梁、纵梁、轨道梁、后边梁、面板及混凝土磨耗层等组成。

图 13-5-1　高桩框架式沙湾码头

钻孔灌注桩采用钢护筒机械成孔,成孔完成清孔后采用导管法进行水下混凝土连续浇筑。码头柱、梁、板全部采用钢筋混凝土现浇。码头桩框架架空高度 20 多米,是贵州第一个高桩码头。沙湾码头的建设是贵州码头设计、施工技术的一次新突破,打破了贵州没有高桩码头的历史。

2. 实体直立式太平码头

太平码头位于思南县城乌江沙沱库区常年回水区右岸,距沙沱大坝约 88 千米,是思南县货物、旅客的主要集散码头。码头设计高水位 368.40 米,设计低水位 354.00 米,高低水位差 14.40 米。码头建设 500 吨级客货泊位各 1 个,设计年货物吞吐量 23.9 万吨、旅客吞吐量 60 万人次。设计单位是贵州顺达水运规划勘察设计研究院,施工单位是贵州黔航工程有限公司。码头于 2014 年建成投入使用,概算总投资约 2000 万元。

货运泊位:为克服大水位差作业,设计采用移动吊装卸工艺,前沿采用实体直立式结构,泊位前沿平台为装卸作业区,长 75 米,宽 8 米,顶高程 368.75 米,后方为货场,长 125 米,纵深 67 米,布置有堆场和货棚,面积 7736 平方米。管理区在堆场后方,高程 375.5 米,布置有 5000 平方米管理房、停车场和休闲绿化区域等。

客运泊位:布置在货场下游侧,为实体汽车下河路,长 201.6 米,宽 15 米,纵坡为 5.35%,上游连接堆场,下游连接高程为 358.58 米的枯水平台,在枯水平台以下为 1:2 的梯步和护坡下至设计低水位。

码头施工主要包括港池开挖、水工建筑物(前沿挡墙、侧墙、护坡踏步等)、下河道路、陆域形成、面层、房建工程、供电及给排水工程、环境保护工程等。工程内容多、交叉多、专业性强,施工难度较大。

码头施工的关键:一是港池开挖、抛石棱体、前沿挡墙及踏步施工,受库区水位影响较大,需要抢抓水位,利用枯水期施工,以避免变陆上工程为水下工程,增加施工难度和造成投资的增大;二是码头堆场回填工程量大,对填方要求严格,需分层碾压密实,防止产生沉降。

码头港池开挖为中风化泥岩水下开挖,在城区不能爆破施工,施工难度大;码头前沿直立式挡墙为 C20 混凝土衡重式挡墙,高 13.75 米,属于高挡墙范畴,设计时需要保证结构安全。

太平码头前沿高直立式挡墙如图 13-5-2 所示。

图 13-5-2　太平码头前沿高直立式挡墙

3. 实体斜坡式柳川码头

柳川码头位于清水江三板溪库区常年回水区右岸柳川镇,距三板溪大坝约 85 千米,是三板溪库区水陆起运连接点。码头设计高水位 475.0 米,设计低水位 429.0 米,高低水位差 46 米。码头建设 300 吨级客货泊位各 1 个,设计年货物吞吐量 10 万吨、旅客吞吐量 100 万人次。设计单位是贵州顺达水运规划勘察设计研究院,施工单位是贵州远航工程有限公司。码头于 2014 年建成投入使用,概算总投资约 1500 万元。

客运泊位:为满足不同水位安全停靠和方便旅客上下船,采用实体斜坡下河踏步结构形式。按照汽车下河道不同水位高度布置 4 个实体斜坡踏步泊位,分别为低水实体斜坡踏步泊位、中低水实体斜坡踏步泊位、中水实体斜坡踏步泊位、高水实体斜坡踏步泊位。每个实体斜坡踏步泊位后方平台分别与 12 米宽汽车下河道或者高、中水平台连接,便于客、货装卸。低水、中水、高水客运斜坡泊位为 50 米长直线岸线,中低水客运泊位因为地形因素,采用圆弧形岸线。

货运泊位:利用长 580 米、宽 12 米汽车下河道作为货运泊位,并分别在中高水 475.5 米、466.5 米平台修建面积 2190 平方米、480 平方米的货场,通过客运泊位间 466.5 米处踏步间通道与下游方向的简易停靠点平台衔接,以增加货运堆场使用面积。

码头高水平台后侧布置管理区,管理区由综合楼、停车场、公厕、垃圾池、市政设施以及环境绿化工程等组成。根据柳川镇市政规划,本停靠点后侧平台将要修建具有当地民族特色的民族广场,综合楼等设施需要结合该广场规划进行布置。

码头施工主要包括港池开挖、水工建筑物(前沿挡墙、侧墙、斜坡踏步等)、陆域形成、面层施工、房建工程、供电及给排水工程、环境保护工程等,工程内容多、专业性强,施工难度较大。

码头施工的关键:一是港池开挖和低水平台及前沿踏步施工,受库区水位影响较大,需要抢抓水位,利用枯水期施工,以避免变陆上工程为水下工程,增加施工难度和造成投资的增大;二是码头回填工程量大,对填方要求严格,需分层碾压密实,防止产生沉降。

柳川码头如图 13-5-3 所示。

图 13-5-3　柳川码头

二、装卸工艺创新

贵州港口码头吞吐的货种主要是散货、件杂货、集装箱。散货有煤炭、矿石、砂石料等,件杂货有钢材、吨袋、木材、袋装粮食等。针对码头形式和货种,装卸工艺主要有门座式起重机和皮带运输机等,门座式起重机可装卸件杂货和集装箱等,皮带运输机可装卸散货。

1.沙湾码头门座式起重机

沙湾码头为构皮滩翻转坝运输系统坝下码头,码头前沿作业平台为高桩框架结构,为对件杂货和汽车运载集装箱进行高效作业,在码头上量身定做了 MQ1625、MQ4525 两座门座式起重机。MQ1625 最大起重量 16 吨,最大工作幅度 25 米;MQ4525 最大起重量 45 吨,最大工作幅度 25 米。两座门座式起重机均配有件杂货吊具和集装箱吊具,可装卸集装箱和件杂货,设计年吞吐能力 200 万吨,成为乌江构皮滩水电站翻坝运输系统的关键设备之一。沙湾码头门座式起重机如图 13-5-4 所示。

图 13-5-4　沙湾码头门座式起重机

2.竹林湾码头皮带运输机

竹林湾码头位于乌江渡库区,为永晟煤矿的煤炭输出专用码头,2015年建成投产,装卸工艺为皮带运输机。从煤矿至码头配置一条长达1.5千米的皮带运输机直接到船,全程自动控制,电脑称重,运输机全程安装有遮盖罩,全天候作业,能遮风挡雨,符合环保要求,输送效率300~800吨/时,每年可输出煤炭200万吨。竹林湾码头皮带运输机如图13-5-5所示。

图 13-5-5　竹林湾码头皮带运输机

3.永安码头趸船上配置皮带运输机和抓斗起重机工艺

永安码头位于乌江渡库区,为专用煤炭输入码头,装卸工艺为趸船上配置皮带运输机和抓斗起重机卸煤。趸船在下河路外侧停泊,满载煤炭的船舶停靠在趸船外侧,抓斗起重机抓取煤炭进入趸船皮带运输机料斗,通过皮带运输机输送到下河路上的货车上,然后通过货车运送到目的地。趸船上配置自动设计设备,装卸效率300吨/时,装卸工艺设计煤炭年输入能力90万吨。

永安码头趸船皮带运输机如图13-5-6所示。

图 13-5-6　永安码头趸船皮带运输机

第六节　港口码头带动发展成效显著

一、港口码头带动货运发展

乌江渡库区金沙县、黔西市境内煤炭资源丰富，分布在库区周边化觉乡、花溪乡一带，但因交通不便，煤炭资源开发受限。从"十一五"开始，民营企业陆续在库区建设煤炭专用码头，利用库区水运外运煤炭。到 2015 年，社会资本在库区周边投资建设了十多个煤炭专用码头，通过库区水运转公路、铁路运输。向北，煤炭通过三沙码头，转运至播州区、鸭溪电厂、桐梓电厂；通过仲家坪、马尔河码头转运至息烽、开磷集团、西洋复合肥厂等地。向南，煤炭还能够运输到凯里乃至广西，比公路汽运节省运距近 100 千米，每吨节约运费 80～100 元。库区港口码头的兴起，带动了库区煤炭运输的发展，据不完全统计，2013—2017 年，库区共运输煤炭 600 万吨左右，年均 100 万吨左右，而 2010 年前，库区煤炭运输每年在 30 万～40 万吨，码头带动煤炭运输成效显著。库区建设的码头，设计年吞吐能力 300 万～400 万吨，但因库区煤矿产能不足，年产量在 100 万吨左右，尚不能满足码头吞吐的需要。

2002—2006 年的赤水河航运建设工程，建设了岔角、土城、鲢鱼溪、合江等码头。工程竣工后，码头、航道的建成使赤水河水运需求得到极大释放，上游的煤炭、砂石通过建设的码头源源不断输出，顺流而下进入长江。2010 年，赤水河货运量高达 500 多万吨，提前 6 年超过 360 万吨设计目标，赤水、合江等地注册船只多达上千艘。2012 年 9 月，交通运输部命名赤水河航道为"全国文明样板航道"，这不仅是贵州第一条，也是西部地区内河航道中第一条获此殊荣的航道。从 2013 年起，赤水河上游的古蔺县开始关闭资源枯竭、产能小的地方煤矿，为大型煤矿开工建设创造条件，致使煤炭产能减半，加之 2015 年赤天化的停产，赤水河的运量逐渐减少，但 2013—2017 年仍保持在 200 万吨左右。2017 年赤水河流域全面禁止河道挖沙采石后，航道上游的古蔺、习水等地生产的山石沙，已取代河沙，成为赤水河沿岸的重要建材，这部分大宗货物，目前仍在有效支撑赤水河的航运。重组后的赤天化集团以竹木浆造纸作为支柱产业之一，每年24万吨的木材需从外地购进，仍需要从最近的泸州港或重庆港通过赤水河运输。

港口码头的建设，能极大刺激水运发展需求，从而带动水路货运量的发展，而水运的发展，又对港口码头提出了更高的要求，反过来促进港口码头的发展。

二、港口码头带动旅游客运发展

贵州省在水运建设三年会战期间建设了大量的库区码头，带动了库区旅游的发展，如清水江三板溪库区、白市库区，格凸河库区，洪渡河石垭子库区，乌江彭水库区等。也建设了几条旅游航道和旅游码头，如锦江旅游码头、湄江旅游码头、荔波樟江旅游码头等。这些码头的建设，因地制宜，充分结合了绿水青山旅游资源，促进了水上旅游客运的发展。

三板溪库区建设有柳川、南加、南哨、三板溪等大小码头共40余个。码头建设促进了库区旅游客运的发展，库区开通以下几条水路客运航线：柳川码头至南哨码头、柳川码头至南加码头、柳川码头至八受码头、南加码头至三板溪码头、南加码头至上八里码头、南加码头至固本码头。库区共有40~50客位客船50~60艘，年完成客运量约80万~120万人次。

白市库区建设有排洞、茅坪、坌处、远口、绠硐等大小码头36处。码头建设促进了库区旅游客运的发展，库区开通了4条水路客运班线：锦屏三江码头至白市水电站绠硐码头、锦屏三江码头至远口码头、远口码头至白市水电站绠硐码头、坌处码头至白市水电站绠硐码头。库区共有40客位客船20余艘，年完成客运量约30万~50万人次。

2010年左右，乌江彭水水电站建设，因淹没复建了鲤鱼池、洪渡、思渠等十余个客运码头。码头建设促进了库区旅游客运的发展，库区开通了沿河至洪渡水路客运班线，中途停靠龚滩、清溪、鲤鱼池、思渠、黑獭等码头。库区共有80客位班船10余艘，年完成客运量约10万人次。

湄江建设有22个停靠点码头，把沿江景观串联起来，游客乘船可由单个景点到河流沿线，在观赏湄江两岸自然美景的同时又能接触人文历史景观，码头建设促进了库区旅游的发展。湄江航运公司有游船十余艘，每日接待游客300人左右，年完成客运量约6万~8万人次。

2015—2017年，铜仁锦江航运建设工程实施，总投资约1.6亿元，建设了民族风情园、三江公园、鱼梁滩、大明边城、灯塔、运输公司6个大型公交码头和南岳、金滩、铜江等22个小型公交码头。锦江两岸的自然风光和人文风光比较丰富，使得锦江的水上公交具备开发的价值。从铜仁城区沿锦江顺流而下，峰峦林立，千回百转，可谓山重水复、柳暗花明。诗人廖经天有诗赞曰："四面青山楼外楼，新妆巧扮任风流。多情最是锦江水，依依一步一回头。"公交码头建设完成后，为缓解铜仁市区主城区陆路公共交通压力，充分利用好锦江航运优势，有效衔接乡村振兴产业带，助推铜仁文化旅游产业快速发展，提升铜仁旅游城市品牌，铜仁市开通了锦江水上公交线，此期间运行的线路是从瓦窑河码头（起点）出发，沿途经过西门桥码头、三江公园码头、五显庙码头、中南门码头，终点是大明边城码头，计划开启清水桥码头至锦江码头水上公交线路。铜仁是贵州省第一个开通水上公交的城市。

三、便民码头助力脱贫攻坚

贵州地处山区，河流所在之地往往山高谷深，交通极为不便，而充分利用水运，解决沿江沿河周边群众安全出行，助力贫困山区脱贫，便民码头功不可没。便民码头建设投资省、作用大，属于民生工程。"十二五"期间，贵州建设了 80 个城乡便民码头，惠及成百上千村寨的群众安全便捷出行。2016 年共建成 57 个便民码头，2017 年建成 40 个便民码头，进一步改善了沿江、库区周边人民群众的出行条件，提升了水运公共服务均等化水平。

百花湖库区的马巷坡便民码头，位于贵阳市观山湖区朱昌镇高寨村，由于朱昌镇行政区划内百花湖面积较大，沿湖两岸百姓只能隔岸相望，交通十分不便。2015 年便民码头建成后，效果明显，年客运量约 10 万人次。

构皮滩库区清水河支流内的毛坪便民码头，位于开阳县冯三镇毛坪村，距离集镇 7 千米，与红岩口瀑布、两扇门景区毗邻，与矿产资源最丰富的双山村相距 5 千米，与冯三镇最大的丰泰磷业公司相距 3 千米。码头于 2015 年建成，为冯三镇经济发展和转型的重要纽带和招商引资的重要窗口，带动作用明显，年客运量约 12 万人次。

构皮滩库区内的泥池便民码头，位于开阳县米坪乡泥池村，处于米坪乡、花梨乡、龙水乡的中心位置。码头于 2015 年建成，改写了米坪乡长期处于交通死角的历史，2000 余群众出行难的问题得到了解决，同时也满足了 3 个乡农副产品水路运输的需求，增加了当地群众的收入，码头年客运量约 8 万人次。

第七节　全省港口普查工作顺利完成

在此期间，贵州水运投资约 65 亿元，列非水网省份之首。由省政府主导的水运建设三年会战（2014—2016 年），把规划在中长期的项目提前实施，开工建设都柳江从江、大融等航电枢纽工程，实现了贵州航电开发零的突破。建成港口码头项目 11 个，主要有乌江楠木渡码头、沿江渡码头、河闪渡码头、新港(太平)码头、共和码头,彭水、沙沱、思林、构皮滩库区小码头(含停靠点),以及一些库区航运工程建设的码头和 360 个乡镇渡口等。建成乌江构皮滩翻坝运输系统工程,使水运有效连通贵阳、遵义两个中心城市;建成 6 个库区航运经济圈,提升了水运辐射能力;建成 80 个城乡便民码头和 1480 个乡镇渡口,惠及成百上千村寨的群众安全便捷出行。

在此期间,港口码头布局日趋完善,经普查,全省共有 48 个港区 479 个泊位。其中,铜仁市辖港区 7 个,泊位 157 个;贵阳市辖港区 6 个,泊位 105 个;遵义市辖港区 7 个,泊位 71 个;安顺市辖港区 5 个,泊位 26 个;黔西南州辖港区 5 个,泊位 22 个;黔东南州辖港区 9 个,泊位 74 个;黔南州辖港区 4 个,泊位 12 个;毕节市辖港区 4 个,泊位 11 个;六盘水市辖港区 1 个,泊位 1 个。2015 年,全省港口完成货运量 1317 万吨、客运量 3036 万人次。9 个市(州)港口码头发挥了显著的社会效益和经济效益。贵阳、遵义等 9 个市(州)港口码头普查成果详见表 13-7-1 ~ 表 13-7-9。

2015 年贵阳市交通运输局主管港口码头普查成果　　　　表 13-7-1

序号	港区	业主单位或码头名称	泊位等级	生产类型	服务类型	结构形式	主要用途	泊位数	水系、投产年份
1	花溪港区	贵阳电厂花溪电站	300 吨级以下泊位	生产用泊位				1	长江水系
2		贵阳电厂花溪电站	300 吨级以下泊位	非生产用泊位				1	长江水系
3		松柏山水库管理处	300 吨级以下泊位	生产用泊位				3	长江水系
4		松柏山水库管理处	300 吨级以下泊位	非生产用泊位				3	长江水系
5		花溪区人民政府	300 吨级以下泊位	生产用泊位				1	长江水系
6		花溪区航务管理所	300 吨级以下泊位	生产用泊位				4	长江水系
7		花溪区航务管理所	300 吨级以下泊位	非生产用泊位				1	长江水系
8		天河潭风景区管理处	300 吨级以下泊位	生产用泊位				3	长江水系
9		花溪区麦坪乡人民政府	300 吨级以下泊位	生产用泊位				1	长江水系
10	乌当港区	贵阳市公安局百花警官俱乐部	300 吨级以下泊位	生产用泊位				2	长江水系
11		贵阳市两湖一库管理局	300 吨级以下泊位	生产用泊位				12	长江水系
12		贵阳市两湖一库管理局	300 吨级以下泊位	非生产用泊位				10	长江水系
13		乌当区朱昌镇人民政府	300 吨级以下泊位	生产用泊位				2	长江水系

续上表

序号	港区	业主单位或码头名称	泊位等级	生产类型	服务类型	结构形式	主要用途	泊位数	水系、投产年份
14	清镇港区	中烟实业有限公司	300吨级以下泊位	生产用泊位				5	长江水系
15		红枫湖轮船旅游公司	300吨级以下泊位	生产用泊位				5	长江水系
16		贵州红枫经济发展有限公司	300吨级以下泊位	生产用泊位				5	长江水系
17		贵阳市两湖一库管理局	300吨级以下泊位	生产用泊位				16	长江水系
18		清镇市航务管理所	300吨级以下泊位	生产用泊位				3	长江水系
19		贵州省水上高原训练基地	300吨级以下泊位	生产用泊位				5	长江水系
20	息烽港区	马尔河码头	300吨级	经营性生产泊位	非公用	其他码头	煤炭泊位	1	长江水系 2004年
21		金源码头	300吨级	经营性生产泊位	非公用	其他码头	煤炭泊位	1	长江水系 2004年
22		青杠林码头	300吨级	经营性生产泊位	非公用	其他码头	煤炭泊位	1	长江水系 2004年
23		贵州筑铁乌江经济发展有限公司	300吨级	生产用泊位				3	长江水系
24		贵州省公路工程总公司荆江码头	300吨级	经营性生产泊位	非公用	其他码头	客货泊位	1	长江水系 2001年
25		息烽县航务所顺江码头	300吨级	经营性生产泊位	非公用	其他码头	客货泊位	1	长江水系 1980年
26		息烽县航务所	1000（300）吨级以下生产用海船（内河）泊位	生产用泊位				1	长江水系
27	修文港区	贵州省公路工程总公司	300吨级	生产用泊位				4	长江水系
28		修文县航务所	300吨级	生产用泊位				5	长江水系
29	开阳港区	开阳县航务所洛旺河码头1号泊位	500吨级	生产用泊位	公用	其他码头	其他泊位	1	长江水系 2014年
30		开阳县航务所洛旺河码头2号泊位	500吨级	生产用泊位	公用	其他码头	其他泊位	1	长江水系 2014年
31		开阳县航务所洛旺河码头3号泊位	60客位客运泊位	生产用泊位	公用	其他码头	其他泊位	1	长江水系 2014年
32		开阳县航务所洛旺河码头4号泊位	500吨级	生产用泊位	公用	其他码头	其他泊位	1	长江水系 2014年
	合计							105	

2015 年遵义市交通运输局主管港口码头普查成果　　表 13-7-2

序号	港区	业主单位或码头名称	泊位等级	生产类型	服务类型	结构形式	主要用途	泊位数	水系、投产年份
1	赤水港区	赤水信昌有限公司	300 吨级	生产用泊位				1	长江水系
2		省赤水轮船公司鲢鱼溪码头 1 号泊位	300 吨级	经营性生产泊位	非公用	重力式码头	通用件杂货泊位	1	长江水系 1991 年
3		省赤水轮船公司鲢鱼溪码头 2 号泊位	300 吨级	经营性生产泊位	非公用	重力式码头	通用件杂货泊位	1	长江水系 1991 年
4		省赤水轮船公司鲢鱼溪码头 3 号泊位	300 吨级	经营性生产泊位	非公用	重力式码头	通用件杂货泊位	1	长江水系 1991 年
5		省赤水轮船公司鲢鱼溪码头 4 号泊位	300 吨级	经营性生产泊位	非公用	重力式码头	通用件杂货泊位	1	长江水系 1991 年
6		民营码头（姜华峰）	300 吨级	生产用泊位				1	长江水系
7		民营码头（袁志成）	300 吨级	生产用泊位				1	长江水系
8		贵州省赤天化集团赤天化码头 1 号泊位	300 吨级	经营性生产泊位	公用	重力式码头	通用件杂货泊位	1	长江水系 1978 年
9		贵州省赤天化集团赤天化码头 2 号泊位	300 吨级	经营性生产泊位	公用	皮带机斜坡码头	液体化工泊位	1	长江水系 1978 年
10		贵州省华一纸厂劳动服务公司码头	300 吨级	生产用泊位				1	长江水系
11		民营码头（冯中义）	300 吨级	生产用泊位				1	长江水系
12		民营码头（周玉华）	300 吨级	生产用泊位				1	长江水系
13		民营码头（黄海城）	300 吨级	生产用泊位				1	长江水系
14		民营码头（周本湖）	300 吨级	生产用泊位				1	长江水系
15		赤天化天永物流公司	300 吨级	生产用泊位				1	长江水系
16		民营码头（邓嘉强）	300 吨级	生产用泊位				1	长江水系
17		赤水市航务管理所	300 吨级	生产用泊位				3	长江水系
18		赤水市航务管理所	300 吨级	非生产用泊位				3	长江水系
19	习水港区	民营码头（代尧）	300 吨级以下	生产用泊位				1	长江水系
20		民营码头（罗小勇）	300 吨级以下	生产用泊位				1	长江水系
21		民营码头（罗吉尧）	300 吨级以下	生产用泊位				1	长江水系
22		民营码头（冯宗云）	300 吨级以下	生产用泊位				1	长江水系
23		民营码头（范晓勤）	300 吨级以下	生产用泊位				1	长江水系

续上表

序号	港区	业主单位或码头名称	泊位等级	生产类型	服务类型	结构形式	主要用途	泊位数	水系、投产年份
24	习水港区	土城镇申华有限公司	300 吨级以下	生产用泊位				2	长江水系
25		民营码头（赵立志）	300 吨级以下	生产用泊位				1	长江水系
26		民营码头（赵立福）	300 吨级以下	生产用泊位				1	长江水系
27		民营码头（陈文福）	300 吨级以下	生产用泊位				1	长江水系
28		民营码头（陈燕）	300 吨级以下	生产用泊位				5	长江水系
29		习水县航务管理所	300 吨级以下	生产用泊位				7	长江水系
30	仁怀港区	仁怀市航务管理所	300 吨级以下	生产用泊位				1	长江水系
31	遵义县港区	乌江电厂旅游公司	300 吨级以下	生产用泊位				2	长江水系
32		播州区金源贸易公司	300 吨级以下	生产用泊位				2	长江水系
33		播州区先锋贸易公司	300 吨级以下	生产用泊位				2	长江水系
34		民营码头（张正富）	300 吨级以下	生产用泊位				2	长江水系
35		遵义市交通运输局乌江渡码头	500 吨级	生产用泊位	公用	其他码头	其他泊位	1	长江水系 2014 年
36		遵义市交通运输局楠木渡码头	500 吨级	生产用泊位	公用	其他码头	其他泊位	1	长江水系 2014 年
37	余庆港区	余庆县航务所大乌江码头 1 号泊位	500 吨级	经营性生产泊位	公用	其他码头	通用散货泊位	1	长江水系 2000 年
38		余庆县航务所大乌江码头 2 号泊位	500 吨级	经营性生产泊位	公用	其他码头	通用散货泊位	1	长江水系 2000 年
39		余庆县航务所樱桃井码头 1 号滚装泊位	500 吨级	经营性生产泊位	非公用	其他码头	商品汽车滚装泊位	1	长江水系 2015 年
40		余庆县航务所樱桃井码头 2 号滚装泊位	500 吨级	经营性生产泊位	非公用	其他码头	商品汽车滚装泊位	1	长江水系 2015 年

序号	港区	业主单位或码头名称	泊位等级	生产类型	服务类型	结构形式	主要用途	泊位数	水系、投产年份
41	余庆港区	余庆县航务所沙湾码头件杂货泊位	500 吨级	经营性生产泊位	非公用	其他码头	通用件杂货泊位	1	长江水系 2015 年
42		余庆县航务所沙湾码头 1 号多用途泊位	500 吨级	经营性生产泊位	非公用	其他码头	多用途泊位	4	长江水系 2015 年
43		余庆县航务管理所沙湾码头 2 号散货泊位	500 吨级	经营性生产泊位	非公用	其他码头	通用散货泊位	1	长江水系 2015 年
44	湄潭港区	遵义市交通运输局沿江渡码头	500 吨级	生产用泊位	公用	其他码头	其他泊位	1	长江水系 2014 年
45		湄潭县交通运输局	300 吨级以下	生产用泊位				4	长江水系
46	凤冈港区	遵义市交通运输局河闪渡码头	500 吨级	生产用泊位	公用	其他码头	其他泊位	1	长江水系 2014 年
	合计							71	

2015 年铜仁市交通运输局主管港口码头普查成果

表 13-7-3

序号	港区	业主单位或码头名称	泊位等级	生产类型	服务类型	结构形式	主要用途	泊位数	水系、投产年份
1	沿河港区	省乌江轮船公司沿河县东风码头	300 吨级	经营性生产泊位	公用	其他码头	客货泊位	1	长江水系 1995 年
2		省乌江轮船公司河东货运码头	300 吨级以下	经营性生产泊位	公用	过驳装卸平台	通用散货泊位	1	长江水系 1979 年
3		省乌江轮船公司客运码头	300 吨级以下	经营性生产泊位	公用	其他码头	客货泊位	1	长江水系 1984 年
4		省乌江轮船公司	300 吨级	经营性生产泊位				5	长江水系
5		省乌江轮船公司	300 吨级	经营性生产泊位				8	长江水系
6		沿河县乡镇航运公司	300 吨级以下	经营性生产泊位	非公用	其他码头	通用散货泊位	1	长江水系 1986 年
7		重庆长江天府轮船公司	300 吨级	经营性生产泊位	公用	其他码头	客货泊位	2	长江水系 1981 年
8		沿河县航务管理所红军渡码头	300 吨级以下	经营性生产泊位	公用	其他码头	客货泊位	1	长江水系 1979 年
9		沿河县航务管理所沙沱码头	300 吨级以下	经营性生产泊位	公用	其他码头	客货泊位	1	长江水系 1971 年

续上表

序号	港区	业主单位或码头名称	泊位等级	生产类型	服务类型	结构形式	主要用途	泊位数	水系、投产年份
10	沿河港区	沿河县航务所县航运公司码头	300 吨级以下	经营性生产泊位	公用	其他码头	通用散货泊位	1	长江水系1980 年
11		沿河县航务管理所洪渡码头	300 吨级	经营性生产泊位	公用	其他码头	客货泊位	1	长江水系1999 年
12		沿河县航务管理所思渠码头	300 吨级以下	经营性生产泊位	公用	其他码头	客货泊位	1	长江水系1986 年
13		沿河县航务管理所河东柴码头	300 吨级以下	经营性生产泊位	公用	其他码头	客货泊位	1	长江水系1977 年
14		沿河县航务管理所	300 吨级以下	生产用泊位				18	长江水系
15		沿河县航务管理所	300 吨级以下	非生产用泊位				16	长江水系
16	思南港区	省乌江轮船公司思南码头 3 号泊位	300 吨级	经营性生产泊位	公用	其他码头	客货泊位	1	长江水系2000 年
17		思南县航务管理所思南码头 2 号泊位	300 吨级	经营性生产泊位	公用	其他码头	客货泊位	1	长江水系2000 年
18		思南县航务管理所思南码头 1 号泊位	300 吨级	经营性生产泊位	非公用	其他码头	客货泊位	1	长江水系2000 年
19		思南县航务管理所	300 吨级	生产用泊位				23	长江水系
20		思南县航务管理所	300 吨级	非生产用泊位				7	长江水系
21		思南县航务管理所太平码头 1 号泊位	500 吨级	生产用泊位	公用	其他码头	其他泊位	1	长江水系2014 年
22		思南县航务管理所太平码头 2 号泊位	500 吨级	生产用泊位	公用	其他码头	其他泊位	1	长江水系2014 年
23	德江港区	德江县航务管理所共和码头	300 吨级	经营性生产泊位	公用	缆车码头	客货泊位	1	长江水系1996 年
24		德江县航务管理所	300 吨级以下	生产用泊位				11	长江水系
25		德江县航务管理所	300 吨级以下	非生产用泊位				16	长江水系
26		德江县航务管理所新共和码头 1 号泊位	500 吨级	生产用泊位	公用	其他码头	其他泊位	1	长江水系2014 年
27		德江县航务管理所新共和码头 2 号泊位	500 吨级	生产用泊位	公用	其他码头	其他泊位	1	长江水系2014 年

续上表

序号	港区	业主单位或码头名称	泊位等级	生产类型	服务类型	结构形式	主要用途	泊位数	水系、投产年份
28	铜仁市港区	铜仁市航务管理所	300吨级以下	生产用泊位				13	长江水系
29	玉屏港区	玉屏县航务管理所	300吨级以下	生产用泊位				2	长江水系
30	石阡港区	石阡县航务管理所	300吨级	生产用泊位				6	长江水系
31	松桃港区	松桃县航务管理所	300吨级以下	生产用泊位				12	长江水系
	合计							157	

2015年安顺市交通运输局主管港口码头普查成果　　　　表13-7-4

序号	港区	业主单位或码头名称	泊位等级	生产类型	服务类型	结构形式	主要用途	泊位数	水系、投产年份
1	镇宁港区	镇宁县航务管理所坝草老码头	300吨级	非生产用泊位		斜坡	客货泊位	2	珠江水系
2		镇宁县航务管理所坝草新码头	500吨级	生产用泊位	公用	直立	货运泊位	1	珠江水系 2013年
3	普定港区	普定县航务管理所	300吨级以下	生产用泊位				10	长江水系
4	关岭港区	关岭县航务管理所	300吨级以下	生产用泊位				1	珠江水系
5	紫云港区	紫云县格凸河风景区管理处	300吨级以下	生产用泊位				10	珠江水系
6	平坝港区	贵州省黔源电力公司	300吨级以下	生产用泊位				2	长江水系
7		平坝区乐平乡政府	300吨级以下	生产用泊位				1	长江水系
	合计							26	

2015年毕节市交通运输局主管港口码头普查成果　　　　表13-7-5

序号	港区	业主单位或码头名称	泊位等级	生产类型	服务类型	结构形式	主要用途	泊位数	水系、投产年份
1	金沙港区	民营码头(韦兴洋)	300吨级以下	生产用泊位				2	长江水系
2		金沙县航务管理所	300吨级以下	生产用泊位				1	

["

续上表

序号	港区	业主单位或 码头名称	泊位等级	生产类型	服务类型	结构形式	主要用途	泊位数	水系、 投产年份
8	三都港区	三都县交通运输局	300 吨级以下	生产用泊位				1	珠江水系
9	荔波港区	荔波县旅游资源开发公司	300 吨级以下	生产用泊位				1	珠江水系
10		荔波县旅游有限公司	300 吨级以下	生产用泊位				2	珠江水系
11	长顺港区	贵州省昱龙旅游资源开发有限公司	300 吨级以下	生产用泊位				1	珠江水系
	合计							12	

2015 年黔东南州交通运输局主管港口码头普查成果　　表 13-7-8

序号	港区	业主单位或 码头名称	泊位等级	生产类型	服务类型	结构形式	主要用途	泊位数	水系、 投产年份
1	天柱港区	黔东南州航务管理处	300 吨级	生产用泊位				11	长江水系
2	锦屏港区	贵州清水江水电开发公司	300 吨级	生产用泊位				1	长江水系
3		贵州清水江水电开发公司	300 吨级	生产用泊位				3	长江水系
4		黔东南州航务管理处三板溪码头	100 客位	生产用泊位	公用	其他码头	客运泊位	2	长江水系 2014 年
5		黔东南州航务管理处八受码头	100 客位	生产用泊位	公用	其他码头	客运泊位	1	长江水系 2014 年
7	剑河港区	黔东南州航务管理处	100 客位	生产用泊位				7	长江水系
8		黔东南州航务管理处柳川码头	100 客位	生产用泊位	公用	其他码头	客运泊位	2	长江水系 2014 年
9		黔东南州航务管理处南加码头	100 客位	生产用泊位	公用	其他码头	客运泊位	2	长江水系 2014 年
10	镇远港区	黔东南州航务管理处	60 客位以下	生产用泊位				7	长江水系
11	凯里港区	黔东南州航务管理处	60 客位以下	生产用泊位				17	长江水系
12	施秉港区	黔东南州航务管理处	60 客位以下	生产用泊位				7	长江水系

续上表

序号	港区	业主单位或码头名称	泊位等级	生产类型	服务类型	结构形式	主要用途	泊位数	水系、投产年份
13	黄平港区	黔东南州航务管理处	60 客位以下	生产用泊位				3	长江水系
14	从江港区	黔东南州航务管理处	60 客位以下	生产用泊位				10	珠江水系
15	榕江港区	黔东南州航务管理处	60 客位以下	生产用泊位				1	珠江水系
	合计							74	

2015 年黔西南州交通运输局主管港口码头普查成果　　　　表 13-7-9

序号	港区	业主单位或码头名称	泊位等级	生产类型	服务类型	结构形式	主要用途	泊位数	水系、投产年份
1	贞丰港区	贵州白层港新港港务有限公司白层码头	500 吨级	生产用泊位	公用	直立	通用散货泊位	2	珠江水系 2013 年
2		贞丰县航务管理所白层老码头	300 吨级	生产用泊位	公用	斜坡	客货泊位	2	珠江水系
3	望谟港区	黔西南州科发港口经营有限公司蔗香码头	500 吨级	生产用泊位	公用	斜坡	客货泊位	1	珠江水系 2013 年
4		黔西南州科发港口经营有限公司八渡码头	300 吨级	生产用泊位	公用	直立+斜坡	客货泊位	2	珠江水系 2013 年
5		黔西南州科发港口经营有限公司岩架码头	500 吨级	生产用泊位	公用	斜坡	客货泊位	1	珠江水系 2013 年
6	册亨港区	黔西南州科发港口经营有限公司板坝码头 1 号泊位	500 吨级	生产用泊位	公用	斜坡	客货泊位	1	珠江水系 2013 年
7		黔西南州科发港口经营有限公司板坝码头 2、3 号泊位		生产用泊位	公用	直立	客货泊位	2	珠江水系 2013 年
8	安龙港区	黔西南州科发港口经营有限公司永和码头	60 客位以下	经营性生产用泊位	公用	其他码头	客运泊位	3	珠江水系 1999 年
9		黔西南州科发港口经营有限公司坡脚码头	300 吨级以下	经营性生产用泊位	公用	其他码头	客货泊位	1	珠江水系 2005 年
10	兴义港区	黔西南州科发港口经营有限公司巴结 1 号码头	300 吨级以下	经营性生产用泊位	公用	其他码头	客货泊位	1	珠江水系 2002 年
11		黔西南州科发港口经营有限公司巴结 2 号码头	300 吨级以下	经营性生产用泊位	公用	其他码头	客货泊位	2	珠江水系 2007 年

续上表

序号	港区	业主单位或码头名称	泊位等级	生产类型	服务类型	结构形式	主要用途	泊位数	水系、投产年份
12		黔西南州科发港口经营有限公司红椿码头	300吨级以下	经营性生产用泊位	公用	其他码头	客货泊位	1	珠江水系2006年
13	兴义港区	黔西南州科发港口经营有限公司白云码头	300吨级以下	经营性生产用泊位	公用	其他码头	客货泊位	2	珠江水系2007年
14		黔西南州科发港口经营有限公司未罗兰堡码头	300吨级以下	经营性生产用泊位	公用	其他码头	客货泊位	2	珠江水系2006年
	合计							22	

第八节　党风廉政建设和水运脱贫攻坚行动的深入开展

一、建立健全惩治和预防腐败体系

2012年,贵州省地方海事(航务管理)局建立健全惩治和预防腐败体系各项制度并向各下属单位发放,营造全员学习制度、严格执行制度、自觉维护制度的氛围。将深化廉政风险防控机制建设与业务工作有机结合,并贯穿于反腐倡廉始终,最大限度减少体制障碍和制度漏洞。

2013年,贵州省地方海事(航务管理)局认真贯彻党中央、省委和厅党委对惩防体系建设2013—2017年工作规划的安排部署,做好本单位本部门的责任分工和推进落实,加快构建反腐倡廉"三道防线",全面推进行政管理和行政执法廉政风险防控管理。认真贯彻落实党的十八大和省委十一届二次全会精神,重点围绕"干部清正、政府清廉、政治清明"的目标要求,进一步强化反腐倡廉教育培训,进一步完善权力运行制约监督,切实加强以领导干部和重要岗位人员为重点的教育管理和监督约束,大力推进廉政文化建设。认真贯彻落实交通运输部和省交通运输厅对工程建设廉政工作的部署要求,继续深化工程建设领域突出问题专项治理,重点加强对招标、投标和工程建设等各关键环节的监管,及时发现并严肃查处围标串标、转包和违法分包等突出问题。严格执行纠风工作责任制,进一步巩固治理公路、水路"三乱"成果,坚决纠正损害群众利益的不正之风,切实转变领导作风和工作作风。高度重视信访举报和网络舆情,及时处理群众投诉举报和上级交办信访件,严肃查办违纪、违法案件。

二、公车管理的规范和治理的深入

在2008年以前,贵州省地方海事(航务管理)局购置小汽车的购车资金由贵州省计委及省交通厅下达的工程专项资金计划批准。2011年6月,贵州省地方海事(航务管理)局遵照《贵州省党政机关公务用车问题专项治理工作实施方案》的工作步骤和贵州省交通运输厅的要求,及时上报、公示公务车清理登记情况。2013年,贵州省交通运输厅印发《关于转发〈关于党的群众路线教育实践活动中开展会员卡清退、巩固深化"小金库"治理和公务用车问题专项治理成果工作的通知〉的通知》,贵州省地方海事(航务管理)局对照通知精神进行了检查,没有发现公务用车超支现象,也没有挪用其他资金。2013年4月,贵州省地方海事(航务管理)局及时公示公务车每辆汽车的品牌型号、车牌号、车架号、排气量、购置时间及价格等情况的一览表,上报专题检查报告说明,贵州省地方海事(航务管理)局严格按照中央关于党政机关配备和使用小汽车的有关规定来配备和使用小汽车。对于工程建设专项购置的车辆,工程结束后,都做了相关技术性处理且符合规定;对于超标的越野车辆,都有省人民政府的批文,是经批准后购置的,旨在到边远路况差的水运工地和渡口码头进行安全检查之用,全部纳入局机关车辆编制内管理使用。在车辆购置方面,严格按照中央和省有关规定执行,经局领导和党委会议研究决定,根据实际工作需要,在明确购置资金、车辆型号、经办部门后,按照国家规定进行采购。加强车辆管理,堵塞漏洞。原来车辆公务出差凭途中加油发票报销,改为"一车一卡"加油,加强车辆日常管理台账,一车一台账,详细记录车辆行驶千米数与油料消耗情况,每月结算一次,从制度上堵住公车私用现象。每天下班后要求车辆入库,出差回来也必须做到"人回来,车入库"。严格车辆报修制度,车辆修理前要填写修理单(一式三份)报办公室同意,经财务部门审核后方能修理,汽车修理指定专门修理厂家,驾驶员不得擅自在外修理车辆。严禁公车私用,杜绝工作之余公车私用。省局不安排领导专车,也不设上下班接送的服务车,若公务外出,统一由办公室安排。这些都从制度上堵塞了公车私用的漏洞。2014年,省局机关经上级核准的公车都贴上了专用标志,接受社会监督。

三、联系实际开展党的群众路线教育实践活动

根据党中央统一安排,开展党的群众路线教育实践活动,贵州省地方海事(航务管理)局被列为第一批实践单位。2013年11月4日,贵州省地方海事(航务管理)局召开了群众路线专题民主生活会。会议按照"照镜子、正衣冠、洗洗澡、治治病"的总要求,广泛开展谈心、交心活动,多次修改班子及个人对照检查材料,召开党委会专题学习传达习近平总书记、贵州省委书记赵克志关于开好民主生活会的重要讲话精神,扎实完成各项规定工作和准备工作。厅群众路线教育实践活动第一督导组一行5人到会指导。党的群众路线教育实践活动第二批活动于2014年1月进行。省赤水河航道管理局、省南北盘江红水河航道管理局、省乌江航道管理局是第二批党的群众路线教育实践活动的实践单位。各单位围绕水运航道畅通、服务经济社会发展、服务民生的要求,主动到港口企业、运输企

业、个体船主中征求意见和建议。赤水河航道管理局针对赤水河枯水期船舶航行困难的问题,在水流急的险滩设置助航船,帮助过往船舶通行。乌江航道管理局到船主中征求对航道执法、航标设置、船闸通行、助航导航等方面的意见和建议。南北盘江红水河航道管理局在岩架、蔗香两港区向船主进行航道管理问卷调查,对南北盘江红水河段航道上非法挖砂采石、养鱼网箱侵占航道现象进行处理。通过这次党的群众路线教育实践活动,改进了工作作风,加强了党风廉政建设,提高了水运服务的能力。

四、水运脱贫攻坚行动的深入开展

开展"四帮四促"活动有声有色。2011 年,贵州省交通运输厅党委安排贵州省地方海事(航务管理)局挂帮联系开阳县花梨乡清江村开展"四帮四促"工作。2012 年,贵州省地方海事(航务管理)局建立帮扶资金投入机制,明确每年拿出 30 万 ~ 35 万元的资金支持清江村加强农村党员队伍建设、制度建设、载体建设以及党员活动室、宣传栏等阵地建设,夯实农村党建工作基础。协助贵州省交通运输厅开展好"部门帮县、处长联乡、干部驻村"活动,及时选派 4 名同志深入基层,参加驻村帮扶工作。据统计,贵州省地方海事(航务管理)局开展"四帮四促"工作以来,共筹集资金 200 余万元,解决 100 户农家饮水工程建设问题,建设 5 千米通组公路和码头停靠点。同时,还协调省、市财政资金 100 万余元用于乡、村一事一议工作,得到村民赞许。2013 年 6 月 6 日,开阳县花梨镇清江村村支两委领导来到贵州省地方海事局赠送锦旗,感谢多年来省地方海事局为清江村同步小康建设所给予的帮助和支持。

积极落实极贫乡脱贫攻坚行动计划。2016 年,贵州省交通运输厅党委印发《贵州省交通运输厅定点包干从江县加勉乡极贫乡脱贫攻坚行动计划(2016—2020 年)》,从江县加勉乡加坡村、下江镇高仟村、东朗镇关雄村、停洞镇加哨村为贵州省地方海事(航务管理)局定点包干脱贫攻坚帮扶点。2017 年,贵州省地方海事(航务管理)局党委成立定点包干从江县帮扶点脱贫攻坚工作领导小组,并成立前线工作站,选派人员进驻加坡村等 4 村。至 2019 年 8 月,共助各村发展地方产业 6 个,援建基础设施项目 11 个,解决就业岗位 80 个,共完成脱贫出列 697 人,贫困发生率从 41.31% 降至 12.57%,展现"帮扶对象不脱贫,我们就绝不脱钩"的决心。贵州省地方海事(航务管理)局党委表示,要严格按照省委、省政府的总体要求突出精准识贫、精准扶贫,带着责任和感情,分层、分类、分户、分人谋划具体的扶贫规划和帮扶措施,授人以鱼不如授人以渔,确保精准扶贫有的放矢,富有成效。

在媒体上宣传水运扶贫的筹划和任务。2016 年 3 月,正值全国两会召开,《中国交通报》特约记者韦世荣应约采写《精准扶贫 补齐水运短板》发表在该报 3 月 15 日第 3 版《水运人眼中的两会热点》上。文章摘要:在 2016 年全国两会上,"精准扶贫"成为社会各界关注度高热议话题。贵州是脱贫攻坚任务最重的省份,全省 48 个贫困县就有 34 个分布在赤水河、乌江、清水江、都柳江、红水河等沿江两岸。精准扶贫将使贵州水运发展找到大有可为、大有所为的空间地域。今年是贵州水运建设三年会战收官之年,水运精准扶贫主攻方向就是要牢牢守住"发展""生态"两条底线,解决沿江民族地区"坐在金山没饭吃"的问题,以改善当前交通条件落后、交通结构不合理为切入点,补齐水运"短板",用"线、梯、圆、点",破解水运"解析几何"难题。"线"——打通贵州"北入长江"乌江水运大通道,建成可通航 500 吨级船舶的四级航道 509 千米,相应建设构皮滩翻坝运输码头和思林、沙沱通航设施,乌江将浴火重生,结束贵阳、遵义两个中心城市无水运的历史,构建乌蒙山区和武陵山区连片集中的少数民族贫困地区水上交通平面图。过去是不足百吨位船舶,而今 500 吨级新型船走出万重山,进入长江黄金水道,融入长江经济带,通向海上新丝路。"梯"——实施"以航为主"的发展战略,建设都柳江从江、大融、朗洞、温寨 4 个航电枢纽,清水江平寨、旁海航电枢纽,实施航电一体化,为黔南、黔东南两个民族自治州开拓一条"南下珠江"的水运大通道,打造经济走廊。"圆"——加快乌江渡、索风营、锦江、樟江、桐梓河、芙蓉江、光照、董箐、石垭子等库区航运建设,打造全国生态文明建设的先行区、民族文化旅游和生态旅游重要目的地。"点"——建设 200 个乡镇渡口、40 个城乡便民码头,让更多老百姓享受供给侧结构性改革带来的获得感。到 2016 年底,贵州水运交通将有效连接 37 个产业园区、230 个小城镇、42 个旅游景区、46 个现代高效农业示范园区、29 个城市综合体,水运精准扶贫成果将逐步显现。

2017 年 12 月,《中国水运报》《贵州日报》记者深入从江县贵州省地方海事局挂帮扶贫乡村实地采访,《中国水运报》连续作了三篇系列报道,即《扶贫先扶志,一个都不能少——贵州省地方海事局决胜脱贫攻坚战系列报道之一》《来了好书记,村里变了样——贵州省地方海事局决胜脱贫攻坚战系列报道之二》《扶贫活起来,有底气更硬气——贵州省地方海事局决胜脱贫攻坚战系列报道之三》;12 月 18 日,《贵州日报》在第 12 版整版刊登《共圆月亮山苗乡侗寨同步小康梦——省地方海事局助力从江县脱贫攻坚见闻》。

2017 年 12 月 25 日,第十届贵州省委决策咨询博士高端论坛在贵州饭店国际会议中心召开。省地方海事(航务管理)局局长应邀参加本次博士高端论坛,并作为第 9 个专题发言的博士之一作了题为《水成玉带,编织精准扶贫新篇章》的专题发言。围绕"拥抱水运,开启精准扶贫新起点""立足水运,开辟精准扶贫新空间""聚力水运,开创经济腾飞新蓝图"三个大方面,谈了自己的意见建议。会议由贵州省委政策研究室副主任主持,全省共有 160 名博士及相关单位参加会议。

第十四章
决胜全面建成小康社会阶段港口的新发展

（2017—2022 年）

2017 年 10 月 18 日，党的十九大胜利召开。党的十九大报告指出，我们既要全面建成小康社会、实现第一个百年奋斗目标，又要乘势而上开启全面建设社会主义现代化国家新征程，向第二个百年奋斗目标进军。珠江—西江经济带发展、长江经济带发展、成渝地区双城经济圈建设等国家战略的实施，使贵州水运和港口码头建设深度融入国家发展建设。

乌江的全面复航带动了沿江港口码头的发展，呈现出新业态。邵家桥港区、沙湾港区等港口码头向港口园区化和专业化方向发展，港口集装箱运输取得突破。库区航运工程建设了大批公益便民码头和渡口，为助力决胜全面建成小康社会发挥了巨大作用。至2022 年，贵州港口码头布局基本形成。

港口码头绿色发展成效显著，已建港口码头基本完成污染物接收设施建设，岸电设施逐步完善，船舶靠港岸电使用率得到较大提升。水上交通安全得到交通运输部专项督导帮扶，港口码头安全投入力度逐年加大。

2022 年，国务院印发《关于支持贵州在新时代西部大开发上闯新路的意见》，国家支持贵州港口码头建设再上新台阶。2022 年 9 月，贵州省人民政府办公厅印发《贵州省水运体系发展行动方案》，明确了 2024 年至 2035 年港口码头发展目标和重点任务，为贵州港口码头在新征程上谋新篇。

第一节　贵州港口深度融入国家战略

2014 年 7 月，国务院对《珠江—西江经济带发展规划》（简称《规划》）作出批复。规划范围包括广东省的广州、佛山、肇庆、云浮 4 市和广西壮族自治区的南宁、柳州、梧州、贵港、百色、来宾、崇左 7 市，区域面积 16.5 万平方千米，2013 年末常住人口 5228 万人。同时，根据流域特点，将广西桂林、玉林、贺州、河池等市，以及西江上游贵州黔东南、黔南、黔西南、安顺，云南文山、曲靖的沿江部分地区作为规划延伸区。规划期为 2014—2020 年，展望到 2030 年。

在水运建设方面,《规划》提出:"加快建设黄金水道,以干线航道为重点,加强干支流航道建设,完善和扩大高等级航道网络,拓展港口规模和功能,提高船舶标准化和现代化水平。"在港口方面,《规划》提出:"形成分工合理、功能完善的现代港口体系。鼓励发展公共码头,有序建设专用码头,适度建设旅游码头。加快港口与产业集聚区联络线以及港口物流工程建设,提升港口集疏运能力。"在航道方面《规划》提出:"加强航道资源保护和利用,加大西江干线航道扩能改造,推动柳黔江、左江、右江、南盘江、北盘江、红水河、桂江、绣江、北江等重要干支流航道和支持保障系统建设,提升西江出海航道通过能力和通达范围,提高航道等级,构建干支通达顺畅的高等级航道网络。"在过船设施方面,《规划》提出:"加快建设龙滩、百色等枢纽过船设施,促进珠江水运连通云贵,形成与高等级航道相适应的枢纽过船设施。"

2016年9月,国务院印发《长江经济带发展规划纲要》(简称《规划纲要》)。长江经济带覆盖上海、江苏、浙江、安徽、江西、湖北、湖南、重庆、四川、云南、贵州等11省(市),面积约205万平方千米,占全国国土面积的21%,人口和经济总量均超过全国的40%,生态地位重要、综合实力较强、发展潜力巨大。《规划纲要》明确提出,加快交通基础设施互联互通,是推动长江经济带发展的先手棋。要着力推进长江水脉畅通,把长江全流域打造成黄金水道。

《规划纲要》提出,一是提升黄金水道功能。全面推进干线航道系统化治理,重点解决下游"卡脖子"、中游"梗阻"、上游"瓶颈"问题,进一步提升干线航道通航能力。统筹推进支线航道建设,围绕解决支流"不畅"问题,有序推进航道整治和梯级渠化,形成与长江干线有机衔接的支线网络。二是促进港口合理布局。强化港口分工协作,统筹港口规划布局,优先发展枢纽港口,积极发展重点港口,适度发展一般港口,严格控制港口码头无序建设。鼓励大型港航企业以资本为纽带,采用商业模式整合沿江港口和航运资源。发展现代航运服务,加快上海国际航运中心、武汉长江中游航运中心、重庆长江上游航运中心和南京区域性航运物流中心建设,积极培育高端航运服务业态,大力发展江海联运服务。加强集疏运体系建设,以航运中心和主要港口为重点,加快铁路、高等级公路等与重要港区的连接线建设,提升货物中转能力和效率,有效解决"最后一公里"问题,实现枢纽港与铁路、公路运输衔接互通。三是完善综合交通网络。四是大力发展联程联运。按照"零距离换乘、无缝化衔接"要求,加快建设全国性综合交通枢纽,有序发展区域性综合交通枢纽,提高综合交通运输体系的运行效率,增强对产业布局的引导和城镇发展的支撑作用。加快发展多式联运,鼓励发展铁水、公水、空铁等多式联运,增加集装箱和大宗散货铁水联运比重,提高公水、空铁联运效率,提升运输服务一体化水平。

2021年10月,国务院印发《成渝地区双城经济圈建设规划纲要》。规划纲要提出,推动长江上游航运枢纽建设。健全以长江干线为主通道、重要支流为骨架的航道网络,优化干支流水库群联合调度,研究优化长江上游分段通航标准,加快长江上游航道整治和梯级渠化,全面畅通岷江、嘉陵江、乌江、渠江等。加强港口分工协作,构建结构合理、功能完善的港口群,打造要素集聚、功能完善的港航服务体系。组建长江上游港口联盟,加强与上海国际航运中心合作,推进港口企业加强合资合作,促进区域港口码头管理运营一体化。并明确,推进铁路专用线进重要枢纽型港区、大型工矿企业和物流园区,加快发展铁水、公铁联运和"一单制"联运服务。

珠江—西江经济带发展、长江经济带发展、成渝地区双城经济圈建设等国家战略的实施,都涉及贵州省长江流域的乌江和珠江流域的南盘江北盘江—红水河航道和港口码头建设,支持贵州深度融入珠江—西江经济带发展、长江经济带发展、成渝地区双城经济圈建设,因此贵州水运和港口码头亦深度融入国家发展建设。

2022 年 1 月,贵州省交通运输厅印发《贵州省"十四五"水运交通发展规划》,以"交通美省"为总目标,通过"升级大通道、构建大枢纽、打造大船队、路港大融合、促进大运输、带动大发展、保护大生态、守住大安全"这"八大系统"发展水运交通,最终达到贵州水运行业综合发展"高质量大提速"的目的。

《贵州省"十四五"水运交通发展规划》提出港口方面的主要任务是,以港口建设为抓手,推进港城园一体化建设。根据经济社会发展需求,与航道发展相适应,与城市发展相结合,积极建设"两主三辅"沿江枢纽港,推进港城园一体化建设。"十四五"期间,"两主三辅"沿线重点建设开阳港、思南港邵家桥港区、德江港新滩港区、沿河港思渠港区、册亨港岩架港区等港口建设;积极推进重庆涪陵贵州物流中转码头建设,打造涪陵水水中转基地,提高乌江水运进长江干线水水中转能力。"十四五"期间,以港口建设为先导并同步开展现代港口物流园试点建设,以开阳洛旺河、余庆沙湾、思南邵家桥建设为试点,用市场化方式引进更多有实力的市场主体,围绕乌江沿线磷化工、装备制造、能源产业带,按照"一港一园一产业"模式,打造集贸易、运输、仓储、装卸、装备制造等多种业态为一体的示范港口物流园区,逐步推行集保险、税收、金融、货代等多种服务于一体的园区化管理模式。

第二节 乌江复航促进沿江港口发展

一、乌江通航设施全面建成

乌江乌江渡至涪陵段航道航段内共有 6 级水电站,在贵州境内有构皮滩、思林、沙沱水电站,思林、沙沱水电站 500 吨级船舶通航设施已于 2017 年建成投入使用。重庆境内彭水、银盘已建成 500 吨级船舶通航设施,白马枢纽 1000 吨级船舶通航设施在建。2021年 6 月 22 日,500 吨级船舶"航电 1 号"从余庆港沙湾码头起航,顺利通过构皮滩枢纽,标志着构皮滩水电站通航 500 吨级船舶试运行成功。构皮滩水电站通航设施的建成,标志着乌江通航设施全面建成,乌江渡以下 500 吨级船舶可直航长江。

二、港口发展新业态

乌江全线复航将促进沿江港口码头的进一步发展,沿线已建成的开阳港洛旺河码头、播州港乌江渡码头、瓮安港江界河码头、思南港新港码头等 8 个码头 22 个 500 吨级泊位将得到进一步发展利用。截至 2021 年,乌江拥有货船 100 余艘,其中 500 吨级船舶 40 余艘,300 吨级船舶 50 余艘。2021 年 11 月 16 日,乌江北上长江首航仪式在开阳港举行(图 14-2-1),14 艘货船运载 6800 吨磷矿石从开阳港洛旺河码头出发,沿乌江水路直奔重庆涪陵进入长江。这是乌江复航后的首次大规模全线航运,象征着贵州省乌江水运复兴。船队从开阳港经瓮安、余庆、思南、沿河到重庆涪陵,航线全长 545 千米,此批磷矿石抵达涪陵后,转大吨位船舶进入长江,最终运抵安徽芜湖港。

图 14-2-1　乌江北上长江首航仪式在开阳港举行

随着乌江的复航,以贵州省港航集团为首的企业积极推进港口码头和集疏运道路建设,全面启动思南港邵家桥港区、瓮安港云中港区、石阡港葛闪渡港区等一批重要港口码头和云中港区、洛旺河港区、邵家桥港区、思南船厂进厂公路等重点集疏运公路项目建设,乌江沿线港口码头的承载力、辐射力和带动力持续提升、成效初显。

1. 思南港邵家桥港区一期工程建成投入使用

思南港邵家桥港区位于思南县邵家桥镇乌江沙沱库区右岸,规划占地面积 15.3 公顷(229 亩),新建 5 个 500 吨级兼 1000 吨级货运泊位,设计年通过能力 328 万吨,项目由贵州省港航集团投资建设,总投资 2.89 亿元,是一个集大宗散货、件杂货、滚装、集装箱等运输于一体的综合性港区。一期工程新建 500 吨级兼顾 1000 吨级货运泊位 2 个,其中 1 号泊位为散货泊位,2 号泊位为多用途泊位。占用岸线长 162 米,设计年货物吞吐量 145 万吨。1 号泊位为 20 米×10 米的高桩框架结构作业平台,平台上布置 1 台散货皮带运输装船机;2 号泊位前沿作业平台为 72 米×30 米的高桩框架结构,其上布置 1 台 40 吨移动门座式起重机及相应辅助设施等。2021 年,一期工程开工建设。2022 年 6 月 29 日,一期工程建设完成开港,12 艘货船载着 6000 吨水泥熟料从港区鸣笛起航,沿乌江水路直奔重庆涪陵进入长江。这是乌江复航后,贵州省首个"港口园区化"项目投入运营,标志着港口综合功能得到进一步提升,贵州省乌江航运由此迈入常态化和稳定化发展的新阶段。同时,港区规划有临港仓储、保税区及工业园区,当地政府正积极对港口后方陆域进行物流园区规划,并将依托铜遵高铁、涪柳铁路等规划,大力推进港口联运、口岸一体化建设,全力实现港口货物水陆联运无缝衔接,为思南港进一步发展成为黔北地区区域性港口物流中心创造条件。思南港邵家桥港区一期泊位如图 14-2-2 所示。

图 14-2-2　思南港邵家桥港区一期泊位

2. 开阳港顺尔得码头建成投入使用

顺尔得码头是开阳港洛旺河港区的散装货运码头之一,位于花梨镇清江村,乌江构皮滩库区支流清水河右岸,距清水口 21.5 千米。码头由贵州开阳经开产业投资发展有限公司规划立项,开阳县顺尔得物流有限公司投资建设经营。码头建有 500 吨级散货泊位(兼顾 1000 吨货船靠泊)1 个,500 吨级件杂货泊位(兼顾 1000 吨货船靠泊)1 个,件杂货泊位采用下河道路结合趸船装卸作业,设计年吞吐量 30 万吨,散货泊位采用皮带机输机装船作业,设计年吞吐量 80 万吨,工程总投资 3556.99 万元。顺尔得码头 2021 年 2 月开工建设,2021 年底建成投入运营。开阳县的优质磷矿石通过顺尔得码头上船,由清水河进入乌江航道,从而北上长江,销售至川东及长江中下游地区。

3. 聚焦船舶运力提升

2021 年省交通运输厅出台《优化运输结构提升乌江运力实施方案》,积极引导社会资本投入乌江水路运输,通过"新建一批、改造一批、引进一批",乌江水路运输运力逐年复苏。截至 2022 年,乌江 500 吨级货船保有量达 100 艘,总运力近 5 万载重吨。

4.打造运输线

（1）打造集装箱运输线

以余庆、瓮安等地化工产品原料、粮食等大宗商品为货源，以沙湾码头为运输起点，经重庆黄旗港—天津港—辽宁营口港进行内运外销，培育高附加值集装箱运输线。

（2）打造长江上游运输线

以煤炭、钢铁线材、砂石料为主要货源，由顺尔得码头、沙湾码头为运输起点，经果园港、珞璜港、川维码头外销至四川、重庆等长江上游地区。

（3）打造长江中下游运输线

以磷矿石、硅矿、铝土矿为主要货源，由顺尔得码头、沙湾码头、邵家桥港区为运输起点，经重庆涪陵港、涪陵贵州码头水水中转实现干支联运，形成散货运输主线。

（4）打造乌江内循环运输线

以乌江沿线大型工矿企业生产原材料及大宗产品为主要货源，依托沿江港口码头，实现大宗货物运输乌江内循环。

第三节　公益码头建成助力决胜全面小康

贵州是全国脱贫攻坚的主战场之一，全省88个县市区中有66个是贫困县。虽然经过多年的减贫工作，扶贫任务仍然非常艰巨，剩下的都是"硬骨头""大难题""深水区"。到2019年底，贵州累计实现57个贫困县脱贫摘帽，剩余9个贫困县均是国务院扶贫办脱贫攻坚挂牌督战县，贫困程度深，贫困人口多，脱贫难度大，是"贫中之贫"。2020年11月23日下午，贵州省政府新闻办召开发布会，宣布经省脱贫攻坚领导小组会议审定，紫云县、纳雍县、威宁县、赫章县、沿河县、榕江县、从江县、晴隆县、望谟县9个县退出贫困县序列。

贵州的66个贫困县中，大都分布有通航河流，如沿河县位于乌江主干流，榕江县、从江县位于都柳江干流，望谟县位于南盘江、北盘江交汇处，晴隆县位于北盘江上游等。贫困县脱贫实现全面小康，政府投资的公益码头发挥了巨大作用。

一、库区码头助力脱贫攻坚

库区建设的港口码头，充分利用库区和支小河流通村达寨的自然条件，服务百姓安全出行和库区物资交流，促进了库区区域经济的发展，守住了"发展"和"生态"两条底线，解决了困扰沿江人民群众"坐在金山没饭吃"的问题，符合精准扶贫的方向。如乌江渡、索风营、桐梓河、芙蓉江、光照、董箐、石垭子等库区航运工程项目，建设了一大批码头和停靠点，改善了库区水运交通条件，助力贵州贫困地区脱贫，让老百姓共享水运发展成果。

（一）乌江索风营等四库区码头建设

乌江索风营等四库区即索风营库区、引子渡库区、小兴浪库区、阿珠库区,腹地处于省会贵阳及黔中经济圈的边缘地带,直接经济腹地辐射六盘水市的六枝特区、安顺市的普定县和平坝区、毕节市的织金县和黔西市、贵阳市的修文县和清镇市。2018—2022 年,贵州实施了乌江索风营等四库区航运建设工程,建设停靠点码头 43 处(含大型停靠点码头 3 处、小型停靠点码头 40 处),项目概算投资 10853.25 万元。

1. 小兴浪码头

小兴浪码头(图 14-3-1)位于普定县城关镇小兴浪库区乌江右岸,下距小兴浪电站 8.4 千米。建设 300 吨级客货综合泊位 2 个,岸线长 240 米,设计年旅客吞吐量 8 万人次、货物吞吐量 0.6 万吨,总投资 831.85 万元。码头为实体斜坡结构形式,高水平台长 60 米,宽 20 米,面积 1200 平方米,后方通过长 132 米、宽 6.5 米公路连接管理区,高水平台前方连接 60 米宽下河踏步。管理区布置在后方,面积约 3300 平方米,配套建设管理房、绿化及相应环保、水保、消防等设施。

图 14-3-1　小兴浪码头

2. 马路河码头

马路河码头(图 14-3-2)位于黔西县素朴镇马路村索风营库区乌江左岸,下距索风营电站 2.1 千米。建设 300 吨级客货综合泊位 1 个,岸线长 266 米,设计年旅客吞吐量 22 万人次、货物吞吐量 2 万吨,总投资 655 万元。码头为实体斜坡结构形式,高水平台长约 120 米,宽约 40 米,面积约 5000 平方米,后方连接进港道路。平面总体呈"L"形布置,高水平台前沿连接下河踏步,踏步为直线 + 弧形 + 直线形式。管理区布置在高水平台上,配套建设管理房、停车场、绿化及相应环保、水保、消防等设施。

图 14-3-2 马路河码头

3. 引子渡码头

引子渡码头位于平坝区齐伯乡格支村引子渡库区乌江右岸，下距引子渡电站 0.75 千米。建设 300 吨级客货综合泊位 1 个，岸线长 270 米，设计年旅客吞吐量 18 万人次、货物吞吐量 2 万吨，总投资 373 万元。码头为实体斜坡结构形式，高水平台长 60 米，宽 20 米，面积 1200 平方米，后方通过长 466 米、宽 6.5 米公路连接管理区和港外道路，高水平台前方连接 6.5 米宽下河踏步。管理区布置在后方，面积约 550 平方米，配套建设管理房、绿化及相应环保、水保、消防等设施。

4. 三岔街码头

三岔街码头位于普定县城关镇小兴浪库区乌江右岸，下距小兴浪电站 11.8 千米。建设 300 吨级客货综合泊位 1 个，岸线长 225 米，设计年旅客吞吐量 13 万人次、货物吞吐量 1.5 万吨，总投资 184 万元。码头为下河公路结合实体斜坡结构形式，高水平台长约 45 米，宽约 15 米，面积 500 平方米，后方连接港外道路。高水平台上游方连接长 212 米、宽 6.5 米下河公路。高水平台上配套建设亭子、停车场、绿化及相应环保、水保、消防等设施。

43 个停靠点码头的建设，极大改善了这四个库区的通航条件，水运优势得到更好发挥，解决了库区两岸人民群众的生产生活、农产品的水路运输问题，带动了库区水上旅游的发展，对促进流域经济快速增长及人民生活水平不断提高具有重要意义。

（二）董箐电站库区码头建设

2016—2020 年，贵州实施了董箐库区航运建设工程，建设库区四级航道 62 千米，建成董箐、三家寨、坝包大型停靠点码头 3 处，小型停靠点码头 22 处。项目总投资 7252.08 万元，其中交通运输部补助资金 2200 万元、省自筹 5052.08 万元。

1. 坝包码头

坝包码头（图 14-3-3）位于镇宁县良田乡顶坛村董箐库区常年回水区北盘江左岸，下距董箐水电站1.5千米。建设60客位客运泊位1个,岸线长100米,设计年旅客吞吐量8万人次,总投资432万元。码头为实体斜坡结构形式,高水平台面积708平方米,后方连接进港路至后方镇坝公路,进港路长250米、宽6.5米。前方连接下河踏步,呈圆弧形布置。配套建设管理房、绿化及相应环保、水保、消防等设施。

图 14-3-3　坝包停靠点

2. 董箐码头

董箐码头(图14-3-4)位于贞丰县者相镇董箐库区常年回水区北盘江右岸,下距董箐水电站2千米。建设500吨级货运泊位和60客位客运泊位各1个,占用岸线长150米,设计年货物吞吐量6万吨、旅客吞吐量30万人次,总投资438万元。码头为实体下河公路结合斜坡踏步结构形式,高水平台面积1520平方米,上游方连接进港路至后方公路,进港路长120米、宽7米;前方连接下河踏步,宽38米,为客运泊位;下游方连接下河公路,下河公路长87.5米、宽9米,为货运泊位。配套建设管理房、绿化及相应环保、水保、消防等设施。

图 14-3-4　董箐码头

3. 三家寨码头

三家寨码头(图14-3-5)位于关岭县花江镇董箐库区常年回水区北盘江左岸,下距董箐水电站23.5千米。建设500吨级货运泊位和60客位客运泊位各1个,占用岸线长130

米,设计年货物吞吐量 6 万吨、旅客吞吐量 30 万人次,总投资 469 万元。码头为实体斜坡踏步结构形式,高水平台面积 1145 平方米,上游方连接原建公路;高水平台前方连接下河踏步,宽 95 米。配套建设管理房、绿化及相应环保、水保、消防等设施。

图 14-3-5　三家寨码头

　　董箐库区位于北盘江中段,库区两岸是少数民族聚居区,石漠化十分严重,由于历史、地理原因,库区经济一直十分落后,群众生活还很贫困。随着董箐水库 2009 年蓄水运行,库区航运发展与航道基础设施建设严重滞后的矛盾日益突出,人民群众安全出行无法得到保障,航运条件亟待改善。董箐库区是有名的旅游风景区,有著名的花江大峡谷,两岸保留着浓郁的少数民族风情,近年来旅游产业发展日益加快,库区交通不便的问题也日益突出。由于地理条件限制,库区大部分村寨不能直通公路,群众出行以及旅游发展均须依赖航运。库区周边有 2000 公顷火龙果示范基地,还有很多当地村民大面积种植的桐籽、桃、李、柑橘等,经济作物产量丰富。库区建设的 22 个停靠点码头,解决了库区两岸人民群众的生产生活、农产品的水路运输问题,特别是赶场天水上运输极为繁忙,客货运量大,货运主要有化肥、水泥、水果和其他经济作物。码头的建成,促进了花江大峡谷游客量持续上升,游船备受青睐,年接待游客 30 万人次左右。图 14-3-6 所示为董箐库区满载游客的游船。

图 14-3-6　董箐库区满载游客的游船

(三)光照电站库区码头建设

北盘江光照电站库区位于黔西南州与安顺市的河界上,涉及黔西南、安顺、六盘水3个市(州)的晴隆、六枝、水城、普安、关岭和盘州6个县(市)。2014—2020年,贵州实施了北盘江光照电站库区航运建设工程,建设库区四级航道73.2千米,建成龙头寨、凉风洞、毛口和光照大型停靠点码头4个,小型停靠点码头19个。项目总投资13642万元,其中交通运输部补助资金4260万元、省配套资金4348万元、地方配套资金5034万元。

1. 龙头寨码头

龙头寨码头位于晴隆县长流乡光照库区常年回水区北盘江左岸,下距光照水电站31.6千米。建设500吨级客货综合泊位1个,占用岸线长325米,设计年货物吞吐量22.6万吨、旅客吞吐量18.5万人次,总投资795万元。码头为实体下河公路结合斜坡踏步结构形式,高水平台面积1113平方米,后游方连接进港公路;高水平台前方连接下河公路,下河公路长525米、宽7米,路外侧间隔布置下河踏步。配套建设管理房、停车场、绿化及相应环保水保、消防等设施。

2. 凉风洞码头

凉风洞码头(图14-3-7)位于六盘水市六枝特区中寨乡光照库区常年回水区北盘江左岸,下距光照水电站23千米。建设500吨级客货综合泊位1个,占用岸线长210米,设计年货物吞吐量22.6万吨、旅客吞吐量18万人次,总投资269万元。码头为实体斜坡踏步结构形式,高水平台面积1680平方米,上游方连接原建公路;高水平台前方连接下河踏步至中水平台,中水平台侧向连接下河踏步。配套建设管理房、绿化及相应环保、水保、消防等设施。

图14-3-7　凉风洞码头

3. 毛口码头

毛口码头位于六枝特区毛口乡光照库区常年回水区北盘江左岸,下距光照水电站14.5千米。建设500吨级客货综合泊位1个,占用岸线长1088米,设计年货物吞吐量25.9万吨、旅客吞吐量19万人次,总投资681万元。码头为实体下河公路结合斜坡踏步结构形式,高水平台面积3700平方米,后游方连接进港公路;高水平台前方连接下河公路,下河公路长约400米、宽12米,中间连接中水平台,端部连接低水平台,路两侧间隔布置下河踏步。配套建设管理房、停车场、绿化及相应环保、水保、消防等设施。

4.光照码头

光照码头位于晴隆县大田乡光照库区常年回水区北盘江右岸,下距光照水电站4.5千米。建设500吨级客货综合泊位1个,占用岸线长650米,设计年货物吞吐量27.4万吨、旅客吞吐量18万人次,总投资864万元。码头为实体下河公路结构形式,高水平台面积4178平方米,后方连接进港公路;高水平台上游方连接下河公路,下河公路长约700米、宽9米。配套建设管理房、停车场、绿化及相应环保、水保、消防等设施。

光照库区位于北盘江中上段,库区两岸是少数民族聚居区,人民群众生活比较贫困。随着光照水库2008年初蓄水运行,库区航运矛盾日益突出,群众安全出行无法得到保障,航运条件亟待改善。库区还是有名的旅游景区,保留着浓郁的少数民族风情,近年来旅游产业发展日益加快,库区交通不便的问题也日益突出。由于地理条件限制,库区大部分村寨不能直通公路,群众出行以及旅游业发展均须依赖水运。库区码头的建设,改善了水运基础设施条件,保障了群众的安全出行,方便了库区物资交流,对带动库区周边群众脱贫致富、促进库区旅游和区域经济社会发展作用巨大。

(四)乌江渡库区码头建设

2016—2021年,贵州实施了乌江渡水电站库区航运建设工程,该工程是"水运建设三年会战"项目,工程总投资1.4597亿元,建设库区四级航道113千米、停靠点码头25个。项目资金来源于交通运输部和地方政府配套资金。

1.泡沫井码头

泡沫井码头(图14-3-8)位于息烽县流长乡乌江渡库区常年回水区乌江右岸,下距乌江渡水电站17千米。建设500吨级客货综合泊位1个,占用岸线长160米,设计年货物吞吐量6万吨、旅客吞吐量9万人次,总投资504万元。码头为实体斜坡式结合下河公路结构形式,高水平台面积3150平方米,后方连接进港公路;高水平台通过下河踏步连接中水平台,中水平台前方连接斜坡下河踏步,高水、中水平台间通过长130米、宽7米的公路连接。配套建设管理房、停车场、绿化及相应环保、水保、消防等设施。

图14-3-8　泡沫井码头

2.化觉码头

化觉码头位于金沙县化觉乡乌江渡库区常年回水区乌江左岸,下距乌江渡水电站 41 千米。建设 500 吨级客货综合泊位 1 个,占用岸线长 420 米,设计年货物吞吐量 8 万吨、旅客吞吐量 9 万人次,总投资 236 万元。码头为实体下河公路结构形式,高水平台宽 15 米,长约 56 米,面积 1006 平方米,后方连接港外公路;高水平台连接下河公路,长 555 米,宽 6.5 米。配套建设候船亭、停车场、绿化及相应环保、水保、消防等设施。

乌江渡库区形成时间较长,库区周边煤矿资源丰富,2010 年库区货运量达 141.13 万吨,客运量达到 157.79 万人次,库区已自然形成货运为主、客运为辅的水运格局。乌江渡水电站库区航运建设工程实施前,货运码头基本由社会资本投资建设,但公益客运码头设施落后,早已不能满足客运发展的需求,更是远远不能适应库区发展的需求。库区周边的毕节试验区几个县、市,属于全国 14 个集中连片特困区之一的乌蒙山区,乌江渡水电站库区航运建设工程停靠点码头的建设,改善了库区客运条件,对库区周边县、市脱贫作用巨大。

二、便民码头及渡口建设服务民生

"十三五"以来,贵州省水运紧紧围绕"大扶贫、大数据、大生态"三大战略部署,主动融入长江经济带发展、珠江—西江经济带发展、粤港澳大湾区建设等国家战略,按照"十三五"水运发展规划明确的目标任务狠抓落实。全省建成便民码头 154 个、乡镇渡口 450 个,完成渡改桥 89 座,辐射全省近 400 个贫困乡镇,有效改善了偏远山区特别是贵州省"滇黔桂石漠化片区"交通设施条件,让更多群众享受水运带来的获得感,为打赢脱贫攻坚战提供坚实的基础保障。

第四节　港口码头绿色发展

按照交通运输部的要求,贵州牢固树立绿色发展理念,优化港口码头布局,加快绿色港口建设。

1. 港口码头污染防治

为落实国务院《水污染防治行动计划》(国发〔2015〕17 号),交通运输部制定了《船舶与港口污染防治专项行动实施方案(2015—2020 年)》,交通运输部办公厅 2016 年 4 月下发了《关于开展港口船舶污染物接收处置有关工作的通知》(交办水函〔2016〕308 号)和《港口和船舶污染物接收转运及处置设施建设方案编制指南》(交办水函〔2016〕976 号)。按照交通运输部要求,为推进港口和船舶污染防治,开展既有码头环保设施升级改造及港口规范作业,贵州省出台了《贵州省港口和船舶污染物接收转运及处置设施建设方案(2018—2025 年)》。要求责任单位依法统筹规划建设港口船舶污染物接收、转运、处置设施,加强分类管理、有效处置和利用,新建港区必须同步建设污染物接收、转运、处置设施,建设资金纳入工程投资预算。既有码头分期分批建设染物接收、转运、处置设施,由码头所在区域主管部门负责征地及主体工程建设,建设资金应纳入地方财政年度资金计划,建设费用由省级财政给予适当资金补助。到2020年,基本完成满足符合现有船舶和港口能力的污染物接收设施建设,船舶、港口及修造船厂污染物得到有效防控和科学治理。到2025年,船舶、港口污染物接收设施建设进一步完善,基本与港口码头设计能力相匹配,船舶、港口及修造船厂等污染防治水平与贵州省水运发展水平和生态文明建设水平基本相适应。2018—2020年,贵州省投资771.05万元,开展既有码头污染物接收、转运、处置设施建设,完成了既定目标。

2.清洁低碳的港口用能体系建设

在《贵州省"十三五"水运发展规划》中规划加油、加气站点建设,要求新建码头必须按标准规范建设岸电设施和供应服务体系。既有码头逐步完善建设岸电设施,加强岸电使用管理,大力提升船舶靠港岸电使用率。

3.加强生态保护规范港口码头建设

优化港口码头布局,深入开展非法码头排查,落实岸线清退、生态恢复工作,新建码头推广应用节能节水新技术、新工艺,实施港区绿化工程,引导有条件的港口开展陆域、水域生态修复。

赤水河是长江上游的一级支流和重要生态屏障,是长江上游珍稀物种繁衍生存的家园。从2018年起,贵州就开展赤水河非法码头整治工作,经排查,赤水河(遵义段)沿岸共有10座非法码头,至2020年,已全部完成拆除、清退、复绿工作,共计修复岸线1296米,完成生态复绿3.89公顷。2020年9月22日,交通运输部、自然资源部、生态环境部、国家林草局四部委组成联合检查组,检查赤水河非法码头整治工作,遵义市代表全省迎检。检查组一行先后实地察看赤水市文华街道切角码头、文华办双龙码头、复兴镇风溪村红十字码头、旺隆小关子大陀码头、葫市镇楠竹场车渡码头、葫市镇闷头溪码头6座非法码头拆除复绿情况,听取了码头所在乡镇人民政府拆除及复绿码头工作情况汇报,深入了解该市在岸线清退、生态恢复、从业人员转产等方面的典型做法。检查组对遵义市非法码头整治工作给予了高度肯定。

赤水河习水县流域段全长47千米,沿岸有7座码头。从2018年起,习水县对赤水河习水县流域段沿岸码头进行了持续清理整治。7个码头中,土城渔政码头属长江上游珍稀鱼类保护区配套基础设施,不列入整改对象,其余码头已全部拆除,并覆土复绿。至2020年,原先的码头已不复存在,码头硬地已覆上了土,长出了不少小树苗和绿草,岸线生态基本恢复。

第五节　港口码头安全发展

一、港口码头防控疫情安全生产

2018年,全省各港口货物吞吐量为1083.3万吨,其中出港货物554.35万吨,进港货物511.76万吨。2019年12月,新冠疫情暴发,贵州各港航企业极响应参与当地疫情防控工作,严阵以待,较好地完成了各项任务。2020年,受新冠疫情影响,全省港口吞吐量仅完成23.34万吨,货物吞吐量仅为2018年度货物吞吐量的2.15%。

三板溪库区水路客运班线是沿江村寨的交通通道,受新冠疫情影响,2020年1月26日,三板溪库区剑河、锦屏两县水路客运班线停航。2月15日和2月21日省内和省际疫情防控卡点先后撤销,乘坐水路客运班船的旅客增多。2月22日,黔东南州水路班线开始恢复4条航线,库区沿江的剑河县柳川码头、锦屏县三板溪码头严格落实公共区域及相关设施设备的消毒防控和安全营运,为库区沿江群众安全出行和春耕生产提供了有效的运输保障。

受新冠疫情的冲击,各港口管理单位和港口企业(业主)纷纷响应防疫政策,顾全大局,严格落实防疫要求的各项安全生产工作。

二、国务院安委会督导帮扶贵州水上交通安全

按照《国务院安委会关于贵州省安全生产专项督导帮扶工作方案》和国务院安委会统一部署要求,2022年3月至10月,由交通运输部牵头组织的水上交通督导帮扶专项组(简称"水上交通专项组"),对贵州省水上交通安全生产开展了专项督导帮扶。

水上交通专项组与贵州省交通运输厅、贵州省应急管理厅共同开展水上交通"打非治违"专项行动、"安全生产月"活动,积极参与贵州省委、省政府组织召开的动员部署会、问题隐患交办会;采取"四不两直"方式,深入全省9个市(州)及59个县(市、区),暗察暗访了11家企业(单位);召开调研、座谈会89场次,共1735人次参与,全省交通系统推进会10余场次,组织培训宣贯64场次,参加培训的政府部门和企事业单位1773个(家)8058人次。共发现问题隐患635项,提出整改建议230条;对交办的问题隐患,开展"回头看",第一批、第二批隐患整改率均达100%。

帮扶期间,水上交通专项组会同贵州省交通运输厅率先在全国制定了《贵州省水上交通安全管理水平评价指标体系》,并开展试评价工作,从初步评价情况来看基本达到既定目标。督促指导贵州出台《贵州省内河码头建设和运行管理指南》,指导规范码头安全管理。

通过督促排查,码头安全管理方面存在的主要问题有:一是库区码头多为移民复建项目,水毁严重,人员上下船存在安全隐患。如大方县六圭河码头利用自然边坡而设,码头周边道路环境恶劣,无任何安全防护措施,严重影响旅客上下船安全。二是大多数码头和营运船舶缺乏信息化监管监控措施,大部分码头、渡口在标准化建设、规范化管理方面无法满足群众安全出行需求。整改措施:加大港口码头安全设施投入力度,如加快信息化建设,在重要码头、渡口建设 CCTV 视频监控,建设相关智能监管系统等,提高监管效率。

第六节　贵州港口码头在新征程上谋新篇

一、国家支持贵州港口建设再上新台阶

2022 年 1 月 26 日,国务院印发《国务院关于支持贵州在新时代西部大开发上闯新路的意见》(国发〔2022〕2 号)。《意见》明确提出:推进乌江、南北盘江—红水河航道提等升级,稳步实施乌江思林、沙沱、红水河龙滩枢纽 1000 吨级通航设施项目,推进望谟港、播州港、开阳港、思南港等港口建设,打通北上长江、南下珠江的水运通道。随着《意见》的出台,贵州港口建设和水运发展迎来了新的重大机遇。贵州着力推进乌江、红水河主通道提等升级,稳定实施乌江思林、沙沱二线 1000 吨级通航设施和红水河龙滩枢纽 1000 吨级通航设施建设,力争早日打通南下珠江的水运通道。依托主通道加快沿江沿河港口码头建设,建成一批专业化、规模化和现代化的枢纽港口,推动沿江沿河经济高质量发展。

二、《贵州省水运体系发展行动方案》出台

为深入贯彻落实《国务院关于支持贵州在新时代西部大开发上闯新路的意见》(国发〔2022〕2 号)文件精神,推进乌江、南北盘江—红水河航道提等升级,稳步实施乌江思林、沙沱、红水河龙滩枢纽 1000 吨级通航设施项目,推进望谟港、播州港、开阳港、思南港等港口建设,打通北上长江、南下珠江的水运通道。2022 年,省委、省政府主要领导多次调研水运发展,并作出重要批示、指示,要求系统研究推进全省水运体系发展;7 月 14 日,贵州省省长组织召开全省水运体系建设专题会议,提出要加快贵州水运发展,补齐综合交通短板,并要求省交通运输厅会同有关部门,抓紧研究制定全省水运体系发展行动方案。9 月 19 日,贵州省人民政府办公厅印发《贵州省水运体系发展行动方案》(黔府办函〔2022〕90 号),要求各市(自治州)人民政府,各县(市、区、特区)人民政府,省政府各部门、各直属机构认真组织实施。

（一）主要目标

"十四五"期间，新增 500 吨级船舶 200 艘，港口年货运吞吐能力超过 3000 万吨，船舶运力突破 15 万吨；重点打造乌江、南北盘江—红水河黄金通道。

2024 年，乌江 500 吨级船舶达 200 艘以上，货运量达 200 万吨以上；推进思林水电站 1000 吨级通航设施工程和清水江白市至分水溪航道工程；启动南北盘江—红水河沿线（贵州境内）1000 吨级港口码头建设。

2025 年，力争乌江货运量达 240 万吨以上，建成乌江三级航道，启动红水河三级航道建设工程。

到 2035 年，全面畅通北上长江、南下珠江水运通道，全省三级航道突破 1000 千米，港口吞吐能力达 5000 万吨，船舶运力达 80 万吨以上，水路货物运输量达 3000 万吨、周转量达 200 亿吨千米以上，周转量在综合运输中占比达 5% 左右，基本适应全省经济社会发展需求。

（二）重点任务

1. 充分发挥乌江 500 吨级航道通过能力

（1）实施库尾段航道整治。采取应急抢通方式，按 1000 吨级通航标准，2022—2023 年对彭水、沙沱、思林水电站库尾航段、猫滩等重点碍航滩险进行整治。2023 年协调重庆市整治银盘水电站坝下 40 千米天然航道，确保现有 500 吨级船舶航行通畅，通航保障率提高到 85% 以上，保证全年 310 天以上通航。

（2）提升思南船厂造船能力。2023 年实施思南船厂墩台延伸工程，提升造船能力 50% 以上；开工建设思南船厂舾装码头，提高船舶建造周转率，缩短船舶在厂建造时间。

（3）加大船舶建造力度。2022 年新建 500 吨级船舶 50 艘，引导社会资本引进、购买、租赁船舶 10 余艘，总量达 110 艘以上。2023 年新增 500 吨级船舶 50 艘，总量达 160 艘以上。2024 年新增 500 吨级船舶 40 艘，使乌江船舶保有量达 200 艘以上，运力达 10 万吨以上，满足乌江航道现有通过能力船舶运输需求。

（4）提高通航设施过闸效率。2022 年 10 月底前与贵州电网公司、乌江水电开发公司建立乌江（贵州段）通航设施联合调度工作机制，保障通航设施稳定安全运行，2022—2025 年每天每个船闸过闸能力分别不少于 10 次、12 次、15 次、16 次。协调重庆市提高彭水通航设施过闸效率，做到船舶即报、即接、即来、即检、即走，提高船舶通过闸次、数量，提高船闸通过能力。

（5）提升进港公路通行能力。力争 2023 年开工建设开阳至洛旺河港区、草塘至瓮安港云中港区、思南港邵家桥港区连接园区以及思南船厂进厂二级公路。

（6）完善港口码头装卸、仓储功能。结合货源、货种特点及装卸、仓储需求，2022 年配备完善开阳港洛旺河港区（一期）、播州港楠木渡港区、余庆港沙湾港区、德江港共和港区、沿河港淇滩港区装卸设备及仓储功能，不断提升港口码头装卸、仓储现代化水平，提高货物装卸、仓储效率。

（7）建设重庆涪陵贵州港口中转基地。积极争取交通运输部和重庆市支持，2024 年开工建设乌江进长江涪陵贵州水水中转基地，作为贵州货物进出长江中转点。

（8）完善航运配套设施。加快沿江加油站、加气站、锚地及水上综合服务区布局，2023 年开工建设德江水上综合服务区和构皮滩、思林、沙沱水电站上下游锚地。

（9）推进乌江智慧水运建设。到 2024 年，逐步形成乌江沿线港口、锚地及水上服务区等重点场所移动网络全覆盖，推动乌江电子航道图、通航联合调度系统等智慧航道建设，推进船舶运输安全信息化指挥体系建设，保障船舶运输安全。

2. 积极推进乌江航道提等扩能工程

（1）推进沙沱水电站 1000 吨级通航设施建设。主动衔接重庆下游彭水 1000 吨级通航设施提等扩能工程、白马航电枢纽工程建设进度，按照同步通航的原则，推进沙沱水电站 1000 吨级通航设施项目前期工作。

（2）推进思林水电站 1000 吨级通航设施建设。沙沱水电站 1000 吨级通航设施开工后，按照先下后上、逐步延伸的原则，积极推进思林水电站 1000 吨级通航设施项目前期工作。

（3）统筹推进乌江 1000 吨级港口建设。2023 年开工建设瓮安港云中港区、石阡港葛闪渡港区，建成投运思南港邵家桥港区一期工程，启动余庆港沙湾港区物流园建设。2024 年开工建设开阳港洛旺河港区（二期）、沿河港洪渡港区，2025 年开工建设播州港三星港区。

（4）推进乌江航道升级改造。启动乌江三级航道工程，力争 2023 年开工建设，2025 年建成。

（5）促进公铁水联运。力争 2023 年开工建设播州港三星港区二级公路，"十四五"期间开展瓮安云中港区、余庆沙湾港区连接瓮马铁路北延伸线方案研究。

3. 积极协调推动南北盘江—红水河航运复航工作

（1）持续巩固红水河翻坝运输。在龙滩水电站 1000 吨级通航设施建成前，积极引导境内水泥及熟料、石材等大宗货物，通过翻坝运输通江达海，争取每年水路运输量稳定在 100 万吨左右。

（2）推进红水河龙滩水电站 1000 吨级通航设施建设。积极协调广西，力争 2022 年开工龙滩水电站 1000 吨级通航设施，"十五五"初期建成投用。

(3)协调推进红水河岩滩及以下水电站1000吨级通航设施建设。协调广西,力争红水河岩滩及以下水电站1000吨级通航设施与龙滩水电站1000吨级通航设施同步建设、同步投用。

(4)完善港口规划建设。2023年开工建设册亨港岩架港区,2025年开工建设望谟港蔗香港区、罗甸港罗妥港区,同步按照1000吨级泊位标准完善提升贞丰港白层港区、镇宁港坝草港区港口功能。

(5)加快推进罗甸港罗妥港区进港公路建设。2025年开工建设罗甸港罗妥港区连通G69银百高速罗妥收费站二级公路。

(6)研究推进望谟港铁水联运。积极争取国家支持,在推进黄百铁路项目时研究预留望谟港铁路支线接线条件,适应后续铁水联运需求。

(7)推进南北盘江—红水河航道升级改造。2025年启动南北盘江—红水河三级航道工程,力争2026年开工建设。

(8)推动望谟船厂建设。2025年开工建设望谟船舶建造厂,提升红水河区域船舶制造能力。

4. 协调推动清水江航运建设

(1)积极推进白市水电站1000吨级通航设施建设。协调湖南加快推进清水江下游托口、洪江水电站1000吨级通航设施建设,适时推进贵州天柱白市水电站1000吨级通航设施建设。

(2)推进航道等级提升工作。按照通航1000吨级船舶标准,适时整治白市至分水溪35千米航道。

(3)提升港口功能。将锦屏港、天柱港打造为清水江东进长江的源头港、枢纽港,在现有港口基础上,完善装卸机械、仓储等功能,满足腹地货物吞吐需求。

(4)完善港口集疏运道路。适时实施锦屏港、天柱港集疏运道路提升改造工程,提高公路通过能力。

5. 积极推动都柳江航运建设

(1)规划建设从江枢纽港口。协调广西加快推进梅林、洋溪航电枢纽建设,适时启动从江枢纽港口建设,以洛贯开发区为依托辐射黔东南、黔南经济腹地,强化从江港桥头堡作用。

(2)同步推进从江枢纽港进港道路建设。根据从江枢纽港规划建设情况,适时启动进港道路建设。

(3)谋划布局通航设施建设。根据下游通航设施建设情况,适时推进永福水电站通航设施、红岩航电枢纽建设。

6. 统筹推进赤水河绿色航运发展

（1）实施航道生态养护。2022年实施赤水河流域生态环境保护航道整治突出问题整改工程，采取内河航道生态建设技术加强航道维护，科学推动航运发展。

（2）巩固提升防污染治理水平。完善鲢鱼溪等码头防污染设施，强化船舶和港口污染物接收转运处置有效衔接，促进绿色航运。

（3）推动绿色水运持续发展。引导赤水河沿岸砂石、竹制品等货物通过水路运输，发挥赤水河进川入江的航运优势。

7. 推进库区航运发展

（1）推进库区港口建设。围绕沿江产业布局，挖掘乌江渡、光照等库区航运潜力，吸引社会资本投资建设库区港口，服务沿江区域产业发展。

（2）完善港口集疏运道路。结合港口建设时序，适时启动乌江渡库区黔西港耳海港区南作业区至江都高速太来互通公路、乌江渡库区修文港海马孔港区至江都高速六桶互通公路及乌江渡电站翻坝公路建设。

8. 加大水运人才培养力度

（1）挖掘航运实用人才。激活人才存量，吸引原乌江、赤水轮船公司已离岗但还能胜任工作的50～60岁船员返聘就业，并通过骨干船员传帮带方式培养一批水运人才。

（2）大力培养水运人才。在贵州交通职业技术学院增设航运管理、船舶驾驶、轮机等专业，培养水运紧缺人才。

（3）支持船员继续教育。加快铜仁、遵义、贵阳、黔西南等市（州）船员培训基地建设，增强船员培训能力。利用3年左右时间，培养水运方面专业人员500余人，不断满足船舶运输人员需求。

（4）打通船员持证互认环节。加强与长江海事、重庆海事等机构沟通协调，建立统一培训考试机制，使全省持证船员在长江中上游航线达成互认共识。根据红水河通航情况及时开展与广西海事、广东海事船员互认工作。

9. 着力提升航运服务水平

（1）积极推进船舶标准化、专业化、绿色化发展。结合沿江（河）航道条件和航运发展需求，完善标准船型指标体系，引导运输船舶散改集，推进集装箱船舶发展，积极推广LNG船舶、双燃料船舶、电动船舶。

（2）积极推进多式联运。大力推进"公转水"等运输结构调整，引导大宗货物向水路转移，推动公、铁、水联运，降低物流成本。

（3）优化整合港口资源。组建省港务集团，在重点港口设置物流公司，拓展仓储、现代物流等业态，运用市场化手段加强港口建设、运营和管理。

(4)加强船舶检验力量。提升现有船检人员技术水平,进一步扩大人才增量,把好船舶检验质量关,提升行业管理水平,保障船舶基础安全。

(5)完善水上应急搜救体系建设。加快推进全省内河水上应急搜救中心等配套设施建设,进一步提升水上突发事件应急处置能力。

(6)发展现代航运服务业。依托长江、珠江上游区域性航运物流中心,规范发展船舶交易、拍卖、评估、咨询,加快航运金融、保险、仲裁、信息、人才等高端服务发展。

10. 突出水运协同效应

(1)服务新型工业化。围绕乌江、南北盘江—红水河沿线磷化工、装备制造、能源产业带,推动以余庆港沙湾港区、思南港邵家桥港区、册亨港岩架港区、望谟港蔗香港区为试点的"港产园城"融合发展,带动沿线新型建材、水泥、石材、磷化工、铝化工产业发展。

(2)服务旅游产业化。依托水运通道,结合沿岸红色文化、民族文化、景区等旅游资源,加快推进铜仁锦江、荔波樟江、清水江下司至龙里、红水河万峰湖红椿至巴结、董箐至小花江等航旅工程,打造乌江、红水河、潕阳河等一批特色精品旅游线路,推动"航运 + 旅游"融合发展。

(3)融入新发展格局。充分发挥水运运量大、成本低、节能、环保等优势,助推"黔货出山",形成"一条江就是一条经济带"的发展景象,为更好融入长江经济带发展、粤港澳大湾区建设等国家区域重大战略和新发展格局当好开路先锋。

(4)做好水运口岸培育。利用地处西部陆海新通道重要节点的独特区位优势,谋划口岸布局,指导符合条件的市(州)开展水运口岸建设。

三、港口布局基本形成

"十三五"期间,按照《贵州省水运发展规划(2012—2030年)》,贵州港口码头布局基本形成。至2022年,全省港口共有码头泊位507个,其中500吨级泊位62个,300吨级泊位49个,300吨级以下泊位396个;泊位长度28.57千米,占用岸线长度60.5千米。全省港口码头货运设计年吞吐能力3303万吨,客运设计年吞吐能力4261万人。具体详见表14-6-1 ~ 表14-6-10及图14-6-1。

表14-6-1

2022年贵阳市港口码头一览表

序号	港口管理单位	港口	港区	港口企业或码头单位	泊位名称	泊位所在水系	生产类型	服务类型	结构形式	主要用途	投产年份（年）	竣工验收年份（年）	设计靠泊	泊位长度（米）	泊位个数（个）	设计吞吐能力（万吨/万人次）
1	贵阳市交通运输局	贵阳	花溪港区	贵阳电厂花溪电站	1000（300）吨级以下生产用海轮（内河）泊位	长江支流	生产用泊位								20	1	5.00
2	贵阳市交通运输局	贵阳	花溪港区	贵阳电厂花溪电站	非生产用泊位	长江支流	非生产用泊位								50	1	0.00
3	贵阳市交通运输局	贵阳	花溪港区	花溪区航务管理所	非生产用泊位	长江支流	非生产用泊位								30	1	0.00
4	贵阳市交通运输局	贵阳	花溪港区	花溪区航务管理所	1000（300）吨级以下生产用海轮（内河）泊位	长江支流	生产用泊位								330	4	10.00
5	贵阳市交通运输局	贵阳	花溪港区	花溪区麦坪乡人民政府	1000（300）吨级以下生产用海轮（内河）泊位	长江支流	生产用泊位								50	1	1.00
6	贵阳市交通运输局	贵阳	花溪港区	花溪区人民政府	1000（300）吨级以下生产用海轮（内河）泊位	长江支流	生产用泊位								50	1	3.00
7	贵阳市交通运输局	贵阳	花溪港区	松柏山水库管理处	非生产用泊位	长江支流	非生产用泊位								150	3	0.00
8	贵阳市交通运输局	贵阳	花溪港区	松柏山水库管理处	1000（300）吨级以下生产用海轮（内河）泊位	长江支流	生产用泊位								150	3	10.00
9	贵阳市交通运输局	贵阳	花溪港区	天河潭风景区管理处	1000（300）吨级以下生产用海轮（内河）泊位	长江支流	生产用泊位								150	3	15.00
10	贵阳市交通运输局	贵阳	乌当港区	贵阳市公安局百花警官俱乐部	1000（300）吨级以下生产用海轮（内河）泊位	长江支流	生产用泊位								80	2	10.00
11	贵阳市交通运输局	贵阳	乌当港区	贵阳市两湖一库管理局	1000（300）吨级以下生产用海轮（内河）泊位	长江支流	生产用泊位								350	12	10.00
12	贵阳市交通运输局	贵阳	乌当港区	贵阳市两湖一库管理局	非生产用泊位	长江支流	非生产用泊位								350	10	

续上表

序号	港口管理单位	港口	港区	港口企业或码头单位	泊位名称	泊位所在水系	生产类型	服务类型	结构形式	主要用途	投产年份（年）	竣工验收年份（年）	设计靠泊	泊位长度（米）	泊位个数（个）	设计吞吐能力（万吨/万人次）
13	贵阳市交通运输局	贵阳	乌当港区	乌当区朱昌镇人民政府	1000（300）吨级以下生产用海轮（内河）泊位	长江支流	生产用泊位								100	2	
14	贵阳市交通运输局	贵阳	清镇港区	贵州红枫经济发展有限公司	1000（300）吨级以下生产用海轮（内河）泊位	长江支流	生产用泊位								3000	16	
15	贵阳市交通运输局	贵阳	清镇港区	贵州省水上高原训练基地	1000（300）吨级以下生产用海轮（内河）泊位	长江支流	生产用泊位								500	5	
16	贵阳市交通运输局	贵阳	清镇港区	红枫湖轮船船旅游公司	1000（300）吨级以下生产用海轮（内河）泊位	长江支流	生产用泊位								400	5	
17	贵阳市交通运输局	贵阳	清镇港区	清镇市航务管理所	1000（300）吨级以下生产用海轮（内河）泊位	长江支流	生产用泊位								260	5	
18	贵阳市交通运输局	贵阳	清镇港区	清镇市航务管理所	1000（300）吨级以下生产用海轮（内河）泊位	长江支流	生产用泊位								150	3	5/15
19	贵阳市交通运输局	贵阳	清镇港区	中烟实业有限公司	非生产用泊位	长江支流	非生产用泊位									5	30
20	贵阳市交通运输局	贵阳	花溪港区	花溪区航务管理所	非生产用泊位	长江支流	非生产用泊位							300			10/50
21	贵阳市交通运输局	贵阳	息烽港区	贵州省公路工程总公司	荆江码头	长江支流	生产用泊位	非公用	其他码头	客货泊位	2001	2001	300			3/50
22	贵阳市交通运输局	贵阳	息烽港区	贵州筑铁乌江经济发展有限公司	1000（300）吨级以下生产用海轮（内河）泊位	长江支流	生产用泊位								200	3	20
23	贵阳市交通运输局	贵阳	息烽港区	孙大江	青杠林码头	长江支流	生产用泊位	非公用	其他码头	煤炭泊位	2004		300	100	1	10

续上表

序号	港口管理单位	港口	港区	港口企业或码头单位	泊位名称	泊位所在水系	生产类型	服务类型	结构形式	主要用途	投产年份（年）	竣工验收年份（年）	设计靠泊	泊位长度（米）	泊位个数（个）	设计吞吐能力（万吨/万人次）
24	贵阳市交通运输局	贵阳	息烽港区	息烽县航务管理所	顺江码头	长江支流	非生产用泊位	非公用	其他码头	客货泊位	1980	1980	300	300	1	5/4
25	贵阳市交通运输局	贵阳	息烽港区	息烽县航务管理所	1000（300）吨级以下生产用海轮（内河）泊位	长江支流	生产用泊位						1		1	1/1
26	贵阳市交通运输局	贵阳	息烽港区	张春国	马尔河码头	长江支流	生产用泊位	非公用	其他码头	煤炭泊位	2004		300	100		
27	贵阳市交通运输局	贵阳	修文港区	贵州省公路工程总公司	1000（300）吨级以下生产用海轮（内河）泊位	长江支流	生产用泊位							400	4	5/50
28	贵阳市交通运输局	贵阳	开阳港区	开阳县航务管理所	洛旺码头1号泊位	长江支流	生产用泊位	公用	其他码头	其他泊位	2014	2014	500	25	1	30
29	贵阳市交通运输局	贵阳	开阳港区	开阳县航务管理所	洛旺码头2号泊位	长江支流	生产用泊位	公用	其他码头	其他泊位	2014	2014	500	25	1	30
30	贵阳市交通运输局	贵阳	开阳港区	开阳县航务管理所	洛旺码头3号泊位	长江支流	生产用泊位	公用	其他码头	其他泊位	2014	2014	500	25	1	30
31	贵阳市交通运输局	贵阳	开阳港区	开阳县航务管理所	洛旺码头4号泊位	长江支流	生产用泊位	公用	其他码头	其他泊位	2014	2014	500	25	1	30
32	贵阳市交通运输局	贵阳	开阳港区	开阳县航务管理所	1000（300）吨级以下生产用海轮（内河）泊位	长江支流	生产用泊位							300	1	20/9

2022 年遵义市港口码头一览表

表 14-6-2

序号	港口管理单位	港口	港区	港口企业或码头单位	泊位名称	泊位所在水系	生产类型	服务类型	结构形式	主要用途	投产年份（年）	竣工验收年份（年）	泊位长度（米）	泊位个数（个）	设计等级（吨级/客位）	设计吞吐能力（万吨/万人次）
1	遵义市交通运输局	遵义	赤水港区	省赤水轮船公司	鲢鱼溪码头 3 号泊位	长江支流	经营性生产泊位	非公用	重力式码头	通用件杂货泊位	1991	1991	62	1	300	18
2	遵义市交通运输局	遵义	赤水港区	省赤水轮船公司	鲢鱼溪码头 4 号泊位	长江支流	经营性生产泊位	非公用	重力式码头	通用件杂货泊位	1991	1991	62	1	300	18
3	遵义市交通运输局	遵义	赤水港区	袁志成	1000（300）吨级以下生产用海轮（内河）泊位	长江支流	生产用泊位						30	1	0	10.00
4	遵义市交通运输局	遵义	赤水港区	周本湖	1000（300）吨级以下生产用海轮（内河）泊位	长江支流	生产用泊位						32	1	0	6.00
5	遵义市交通运输局	遵义	赤水港区	周玉华	1000（300）吨级以下生产用海轮（内河）泊位	长江支流	生产用泊位						30	1	0	10.00
6	遵义市交通运输局	遵义	习水港区	土城镇江代杰	1000（300）吨级以下生产用海轮（内河）泊位	长江支流	生产用泊位						40	1	0	1.00
7	遵义市交通运输局	遵义	习水港区	土城镇陈文福	1000（300）吨级以下生产用海轮（内河）泊位	长江支流	生产用泊位						60	1	0	3.00
8	遵义市交通运输局	遵义	习水港区	土城镇范晓勤	1000（300）吨级以下生产用海轮（内河）泊位	长江支流	生产用泊位						80	1	0	3.00
9	遵义市交通运输局	遵义	习水港区	土城镇冯宗云	1000（300）吨级以下生产用海轮（内河）泊位	长江支流	生产用泊位						50	1	0	2.00
10	遵义市交通运输局	遵义	习水港区	土城镇罗吉尧	1000（300）吨级以下生产用海轮（内河）泊位	长江支流	生产用泊位						40	1	0	1.00
11	遵义市交通运输局	遵义	习水港区	土城镇罗小勇	1000（300）吨级以下生产用海轮（内河）泊位	长江支流	生产用泊位						40	1	0	1.00
12	遵义市交通运输局	遵义	习水港区	土城镇申华有限公司	1000（300）吨级以下生产用海轮（内河）泊位	长江支流	生产用泊位						160	2	0	3.00

续上表

序号	港口管理单位	港口	港区	港口企业或码头单位	泊位名称	泊位所在水系	生产类型	服务类型	结构形式	主要用途	投产年份（年）	竣工验收年份（年）	泊位长度（米）	泊位个数（个）	设计等级（吨级/客位）	设计吞吐能力（万吨/万人次）
13	遵义市交通运输局	遵义	习水港区	土城镇赵立福	1000（300）吨级以下生产用海轮（内河）泊位	长江支流	生产用泊位							60	1	0	2.00
14	遵义市交通运输局	遵义	习水港区	土城镇赵立志	1000（300）吨级以下生产用海轮（内河）泊位	长江支流	生产用泊位							80	1		
15	遵义市交通运输局	遵义	习水港区	习水县航务管理所	1000（300）吨级以下生产用海轮（内河）泊位	长江支流	生产用泊位							275	7	0	94
16	遵义市交通运输局	遵义	习水港区	醒民镇陈燕	1000（300）吨级以下生产用海轮（内河）泊位	长江支流	生产用泊位							400	5	0	72.00
17	遵义市交通运输局	遵义	仁怀港区	仁怀市航务管理所	1000（300）吨级以下生产用海轮（内河）泊位	长江支流	生产用泊位							50	2	0	0.00/50
18	遵义市交通运输局	遵义	播州港区	乌江电厂旅游公司	1000（300）吨级以下生产用海轮（内河）泊位	长江支流	生产用泊位							160	2	0	0.00/40
19	遵义市交通运输局	遵义	播州港区	张正富	1000（300）吨级以下生产用海轮（内河）泊位	长江支流	生产用泊位							150	2	0	7.00
20	遵义市交通运输局	遵义	播州港区	遵义市交通局	乌江渡码头	长江支流	生产用泊位	公用	其他码头	其他泊位		2014	2014	100	1	500	17.20
21	遵义市交通运输局	遵义	播州港区	遵义市交通局	楠木渡码头	长江支流	生产用泊位	公用	其他码头	其他泊位		2014	2014	346	1	500	18.50
22	遵义市交通运输局	遵义	播州港区	遵义县金源贸易公司	1000（300）吨级以下生产用海轮（内河）泊位	长江支流	生产用泊位							200	2	0	15.00
23	遵义市交通运输局	遵义	播州港区	遵义县先锋贸易公司	1000（300）吨级以下生产用海轮（内河）泊位	长江支流	生产用泊位							200	2	0	12.00
24	遵义市交通运输局	遵义	余庆港区	余庆县航务管理所	大乌江码头1号泊位	长江支流	经营性生产泊位	公用	其他码头	通用散货泊位		2000	2000	40	1	300	24.00

续上表

序号	港口管理单位	港口	港区	港口企业或码头单位	泊位名称	泊位所在水系	生产类型	服务类型	结构形式	主要用途	投产年份（年）	竣工验收年份（年）	泊位长度（米）	泊位个数（个）	设计等级（吨级/客位）	设计吞吐能力（万吨/万人次）
25	遵义市交通运输局	遵义	余庆港区	余庆县航务管理所	大乌江码头2号泊位	长江支流	经营性生产泊位	公用	其他码头	通用散货泊位	2000	2000	40	1	300	24.00
26	遵义市交通运输局	遵义	余庆港区	余庆县航务管理所	樱桃井码头1号滚装泊位	长江支流	经营性生产泊位	非公用	其他码头	商品汽车滚装泊位	2015		18	1	500	250
27	遵义市交通运输局	遵义	余庆港区	余庆县航务管理所	樱桃井码头2号滚装泊位	长江支流	经营性生产泊位	非公用	其他码头	商品汽车滚装泊位	2015		18	1	500	250
28	遵义市交通运输局	遵义	余庆港区	余庆县航务管理所	沙湾码头件杂货泊位	长江支流	经营性生产泊位	非公用	高桩码头	通用件杂货泊位	2015		64	1	500	100
29	遵义市交通运输局	遵义	余庆港区	余庆县航务管理所	沙湾码头1号多用途泊位	长江支流	经营性生产泊位	非公用	高桩码头	多用途泊位	2015		64	1	500	100.00
30	遵义市交通运输局	遵义	余庆港区	余庆县航务管理所	沙湾码头1号多用途泊位	长江支流	经营性生产泊位	非公用	高桩码头	多用途泊位	2015		64	1	500	100.00
31	遵义市交通运输局	遵义	余庆港区	余庆县航务管理所	沙湾码头1号散货泊位	长江支流	经营性生产泊位	非公用	高桩码头	通用散货泊位	2015		10	1	500	50.00
32	遵义市交通运输局	遵义	余庆港区	余庆县航务管理所	沙湾码头2号散货泊位	长江支流	经营性生产泊位	非公用	高桩码头	通用散货泊位	2015		10	1	500	50.00
33	遵义市交通运输局	遵义	湄潭港区	湄潭县交通运输局	1000（300）吨级以下生产用海轮（内河）泊位	长江支流	生产用泊位		其他码头	其他泊位			200	4	0	0.00
34	遵义市交通运输局	遵义	湄潭港区	遵义市交通运输局	沿江渡码头	长江支流	生产用泊位	公用	其他码头	其他泊位	2014	2014	70	1	500	19.78
35	遵义市交通运输局	遵义	凤冈港区	遵义市交通运输局	河闪渡码头	长江支流	生产用泊位	公用	其他码头	其他泊位	2014	2014	75	1	500	29.10
36	遵义市交通运输局	遵义	余庆港区	余庆县航务管理所	沙湾码头1号多用途泊位	长江支流	经营性生产泊位	非公用	高桩码头	多用途泊位	2015		64	1	500	100.00

表14-6-3

2022年铜仁市港口码头一览表

序号	港口管理单位	港口	港区	港口企业或码头单位	泊位名称	泊位所在水系	生产类型	服务类型	结构形式	主要用途	投产年份（年）	竣工验收年份（年）	泊位长度（米）	泊位个数（个）	设计等级（吨级/客级）	设计货物吞吐能力（万吨）	设计旅客吞吐能力（万人次）
1	铜仁市交通运输局	铜仁	沿河港区	重庆长江天府轮船公司	沿河县长天秀山码头	长江支流	经营性泊位	公用	其他码头	客货泊位	1981	1981	77	1	300	12.00	10.00
2	铜仁市交通运输局	铜仁	沿河港区	重庆长江天府轮船公司	沿河县长天秀山码头	长江支流	经营性泊位	公用	其他码头	客货泊位	1981	1981	77	1	300	12.00	15.00
3	铜仁市交通运输局	铜仁	沿河港区	省乌江轮船公司	沿河县东风码头	长江支流	经营性泊位	公用	其他码头	客货泊位	1995	1997	180	1	300	30.00	10.00
4	铜仁市交通运输局	铜仁	沿河港区	省乌江轮船公司	贵州省乌江轮船公司东货运码头	长江支流	经营性泊位	公用	过驳装卸平台	通用散货泊位	1979	1979	120	1	300	10.00	0.00
5	铜仁市交通运输局	铜仁	沿河港区	省乌江轮船公司	贵州省乌江轮船公司客运码头	长江支流	经营性泊位	公用	其他码头	客货泊位	1979	1984	120	1	300	10.00	50.00
6	铜仁市交通运输局	铜仁	沿河港区	省乌江轮船公司	1000（300）吨级以下生产用海轮（内河）泊位	长江支流	生产用泊位						350	5	0	50.00	65.00
7	铜仁市交通运输局	铜仁	沿河港区	省乌江轮船公司	非生产用泊位合计	长江支流	非生产用泊位						1200	8	0	0.00	0.00
8	铜仁市交通运输局	铜仁	沿河港区	沿河县航务管理所	沿河县红军渡码头	长江支流	经营性泊位	公用	其他码头	客货泊位	1979	1979	100	1	300	12.00	10.00
9	铜仁市交通运输局	铜仁	沿河港区	沿河县航务管理所	沿河县沙沱码头	长江支流	经营性泊位	公用	其他码头	客货泊位	1971	1971	120	1	300	15.00	10.00
10	铜仁市交通运输局	铜仁	沿河港区	沿河县航运公司	沿河县航运公司码头	长江支流	经营性泊位	公用	其他码头	通用散货泊位	1978	1980	120	1	300	15.00	0.00
11	铜仁市交通运输局	铜仁	沿河港区	沿河县航务管理所	沿河县洪渡码头	长江支流	经营性泊位	公用	其他码头	客货泊位	1999	1999	120	1	300	15.00	20.00

续上表

序号	港口管理单位	港口	港区	港口企业或码头单位	泊位名称	泊位所在水系	生产类型	服务类型	结构形式	主要用途	投产年份（年）	竣工验收年份（年）	泊位长度（米）	泊位个数（个）	设计等级（吨级/客位）	设计货物吞吐能力（万吨）	设计旅客吞吐能力（万人次）
12	铜仁市交通运输局	铜仁	沿河港区	沿河县航务管理所	沿河县思渠码头	长江支流	经营性泊位	公用	其他码头	客货泊位	1986	1986	130	1	300	15.00	24.00
13	铜仁市交通运输局	铜仁	沿河港区	沿河县航务管理所	沿河县河东柴码头	长江支流	经营性泊位	公用	其他码头	客货泊位	1977	1977	60	1	300	5.00	10.00
14	铜仁市交通运输局	铜仁	沿河港区	沿河县航务管理所	非生产用泊位	长江支流	非生产用泊位						1265	16	0	0.00	0.00
15	铜仁市交通运输局	铜仁	沿河港区	沿河县航务管理所	1000（300）吨级以下生产用海轮（内河）泊位	长江支流	生产用泊位						980	18	0	79.00	168.00
16	铜仁市交通运输局	铜仁	沿河港区	沿河县乡镇航运公司	沿河县乡镇航运公司码头	长江支流	经营性生产用泊位	非公用	其他码头	通用散货泊位	1986	1986	120	1	300	10.00	0.00
17	铜仁市交通运输局	铜仁	思南港区	省乌江轮船公司	思南码头3号泊位	长江支流	经营性生产用泊位	公用	其他码头	客货泊位	2000	2000	40	1	300	10.00	10.00
18	铜仁市交通运输局	铜仁	思南港区	思南县航务管理所	思南码头1号泊位	长江支流	经营性生产用泊位	非公用	其他码头	客货泊位	2000	2000	40	1	300	10.00	10.00
19	铜仁市交通运输局	铜仁	思南港区	思南县航务管理所	太平码头1号泊位	长江支流	生产用泊位	公用	其他码头	其他泊位	2014	2014	35	1	500	17.90	0.00
20	铜仁市交通运输局	铜仁	思南港区	思南县航务管理所	太平码头2号泊位	长江支流	生产用泊位	公用	其他码头	其他泊位	2014	2014	40	1	500	17.90	0.00
21	铜仁市交通运输局	铜仁	思南港区	思南县航务管理所	思南码头2号泊位	长江支流	经营性生产用泊位	公用	其他码头	客货泊位	2000	2000	40	1	300	10.00	10.00
22	铜仁市交通运输局	铜仁	思南港区	思南县航务管理所	1000（300）吨级以下生产用海轮（内河）泊位	长江支流	生产用泊位						2000	23	0	50.00	120.00

续上表

序号	港口管理单位	港口	港区	港口企业或码头单位	泊位名称	泊位所在水系	生产类型	服务类型	结构形式	主要用途	投产年份（年）	竣工验收年份（年）	泊位长度（米）	泊位个数（个）	设计等级（吨级/客位）	设计货物吞吐能力（万吨）	设计旅客吞吐能力（万人次）
23	铜仁市交通运输局	铜仁	思南港区	思南县航务管理所	非生产用泊位	长江支流	非生产用泊位							350	7	0	0.00	0.00
24	铜仁市交通运输局	铜仁	德江港区	德江县航务管理所	共和码头	长江支流	经营性生产用泊位	公用	缆车码头	客货泊位	1996	1996	45	1	300	10.00	8.00
25	铜仁市交通运输局	铜仁	德江港区	德江县航务管理所	新共和码头1号泊位	长江支流	生产用泊位	公用	其他码头	其他泊位	2014	2014	85	1	500	41.00	0.00
26	铜仁市交通运输局	铜仁	德江港区	德江县航务管理所	新共和码头2号泊位	长江支流	生产用泊位	公用	其他码头	其他泊位	2014	2014	85	1	500	41.00	0.00
27	铜仁市交通运输局	铜仁	德江港区	德江县航务管理所	1000（300）吨级以下生产用海轮（内河）泊位	长江支流	生产用泊位							1160	11	0	40.00	180.00
28	铜仁市交通运输局	铜仁	德江港区	德江县航务管理所	非生产用泊位	长江支流	非生产用泊位							600	16	0	0.00	0.00
29	铜仁市交通运输局	铜仁	铜仁市港区	铜仁市航务管理所	1000（300）吨级以下生产用海轮（内河）泊位	长江支流	生产用泊位							250	13	0	1.00	150.00
30	铜仁市交通运输局	铜仁	玉屏港区	玉屏县航务管理所	1000（300）吨级以下生产用海轮（内河）泊位	长江支流	生产用泊位							120	2	0	20.00	30.00
31	铜仁市交通运输局	铜仁	石阡港区	石阡县航务管理所	1000（300）吨级以下生产用海轮（内河）泊位	长江支流	生产用泊位							30	6	0	20.00	15.00
32	铜仁市交通运输局	铜仁	松桃港区	松桃县航务管理所	1000（300）吨级以下生产用海轮（内河）泊位	长江支流	生产用泊位							210	12	0	0.00	21.00

表14-6-4

2022年安顺市港口码头一览表

序号	港口管理单位	港口	港区	港口企业或码头单位	泊位名称	泊位所在水系	生产类型	服务类型	结构形式	主要用途	投产年份(年)	竣工验收年份(年)	泊位长度(米)	泊位个数(个)	设计等级(吨级)(客位)	设计货物吞吐能力(万吨)	设计旅客吞吐能力(万人次)
1	安顺市交通运输局	安顺	镇宁港区	镇宁县航务管理所	坝草码头1号泊位	珠江水系	生产用泊位	公用	其他结构形式码头	客货泊位	2012	2013	16	1	500	60.00	25.00
2	安顺市交通运输局	安顺	镇宁港区	镇宁县航务管理所	非生产用泊位	珠江水系	非生产用泊位						16	1	0	0.00	0.00
3	安顺市交通运输局	安顺	普定港区	普定县航务管理所	1000(300)吨级以下生产用海轮(内河)泊位	长江支流	生产用泊位						50	10	0	10.00	10.00
4	安顺市交通运输局	安顺	关岭港区	关岭县航务管理所	1000(300)吨级以下生产用海轮(内河)泊位	珠江水系	生产用泊位						25	1	0	3.00	4.00
5	安顺市交通运输局	安顺	紫云港区	紫云县格凸河风景区管理处	1000(300)吨级以下生产用海轮(内河)泊位	珠江水系	生产用泊位						60	10	0	0.00	30.00
6	安顺市交通运输局	安顺	平坝港区	贵州省黔源电力公司	1000(300)吨级以下生产用海轮(内河)泊位	长江支流	生产用泊位						52	2	0	5.00	10.00
7	安顺市交通运输局	安顺	平坝港区	平坝县乐平乡政府	1000(300)吨级以下生产用海轮(内河)泊位	长江支流	生产用泊位						14	1	0	3.00	3.00
8	安顺市交通运输局	安顺	关岭港区	镇宁县航务管理所	三家寨客运泊位	珠江水系	生产用泊位	公用	其他结构形式码头	客货泊位	2019	2019	30	1	500		30.00
9	安顺市交通运输局	安顺	关岭港区	镇宁县航务管理所	三家寨货运泊位	珠江水系	生产用泊位	公用	其他结构形式码头	客货泊位	2019	2019	75	1	500	6.00	
10	安顺市交通运输局	安顺	镇宁港区	镇宁县航务管理所	坝包客运泊位	珠江水系	生产用泊位	公用	其他结构码头	普通客运泊位	2019	2019	36	1	500		8.00
11	安顺市交通运输局	安顺	镇宁港区	镇宁县航务管理所	转堡客运泊位	珠江水系	生产用泊位	公用	其他结构码头	普通客运泊位	2019	2019	36	1	500		8.00

表 14-6-5

2022 年毕节市港口码头一览表

序号	港口管理单位	港口	港区	港口企业或码头单位	泊位名称	泊位所在水系	生产类型	服务类型	结构形式	主要用途	投产年份（年）	竣工验收年份（年）	泊位长度（米）	泊位个数（个）	设计等级（吨级/客位）	设计货物吞吐能力（万吨）	设计旅客吞吐能力（万人次）
1	毕节市交通运输局	毕节	金沙港区	金沙县航务管理所	1000（300）吨级以下生产用海轮（内河）泊位	长江支流	生产用泊位						40	1	0	41.00	0.00
2	毕节市交通运输局	毕节	金沙港区	金沙县聚力能源有限责任公司	1000（300）吨级以下生产用海轮（内河）泊位	长江支流	生产用泊位	非公用	高桩码头	煤炭泊位	2016	2016	60	3	120	120.00	0.00
3	毕节市交通运输局	毕节	金沙港区	韦兴洋	1000（300）吨级以下生产用海轮（内河）泊位	长江支流	生产用泊位						120	2	0	9.00	5.00
4	毕节市交通运输局	毕节	黔西港区	黔西县航务管理所	1000（300）吨级以下生产用海轮（内河）泊位	长江支流	生产用泊位						130	3	0	0.00	18.00
5	毕节市交通运输局	毕节	织金港区	贵州省风景区名胜织金洞管理局	1000（300）吨级以下生产用海轮（内河）泊位	长江支流	生产用泊位						18	1	0	0.00	3.00
6	毕节市交通运输局	毕节	织金港区	织金县移民局	1000（300）吨级以下生产用海轮（内河）泊位	长江支流	生产用泊位						20	1	0	0.00	5.00
7	毕节市交通运输局	毕节	大方港区	大方县移民局	1000（300）吨级以下生产用海轮（内河）泊位	长江支流	生产用泊位						56	3	0	0.00	10.00

2022 年六盘水市港口码头一览表

表 14-6-6

序号	港口管理单位	港口	港区	港口企业或码头单位	泊位名称	泊位所在水系	生产类型	服务类型	结构形式	主要用途	投产年份（年）	竣工验收年份（年）	泊位长度（米）	泊位个数（个）	设计等级（吨级/客位）	设计货物吞吐能力（万吨）	设计旅客吞吐能力（万人次）
1	六盘水市交通运输局	六盘水	六枝港区	六枝特区交通运输局	1000（300）吨级以下生产用海轮（内河）泊位	珠江水系	生产用泊位						30	1	0	15.00	17.00
2	六盘水市交通运输局	六盘水	六枝港区	六盘水市航务管理局	凉风洞货运泊位	珠江水系	生产用泊位	公用	斜坡码头	通用散货泊位	2018	2018	50	1	500	22.60	
3	六盘水市交通运输局	六盘水	六枝港区	六盘水市航务管理局	凉风洞客运泊位	珠江水系	生产用泊位	公用	斜坡码头	普通客运泊位	2018	2018	50	1	500		18.00
4	六盘水市交通运输局	六盘水	六枝港区	六盘水市航务管理局	毛口货运泊位	珠江水系	生产用泊位	公用	斜坡码头	通用散货泊位	2018	2018	50	1	500	25.90	
5	六盘水市交通运输局	六盘水	六枝港区	六盘水市航务管理局	毛口客运泊位	珠江水系	生产用泊位	公用	斜坡码头	普通客运泊位	2018	2018	50	1	500		19.00

2022 年黔南州港口码头一览表

表 14-6-7

序号	港口管理单位	港口	港区	港口企业或码头单位	泊位名称	泊位所在水系	生产类型	服务类型	结构形式	主要用途	投产年份（年）	竣工验收年份（年）	泊位长度（米）	泊位个数（个）	设计等级（吨级/客位）	设计货物吞吐能力（万吨）	设计旅客吞吐能力（万人次）
1	黔南州交通运输局	黔南	罗甸港区	罗甸县航务管理所	羊里码头 1 号泊位	珠江水系	生产用泊位	公用	其他结构形式码头	客货泊位	2012	2013	30	1	500	29.00	60.00
2	黔南州交通运输局	黔南	罗甸港区	罗甸县航务管理所	八总 1 号泊位	珠江水系	生产用泊位	公用	其他结构形式码头	客货泊位	2012	2013	25	1	500	24.00	40.00
3	黔南州交通运输局	黔南	罗甸港区	罗甸县航务管理所	八总 2 号泊位	珠江水系	生产用泊位	公用	其他结构形式码头	客货泊位	2012	2013	25	1	500	24.00	40.00

续上表

序号	港口管理单位	港口	港区	港口企业或码头单位	泊位名称	泊位所在水系	生产类型	服务类型	结构形式	主要用途	投产年份（年）	竣工验收年份（年）	泊位长度（米）	泊位个数（个）	设计等级（吨级/客位）	设计货物吞吐能力（万吨）	设计旅客吞吐能力（万人次）
4	黔南州交通运输局	黔南	罗甸港区	罗甸县航务管理所	八总3号泊位	珠江水系	生产用泊位	公用	其他结构形式码头	客货泊位	2012	2013	25	1	500	24.00	40.00
5	黔南州交通运输局	黔南	三都港区	三都县交通运输局	1000（300）吨级以下生产用海轮（内河）泊位	珠江水系	生产用泊位							51	1	0	0.00	10.00
6	黔南州交通运输局	黔南	荔波港区	荔波县旅游资源有限公司	1000（300）吨级以下生产用海轮（内河）泊位	珠江水系	生产用泊位							50	2	0	0.00	25.00
7	黔南州交通运输局	黔南	荔波港区	荔波县旅游资源开发公司	1000（300）吨级以下生产用海轮（内河）泊位	珠江水系	生产用泊位							40	1	0	0.00	10.00
8	黔南州交通运输局	黔南	长顺港区	贵州省昱龙旅游资源开发有限公司	1000（300）吨级以下生产用海轮（内河）泊位	珠江水系	生产用泊位							30	1	0	0.00	10.00
9	黔南州交通运输局	黔南	瓮安港区	瓮安县航务管理所	江界河码头1号泊位	长江支流	生产用泊位	公用	其他码头	多用途泊位	2014	2014	100	1	500	28.06	0.00
10	黔南州交通运输局	黔南	瓮安港区	瓮安县航务管理所	江界河码头2号泊位	长江支流	生产用泊位	公用	其他码头	多用途泊位	2014	2014	100	1	500	28.06	0.00
11	黔南州交通运输局	黔南	瓮安港区	瓮安县航务管理所	江界河码头3号泊位	长江支流	生产用泊位	公用	其他码头	多用途泊位	2014	2014	50	1	500	28.06	0.00

2022 年黔东南州港口码头一览表

表 14-6-8

序号	港口管理单位	港口	港区	港口企业或码头单位	泊位名称	泊位所在水系	生产类型	服务类型	结构形式	主要用途	投产年份(年)	竣工验收年份(年)	泊位长度(米)	泊位个数(个)	设计等级(吨级/客位)	设计货物吞吐能力(万吨)	设计旅客吞吐能力(万人次)
1	黔东南州航务管理处	黔东南	天柱港区	黔东南州航务管理处	坌处码头1号泊位	长江支流	经营性生产用泊位	公用	其他码头	通用散货泊位	2016	2016	125	1	500	19.00	0.00
2	黔东南州航务管理处	黔东南	天柱港区	黔东南州航务管理处	远口码头1号泊位	长江支流	经营性生产用泊位	公用	其他码头	通用散货泊位	2016	2016	125	1	500	17.00	0.00
3	黔东南州航务管理处	黔东南	天柱港区	黔东南州航务管理处	大硬洞码头1号泊位	长江支流	经营性生产用泊位	公用	其他码头	通用散货泊位	2016	2016	65	1	500	15.00	0.00
4	黔东南州航务管理处	黔东南	天柱港区	黔东南州航务管理处	坌处码头2号泊位	长江支流	经营性生产用泊位	公用	其他码头	普通客运泊位	2016	2016	125	1	500	0.00	17.00
5	黔东南州航务管理处	黔东南	天柱港区	黔东南州航务管理处	远口码头2号泊位	长江支流	经营性生产用泊位	公用	其他码头	普通客运泊位	2016	2016	45	1	500	0.00	19.00
6	黔东南州航务管理处	黔东南	天柱港区	黔东南州航务管理处	大硬洞码头2号泊位	长江支流	经营性生产用泊位	公用	其他码头	普通客运泊位	2016	2016	41	1	500	0.00	17.00
7	黔东南州交通运输局	黔东南	天柱港区	黔东南州航务管理处	1000(300)吨级以下生产用海轮(内河)泊位	长江支流	生产用泊位							250	11	0	30.00	139.00
8	黔东南州交通运输局	黔东南	锦屏港区	贵州清水江水电开发公司	1000(300)吨级以下生产用海轮(内河)泊位	长江支流	生产用泊位							20	1	0	10.00	35.00
9	黔东南州交通运输局	黔东南	锦屏港区	黔东南州航务管理处	三板溪码头1号泊位	长江支流	生产用泊位	公用	其他码头	普通客运泊位	2014	2014	48	1	300	0.00	60.00
10	黔东南州交通运输局	黔东南	锦屏港区	黔东南州航务管理处	三板溪码头2号泊位	长江支流	生产用泊位	公用	其他码头	其他泊位	2014	2014	75	1	300	8.42	60.00

续上表

序号	港口管理单位	港口	港区	港口企业或码头单位	泊位名称	泊位所在水系	生产类型	服务类型	结构形式	主要用途	投产年份（年）	竣工验收年份（年）	泊位长度（米）	泊位个数（个）	设计等级（吨级/客位）	设计货物吞吐能力（万吨）	设计旅客吞吐能力（万人次）
11	黔东南州交通运输局	黔东南	锦屏港区	黔东南州航务管理处	八受码头1号泊位	长江支流	生产用泊位	公用	其他码头	其他泊位	2014	2014	48	1	300	2.00	40.30
12	黔东南州航务管理处	黔东南	锦屏港区	黔东南州航务管理处	茅坪码头1号泊位	长江支流	经营性生产泊位	公用	其他码头	通用散货泊位	2016	2016	110	1	500	17.00	0.00
13	黔东南州航务管理处	黔东南	锦屏港区	黔东南州航务管理处	排洞码头2号泊位	长江支流	经营性生产泊位	公用	其他码头	普通客运泊位	2016	2016	45	1	500	0.00	22.00
14	黔东南州航务管理处	黔东南	锦屏港区	黔东南州航务管理处	茅坪码头2号泊位	长江支流	经营性生产泊位	公用	其他码头	普通客运泊位	2016	2016	110	1	500	0.00	17.00
15	黔东南州航务管理处	黔东南	锦屏港区	黔东南州航务管理处	1000（300）吨级以下生产用海轮（内河）泊位	长江支流	生产用泊位							63	3	0	61.00	225.00
16	黔东南州航务管理处	黔东南	锦屏港区	黔东南州航务管理处	排洞码头1号泊位	长江支流	经营性生产泊位	公用	其他码头	通用散货泊位	2016	2016	75	1	500	24.00	0.00
17	黔东南州航务管理处	黔东南	从江港区	黔东南州航务管理处	1000（300）吨级以下生产用海轮（内河）泊位	长江支流	生产用泊位							200	10	0	28.00	175.00
18	黔东南州航务管理处	黔东南	镇远港区	黔东南州航务管理处	1000（300）吨级以下生产用海轮（内河）泊位	长江支流	生产用泊位							116	7	0	9.00	205.00
19	黔东南州航务管理处	黔东南	榕江港区	黔东南州航务管理处	1000（300）吨级以下生产用海轮（内河）泊位	长江支流	生产用泊位							60	1	0	18.00	81.00

续上表

序号	港口管理单位	港口	港区	港口企业或码头单位	泊位名称	泊位所在水系	生产类型	服务类型	结构形式	主要用途	投产年份（年）	竣工验收年份（年）	泊位长度（米）	泊位个数（个）	设计等级（吨级/客位）	设计货物吞吐能力（万吨）	设计旅客吞吐能力（万人次）
20	黔东南州航务管理处	黔东南	凯里港区	黔东南州航务管理处	1000（300）吨级以下生产用泊位（内河）泊位	长江支流	生产用泊位							175	17	0	22.00	117.00
21	黔东南州交通运输局	黔东南	剑河港区	黔东南州航务管理处	柳川码头1号泊位	长江支流	生产用泊位	公用	其他码头	普通客运泊位	2014	2014	50	1	300	0.00	102.00
22	黔东南州交通运输局	黔东南	剑河港区	黔东南州航务管理处	柳川码头2号泊位	长江支流	生产用泊位	公用	其他码头	其他泊位	2014	2014	75	1	300	10.17	0.00
23	黔东南州交通运输局	黔东南	剑河港区	黔东南州航务管理处	南加码头1号泊位	长江支流	生产用泊位	公用	其他码头	普通客运泊位	2014	2014	36	1	300	0.00	60.00
24	黔东南州交通运输局	黔东南	剑河港区	黔东南州航务管理处	南加码头2号泊位	长江支流	生产用泊位	公用	其他码头	其他泊位	2014	2014	75	1	300	8.42	60.00
25	黔东南州交通运输局	黔东南	剑河港区	黔东南州航务管理处	1000（300）吨级以下生产用泊位（内河）泊位	长江支流	生产用泊位							110	7	0	33.00	98.00
26	黔东南州航务管理处	黔东南	施秉港区	黔东南州航务管理处	1000（300）吨级以下生产用泊位（内河）泊位	长江支流	生产用泊位							50	7	0	10.00	105.00
27	黔东南州航务管理处	黔东南	黄平港区	黔东南州航务管理处	1000（300）吨级以下生产用泊位（内河）泊位	长江支流	生产用泊位							30	3	0	2.00	10.00

表14-6-9

2022年黔西南州港口码头一览表

序号	港口管理单位	港口	港区	港口企业或码头单位	泊位名称	泊位所在水系	生产类型	服务类型	结构形式	主要用途	投产年份（年）	竣工验收年份（年）	泊位长度（米）	泊位个数（个）	设计等级（吨级/客位）	设计货物吞吐能力（万吨）	设计旅客吞吐能力（万人次）
1	黔西南州交通运输局	黔西南	贞丰港区	贵州白层港新港港务有限公司	白层码头1号泊位	珠江水系	生产用泊位	公用	重力式码头	通用散货泊位	2012	2013	41	1	500	50.00	6.00
2	黔西南州交通运输局	黔西南	贞丰港区	贵州白层港新港港务有限公司	白层码头2号泊位	珠江水系	生产用泊位	公用	重力式码头	通用散货泊位	2012	2013	41	1	500	50.00	6.00
3	黔西南州交通运输局	黔西南	贞丰港区	贵州白层港新港港务有限公司	白层码头3号泊位	珠江水系	生产用泊位	公用	重力式码头	通用散货泊位	2012	2013	41	1	500	50.00	6.00
4	黔西南州交通运输局	黔西南	贞丰港区	贵州白层港新港港务有限公司	白层码头4号泊位	珠江水系	生产用泊位	公用	重力式码头	通用散货泊位	2012	2013	41	1	500	50.00	6.00
5	黔西南州交通运输局	黔西南	望谟港区	黔西南州科发港口经营有限公司	蔗香码头1号泊位	珠江水系	生产用泊位	公用	重力式码头	通用散货泊位	2012	2013	41	1	500	17.00	35.00
6	黔西南州交通运输局	黔西南	册亨港区	黔西南州科发港口经营有限公司	八渡码头1号泊位	珠江水系	生产用泊位	公用	重力式码头	客货泊位	2012	2013	90	1	500	17.00	25.00
7	黔西南州交通运输局	黔西南	册亨港区	黔西南州科发港口经营有限公司	八渡码头2号泊位	珠江水系	经营性生产用泊位	公用	重力式码头	客货泊位	2002	2003	50	1	300	15.00	10.00
8	黔西南州交通运输局	黔西南	册亨港区	黔西南州科发港口经营有限公司	岩架码头1号泊位	珠江水系	生产用泊位	公用	重力式码头	客货泊位	2012	2013	90	1	500	17.00	38.00
9	黔西南州交通运输局	黔西南	册亨港区	黔西南州科发港口经营有限公司	板坝码头1号泊位	珠江水系	生产用泊位	公用	重力式码头	客货泊位	2012	2013	81	1	500	33.00	8.00
10	黔西南州交通运输局	黔西南	册亨港区	黔西南州科发港口经营有限公司	板坝码头2号泊位	珠江水系	生产用泊位	公用	重力式码头	客货泊位	2012	2013	81	1	500	33.00	8.00

续上表

序号	港口管理单位	港口	港区	港口企业或码头单位	泊位名称	泊位所在水系	生产类型	服务类型	结构形式	主要用途	投产年份（年）	竣工验收年份（年）	泊位长度（米）	泊位个数（个）	设计等级（吨级/客位）	设计货物吞吐能力（万吨）	设计旅客吞吐能力（万人次）
11	黔西南州交通运输局	黔西南	册亨港区	黔西南州科发港口经营有限公司	板坝码头3号泊位	珠江水系	生产用泊位	公用	重力式码头	客货泊位	2012	2013	81	1	500	33.00	8.00
12	黔西南州交通运输局	黔西南	安龙港区	黔西南州科发港口经营有限公司	永和码头1号泊位	珠江水系	经营性生产泊位	公用	其他码头	客货泊位	1998	1999	56	1	300	10.00	15.00
13	黔西南州交通运输局	黔西南	安龙港区	黔西南州科发港口经营有限公司	永和2号泊位	珠江水系	经营性生产泊位	公用	其他码头	客货泊位	1999	2000	56	1	300	10.00	15.00
14	黔西南州交通运输局	黔西南	安龙港区	黔西南州科发港口经营有限公司	永和码头3号泊位	珠江水系	经营性生产泊位	公用	其他码头	客货泊位	1998	1999	56	1	300	10.00	15.00
15	黔西南州交通运输局	黔西南	安龙港区	黔西南州科发港口经营有限公司	坡脚码头1号泊位	珠江水系	经营性生产泊位	公用	其他码头	客货泊位	2004	2005	50	1	300	5.00	5.00
16	黔西南州交通运输局	黔西南	兴义港区	黔西南州科发港口经营有限公司	巴结1码头1号泊位	珠江水系	经营性生产泊位	公用	其他码头	客货泊位	2000	2002	56	1	300	13.00	11.00
17	黔西南州交通运输局	黔西南	兴义港区	黔西南州科发港口经营有限公司	巴结2码头1号泊位	珠江水系	经营性生产泊位	公用	其他码头	客货泊位	2006	2007	56	1	300	13.00	10.00
18	黔西南州交通运输局	黔西南	兴义港区	黔西南州科发港口经营有限公司	巴结2码头2号泊位	珠江水系	经营性生产泊位	公用	其他码头	客货泊位	2006	2007	56	1	300	13.00	11.00
19	黔西南州交通运输局	黔西南	兴义港区	黔西南州科发港口经营有限公司	红椿码头1号泊位	珠江水系	经营性生产泊位	公用	其他码头	普通客运泊位	2005	2006	56	1	300	17.00	44.00
20	黔西南州交通运输局	黔西南	兴义港区	黔西南州科发港口经营有限公司	白云码头2号泊位	珠江水系	经营性生产泊位	公用	其他码头	客货泊位	2005	2007	56	1	300	17.00	10.00

续上表

序号	港口管理单位	港口	港区	港口企业或码头单位	泊位名称	泊位所在水系	生产类型	服务类型	结构形式	主要用途	投产年份（年）	竣工验收年份（年）	泊位长度（米）	泊位个数（个）	设计等级（吨级/客位）	设计货物吞吐能力（万吨）	设计旅客吞吐能力（万人次）
21	黔西南州交通运输局	黔西南	兴义港区	黔西南州科发港口经营有限公司	白云码头1号泊位	珠江水系	经营性生产泊位	公用	其他码头	客货泊位	2005	2007	56	1	300	17.00	10.00
22	黔西南州交通运输局	黔西南	兴义港区	黔西南州科发港口经营有限公司	未罗兰堡码头1号泊位	珠江水系	经营性生产泊位	公用	其他码头	客货泊位	2005	2006	17	1	300	10.00	6.00
23	黔西南州交通运输局	黔西南	兴义港区	黔西南州科发港口经营有限公司	未罗兰堡码头2号泊位	珠江水系	经营性生产泊位	公用	其他码头	客货泊位	2005	2006	17	1	300	10.00	6.00
24	黔西南州交通运输局	黔西南	晴隆县港区	黔西南航务管理局	龙头兼货运泊位	珠江水系	生产用泊位	公用	斜坡码头	通用散货泊位	2018	2018		1	500	22.60	
25	黔西南州交通运输局	黔西南	晴隆县港区	黔西南航务管理局	龙头兼客运泊位	珠江水系	生产用泊位	公用	斜坡码头	普通客运泊位	2018	2018	50	1	500		18.50
26	黔西南州交通运输局	黔西南	晴隆县港区	黔西南航务管理局	光照货运泊位	珠江水系	生产用泊位	公用	斜坡码头	通用散货泊位	2018	2018	50	1	500	27.40	
27	黔西南州交通运输局	黔西南	晴隆县港区	黔西南航务管理局	光照客运泊位	珠江水系	生产用泊位	公用	斜坡码头	普通客运泊位	2018	2018	50	1	500		27.40
28	黔西南州交通运输局	黔西南	贞丰港区	黔西南航务管理局	董箐客运泊位	珠江水系	生产用泊位	公用	斜坡码头	普通客运泊位	2019	2019	50	1	500		30.00
29	黔西南州交通运输局	黔西南	贞丰港区	黔西南航务管理局	董箐货运泊位	珠江水系	生产用泊位	公用	斜坡码头	普通客运泊位	2019	2019	30	1	500	6.00	

贵州省水运通道港口码头一览表

表 14-6-10

通道	港区	港口企业或码头单位	码头	泊位	泊位设计年通过能力					泊位核查年车通过能力					增减说明	电站	通航设施	四级航道建设统计
					散装件杂货	集装箱	旅客	滚装汽车	滚装汽车	散装件杂货	集装箱	旅客	滚装汽车	滚装汽车				(千米)
					(万吨)	(万标箱)	(万人)	(万标辆)	(万吨)	(万吨)	(万标箱)	(万人)	(万标辆)	(万吨)				
乌江	息烽港区	冯琪瑞	金源码头	1	10	0	50	0	0	0	0	0	0	0				
	息烽港区	贵州省公路工程总公司	荆江码头	1	3	0	50	0	0	0	0	0	0	0				
	息烽港区	孙大江	青杠林码头	1	10	0	0	0	0	0	0	0	0	0				
	息烽港区	息烽县航务管理所	顺江码头	1	5	0	4	0	0	0	0	0	0	0				
	息烽港区	息烽县航务管理所	马尔河码头	1	10	0	4	0	0	0	0	0	0	0				
	开阳港区	开阳县航务管理所	洛旺河码头	1号泊位	30	0	0	0	0	0	0	0	0	0				
	开阳港区	开阳县航务管理所	洛旺河码头	2号泊位	30	0	0	0	0	0	0	0	0	0				
	开阳港区	开阳县航务管理所	洛旺河码头	3号泊位	30	0	0	0	0	0	0	0	0	0				
	开阳港区	开阳县航务管理所	洛旺河码头	4号泊位	30	0	0	0	0	0	0	0	0	0				
	播州港区	遵义市交通运输局	乌江渡码头	1	17.2	0	0	0	0	0	0	0	0	0				
	播州港区	遵义市交通运输局	楠木渡码头	2	18.5	0	0	0	0	0	0	0	0	0				
	余庆港区		大乌江码头	1号泊位	24	0	0	0	0	0	0	0	0	0				
	余庆港区		大乌江码头	2号泊位	24	0	0	0	0	0	0	0	0	0				
	余庆港区	余庆县航务管理所	樱桃井码头	1号滚装泊位	0	0	0	10.34	250	0	0	0	0	0				
	余庆港区	余庆县航务管理所	樱桃井码头	2号滚装泊位	0	0	0	10.34	250	0	0	0	0	0				
	余庆港区	余庆县航务管理所	樱桃井码头	伴杂货泊位	100	0	0	0	0	0	0	0	0	0				
	余庆港区		沙湾码头	1号多用途泊位	100	0	0	0	0	0	0	0	0	0				
	余庆港区		沙湾码头	1号多用途泊位	100	0	0	0	0	0	0	0	0	0				

续上表

通道	港区	港口企业或码头单位	码头	泊位	泊位设计年通过能力 散装货、件杂货（万吨）	集装箱（万标箱）	集装箱（万吨）	旅客（万人）	滚装汽车（万标辆）	滚装汽车（万吨）	泊位核查年通过能力 散装货、件杂货（万吨）	集装箱（万标箱）	集装箱（万吨）	旅客（万人）	滚装汽车（万标辆）	滚装汽车（万吨）	增减说明	电站	通航设施	四级航道 建设统计（千米）
乌江	余庆港区	余庆县航务管理所	沙湾码头	1号多用途泊位	100	0	0	0	0	0	0	0	0	0	0	0				
乌江	余庆港区	余庆县航务管理所	沙湾码头	1号多用途泊位	50	0	0	0	0	0	0	0	0	0	0	0				
乌江	余庆港区	余庆县航务管理所	沙湾码头	2号散货泊位	50	0	0	0	0	0	0	0	0	0	0	0				
乌江	湄潭港区	遵义市交通运输局	沿江渡码头	沿江渡码头	19.78	0	0	0	0	0	0	0	0	0	0	0				
乌江	湄潭港区	遵义市交通运输局	河闪渡码头	河闪渡码头	29.1	0	0	0	0	0	0	0	0	0	0	0				
乌江	沿河港区	重庆长江天府轮船公司	沿河县长天秀山	长天秀山码头	12	0	0	10	0	0	0	0	0	10	0	0				
乌江	沿河港区	重庆长江天府轮船公司	沿河县长天秀山	长天秀山码头	12	0	0	15	0	0	0	0	0	10	0	0				
乌江	沿河港区	省乌江轮船公司	沿河县东凤码头	东凤码头东货码头	30	0	0	10	0	0	0	0	0	0	0	0				
乌江	沿河港区	省乌江轮船公司	沿河县东凤码头	东凤码头客运码头	12	0	0	10	0	0	0	0	0	10	0	0				
乌江	沿河港区	省乌江轮船公司		红军渡码头	12	0	0	10	0	0	0	0	0	10	0	0				
乌江	沿河港区	省乌江轮船公司		沙沱码头	15	0	0	10	0	0	0	0	0	10	0	0				
乌江	沿河港区	沿河县航务管理所	沿河县	县航运公司码头	10	0	0	0	0	0	0	0	0	0	0	0				
乌江	沿河港区	沿河县航务管理所	沿河县	洪渡码头	15	0	0	20	0	0	0	0	0	20	0	0				
乌江	沿河港区	沿河县航务管理所	沿河县	思渠码头	15	0	0	24	0	0	0	0	0	24	0	0				
乌江	沿河港区	沿河县航务管理所	沿河县	河东柴码头	5	0	0	10	0	0	0	0	0	10	0	0				
乌江	沿河港区	沿河县乡镇航运公司	沿河县	乡镇航运公司码头	10	0	0	10	0	0	0	0	0	0	0	0				
乌江	思南港区	思南县航务管理所	思南码头	1号泊位	10	0	0	10	0	0	0	0	0	10	0	0				

续上表

通道	港区	港口企业或码头单位	码头	泊位	泊位设计年通过能力						泊位核查年通过能力						增减说明	电站	通航设施	四级航道建设统计（千米）
					散装货、件杂货（万吨）	集装箱（万标箱）	集装箱（万吨）	旅客（万人）	滚装汽车（万标辆）	滚装汽车（万吨）	散装货、件杂货（万吨）	集装箱（万标箱）	集装箱（万吨）	旅客（万人）	滚装汽车（万标辆）	滚装汽车（万吨）				
乌江	思南港区	思南县航务管理所	思南码头	2号泊位	10	0	0	10	0	0	0	0	0	10	0	0				
		省乌江轮船公司	思南码头	3号泊位	10	0	0	10	0	0	0	0	0	10	0	0				
		思南县航务管理所	太平码头	1号泊位	17.9	0	0	0	0	0	0	0	0	0	0	0				
			太平码头	2号泊位	17.9	0	0	0	0	0	0	0	0	0	0	0				
	瓮安港区	瓮安县航务管理所	江界河码头	1号泊位	28.06	0.00	0.00	0.00	0.00	0.00	0.00	0.00	0.00	0.00	0.00	0.00				
			江界河码头	2号泊位	28.06	0.00	0.00	0.00	0.00	0.00	0.00	0.00	0.00	0.00	0.00	0.00				
			江界河码头	3号泊位	28.06	0.00	0.00	0.00	0.00	0.00	0.00	0.00	0.00	0.00	0.00	0.00				
	德江港区	德江县航务管理所	共和码头	共和码头	10	0	0	8	0	0	0	0	0	8	0	0				
			新共和码头	1号泊位	41	0	0	0	0	0	0	0	0	0	0	0				
			新共和码头	2号泊位	41	0	0	0	0	0	0	0	0	0	0	0				
南盘江—北盘江—红水河	贞丰港区	贵州白层港新港港务有限公司	白层码头	1号泊位	50	0	0	6	0	0	0	0	0	0	0	0				
			白层码头	2号泊位	50	0	0	6	0	0	0	0	0	0	0	0				
			白层码头	3号泊位	50	0	0	6	0	0	0	0	0	0	0	0				
			白层码头	4号泊位	50	0	0	6	0	0	0	0	0	0	0	0				
		贞丰县航务处	董箐码头	客运泊位				30												
			董箐码头	货运泊位	6															
	望谟港区	望谟县航务处	蔗香码头	1号泊位	17	0	0	35	0	0	0	0	0	0	0	0				

续上表

通道	港区	港口企业或码头单位	码头	泊位	泊位设计车通过能力						泊位核查车通过能力						增减说明	电站	通航设施	四级航道建设统计
					散装货、件杂货（万吨）	集装箱（万标箱）	集装箱（万吨）	旅客（万人）	滚装汽车（万标辆）	滚装汽车（万吨）	散装货、件杂货（万吨）	集装箱（万标箱）	集装箱（万吨）	旅客（万人）	滚装汽车（万标辆）	滚装汽车（万吨）				（千米）
南盘江—北盘江—红水河	册亨港区	册亨县航务处	八渡码头	1号泊位	17	0	0	25	0	0	0	0	0	0	0	0				
				2号泊位	15	0	0	10	0	0	0	0	0	10	0	0				
			岩架码头	1号泊位	17	0	0	38	0	0	0	0	0	0	0	0				
			板坝码头	1号泊位	33	0	0	8	0	0	0	0	0	0	0	0				
				2号泊位	33	0	0	8	0	0	0	0	0	0	0	0				
				3号泊位	33	0	0	8	0	0	0	0	0	0	0	0				
	安龙港区	安龙县航务处	永和码头	1号泊位	10	0	0	15	0	0	0	0	0	15	0	0				
				2号泊位	10	0	0	15	0	0	0	0	0	15	0	0				
				3号泊位	10	0	0	15	0	0	0	0	0	15	0	0				
			坡脚码头	1号泊位	5	0	0	5	0	0	0	0	0	5	0	0				
			巴结码头	1码头1号泊位	13	0	0	11	0	0	0	0	0	11	0	0				
				2码头1号泊位	13	0	0	10	0	0	0	0	0	0	0	0				
				2码头2号泊位	13	0	0	11	0	0	0	0	0	11	0	0				
	兴义港区	兴义航务处	红椿码头	1号泊位	17	0	0	44	0	0	0	0	0	44	0	0				
			白云码头	1号泊位	17	0	0	10	0	0	0	0	0	10	0	0				
				2号泊位	17	0	0	10	0	0	0	0	0	10	0	0				
			末罗兰堡码头	1号泊位	10	0	0	6	0	0	0	0	0	6	0	0				
				2号泊位	10	0	0	6	0	0	0	0	0	6	0	0				
	镇宁港区	镇宁县航务管理所	坝草码头	1号泊位	60	0	0	25	0	0	0	0	0	0	0	0				

续上表

通道	港区	港口企业或码头单位	码头	泊位	泊位设计年通过能力 散装货件杂货（万吨）	集装箱（万标箱）	集装箱（万吨）	旅客（万人）	滚装汽车（万标辆）	滚装汽车（万吨）	泊位核查年通过能力 散装货件杂货（万吨）	集装箱（万标箱）	集装箱（万吨）	旅客（万人）	滚装汽车（万标辆）	滚装汽车（万吨）	增减说明	电站	通航设施	四级航道建设统计（千米）
南盘江—北盘江—红水河	镇宁港区	镇宁县航务管理所	坝包码头	货运泊位	6															
			转堡码头	客运泊位				8												
	关岭港区	关岭县航务管理所	三家码头	客运泊位				8												
				客运泊位	6			30												
	晴隆港区	晴隆县航务管理处	龙头寨码头	货运泊位	22.6															
				客运泊位				18.5												
			光照码头	货运泊位	27.4															
				客运泊位				27.4												
	六枝港区	六盘水市航务管理局	凉风洞码头	货运泊位	22.6															
				客运泊位				18												
	罗甸港区	罗甸县航务管理所	毛口码头	货运泊位	25.9															
				客运泊位				19												
			羊里码头	1号泊位	29	0	0	60	0	0		0	0	0	0	0				
			八总码头	1号泊位	24	0	0	40	0	0		0	0	0	0	0				
				2号泊位	24	0	0	40	0	0		0	0	0	0	0				
				3号泊位	24	0	0	40	0	0		0	0	0	0	0				
赤水河	赤水港区		2（个）	6（个）	118	0	0	0	0	0		0	0	0	0	0	0			

续上表

通道	港区	港口企业或码头单位	码头	泊位	泊位设计年通过能力 散装货、件杂货（万吨）	集装箱（万标箱）	集装箱（万吨）	旅客（万人）	滚装汽车（万标辆）	滚装汽车（万吨）	泊位核查年通过能力 散装货、件杂货（万吨）	集装箱（万标箱）	集装箱（万吨）	旅客（万人）	滚装汽车（万标辆）	滚装汽车（万吨）	增减说明	电站	四级航道 通航设施	建设（千米）	统计（千米）
清水江	剑河、锦屏、天柱港区		10（个）	17（个）	121.01	0	0	474.3	0	0	0	0	0	0	0	0	0	6	3	50	50
都柳江	榕江、从江港区																	7	4		
合计	22		63	111	2209.07			1453.2										22	6	1093.2	988

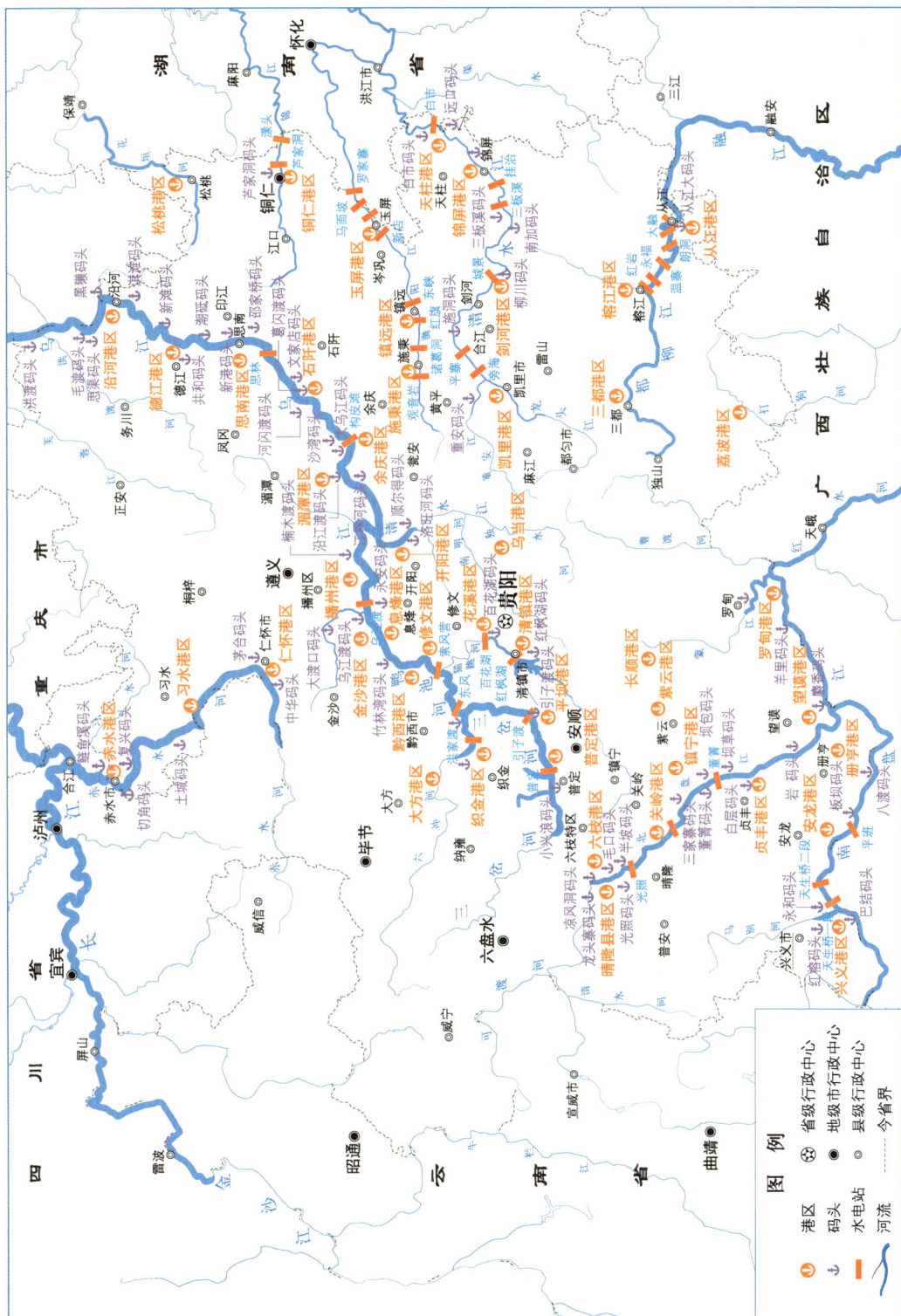

图 14-6-1 2022年贵州省港口码头分布图

第七节 港航主题教育和基层党建联建工作的开展

一、联系实际开展"不忘初心、牢记使命"主题教育

2019年5月，中共中央政治局召开会议，决定从6月开始，在全党自上而下分两批开展"不忘初心、牢记使命"主题教育。8月29日，贵州省地方海事（航务管理）局召开"不忘初心、牢记使命"主题教育党委理论学习中心组（扩大）学习研讨会。局党委书记提出三点要求。一是要旗帜鲜明讲政治，做到深学笃用。学习关键是要紧密联系思想实际和工作实际，做到学用结合，深学笃用，推进工作，狠抓落实。要通过政治理论学习，不断提升党性修养，筑牢"四个意识"、坚定"四个自信"、坚决做到"两个维护"。二要积极担当作为。按照"守初心、担使命、找差距、抓落实"的目标要求，立足于水运交通实际、单位实际，不断压实责任，研究解决发展中遇到的各种困难和问题，聚焦目标任务，积极担当使命，务实推进各项工作，为实现水运交通高质量发展作出积极贡献。三要严肃党内政治生活，高质量开好民主生活会。按照党中央、省委和省交通运输厅党委的统筹安排，根据主题教育工作计划，开好"不忘初心、牢记使命"专题民主生活会，确保全面实现全局系统本次主题教育理论学习有收获、思想政治受洗礼、干事创业敢担当、为民服务解难题、清正廉洁作表率的目标。9月20日，贵州省地方海事局召开"不忘初心、牢记使命"主题教育总结会，局党委全面总结了局系统开展"不忘初心、牢记使命"主题教育的成效、做法和经验，要求全局系统不断巩固主题教育工作成果，扎实做好主题教育"后半篇"文章。一要提高站位，不断推进主题教育工作往心里走；二要认真总结，不断推动主题教育工作往深里走；三要狠抓落实，不断推动主题教育成果往实里走。厅党委主题教育第一巡回指导组参加总结，并充分肯定省地方海事局高标准、高质量、严要求推进主题教育各项工作，在理论学习有收获、思想政治受洗礼、干事创业敢担当、为民服务解难题、清正廉洁作表率等方面取得了阶段性成果。要求要坚持不懈强化理论武装，持续深入学习贯彻习近平新时代中国特色社会主义思想；善始善终抓好整改落实特别是专项整治工作，以实际成效取信于民；坚持把"不忘初心、牢记使命"作为永恒课题、终身课题，以自我革命精神加强党的建设。

二、基层党建联建推动港航事业发展

2020年5月16日，省交通运输厅党委与铜仁市委签订《关于推进乌江流域基层党建联建共创试点框架协议》，联合推进乌江流域基层党建联建共创试点工作，以乌江为纽带，围绕复兴乌江水运，统筹沿江经济社会发展，从五个方面开展合作。

1. 建立基层党建联建共创机制

围绕打造"千里乌江党旗红"党建品牌,在乌江流域铜仁段选取了 16 个重点村(社区)作为党建联建试点,按照"3 + 1"结对模式,涵盖地方政府、组织人事、交通、水利、林业、生态、农业、文旅、媒体、医院以及发电企业、能源企业、水运企业等领域的 62 个机关企事业单位党支部结对共建,形成了省、市、县、乡、村五级联动参与的党建联建共创机制,着力发挥党对乌江流域共建共治共享的核心领导作用。梳理制定了联建责任清单,建立定期研究工作制度、工作报告制度等协调联动机制,将推进乌江流域基层党建联建试点工作纳入机关党建目标考核、党建工作督查和党组织书记抓党建述职评议的重要内容,有效推进联建共创试点工作项目化、清单化、责任化管理。以"5 + X"活动为载体,整合联建单位信息、阵地、文化、服务等资源,抢抓政策机遇,凝聚发展合力,实现组织建设互促、党员干部互动、党建载体互用、结对帮扶互助,基层组织力不断增强,战斗堡垒作用不断凸显。联建以来,共召开联席会议 4 次,编发工作简报 57 期、工作专报 11 期,组织开展教育培训 6期 352 人次,调度联建工作 750 余次,协调项目资金 3.89 亿元,共建项目 36 个;支部共开展联建活动 305 次,慰问困难党员 55 人次,为群众办实事 78 件。

2. 形成流域治理工作合力

围绕建设"平安、绿色、高效、畅通"的水运发展大通道目标,以基层党建联建共创为抓手,打破行业和区域壁垒,加强沟通与协调,基本形成"党委统管、行业主管、基层助管、群众监管"的河道管理模式。围绕乌江流域治理,各单位依托自身优势,纷纷出实招、用实功、得实效,积极到共建村(社区)开展饮水安全、生态环保、河长制等政策宣传,组织党员干部群众开展乌江流域乱倒乱建、河道污染管理、航道保护整治、巡河护河等相关行动,试点村(社区)组织辖区干部群众、网格员、志愿者等队伍积极开展公益宣传,相关部门加大对沿江取水口和排污口的监管力度,推进沿江港口码头船舶油污、垃圾等废物处理设施建设,实施农村饮水安全工程,加强对乌江干流的治理等。在探索构建现代化乡村治理体系过程中,省、市、县三级机关及企业充分发挥技术、资金、资源等优势,主动帮助各试点村(社区)积极谋划乡村建设、产业发展等,协调解决相关经费,持续巩固拓展脱贫攻坚成果同乡村振兴有效衔接。联建以来,累计开展巡河护河等行动 28 次、宣讲 81 次,开展产业指导和技术培训 51 次,直接支持试点村(社区)建设资金 47.6 万元、发展经费 594.802 万元、协调项目资金 1235 万元。

3. 推动乌江水运市场繁荣

以党建联建为载体组建"一航多方"水运联盟,联建单位形成联动、共同发力。推动思林水电站、沙沱水电站、构皮滩水电站通航设施运维管理工作顺利移交交通运输部门管理,理顺通航管理体制,建成贵州乌江智慧通航管理平台(一期)项目,实现上下游待闸锚地区域、升船机过闸全流程可视化安全监管,建成布局合理、能力适应、反应及时的水上交通安全监管和应急救援体系。发挥党建联建作用,强化对项目的督促指导和协调调度,总投资 3.89 亿元,推进思南邵家桥、德江新滩、沿河思渠等联建码头建设有序开展,有效解决航运"最后一公里"问题,与乌江生态经济融合区高质量发展相适应的乌江港口体系初步建成,为货物中转和航道集疏升级提供基础保障。以党建联建共创为抓手,抢抓国发〔2022〕2 号文件机遇,省乌江航道管理局会同联建单位,完成思林电站、沙沱电站 500 吨级升船机及筑坝、护岸、护滩、疏浚等通航配套工程建设,有效破解闸坝碍航问题。航道通行能力和通行服务能力明显提升,水水联运得到突破性发展,有效降低沿江企业物流成本,水运服务沿江经济社会发展的能力显著增强。

4.推进沿江产业融合发展

以航运经济助推流域发展为导向,积极推广"三变"改革经验,探索产业发展新模式,发展壮大村级集体经济。联建共创以来,16 个试点村集体经济平均增长 72 万元,总量达 6000 万元,其中 100 万元以上的 7 个、50 万~100 万元的 4 个、10 万~50 万元的 4 个、8 万~10 万元的 1 个。以联建试点村(社区)党支部为主导,组建流域产业联盟,紧扣铜仁推进"六大主导产业"的发展布局,摸清产业发展比较优势,深化拓展"六共"机制,整合联建单位人才、技术、政策、资金、信息等资源,大力支持试点村发展生态茶、食用菌、中药材、蔬果和生态畜牧业等特色优势产业。联建单位抢抓国发〔2022〕2 号文件机遇,积极争取项目和资金,协同开发乌江沿岸自然风光、民族风情、红色文化等旅游资源,打造乌江休闲旅游带。联建以来,依托联建共创推出乌江旅游开发招商项目 7 个,发布乌江沿线乡村旅游重点镇 9 个、重点村 27 个,将党建共建点打造成为率先致富圈。

5.加强乌江生态廊道建设

以党建联建共创为基础,建立"一方鸣笛,八方联席"水环境应急联动机制,各试点村(社区)联合组建汛期党员突击队、乌江航道综合巡逻队,开展乌江沿线垃圾倾倒整治、巡河护航、排污巡查和消防安全应急演练活动。依托党建联建共创,开展水上危险品运输安全监管、船舶溢油风险防范和污染排放控制,完善码头污染物接收处置设施;严格落实水土保持可持续发展协调机制、流域生态保护红线制度、流域生态补偿机制和乌江"十年禁渔"要求,整合联建单位政策、资金、项目,深入实施绿道、绿城、绿水、绿树、绿园、绿景"六绿"攻坚,建成沿江湿地公园 3 个。各联建单位共同发力,建立党委(党组)主导、行业党组织和基层党支部共同参与的乌江流域生态环保责任体系,严守乌江流域水资源开发利用、用水效率和水功能区限制纳污"三条红线",推动乌江流域"一水共治",乌江干流水质达到Ⅱ类标准,流域水质总体为"优",45 个国控水质监测断面优良率达 100%。三年来,取缔乌江网箱养鱼 124.35 万平方米,累计拆解"三无"船舶 90 余艘,清理乡镇自用船

3570 余艘。

在"千里乌江党旗红"党建品牌引领下,乌江流域党建活力持续增强。省委党校专家组以"基层党建引领乌江流域经济社会创新发展研究"为题针对联建共创工作进行课题研究,铜仁市委政研室先后形成《长江经济带发展战略下铜仁乌江水运发展的路径思考》《铜仁市乌江生态经济融合区调研报告》等调研报告,"乌江生态经济融合区建设路径研究"被确定为 2021 年度市人文社科课题并圆满结题,"乌江生态经济融合区茶产业集群发展研究"被列入 2022 年度市委重大课题,有效推动乌江流域党建联建共创和流域治理新模式形成理论成果。乌江流域党建联建陈列室建成开馆,《贵州铜仁：推进乌江流域基层党建联建　共创"千里乌江党旗红"》入选人民网第六届基层党建创新典型案例,《贵州省思南县：构建"三色走廊"深化基层党建联建共创》在中宣部《党建》杂志刊发,《铜仁市和省交通运输厅共推乌江流域基层党建联建试点》获评 2021 年度贵州全面深化改革优秀案例,乌江流域基层党建联建共创试点工作先后被《中国组织人事报》、贵州广播电视台、《贵州日报》等多家主流媒体宣传报道,党建品牌影响力不断提升。

大 事 记

前 4 世纪末

战国后期,楚庄蹻率兵溯沅水,出且兰以征黔伐滇,在潕阳河沿岸留下许多船舶停靠点。

秦司马错率众舟溯涪水取楚黔中,断楚庄蹻后路,在乌江下游及支流留下许多船舶停靠点。

西汉建元六年(前 135 年)

唐蒙组织开拓与牂牁江水道相衔接的道路,策划水陆联运下南越。南盘江北盘江—红水河已有水运。

西汉元光五年(前 130 年)

在赤水河河口与长江汇合处左岸设符县(今四川合江),赤水河进出口货物起止船舶停靠点形成。

西汉元光五年至西晋永嘉六年间(前 130—312 年)

在习水河中游右岸今贵州省赤水市官渡镇设鳖县,今长沙、官渡两镇船舶停靠点形成。

东汉建武二十三年至二十五年(47—49 年)

五溪蛮帅相单程率众起义,出动水军镇压,战于五溪,促进了五溪船舶停靠点的发展。

蜀汉章武三年(223 年)

今习水河上游三岔河发现最早的舟船崖刻图,刻记为"章武三年"。习水河水运及造船业已形成一定规模。

西晋建兴二年(314 年)

赤水河在西晋建兴二年李雄据蜀期间,在赤水一带"招降夷獠,修缮舟舰",赤水河一带航运及船舶修造业已具一定规模。

东晋永和、升平年间(345—361 年)

东晋穆帝时(345—361 年),在今赤水市设安乐县,赤水港已初步形成。

南北朝刘宋时期(420—479 年)

南盘江北盘江流域内设夜郎郡、兴古郡、西平郡和牂牁郡,贡赋运都城建业(今南京)均以水路里程计算。

南朝宋元徽二年(474 年)

荆州刺史沈攸之禁止食盐运往五溪(含沅水上游今贵州境内支流)。浙、淮盐已入贵州境。随着贡赋、淮浙盐等水运进出物资的增加,治所所在地的玉屏、锦屏、天柱、瓮洞等船舶停靠点,成为课赋外运和淮浙盐进入的集散地,初具港口雏形。

南齐时期(479—502 年)

在潕阳河置西平阳县(今贵州玉屏),清水江流域置南平阳县(今贵州锦屏)、东新市县(今贵州天柱瓮洞),是沅系水道以沿江集镇为据点设县治之始,三县集镇港埠已具规模。

梁、陈时期(502—589 年)

梁、陈时期(502—589 年),沅系诸水大抵隶属夜郎郡(治夜郎县,今贵州岑巩附近)及东牂牁郡范围。水运也逐渐向上游河段延伸,促进了沿江船舶停靠点的形成和发展。

隋开皇五年(585 年)

乌江沿岸置涪川县(今贵州思南)隶黔州,唐隶思州,后改费州州治,涪川县(今思南县)港口集镇已具规模。

隋开皇十九年(599 年)

乌江沿岸置务川县(今贵州沿河)隶庸州,唐为务州州治,后又改为思州州治,务川县(今贵州沿河)港口集镇已具规模。

唐武德二年(619 年)

乌江沿岸置洪杜县(今贵州洪渡)隶黔州,集镇港埠形成。

乌江沿岸置思王县(今乌江支流印江河口)及多田县(今贵州思南、潮砥之间),均隶思州,多田后改隶费州。两处船舶停靠点得到发展。

唐麟德二年(665 年)

洪渡县治移至龚滩(今龚滩镇),港口集镇进一步发展。

武周长安四年(704 年)

潕阳河流域置溪州(后改名鹤州、业州、奖州),干流沿岸有渭溪县(今抚溪江)及梓萤县(今贵州镇远),支流沿岸有夜郎县(后改名峨山县,即今贵州岑巩)为州治。三县港口集镇得到进一步发展。

唐乾元元年(758 年)

锦江流域设常丰县(今贵州松桃)傍松桃河,渭阳县(今贵州铜仁),集镇港埠已形成;乌江流域沿江设务川(州治今贵州沿河)、思王(乌江支流印江河口)、思邛(今贵州印江)、涪川(州治今贵州思南)、多田(今贵州思南、潮砥之间)五县均成为贡赋起运港。

唐元和年间(806—820 年)

贵州东部、北部地区水陆联运线已经形成,水陆联运更具一定规模,沿河各港口已经形成。

后梁时期(907—923 年)

奖州刺史石处温前后累计向前蜀献军粮 20 余万石,跨潕阳河与乌江两流域水陆运道。潕阳河与乌江两流域港口码头成为中转枢纽。

后唐天成二年(927 年)

由牂牁清州八郡刺史宋朝化率领的朝贡使节共 153 人,携带贡物合计 250 千克左右,陆水联运入京。

北宋嘉祐三年(1058 年)

淮盐运至沅水上游黔湘边境各州(含今黔东部分地区)转售给溪洞蛮僚。此后复销粤盐。

北宋熙宁六年(1073 年)

置夔州路市易司于黔州,州治在今重庆彭水,乌江商贸兴旺、港口繁荣。

北宋元丰七年(1084 年)

荆湖北路相度公事叙述王江"东由王口三甲,西连三都乐土,南接宜州安化,北与诚州新招檀溪地密相邻比",说明西系水道水运复苏,并向上游延伸。

北宋大观三年(1109 年)

赤水河中游设滋州、承流县(今贵州土城镇),州县同城,港埠集镇兴盛。

北宋宣和三年(1121 年)

废滋州改设武都城,归属仁怀堡(今贵州复兴镇),港埠集镇兴盛。

南宋绍兴六年(1136 年)

为赶运军粮,四川安抚制置大使席益提议,收拾上游的漂木,并就近采集木料,于黔、泸等州打造运船,以弥补私船的不足,是为乌江有官船记载的开始,今贵州沿河县境尚保留有官舟的地名。

南宋端平元年(1234 年)

袁世盟平南时,在习水河今官渡镇由官府设渡,得名"官渡",并兴场集,港兴镇旺。

元世祖至元二十八年(1291 年)

仁怀、古滋两处,由湖广行省播州军民安抚司改隶四川行省播州军民安抚司。

元世祖至元二十九年(1292 年)

潕阳河置大田(今贵州镇远)、清浪(今贵州青溪)、平溪(今贵州玉屏)水站,配置驿船及船夫、杂夫。为贵州航务、港口管理之始。

明洪武二十二年(1389 年)

镇远置卫筑城,后为镇远府治,为黔湘水道水陆接运码头。

明洪武二十三年(1390 年)

潕阳河沿岸偏桥(今贵州施秉)、清浪(今贵州清溪)、平溪(今贵州玉屏)置卫筑城,集镇港埠得以提升。

明洪武二十五年(1392 年)

曹震疏浚永宁河航道,贵州物资可从永宁河装船,经长江往两湖、江西、苏皖诸省。

明洪武三十年(1397 年)

清水江下游置铜鼓卫(今贵州锦屏),筑卫城,集镇港埠提升。

明永乐四年(1406 年)

朝廷派少监谢安到赤水河一带采伐楠木,经水路运出。

明永乐十一年(1413 年)

置贵州承宣布政使司,贵州始有行省建置。

明永乐十二年(1414 年)

思州府税课司置于思州(今贵州岑巩),思南府税课司置于安化(今贵州思南),港埠商贸兴盛。

明正统十一年(1446 年)

疏浚清水江支流亮江(一说洪州小河),船舶停靠小港向支流延伸。

明正统十三年(1448 年)

镇远府税课司置于镇远,商税收入冠全省各府,港埠商贸兴盛。

明弘治年间(1488—1505 年)

酉阳宣慰司踞龚滩设卡征税。

明正德九年(1514 年)

工部为修乾清宫、坤宁宫,派官员到湖广、四川、贵州伐运大木,经水路运出。

明嘉靖元年(1522 年)

修建盘江沙麓津渡口码头。

明嘉靖二十五年至二十八年(1546—1549 年)

锦江流域爆发起义,铜仁军队乏粮。自湖广荆、岳、长、衡等府运粮 8 万石接济,铜仁、松桃为主要接输港。

明万历二十四年(1596 年)

石阡知府郭原宾组织开通石阡河,自塘头直抵石阡港。

明万历二十五年(1597 年)

天柱县令朱梓在清水江下游新市镇增建官舍,招募客商,辟为码头。

明万历二十七年(1599 年)

播州杨应龙叛,在綦江上游大造舟船输运军饷,川黔边境港口、水运频繁。次年湖南漕粮 30 万石运抵诸葛洞下。夏六月巡抚郭子章组织开凿诸葛洞,秋末通航。

明万历二十九年(1601 年)

设仁怀县,治所由今复兴镇迁留元坝(今贵州赤水),建石城,成为川盐入黔仁岸第一大港。

明泰昌、天启年间(1620—1627 年)

濑阳河频遭大水,河槽变化。明天启三年(1623 年),为粮运需要,巡抚杨述中组织开凿诸葛洞滩。

清顺治十六年、十七年(1659—1660 年)

清军分四路进贵州。东半部连年出现大面积旱灾,需粮急切,巡抚卞三元组织开辟濑阳河与锦江两河上游运道运粮,通达黄平旧州及闵孝港。

江口、闵孝为转输粮食建仓。

清康熙五年(1666 年)

黎平府自湖广划归贵州(含清水江下游及支流)。

清康熙二十二年(1683 年)

镇远、偏桥两港自湖广改隶贵州,后改为县治。

清康熙三十八年(1699 年)

铜仁县令王源倡造锦江上游小船。

清雍正三年(1725 年)

湖广铜鼓(今贵州锦屏)、五开(今贵州黎平)二卫隶贵州,黎平府改为县治。

清雍正四年(1726 年)

云贵总督鄂尔泰倡疏㵲阳河上段,次年辖治㵲阳河太平滩。

清雍正五年(1727 年)

贵州疆界大调整,黔、桂以红水河为界,遵义府及所属仁怀(今贵州赤水)、桐梓等五县自四川改隶贵州,永宁县划归四川(今四川叙永)。

清雍正七年、八年(1729—1730 年)

清水江百余艘船参与运粮,自洪江抵清江(今贵州剑河),港口繁忙一时。

清廷沿都、清两江置古州厅(今贵州榕江)与清江厅(今贵州剑河),集镇港埠得以提升。

广西六合知县吴正一溯都江运粮至古州港。

云贵、广西总督鄂尔泰倡修都、清两江航道、纤道。

仁怀港(今赤水港)、官渡港、长沙港随遵义府划归贵州布政使司。

清雍正九年(1731 年)

都柳江中游置都江厅(今贵州上江)。

清雍正十年(1732 年)

清水江中游置台拱厅(今贵州台江)。

鄂尔泰倡修都、清两江运河,经勘察未兴工。

清雍正十一年(1733 年)

为转输广西上运粮饷,古州港建仓 60 间,都江港建仓 40 间。

粤盐首经都柳江运抵古州港,次年销至三脚屯港(今贵州三都)。

清雍正十二年(1734 年)

疏通清水江支流巴拉河苏家寨至施洞段,港口码头向支流延伸。

潕阳河上游旧州港设黄平州司,都柳江上游三脚屯港设独山州同。

清乾隆三年(1738 年)

古州港设仓大使管理,收储由广西上运的粮食。

清乾隆三年、四年(1738—1739 年)

贵州总督张广泗疏请整修都、清二江航道及纤道。

清乾隆五年(1740 年)

古州港城北筑石堤 107 丈,1754 年接筑城东石堤 100 丈。

古州、三脚屯、丙妹、下江等地商埠码头逐渐形成。

清乾隆八年(1743 年)

荔波县自广西划入贵州,今贵州全省地域大体形成。

粤盐经都柳江上运,供应荔波县境。

张广泗请开都柳江支流寨蒿河,使航道延伸近百里。

清乾隆十年、十一年(1745—1746 年)

张广泗组织开辟赤水河中上游航道,整治滩险 68 处,航道延伸 300 余里,新增港口码头 5 处。

黎平知府徐立御组织开辟亮江水运,通至高屯。

清乾隆十一年至十四年(1746—1749 年)

赤水河茅台、兴隆、二郎滩、猿猴等港口码头建造船工场,修造鳅船,仁岸川盐开始经赤水河上运茅台。

清乾隆二十二年(1757 年)

整治潕阳河显灵滩。

清乾隆二十五年、二十六年(1760—1761 年)

巡抚周人骥组织开辟南明河失败。

清嘉庆十三年(1808 年)

开辟清水江上游下司场商埠码头。

清道光二十年(1840 年)

整治潕阳河大王滩。

清咸丰元年(1851 年)

黔东南人民起义,清政府在清水江、都柳江、潕阳河设水卡 15 处,水运、港口受影响。

清咸丰六年(1856 年)

乌江下坪山崩形成新滩,阻断航道。上殿山溪泥石流沉积溪口,形成干溪子滩。水运受影响。

清咸丰七年、八年(1857—1858 年)

綦岸川盐运量大增,发展软板船运盐,松坎、羊磴码头兴起。

清光绪三年(1877 年)

川督丁宝桢改革盐制,仁、綦、涪三岸港口、水运进一步发展。

清光绪五年(1879 年)

整治赤水河险滩 70 余处,清光绪七年(1881 年)竣工,葫市码头形成。同期开辟綦江上源松坎至新站段水道。

清光绪八年(1882 年)

整治清水江上游龙王洞等 25 滩。

清光绪十三年(1887 年)

创办青溪铁厂。次年,自国外购进成套冶炼设备,水运上溯潕阳河到达青溪。建成青溪码头。

清光绪二十年(1894 年)

修复乌江新滩右岸驳运道。

清光绪三十四年(1908 年)

商民胡德金捐修都柳江头难、二难、三难等三大滩险。

清宣统年间(1909—1911 年)

整治清水江结洞滩。

1914—1915 年

思南县商民刘云开初开乌江上段雷洞滩至沿江渡航线。

涪岸盐商初开乌江上游黄沙至猫跳河朱昌水道。

西江发生特大洪灾,北京政府批准在广州成立治河机构,组织包括红水河系在内的流域勘察。

1916 年

都柳江上游三合县政府开始征收船捐（养河费），用来维修航道。

习水县府迁至官渡港。

1916—1917 年

习水县商民集资整治恢复习水河中游箭滩至县城（官渡）航段，官渡港再度恢复繁荣。

1919 年

贵州第一台发电设备溯㵲阳河运抵镇远。

1924 年

贵州第一艘机动船自合江驶入赤水港。

1927 年

贵州第一辆汽车自柳州溯都柳江运抵三合码头。

1928 年

省长周西成倡修连通都柳江三合、清水江下司两码头的公路，建成三合码头。

1930—1931 年

重修重安江结洞滩。

开辟㵲阳河支流黄平小河运道。

1932 年

按国民政府军事委员会参谋本部统一部署，首次进行船舶调查。

1935 年

1 月 1 日　中国工农红军强渡乌江战役分别从江界河渡口、龙溪回龙场渡口、孙家渡渡口和茶山关渡口 4 个地方同时打响。

6 月　松坎河码头公路通车。

1936 年

11 月　重安江重安港，㵲阳河镇远、施秉、玉屏三港相继通车。

1937 年

7 月　抗日战争全面爆发，军事委员会颁布各省市船舶编队演习办法、船舶总队部简则、民船编队应注意事项。

12 月　军事委员会指示贵州等省水陆交通亟须改进。

1938 年

1 月中旬　全国经济委员会召集会议讨论开发乌江水道等问题。

2 月　淮委组织踏勘清水江、潕阳河。

7 月　军政部着手调查由广西梧州经贵阳至重庆的水陆交通。行政院第 372 次会议作出整理黔湘桂水道的决定。

8 月　淮委綦江水道工程局附设"松坎河浅滩整理工程队"(次年 5 月工竣撤销)。

11 月　黄委组建"整理清水江(河)工程处",陶履敦任处长(次年春正式开工)。

12 月　淮委组建"乌江水道工程局",雷鸿基任局长。

1939 年

年初　行政院设"水陆运输联合委员会",6 月,该会调查北盘江及支流打帮河通航情况。

8 月　"乌江水道工程局"组织测量龚滩至思南水道,11 月设工务段筹办本段工程。

9 月　"水陆运输联合委员会"改组为"水陆运输联合设计委员会"。

9 月　珠江水利局组织勘察红水河及盘江。

12 月　交通部西江造船厂在长安设第二工场,建造行驶都柳江及西江的船舶(次年 5 月结束)。船只由交通部东南联运处接管,资源委员会在三合设转运站,开办黔桂水陆联运。

同年　黄委"整理清水江工程处"组织勘测赤水河。

1940 年

3 月　都柳江三合港公路修通。

6 月　潕阳河玉屏港、锦江铜仁港的公路修通。

7 月　清水江锦屏港公路修通。全国驿运会议在重庆召开,贵州等 15 个省的代表参加。

8 月　黄委整理清水江工程处派员勘察羊磴河及桐梓河。乌江沿(河)龚(滩)段首建谷坊 3 座。

9 月 10 日　都柳江三合港遭日机轰炸。

9 月　乌江思南港公路修通。

12 月　开办黔东北西水—乌江水陆联运及黔北綦江上源水陆联运。华委组建"整理都(柳)江工程处",徐宗溥任处长(次年 2 月撤销)。

1941 年

春　开办黔东北辰水—乌江第二辅助水陆联运线。

12月　淮委组建"赤水河水道工程局"，吴溢任局长，赤水河航道整治开工建设。

同年　"乌江思筑段测量队"勘测乌江上游及南明河、清水江航道。沅系清水江航道与重安、施洞码头工程结束，机构撤销。

1942 年

独山通火车，黔桂水陆联运改为铁公联运。

赤水河首建水文站6处、水位站25处。

1943 年

春　首建赤水河丙滩潜坝1座。

2月　南盘江八渡码头公路修通。

夏　赤水河建石梅滩谷坊1座。

1944 年

10月，潕阳河旧州港通车。

1945 年

1月　松桃河松桃码头通车。

8月12日　都柳江发生特大洪灾，中游平禹附近大滑坡，形成平禹滩。

12月　乌江与赤水河工程结束，机构撤销。

1947 年

全省42县受灾。

1949 年

12月26日　贵州省人民政府成立。全省设置贵阳市及贵阳、遵义、铜仁、安顺、毕节、镇远、独山、兴仁8个专区，共计80个县级建制（县级遵义市及79个县）。

1950 年

1月　贵州省人民政府财政经济委员会成立，负责指导全省财政、工商、交通、农林及税务、粮食、劳动、合作、金融等业务工作。

3月　土匪暴乱。土匪在港口码头及重要险滩设置关卡，抢劫民船，航运受到严重破坏。各河实行武装护航。广大船民支持协助解放军完成剿匪任务，历年余平定。

7月21日　贵州省交通厅成立。首任厅长王伯勋，副厅长阎海青、李葆善。

1951 年

1月　省交通厅召开首届交通会议。按照政务院财经委发布的《关于统一航务港务管理的指示》,明确通航水道由所属专区分管,专署交通科设航管机构(含港口码头管理职能)管理船舶运力,汽车运输公司管理运输业务。

3月　贵州省交通厅设立航务科,负责全省航务(含港口码头)管理工作,科长杜月泉、副科长夏鹤鸣。

4月　省交通厅航务科对潕阳河、清水江、赤水河、习水河、松坎河、乌江及都柳江进行港航调查。

5月　镇远专署拟定《潕阳河航行运输组织管理办法》,在镇远设立航管(港口码头)中心站,下辖航管站或联运社,规定各站职责。

7月31日　省交通厅厅务会议明确各河航管(港口码头)站编制方案,由各专区、县交通科长兼任航管中心站、航管站站长。由交通厅培训人员20名,充实各河航管部门。

1952 年

4月　全省航管(港口码头)站建站工作全面展开。年末共建12站,分布于各河系,均属省交通厅直接领导。

10月　中共贵州省委根据全国第五次公安会议精神,组织广大船工船民及岸上居民,发动镇反高潮,着力建立水上户口,建立和加强水上公安工作。赤水河开始水上民主改革,其他各河相继开展。

11月　思南航管站首建站前码头。开始修整乌江纤道。

1953 年

8月　交通厅在都柳江、清水江、潕阳河、锦江设4个工程组,10月又在赤水河、乌江设2个工程组,负责航道建设和养护工作。勘测整治清水江结洞滩,为解放后贵州航道勘察设计工作的开端。

同月　各河码头建设相继展开,乌江思南增建粮食专用码头,沿河新建东岸粮食码头。锦江改建铜仁西门码头。清水江修复重安江码头,扩建下司码头,新建锦屏新码头。

11月　为调集粮食,乌江、清水江、锦江分别修复和改建码头。

1954 年

1月21日　交通厅决定将各河联运社与航管站合并为航运管理站。年末,全省共有21个航运管理站(组)。

4月18日　交通厅航务科扩编为内河航运管理处,处长熊飞、副处长杜月泉、政工室主任李超。

10月8日　打通赤水河吴公岩断航工程开工,次年3月7日竣工。此举为解放后贵州河系航道工程的开端。

1955 年

1 月 30 日　赤水河开辟赤水至合江段浅水拖船航道。首先在香炉滩开工,由赤水县政府与省交通厅航运处共同组织实施。

8 月　潕阳河整修镇远禹门码头,为石砌阶梯式。

9 月　赤水河新建茅台下码头和马桑坪码头。

1956 年

1 月 20 日　贵州第一个高级木帆船运输合作社——赤水黔锋社成立。

同月　交通厅航运处决定开辟赤水以上至元厚的机动船航道和清水江锦屏至托口段浅水拖轮航道。

3 月　全省组成木船运输高级社 20 个、初级社 17 个,副业木船分别被纳入当地农业生产合作社,基本实现合作化。

3 月　根据交通部统一部署,开展全省航道普查,年末提出《贵州省内河水道普查报告》报交通部。

5 月 29 日　内河航运管理处扩编为内河航运管理局,为交通厅属二级机构,局长孙紫芳,副局长熊飞、杜月泉。

1957 年

1 月　省航运局组成 4 个航道测设队,分别开展清水江、赤水河、乌江、都柳江的航道测设工作。

1 月 14 日　赤水河赤水至合江段浅水拖轮航道试航。喷水式拖轮“交通号”驶入赤水港。

2 月 17 日　在赤水县宣布成立赤水河系航运办事处,除航政外,兼船运的经营管理职责。

4 月　赤水港麻柳沱建成阶梯式码头,附属设施有 60 吨木质趸船 1 艘、小型油库 1 座、仓库 1 座,为贵州省第一个为机动船服务的码头,也是首次设置趸船的码头。

12 月 8 日　省政府批准铜仁专署成立乌江航道整治委员会,组织实施拖轮航道开辟工程。

1958 年

年初　赤水航运办事处在丙安以下设置 7 个航标点。赤水河是贵州安设航标最早的河流。

1 月 17 日　乌江断航滩——潮砥开工。

1 月 30 日　乌江断航滩——新滩开工。

3月28日　贵州省委批准,航运(港口码头)管理推行条块结合、以块为主的体制。除赤水河以省为主、地区协管外,其余各河下放地(州)管理。

5月1日　黔东南州清水江最先将5个木船运输社并为"清水江五一运输社"。半年内全省39个木船社相继并为高级社。

5月30日　交通厅撤销航运局,改设航运处(职能处),孙紫芳任处长,熊飞、朱海亭先后任副处长。

1959 年

8月　乌江新滩安装人力铁质绞关机助航。

11月15日　乌江位于省界附近的断航滩——龚滩开工整治。

12月17日　经省政府批准,撤销航运处,恢复内河航运管理局,局长魏德坤,副局长刘进礼、汲殿选、孙圣文、卢朝辅先后任职。局设办公室及运输、河道工程、财务、机务、港监、规划等科室,定员44人,职能职责相应扩大。

1960 年

年初,黔东南州在锦屏县成立清水江航运局,管理河系航运(港口码头),兼营驻湖南洪江沅水航运办事处运输业务。10月,沅水办事处改隶省交通厅,由省航运局负责管理。

5月　潕阳河镇远航运中心站调船93艘(811吨),施秉县航运管理站调船85艘,支援湘黔铁路建设。

6月　赤水航运办事处改为企事业合一单位,更名为赤水航运公司。

7月　赤水长征运输人民公社并入赤水航运公司。年内全省各河航运先后实现集体所有制向全民所有制过渡。

7月　赤水航运公司部分轮驳船依靠在省外港作或出租,以维持企业收支平衡。

10月　为便于协调工作,沅水航运办事处改隶省交通厅,由省航运局负责管理。

1961 年

1月　省交通厅属驻沅水(湖南)航运办事处因货运萧条而被撤销。

7月　成立贵州省乌江航运分局,直属省交通厅。

同月　贵州省赤水航运公司更名为赤水航运分局,直属省交通厅。

1962 年

1月　交通部基建总局、南京水利科学研究所、交通工程设计院专家5人,来黔指导整治工程技术总结工作。

8月31日　撤销铜仁专区乌江航运公司,改设乌江航运管理中心站,下辖思南、德江、沿河航运管理站。

1963 年

5—7 月　乌江新滩左岸连续崩塌（约 6000 立方米），又造成断航。至 1965 年疏通。

7 月 10 日　中共中央西南局计委、经委在宜宾召开云、贵、川三省跨省运输座谈会，川、贵两省交通厅就赤水河航运管理、航道整治、养河费征收、运价及运力调度等达成协议。

1964 年

2 月 1 日　省航运局与涪陵港务局签订石油运输合同，实行汉口、涪陵、沿河支干联运，代办中转，运费包干，铜仁地区石油开始由乌江水运进口。

5 月　乌江第一艘机动驳船"黔机 001 号"（后更名"东风 1 号"）建成出厂。

1965 年

4 月　赤水航运分局撤销重庆站，另设置朱羊溪（港口中转）站，企业开始扭亏为盈。

5 月　省人委批准乌江、赤水河、清水江、都柳江、潕阳河、锦江 6 条河流航运收归省航运局管理。

8 月　贵州第一座机动绞关（7 吨）在赤水脱弓滩投入使用。

同年　继赤水河之后，乌江首次在思渠、麻柳湾建信号台导航。

同年　潕阳河施秉县高寨榜建水轮泵站，无过船设施，开贵州省干流闸坝断航之首例。

1966 年

3 月 1 日　思南船厂从乌江航运分局划出，收归交通厅直属。

6 月　乌江建成龚滩、土沱子 2 处机动绞滩站。

1967 年

1 月 17 日　省交通厅、水电厅联合通知，要求各地在水利建设中切实解决航运过坝问题。

6 月　经省革委会批准，成立贵州省交通厅革命委员会。

1968 年

5 月　经省革委会生产领导小组批准，交通厅革委会及公路局、运输局、航运局撤销，另设交通运输办公室。

1969 年

1 月 10 日　习水县革委会自行将赤水河习水县境二郎至土城段航道划归县管，成立习水县航管站。

1 月 20 日　省交通勘察设计院三测队 6 人,由乌江渡乘橡皮船漂流,全程勘察乌江(港口码头)航道,行程 593 千米,历时 60 天。

1970 年

1 月　省革委会明确交通运输办公室改名省革委会交通局。

10 月　省交通局与邮电局合并,但业务上自成系统。

1971 年

1 月　省交通局设工程管理处、运输公司及汽车监理组。港航监督由汽车监理组管理,乌江航运分局、赤水航运分局下放地方管理。

3 月 1 日　省运输平衡会议确定运往沿河县的大宗进出口物资全部利用水运,运往印江、德江、沿河、思南 4 县的进口物资都要从涪陵港进口,以减小汽运压力。

8 月　省属乌江、赤水河等 6 条河流航运又下放所辖地(州)管理。

1972 年

3 月　省交通局设立航运组,管理航运业务,负责人朱海亭。

11 月　省交通局与邮电局分开。

1973 年

7 月　北京电视台、新华社、中央新闻纪录电影制片厂、贵州电视台等单位共十余人,赴乌江实地拍摄反映乌江航运建设和发展的纪录片,次年完成,片名《战乌江》。

10 月　贵州选定赤水河右岸马村至鲢鱼溪建设赤水天然气化肥厂,赤水河下游航道扩建工程和港口码头、船厂、船队建设被列为配套项目。

1974 年

4 月　省交通局扩大航运组为航运管理处(职能处),负责人汲殿选。

8 月 26 日　赤水、乌江两河收归省管。赤水航运分局、乌江航运分局及乌江航道队由省交通局直接领导。

11 月 15 日　赤水河赤水至合江段航道整治工程开工。赤天化建设指挥部交通工程处在黑蛮滩举行开工典礼。

12 月　省交通学校在乌江航运分局、赤水航运分局设分校,培训技工近 400 人。

1975 年

9 月 21 日　赤天化首批设备(含最重件氨合成塔),经长江进入赤水河,运抵赤天化大件码头。

1976 年

2 月 29 日　赤天化建设指挥部在赤水河楚滩召开赤水至合江段航道整治工程竣工大会。次年由省有关部门正式验收。

12 月　年末统计，全省共有永久性碍航闸坝 83 处，涉及河流 22 条，受其控制和影响的河段共 1581 千米。"文化大革命"期间新建的碍航闸坝占 84%。

1977 年

2 月　省属航运企事业单位按省劳动局下达指标在全省招工，先后招收新学工 1339人。赤水航运分局选送 442 人，委托湖南省航运公司培训。

3 月 25 日　赤天化成套设备运输任务完成。省政府授予大件运输奖。

1978 年

6 月 24 日　贵州省交通局、重庆铁路分局、重庆港务局和成都化肥农药经管处，商定赤天化化肥运输专线及（港口枢纽）水陆联运方案。

12 月　省交通局航运处由职能处扩大为全能处，于文会任党委书记（后调曲辰任处长），汲殿选、董福贵、王常信、张敦嘉、曾德新任副处长。

1979 年

6 月　省属赤水航运分局、乌江航运分局更名为"贵州省赤水航运公司""贵州省乌江航运公司"，专营船运业务，原分局所属航运中心站改为河系航运管理中心站，统管河系航政、航务工作，由省航运管理处直接领导。其他属地、州管理的航运中心站隶属关系不变。

6 月 13 日　省交通局召开会议，部署第二次航道普查工作。

11 月　国家科委、经委、石油化工、铁道等部和全国供销总社商定赤天化化肥国家上调 18 万吨、贵州自用 30 万吨。90% 以上由赤水河鲢鱼溪港运出，日平均运量 1500 吨。

1980 年

4 月　贵州省交通局更名为贵州省交通厅。

7 月 1 日　省政府批准撤销清镇县红枫湖航运管理站，由省交通厅明确赤水航运公司接管，经营轮渡。

10 月 1 日　红枫湖旅游业举行开业典礼。

10 月　交通部召开交通史编写会议，会后交通厅成立公路交通史编写委员会。次年2 月组成编史办公室开展工作。航运史的资料收集也同时开始。

11 月　葛洲坝截流，长江断流，铜仁地区原由乌江水运的石油改道陆运，各港口码头吞吐量明显下降。

1981 年

5月　铜仁地区交通局在锦江支流谢河桥河口双河水电站闸坝建成升船机,同年9月投入使用。该升船机为贵州第一座可以运转的斜面升船机。

10月　贵州航海学会在贵阳成立。首届理事长赵曙光,副理事长曲辰、于文会、周光明、张敦嘉、顾增允。

1982 年

5月　省赤水航运公司被列为省交通系统企业全面整顿试点单位。次年11月发给企业整顿合格证书。

11月　省赤水航运公司拖驳船队"一拖四驳"从赤水河鲢鱼溪港出发至合江港获得成功。

12月　交通部水运规划设计院专家来贵州考察"两江一河"。向省政府建议,加速恢复发展"两江一河"航运。

12月31日　省赤水航运公司"501号"拖船(480马力),拖带载重量160吨的驳船9艘,装载煤炭693.6吨、木材986立方米,到达江苏江阴港。11月27日,船队从赤水河口合江港起航,于次年2月8日返回合江港,往返航程4750千米,历时74天。贵州远航船队直航长江中下游,打破了长江航运条块分割、干流独家经营的僵化体制,开创了贵州航运的新局面。

1983 年

1月　省交通厅召开南北盘江—红水河近期复航措施讨论会,部署造船试航,深化前期工作,争取列入"七五"国家建设计划。

5月3日　贵州省交通厅史志编审委员会成立。航运史志编写被纳入编审范围。

9月17日　乌江航运公司"东风16号"货船绑推驳船4艘,由涪陵港出发,直航江苏南通港。

12月27日,省编制委员会、省经济委员会批准同意,将贵州省内河航运管理处改为贵州省内河航运管理局,为省交通厅厅属二级机构。张敦嘉任书记,马廷炎任局长,曾德新、李治生任副局长,人员编制不变。

1984 年

2月13日　委托交通部水运科学研究所在赤水河布设超短波无线电接力和船舶移动通信网,交付使用。

5月　贵州省交通厅成立航运规划领导小组,厅长杨守岳任组长,厅总工程师邓时恩任副组长,由省交通设计院和省内河航运管理局共同组成办公室。年底完成长江水系赤水河和乌江航运规划报告,纳入长江水系航运规划。

12月 省赤水航运公司当年盈利154万元,创历史最高水平。

12月31日 国家计委下达粮棉布实物指标。省政府批转计委安排,部分用于航道(码头)建设。

1985 年

1月 经省交通厅批准,省属两个航运公司更名为"贵州省赤水轮船公司""贵州省乌江轮船公司"。

1月 川、黔五县(古蔺、仁怀、金沙、习水、赤水)政协召开联席会议,建议以航运渠化为主,综合开发赤水河。

3月 省政府批转省计委、交通厅共同拟定的《关于动用国家库存粮、棉、布帮助贫困地区修建道路、整治航道的安排意见》,其中安排建设码头资金。

3月 "两江一河"一期复航工程开工,由黔西南州政府组织实施。

4月 交通部顾问李清一行视察黔西南州,鼓励开发"两江一河"航运。

5月 黔西南州组建盘江轮船公司,以70吨货船和百吨驳船组成拖驳船队,在北盘江白层码头至红水河安篓码头之间再次试航。

6月 乌江个体户张柄荣贷款建造客船1艘(108座、16铺位),航行于思南县城至文家店间,开乌江上段定班客运之首例。

7月4日 省内河航运管理局直属的赤水、乌江航运(港政)管理中心站撤销,分别由遵义地区、铜仁地区交通局成立航运(港政)中心站。

11月 交通部计划统计局来函,同意"两江一河"一期复航(含港口码头)工程作为地方项目,列入"七五"国家建设计划,资金给予补助。

1986 年

5月 按交通部统一部署开展全省港口普查,历时年余,编成《贵州港口》一册上报。

1987 年

5月 由经济学家于光远为顾问,全国政协经济建设组、国家计委咨询组副组长林华为团长,罗西北、何仁仲任副团长的考察团考察乌江。考察后国家科委、计委联合发布《乌江流域经济综合开发战略研究》。

7月13日 省交通厅成立贵州省内河建设办公室,组织内河(港航)发展规划,负责内河重点建设项目的管理和实施,张敦嘉、廖国平兼任正、副主任。

12月 省属航运企业推行承包经营责任制。次年5月结束招标工作。

1988 年

4 月　赤水河中游二郎滩至赤水河段航道工程正式验收,达七级航道标准。

5 月　由国家科委中国科技促进发展中心金履忠为顾问,交通部长江航务管理局局长唐国英为团长的考察团,以发展航运为主考察乌江。

6 月　省交通厅、黔西南州政府对北盘江整治工程项目组织正式验收。整治滩险 43 处,达六级航道标准。

11 月　交通部会同水利部、能源部及滇、黔、桂、粤四省(区)考察"两江一河"。考察团共 50 人,由交通部部长钱永昌任团长,贵州省副省长刘玉林、广西壮族自治区副主席张春园、珠江水利委员会顾问刘兆伦、交通部珠江航运管理局局长袁明钊任副团长。

年内赤水建成东门客货码头,总长 260 米,阶梯条石结构,共设 3 个泊位,供长途及县境客班船靠泊。

1989 年

4 月　"乌江流域经济综合开发战略研究"总课题通过审定,次年获国家科学技术进步奖一等奖。贵州省、四川省交通厅联合编制的"乌江航运发展战略研究"为其二级子课题。

7 月 25 日　省人民政府办公厅发出《转发省交通厅关于治理整顿道路水路运输市场意见的通知》(黔府办〔1989〕93 号)。

9 月 19 日　贞丰县三合煤炭,由白层港经北盘江、红水河、黔江、浔江、西江试运,到达广东佛山市南海糖厂。

11 月　《赤水河(赤水—土城)航运工程可行性研究报告》完成。编制单位为交通部水运规划设计院和贵州省交通勘察设计院。参加编制的有能源部、水利部直属的北京、贵阳勘测设计院等 7 家单位。

1990 年

6 月　省航运局按五级航道标准编制《贵州省乌江航道整治工程预可行性报告》,上报项目建议书,要求列入"八五"国家建设计划。

8 月　赤水东门客货运码头正式验收。

1991 年

1 月 9 日　贵州省赤水轮船公司"遵义 501"船首次试运 10464 担烤烟安全抵达安徽裕溪口,开贵州水路运载烤烟先河。

5 月 9 日　省属水运企业第二轮承包经营(1991—1993 年)合同签字仪式在贵阳举行。贵州省赤水轮船公司、乌江轮船公司、思南造船厂等企业法人代表在合同上签字。

5月23日　《贵州省水路运输管理费征收、使用、实施办法》颁布实施。

5月　"两江一河"一期复航工程竣工验收。

6月　《贵州航运史》（古、近代部分）通过联审会议审定。

9月14日　贵州省经济委员会批准红枫湖轮船旅游公司从贵州省赤水轮船公司剥离，成为省内河航运管理局直管和独立核算、自主经营的航运企业。

10月21日　赤水市航运公司"赤水304"船装载10876担烤烟，从赤水麻柳沱码头首航，29日抵达湖南常德。

11月　道真县烟叶经汽车装运至涪陵港，由贵州省乌江轮船公司"乌江502"轮运往江苏南通，转海船至福建云霄，成功实施公水—江海联运。

12月　《贵州省内河航运发展规划》修订完成，规划修订水平年为1990—2020年。

1992 年

1月1日　贵州省赤水轮船公司研制的贵州省第一艘双体快速客船"金梭号"试航赤水—重庆获得成功。

3月　贵州省乌江轮船公司"乌江411"轮历时19天，成功实施江海联运，将贵阳卷烟厂从津巴布韦进口的3600担烟叶，经江苏南通港转载运往四川涪陵（今重庆涪陵），再进入乌江至思南港转汽运至贵阳。

8月　商业部统一船用柴油供应价格，从1993年取消对贵州省每年优价供应2000吨直供油计划指标。

10月1日　《贵州省交通发展基金征收管理使用实施办法》施行，将水路客货附加费列为交通发展基金。

1993 年

1月5日　贵州省南方航运有限公司成立（1996年注销）。

4月　贵州省乌江轮船公司开辟湄潭—上海公（路）水（路）联运烤烟运输线。

6月　《贵州航运史（古、近代部分）》由人民交通出版社出版发行。

1994 年

1月1日　《贵州省港口管理办法》《贵州省港口管理实施细则》同时颁布施行。

1月1日　贵州省国有航运实行企业法定代表人（企业经营者）国有资产经营目标责任制。

12月　"两江一河"二期复航工程开工。

1995 年

5月20日　贵州省人民政府与广东省湛江市人民政府签订《在湛江市东海岛建设贵

州港协议书》,湛江市在东海岛北面深水海岸线无偿提供 1000 亩土地给贵州建设 5 万 ~ 10 万吨级港口,后因诸多问题协商未果而流产。

7 月 25 日　贵州东方航运有限责任公司成立(1999 年 6 月撤销)。

1996 年

5 月 6 日　贵州省内河工程建设办公室更名为"贵州省水运工程建设办公室"。

10 月 1 日至 12 月 31 日　对从事水路运输服务业的企业、单位进行全面清理整顿,重新审查核发水路运输服务许可证。

12 月 28 日　贵州省第一条五级航道乌江(大乌江—龚滩)航运建设工程开工。

1997 年

1 月　贵州省内河航运管理局成立"航运企业下岗职工再就业工作指导办公室"。省属各航运企业成立"下岗职工再就业服务中心"。

3 月　贵州航海学会召开第三次换届工作会议,选举产生第三届理事会成员。

8 月 11 日　经贵州省编委办公室批准,贵州省内河航运管理局更名为"贵州省航务管理局",成立贵州省港航监督局、贵州省船舶检验局,实行三块牌子一套人员。各地(州、市)县(市)航管、港监部门同时更名,隶属关系不变。

1998 年

5 月 18 日　乌江民间运输客船研制工作完成。

1999 年

7 月　《贵州航运史(现代部分)》由人民交通出版社出版发行。

11 月 19—21 日　推进省属国有航运企业改革和发展会议在赤水市召开,明确了改革脱困的近期目标,通过了《关于推进我省国有航运企业改革和发展的意见》。

2000 年

3 月 1 日起　贵州省赤水轮船公司经营的赤水至重庆航线终止营运,退出水路客运市场。

6 月 11 日　德江县桶井乡新滩渡口渡船沉没,造成死亡、失踪 41 人的特大水上交通事故。

12 月 25 日　西南水运出海中线通道起步工程(贵州段)开工。

2001 年

6 月　贵州省政府"九五"时期扶贫攻坚项目乌江(大乌江—龚滩)航运建设工程通过贵州省计委组织有关部门的竣工验收,被评为优良工程。

2002 年

7 月 3 日　涪陵港贵州码头复建工程正式开工。

7 月 5 日　贵州省航务管理局(港航监督、船舶检验)更名为"贵州省地方海事局",与贵州省航务管理局实行两块牌子一套人员。各市(州、地)更名为"地方海事局"(副处级)、县更名为"地方海事处"(正科级)。

9 月 1 日　贵州省赤水轮船公司获得黄磷货物出省水路运输业务,开贵州黄磷水运出省先例。

10 月 28 日　"十五"时期贵州重点建设项目——赤水河(岔角—合江段)航运建设工程正式开工。

2003 年

1 月　贵州省地方海事(航务管理)局获交通部 2000—2002 年"水上运输安全管理年"活动先进单位称号。

4 月　贵州省赤水河航道处思南码头项目经理部获贵州省"五一劳动班组"称号。

2004 年

4 月 1—2 日　贵州省属国有航运企业改革改制工作会议在贵阳召开。

5 月 30 日　涪陵港贵州码头复建工程全面竣工,年底通过验收交付使用。

6 月 25 日　重庆市彭水县乌江航道右岸滑石子(距乌江河口 149 千米)处发生山体岩崩,造成乌江断航。

10 月 31 日　西南水运出海通道中线起步工程(贵州段)工程通过竣工验收。

2005 年

4 月 23 日　贵州省人民政府批准《贵州省内河航运发展规划(2003—2020 年)》。

6 月　乌江航运枢纽思林升船机开工建设。乌江思林水电站位于贵州省思南县境内的乌江中游河段,为乌江干流规划梯级电站的第 8 级。该升船机建成后,上、下坝划定锚泊地,建有系泊立桩为船舶编队、集结、停泊等,具有现代港口枢纽功能。

8 月 10 日　贵州省红枫湖轮船旅游公司整体移交贵阳市地方管理。

12 月　由交通部和贵州省共同投资 3508.79 万元建设的天生桥库区,拟建设永和、巴结、白云 3 个港区以及永和、巴结、红椿、白云、未罗兰堡 5 个码头。

2006 年

4 月　中共贵州省委、省人民政府授予贵州省航务管理局"精神文明工作先进单位"荣誉称号。

6月　由贵州省赤水航道处自行设计、研制的"通行信号标志自动升降系统"在鲢鱼溪信号台安装调试成功。

10月　赤水河(岔角—合江)航运建设工程通过贵州省发展和改革委员会组织的竣工验收。工程共投资1.86亿元,整治航道158.8千米,改扩建、新建码头5座。

2007 年

7月19日　贵州省委组织部、贵州省人事厅批准贵州省地方海事局(贵州省航务管理局)为实行参照公务员法管理的事业单位。2008年1月1日正式实施。

8月28—29日　天生桥库区永和、巴结、白云港口建设工程通过验收,投入使用。

9月24日　贵州省第十届人民代表大会常务委员会第二十九次会议通过《贵州省水路交通管理条例》,自2008年1月1日起施行。

12月6日　洪家渡库区航运建设工程开工,建设九洞天、木空河、云盘和洪家渡4个码头5个泊位等港航基础设施,总投资2999.73万元。

2008 年

2月　贵州省地方海事局(贵州省航务管理局)被交通部授予"2006—2007年度全国交通行业文明单位"荣誉称号。

5月28日　西南水运出海中线通道(贵州段)航运建设工程开工建设,其中拟新建罗甸、蔗香、板坝等港口,扩建白层港、八渡港等。这是贵州省第一条开工建设的国家规划的高等级航道。

7月11日　贵州省地方海事局与赤水市人民政府和遵义市交通局在赤水港联合举行主题为"奥运反恐、人命救助"的水上交通应急演练。

9月1日　《贵州航运史(1991—2010年)》续修工作全面启动。

12月7日　由贵州远航交通工程有限公司"华电号"轮承运的思林水电站净重达165吨的水轮机转子安全运抵思林水电站吊装码头。

12月　贵州省地方海事(航务管理)局再次荣获中共贵州省委、省人民政府授予的"精神文明建设工作先进单位"称号。

12月　贵州省赤水河航道处荣获中共贵州省委、省人民政府授予的"精神文明建设工作先进单位"称号。

2009 年

1月　历时6个月的第三次全国港口普查工作通过交通部审查验收。

4月　贵州远航交通工程有限公司"华电号"大件运输船被贵州省总工会授予"工人先锋号"荣誉称号。

6月9日　贵州省首个海事(航务)系统农民工工作委员会——贵州黔航交通工程有限公司农民工工作委员会,在红水河蔗香码头成立。

7月3—4日　珠江片区航海日活动在贵阳和遵义举行。

7月　贵州省地方海事(航务管理)局党委被中共贵州省直属机关工作委员会授予"省直属机关'五好'基层党组织"称号。

9月26日　贵州省首家航运历史展览馆——赤水河航运历史展览馆在习水县土城镇建成开馆。

11月10—11日　由全国政协提案委员会牵头,部分政协委员及国家发展改革委、财政部、水利部、交通运输部、国务院法制办的相关负责同志参加,组成联合调研组,赴广西、贵州等地考察调研"两江一河"航运情况。

12月18日　乌江(乌江渡—龚滩)航运建设工程在余庆开工。拟建设遵义港乌江渡码头、楠木渡码头、湄潭沿江渡码头、凤冈河闪渡码头、贵阳港开阳洛旺河码头、黔南港瓮安江界河码头、铜仁港思南太平码头、德江共和码头等8个码头,项目总投资5.69亿元。这是贵州省第二条开工建设的国家规划的高等级航道。

同年　赤水河(岔角—合江)航运建设工程获交通运输部"2009年度交通运输部水运工程质量奖"。

2010 年

1月25日　贵州省乌江轮船公司改制组建国有独资企业,注册更名为"贵州沿河乌江轮船有限公司"。

8月15日　贵州省地方海事(航务管理)局机关干部、职工向甘肃舟曲地震灾区捐款献爱心,共筹集善款7200元。

8月31日　贵州省赤水轮船公司经营活动终止,国有资产退出。9月1日起,进入改制程序。

11月11日　赤水河(狗狮子—合江)创建文明航道,通过贵州省文明办、省交通厅验收,成为贵州省首条省级文明样板航道。

11月12日　洪家渡库区航运建设工程通过交工验收,成为贵州省首个库区绿色航运经济圈。

12月16日　赤水河航道及水运安全监管视频监控系统建设项目通过验收。

同年　赤水河(岔角—合江)航运建设工程获2010年国家优质工程银质奖。

2011 年

1月4日　受冷空气影响,贵州省遭遇较大范围的低温雨雪寒冷天气,贵州大部分地区出现凝冻,交通运输受到很大影响。思南、沿河、罗甸等港口码头,有序分流弃走公路改走水路群众安全回家。

5 月初　广西港航投资建设总公司前来贵州进行"两江一河"复航调研并实地考察码头航道情况,着手启动龙滩水电站翻坝运输意向,广西方将在龙滩大坝上下各建一座专用码头。

5 月 4 日　"乌江(乌江—龚滩)航运建设工程开阳洛旺河码头及瓮安江界河码头及施工图设计"审查会在贵阳通过了省内外专家审查。

6 月 17 日　贵州省地方海事(航务管理)局机关合唱队在省交通运输厅举办的庆祝建党 90 周年合唱比赛中荣获三等奖,是参加历次省交通系统合唱比赛取得的最好成绩。

6 月 20 日　由贵州文学艺术界联合会主办、贵州省摄影家协会承办的"在光辉的旗帜下"——贵州省纪念中国共产党成立 90 周年大型图片展览在贵阳市人民广场隆重举行。贵州省地方海事(航务管理)局参加了这次图片展览。展板用简洁的文字,遴选 20 多张照片,展示了在党的领导下,特别是改革开放以来,贵州水运发生的沧桑巨变;西部大开发十年,贵州水运建设实现的历史跨越。用新旧照片对比,让观众直观地看到贵州水运发生的深刻变化。

10 月 28 日　由交通运输部珠江航务管理局主办、广西港航管理局承办的首届珠江水系"港航杯"羽毛球赛在广西南宁举行。交通运输部机关、珠江航务管理局、贵州省航务管理局等共 6 支代表队参赛。经过两天的激烈角逐,我省羽毛球代表队取得了第三名的好成绩。

11 月 28 日　贵州省人民政府办公厅下发《关于成立贵州省内河航运通航领导小组的通知》(黔府办发〔2011〕125 号)。

11 月 30 日　珠江水系航运规划领导小组会议暨港航工作座谈会在贵阳召开,交通运输部综合规划司、水运局,以及云南、贵州、广西、广东四省(区)交通运输厅、港航管理部门等有关领导参加会议。

12 月 28 日　珠江航务管理局组织贵州省交通港航单位在北盘江成功举行了一次交通战备运输演练。12 时,5 艘 1000 吨级船舶将战备物资从北盘江白层港第一作业区下水,经过山区急流、险滩航道,安全抵达岩架码头。

2012 年

1 月 12 日　国务院印发《关于进一步促进贵州经济社会又好又快发展的若干意见》(国发〔2012〕2 号)。

4 月 26 日　清水江三板溪库区航运建设工程在黔东南剑河县柳川镇开工。项目总投资 9658 万元,拟建设柳川、南加、三板溪、八受 4 个大型停靠点、革东等 7 个中型停靠点以及 30 个小型停靠点。

4月27日　省赤水轮船公司改制工作签订仪式在贵阳举行。至此,省赤水轮船公司、乌江轮船公司、思南船舶修造厂和红枫湖轮船旅游公司4家省属国有水运企业的改革改制工作全部结束。

6月14日　由交通运输部天津水运科学研究院承担的"红水河龙滩库区航运建设工程关键技术研究"在贵阳通过了交通运输部西部交通建设科技项目管理中心组织的专家评审。该成果总体达到国内先进水平,部分成果处于国际领先地位。

6月20日　贵州省庆祝2012年"中国航海日"暨迎接世界海事日的活动在册亨县北盘江岩架港举行。由省地方海事(航务管理)局与黔西南州交通运输局联合举办。这是自2005年国务院批准航海日以来,我省第一次单独举行庆祝航海日活动。

7月29日　重庆市交通委员会与贵州省交通运输厅在重庆进行座谈,达成修编乌江航运规划,把乌江水运规划纳入长江黄金水道的重要组成部分和武陵山区交通扶贫规划里,争取中央支持。

8月　贵州省交通运输厅与重庆市交通委员会签订了《共同推进乌江水运通道扩能建设合作协议》。

9月10日　交通运输部决定授予赤水河狗狮子至合江段"全国文明样板航道"称号。

11月14日　省人民政府批复《贵州省水运发展规划(2012—2030年)》(黔府函〔2012〕270号)。

12月8日　省人民政府印发《省人民政府关于加快水运发展的意见》(黔府发〔2012〕44号)。

12月8日　都柳江大融航电枢纽工程正式开工建设。都柳江航电一体化建设被列入国发〔2012〕2号文件明确支持的建设项目和交通运输部"十二五"规划建设项目。该项目的开工建设填补了贵州无航电枢纽的空白。

2013年

1月18日　贵州省交通运输工作暨水运发展动员电视电话会议召开。会议设主会场和各分会场,把全省交通运输工作会、水运发展动员会、安全生产工作会和党风廉政会"四会合一"。

1月24日　贵州省交通运输厅副厅长率领厅综合规划处、省航务局有关人员专程赴渝,与重庆市交通运输委员会及港航处、规划处、港航局、航投司等单位领导进行座谈,就两省(市)共同加快推进乌江航道规划等级提升论证及下一步审查和申报方案进行座谈研究,并达成一致意见。

4月3日　乌江构皮滩水电站翻坝运输系统建设工程资金筹措专题会议在贵阳召开。由省交通运输厅主持,省发展改革委、省航务管理局、贵州乌江水电开发公司、贵州省航电开发投资公司负责人参会。

4月10日　川黔两省交通部门签订巩固和保持赤水河全国文明样板航道创建成果公约。

4月26日　交通运输部长江航务管理局与贵州共建协议签字仪式在武汉举行。贵州省交通运输厅副厅长与长航局副局长在协议书上签字。

6月28日　乌江构皮滩水电站翻坝运输系统工程项目开工。该项目是西部地区最大、贵州首个翻坝运输系统工程,工程总投资6.9亿元。

7月4日　2013年珠江片区"中国航海日"活动在黔西南州兴义市隆重举行。来自珠江流域四省区交通水运部门和企业的领导、代表共150人参加了活动。

9月14日　交通运输部在武汉召开长江水运发展协调领导小组第四次会议。我省作为特邀省份参加会议,省政府副秘书长吴强代表省人民政府做了交流发言。

9月20日　贵州省人民政府下发《省人民政府关于印发贵州省水运建设三年会战实施方案的通知》(黔府发〔2013〕25号)。方案主要内容是从2014年1月1日起,用3年时间,在全省范围内开展水运建设大会战。

11月18日　清水江(锦屏—白市)高等级航道建设工程初步设计审查会召开。

11月20日　交通运输部珠江航务管理局云贵办事处在贵阳市挂牌成立。

12月19—20日　由贵州省交通运输厅组织的西南水运出海中线通道航运扩建工程项目评定为合格并通过竣工验收。

2014 年

1月16日　省交通运输厅成立水运建设三年会战领导小组及办公室。领导小组下设办公室,设在省海事(航务)局。

6月　清水江(锦屏—白市)高等级航道工程开工建设,这是国家规划在我省的第三条高等级航道。按四级航道标准整治锦屏至白市电站段航道49.81千米,建设5处大型停靠点、33处小型停靠点。工程投资1.26亿元,总工期24个月。

7月　北盘江光照水电站库区航运建设工程开工建设。其中配套建设大型停靠点4处、小型停靠点19处。工程项目总投资13642万元。

8月7日　省人大常委会检查组赴黔西南、黔南两自治州检查《贵州省水路交通管理条例》贯彻落实情况。

9月　国务院出台《关于依托黄金水道推动长江经济带发展的指导意见》(国发〔2014〕39号)。贵州属于长江经济带覆盖范围,要求加快乌江等8条支流高等级航道建设。

11月4日　都柳江的郎洞、温寨两级航电枢纽项目开工建设。

11月　贵州省航务管理局与重庆市港航管理局签署备忘录。鼓励两省市港口与运输企业加强合作,支持涪陵港贵州码头建设,纳入重庆市港口规划,解决贵州物流运输周转需求。

2015 年

1月5日　都柳江从江航电枢纽一期工程主体提前3天全面封顶。

7月16日　由中交水运规划设计院有限公司编制的《乌江三级航道升级改造方案研究》审查会在贵州贵阳通过初审。

9月28日　乌江构皮滩水电站翻坝运输系统工程项目完成交工验收。

9月　贵州省交通运输厅与湖南省交通运输厅在贵阳召开了座谈会,达成共同推进清水江—沅水通道互联互通的共识。

10月　湄江旅游航运建设项目开工建设。整治航道里程7.8千米、停靠点22个,建成七级船闸1座,可同时容纳2艘船舶过闸。首次采取"建设-经营-移交"的BOT模式建设。

10月28日　都柳江从江航电枢纽首台机组启动发电。

11月19日　贵州飞尚能源有限公司(民营)投资2000万元,建成乌江库区竹林湾岩岗皮带传输一体化码头。

11月20日　贵州首艘500吨级LNG双燃料多用途集装箱科研型船舶在乌江试航成功。该船型是交通运输行业推行的节能环保型船舶(长江17型标准船型)。

12月　《乌江航道整治与枢纽通航技术研究》《乌江高效货运组织与船型技术》《赤水河航运建设关键技术》3项科研成果入选"贵州交通建设系列科技专著"丛书,由人民交通出版社出版发行,并被录入国家科技图书库。

2016 年

2月　乌江渡库区航运建设工程开工建设,其中建设三沙大型停靠点1个、小型停靠点28个。工程概算投资1.4597亿元,总工期36个月。

2月　北盘江董箐水电站库区航运建设工程开工建设,其中配套建设大型停靠点3处、小型停靠点22处。项目总投资7252.08万元,总工期24个月。

8月19日　《贵州省通航设施管理办法(草案)》首次论证会在贵阳召开。会议特邀了交通运输部长江航务管理局三峡办、湖南省水运管理局、广西壮族自治区港航管理局、贵州省政府法制办有关同志组成专家组进行论证。

9月　荔波樟江航运建设工程开工建设。

10月9日　贵州省2016年水上交通事故应急救援演练在乌江思南港口举行。本次应急演练设立远程应急指挥部(贵阳)和现场(思南)救援指挥部。这是贵州省内第一次水上交通应急演习。

12月9日　贵州沿河乌江轮船有限责任公司"航电2号"船从沿河东风码头出发,前往重庆市涪陵贵州码头,告别乌江航道断航13年的历史。

12月11—13日　乌江(乌江渡—龚滩)航运建设工程竣工验收会议在思南县举行,综合评定质量等级为合格。

2017 年

3月31日　贵州省水运建设三年会战新闻发布会在贵州饭店国际会议中心第五会议室召开。省交通运输厅厅长和省地方海事(航务管理、通航管理)局副局长参加发布会,并答媒体记者问。

5月9日　贵州航运博物馆举行开馆仪式,并向公众免费开放。

7月6日　2017年珠江片区"中国航海日"活动在贵州省习水县土城镇举行。活动期间,交通运输部珠江航务管理局向贵州航运博物馆赠送辽宁舰、"海巡31"轮、"南海救101"轮、"德跃"轮、华阳礁灯塔、"海特191"轮、海事直升机、救助直升机等模型。

7月31日—8月1日　由建设业主乌江水电开发有限责任公司主持,在现场对乌江思林、沙沱水电站升船机开展了鉴定工作。认为思林、沙沱升船机单位工程合格率达100%,优良率达到90%以上,工程质量整体达优良水平。思林升船机提升高度达到76.7米,是当时国内建成的同类型升船机中提升高度最大的升船机。

10月11日　省交通运输厅与中国水利水电第九工程局有限公司签署合作框架协议,将在贵州省水运通道项目建设、港口设施、航电项目、通航建筑物、旅游航道等领域加强合作。

2018 年

1月10日　贵州省代省长谌贻琴签发《贵州省通航设施管理办法》(省政府令第182号)。

2月26日　省政府新闻办公室召开《贵州省通航设施管理办法》新闻发布会。贵州省交通运输厅,省法制办、省政府行政复议办公室,省地方海事局的领导出席并回答记者问题。

7月9日　贵州省交通运输厅、大唐集团广西分公司在贵阳组织召开了《红水河龙滩水电站通航建筑物由通航500吨级船舶调整为1000吨级建设方案工程可行性研究报告》内部审查会议,并形成了审查意见。

2019 年

1月29日　乌江索风营等四库区航运建设工程开工,其中配套工程建设大型停靠点

3 处、小型停靠点 40 处,总计建设停靠点 43 处。项目投资 10853.25 万元,建设期为 3 年。

5 月 10 日　乌江通航管理体制协商讨论会在贵阳召开,会议由省交通运输厅主持。省发展改革委、国资委、财政厅、能源局等省直有关单位,贵州乌江水电开发有限责任公司,交通运输厅有关处室、省航务管理局以及省乌江航道(通航)管理局相关负责人参加会议。

7 月 15 日　贵州省水运综合管理平台(一期)和乌江数字航道(一期)建设工程竣工通过验收,填补了贵州水运信息化建设的空白。

8 月　省交通运输厅组织召开《贵州省水路交通管理条例》立法调研座谈会,对《贵州省水路交通管理条例》执行过程中存在的职责划分、水污染防治、水上漂流游乐活动、岸线审批、农林生产自用船管理、法律责任等问题提出了修改和补充意见。

9 月 20 日　贵州省地方海事(航务管理)局召开"不忘初心、牢记使命"主题教育总结会。厅党委主题教育第一巡回指导组参加总结会,并充分肯定省地方海事局取得了阶段性成果。

9 月 25 日　贵州省地方海事(航务管理)局代表队参加"我和我的祖国"——贵州省交通运输系统庆祝中华人民共和国成立 70 周年歌咏比赛,合唱《贵州水运之歌》《我爱你中国》,取得第三名的好成绩,荣获二等奖。

12 月 11 日　贵州省航电开发投资公司改制组建为贵州省航电开发投资有限公司(国有独资)。

2020 年

1 月 19 日　交通运输部召开长江经济带船舶和港口污染突出问题整治工作视频会议。贵州省人民政府在贵州省分会场参加会议,并对我省相关工作做了安排部署。

6 月 28 日　乌江通航设施委托维护管理签字仪式在贵阳举行,贵州乌江水电开发有限公司将乌江构皮滩、思林、沙沱水电站通航设施的运行、维护、管理工作委托予贵州省交通运输厅。

9 月 11 日　省交通运输厅组织召开乌江水路运输协调会,要求各级交通运输(海事)主管部门、通航管理部门以及电站运营或调度管理单位高度重视,形成合力,共同营造安全、畅通的水运环境和通航环境。

9 月 28 日　受贵州省发展改革委委托,中国国际工程咨询有限公司在贵阳召开乌江沙沱第二线 1000 吨级通航设施建设工程项目可行性研究报告评审会。

12 月　全省共修筑渡改桥 222 座,渡改桥建设任务圆满收官,打通了贫困地区交通基础设施建设"最后一公里",惠及群众 30 余万人。

2021 年

1 月 8 日　贵州省抗击新冠肺炎疫情表彰大会在贵阳隆重举行。安顺市地方海事局的杨锡双受到表彰。

2月　中共中央、国务院印发《国家综合立体交通网规划纲要》，规划期为2021—2035年，远景展望到本世纪中叶。

6月22日　位于贵州省遵义市余庆县境内的乌江构皮滩水电站通航设施开始试运行，经过约40分钟的运行，500吨级"航电1号"货船顺利通过三级升船机，标志着乌江构皮滩水电站通航设施工程完成全线集控过标船测试，正式投入试运行。

11月16日　开阳港举行乌江北入长江首航仪式。运载6800吨磷矿石的14艘贵州籍货船从洛旺河码头起航，经贵州瓮安、余庆、思南、沿河等到达长江重庆涪陵港，再转运大吨位船舶抵安徽芜湖港，历时16天。

2022年

6月　乌江思南港邵家桥港区正式开港，12艘货船运载着6000吨水泥熟料从港区起航，沿乌江水路直奔重庆涪陵进入长江。这是贵州省乌江首个"港口园区化"项目投入运营，也是继乌江开阳港开港后的第二个开港的港口。

7月13—14日　省委副书记、省长李炳军一行调研乌江航运工作，实地察看构皮滩升船机通航设施，沙湾货运码头、洛旺河客货运码头，并主持召开全省水运体系建设专题会议。

9月19日　贵州省人民政府办公厅印发《贵州省水运体系发展行动方案》。方案明确10个方面54项重点任务，提出利用10年左右时间，建成畅通、安全、绿色、高效、经济的现代化内河水运体系。

12月23日　乌江构皮滩通航设施通过验收。水电水利规划设计总院在贵阳组织召开贵州乌江构皮滩水电站通航建筑物特殊单项工程验收暨通航专项验收会议。

后　记

　　交通史书的编纂,是对交通运输领域沧桑巨变的客观记录,不仅详细梳理、勾勒其发展脉络,更全面反映交通建设发展辉煌成就。贵州省交通运输厅一直重视交通史志的编纂工作,从新中国成立至今,先后编纂出版了《贵州公路史》等一系列丛书。水运交通方面,截至目前,已编纂出版了《贵州航运史(古、近代部分)》(1993 年出版)、《贵州航运史(现代部分)》(1999 年出版)、《当代贵州航运发展史(1991—2010)》(2011 年出版)、《贵州水运简史(1949—2019)》(2020 年出版)4 部史书,这些著作不仅为中国水运历史的研究提供了全面且细致的史料,也为贵州地方史志的丰富与完善作出了重要贡献。近年来,按照交通运输部的安排部署,我们再度发力,启动了《贵州港口史(远古—2022)》的编纂与出版工作,不仅填补贵州在港口专业史书领域的空白,更进一步推动贵州水运历史文化的研究与传播。

　　2021 年 6 月,交通运输部下发通知,组织各省(区、市)开展《中国港口史》和《中国运河史》编纂工作。2021 年 9 月,贵州省交通运输厅开展《贵州港口史(远古—2022)》编纂工作。编写组由行业经验丰富、有较强文字功底、熟悉并见证贵州港口发展历程的退休老同志、相关专家和专业技术人员组成,并负责古、近代部分和现代部分的资料搜集和文字撰写工作。2022 年 3 月底,完成编纂大纲。2022年 7 月,完成资料收集和归类,8 月开始编写工作,12 月完成古、近代部分和现代部分的分篇撰写;2023 年进行统稿和完善,3 月形成《贵州港口史(远古—2022)》初稿。2023 年 4 月,贵州省交通运输厅组织各市(州)交通运输局(委)、相关部门和专家对《贵州港口史(远古—2022)》初稿进行了评审。根据专家评审意见,对初稿进行修改完善,征求相关专家及相关处室意见后,形成送审稿。2024 年 3 月,贵州省交通运输厅组织各市(州)交通运输局(委)、相关单位和部门以及专家对《贵州港口史(远古—2022)》进行二次评审,编写组根据评审意见进行再次修改完善后定稿。

　　港口是水陆交通的集结点和枢纽,是工农业产品和外贸进出口物资的集散地,也是船舶停泊、装卸货物、上下旅客、补充给养的场所。党的十八大以来,贵州港口建设发展取得了重大成就:建成了乌江洛旺河、乌江渡、楠木渡、邵家桥港区一期泊位等码头;建成了乌江构皮滩水电站翻坝运输系统沙湾、樱桃井码头;建成了清水江柳川、三板溪、排洞、远口等码头;建成了一大批库区便民码头和停靠点等。港口布局逐步完善,服务功能不断提升。2023 年,《全国港口与航道布局规划》出台,贵州省乌江、南北盘江—红水河、清水江、都柳江 4 条水运通道被规划为全国内河高等级航道,为贵州港口建设发展提供了基础和支撑。

水运是最经济的运输方式,在物流体系中占据举足轻重的地位。在新征程上,贵州港口建设面临着前所未有的发展机遇,也承载着更加重大的使命与责任。贵州将紧密围绕打通"南下珠江、北上长江"水运大通道建设目标,加快推进乌江、南北盘江—红水河三级航道建设,加快推进望谟港、播州港、开阳港、思南港等港口建设。到 2035 年,将全面畅通水运通道,全省三级航道突破 1000 千米,港口吞吐能力达 5000 万吨,船舶运力达 80 万吨以上,水路货物运输量达 3000 万吨、货物周转量达到 200 亿吨千米以上,货物周转量在综合运输中的占比达 5% 左右;建成一批专业化、规模化和现代化的枢纽港口,推动沿江沿河经济高质量发展,为加快建设交通强国贡献贵州力量。

本书如期出版面世,离不开各级领导的关心支持,离不开所有参与编写者的辛苦努力,离不开评审专家的用心指导,离不开各市(州)交通运输局(委)、厅属各单位的大力支持,在此一并致以诚挚的谢意。

由于贵州古近代港口、码头相关文字记载不多,加上编者水平有限,书中错漏、粗疏之处在所难免,还请专家和读者批评指正。

编纂工作委员会

2025 年 3 月